부의 빅뱅

다빈치처럼 상상하고 잡스처럼 혁신하라

다빈치처럼 상상하고 잡스처럼 혁신하라
부의 빅뱅
©장경덕 2024

1판 1쇄 2024년 11월 25일

지은이	장경덕
펴낸이	김재기, 김성회
펴낸곳	(주)중소기업신문
편집·디자인·제작	(주)컬처플러스
홍보관리	방환미
출판등록	2022년 6월 14일 제2022-000079호
주소	07320 서울특별시 영등포구 여의대로24 10층
전화	02-832-6115
이메일	webmaster@smedaily.co.kr
홈페이지	http://www.smedaily.co.kr/
ISBN	979-11-979563-4-8 (03320)

* 이 책 내용의 일부 또는 전부를 사용하려면 반드시 저자와
  ㈜중소기업신문의 동의를 얻어야 합니다.
* 잘못 만든 책은 구입하신 서점에서 바꾸어 드립니다

다빈치처럼 상상하고 잡스처럼 혁신하라

부의 빅뱅

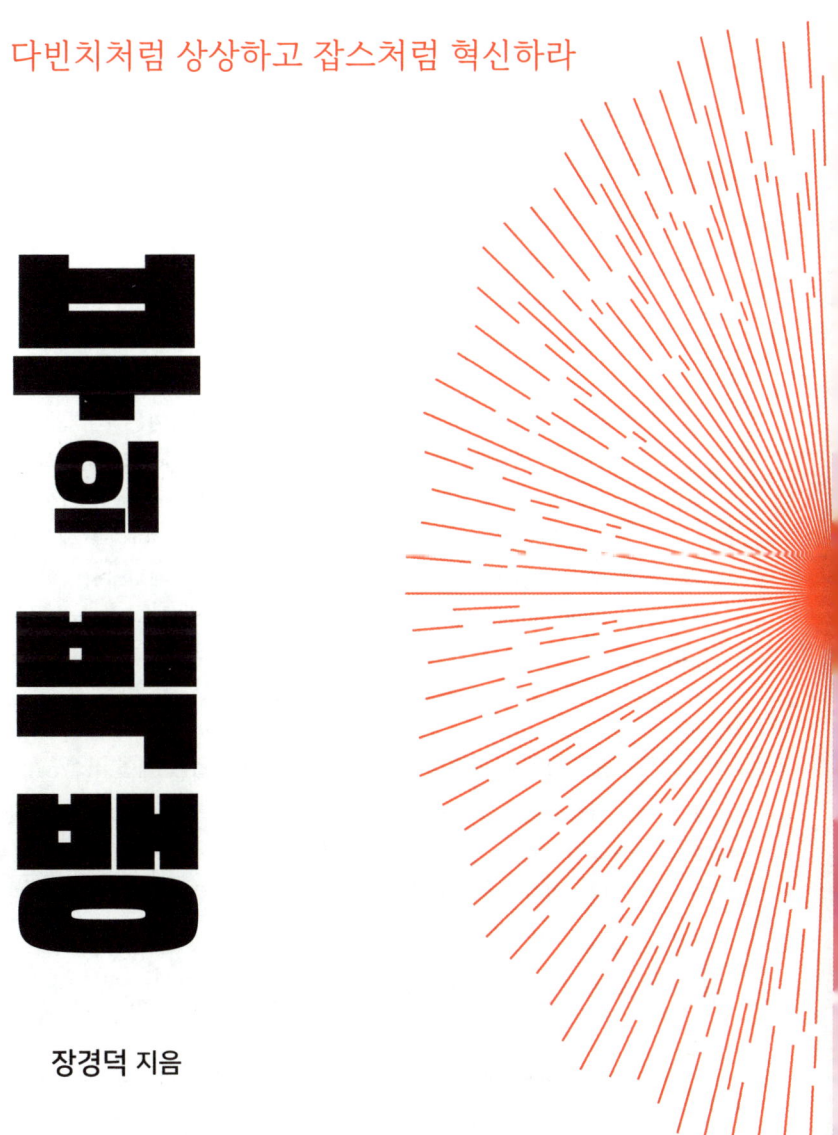

장경덕 지음

중소기업신문

| 차례 |

프롤로그_ 당신의 혁신자본은 얼마인가? ······ 8

머스크도 돈 무서운 줄 알게 될까?/잡스는 말했지 "먹튀는 안돼"/
베이조스는 거품 너머를 봤다/혁신자본에 투자하라

제1부 꿈, 피, 땀

제1장 제정신이면 하지 않았다 ······ 29

"나는 성공적이었다, 엔비디아를 시작하기까지는"/누가 때려눕히면 그는 조용히 일어났다/누가 엔비디아의 왕좌를 흔들 수 있나?/서서히 그러다 갑자기 테슬라 모멘트가 왔다/세컨드 라이프는 있나?/"모리스, 그건 좋은 생각이 아닌 것 같네"/인텔은 왜 주춤거렸나?/ASML은 어떻게 거인들을 줄 세웠나?/캐시미어 입은 늑대/세계 최대 럭셔리 제국/명품 기업은 누구 지갑을 탐낼까?

제2장 다윗은 다르게 싸웠다 ······ 62

스트리밍 대전과 무기상 전략/다윗의 신화는 계속된다/다르게 한다는 것/경쟁자는 반드시 거꾸러뜨려야 할까?/기업은 왜 실패하는가?/퍽이 갈 곳으로 달려가라/"우리는 위대한 아이디어를 훔쳤다"/헛스윙을 겁내면 홈런을 칠 수 없다/테슬라가 파괴적 혁신이 아니라고?/빅뱅 파괴자

제3장 내 우유를 자네 초콜릿에 넣어볼까? ······ 93

총성 없는 전쟁/미친 듯이 꿈꿔라/병마개와 면도날, 그리고 오마하의 현인/몇십 년 동안 부화한 달걀/가격 인하는 바보도 할 수 있다?/월마트 v 아마존/밀크 초콜릿의 탄생/세계 최대 식음료 제국의 팻

케어/"고객이 원하는 상품을 개발하지 말라"/화석 같은 기업이 될 것인가?/키엔스의 플라이휠

제2부 발밑에서 무너지는 땅

제4장 '새로 고침'을 해야 할 때······129

창조적 파괴의 폭풍/이 세상 모든 군대보다 강한 것/슈퍼스타 기업은 창조적 파괴를 방해할까?/사티아 나델라 공감의 리더십/'새로 고침' 키/스타벅스의 치즈 타는 냄새/주름만 펴는 성형/CEO가 잠시 멈추고 생각해야 할 것/코끼리를 다시 춤추게 하는 법/IBM의 정체성 위기/기술보다 개념이다

제5장 공룡의 뇌를 만드는 법······162

로마를 살린 기업/런던 상인들이 자본을 합쳤을 때/동남아 역사를 바꾼 상인들/링컨의 철도법은 신의 한 수였다/독점과 반독점의 끝없는 게임/19세기 강도 귀족은 요즘 기업가를 부러워할까?/포디즘은 혁명이었다/공룡의 뇌를 만든 슬론/포드는 놓치고 슬론은 잡은 것/성공한 기업은 왜 변화를 거부할까?

제6장 시간의 담금질을 견디는 기업······193

100년 은행 메디치는 왜 무너졌을까?/금융 왕국 베어링의 부침/로스차일드가 베어링을 구해준 까닭/233년 전통을 무너뜨린 도박/로스차일드 신화와 진실/19세기 전쟁에서 쌓은 부를 20세기 전쟁에서 잃다/어려움을 겪는 쪽과 거래하라/상장 폐지가 낫다?/불을 꺼트리지 않고 넘겨주기/핏줄과 능력/부자 삼대 못 간다는 가설

제3부 거품

제7장 위대한 기업은 왜 추락하는가? ······ 233

성공의 광채에 눈멀다/편집증적 낙관주의자/흘수선 원칙/파라마운트 제국의 절대권력/젊음과 불멸에 집착한 총수/타이태닉의 운명을 피하려면/디즈니 왕국의 두 번째 세기/월트 디즈니가 살아 있다고?/시간을 알려줄 것인가, 시계를 만들어줄 것인가?

제8장 거품은 꺼져도 혁신은 남는다 ······ 261

누가 더 큰 바보인지 시험하다/누가 판의 낮잠을 깨우나?/쓸모 있는 거품/보이지 않는 자본과 혈거인의 시대/잡스는 왜 핵전쟁을 들먹였나?/고장 난 나침반, 길 잃은 투자자/델은 왜 자기 회사를 되샀나?/'다이렉트'에 꽂힌 소년/혁신은 결승선 없는 경주다

제4부 혁신자본의 지배

제9장 경주에서 이기는 건 차가 아니다 ······ 295

켄 아이버슨을 아시나요?/안전모 색깔이 왜 달라야 하나?/질레트, 거절한 청혼과 행복한 결혼/기업사냥꾼을 물리칠 최고의 무기/CEO는 어떻게 혁신의 걸림돌이 되나?/배우지 않는 CEO와 관료조직/사람을 비난하지 말고 시스템을 고쳐라/몬테소리와 긱 CEO/어려운 문제에 집착하는 괴짜들/500000000달러짜리 우주선과 500달러짜리 스마트폰/나무꾼은 공들여 도끼를 간다

제10장 도도새냐, 불사조냐? ······328

머스크는 악마의 화신을 봤나?/신과 이익만을 위해 산 거상/사상 첫 백만장자의 묘비/"게으른 부자가 되는 꼴은 못 본다"/강철왕의 ESG는 몇 점일까?/포르쉐 가문의 내전/가족기업의 지배/딱정벌레 차 사냥/왕좌의 게임/초콜릿 전쟁/바보 새는 날 필요가 없었다

제11장 반도체 칩으로 감자 칩 사기 ······363

맥도날드를 먹는 두 나라는 싸우지 않는다?/빅테크의 참전/러시아는 왜 전사가 지배할까?/스푸트니크를 쏘아 올렸던 나라/월드컵에서 뛰는 우루과이와 아르헨티나/감자 칩을 먹는 얼간이/중국 반도체는 왜 달리지 못했나?/잃을 것 없는 혁신가들의 둥지/스위스 대통령 이름을 아시나요?/낮은 가지의 열매는 다 따버렸나?/어둠의 시대와 안경/가속의 시대/이스터섬의 몰락에서 무엇을 배울 것인가?

에필로그_ 상상하고 혁신하고 실행하라 ······399

주 ······403

프롤로그

당신의 혁신자본은 얼마인가?

"공기를 내려치는 날갯짓이 어떻게 무거운 독수리를 허공에 떠 있게 하는지 보라."

그는 생각했다. 새는 수학 법칙에 따라 움직이는 기계다. 인간은 그 모든 동작을 재현할 수 있다. 인간의 기계에 부족한 것은 새의 영혼밖에 없다.

조선에서 단종이 임금 자리에 오를 때 피렌체의 식민도시 빈치에서 태어난 레오나르도. 다빈치 가문의 이 사생아는 위대한 르네상스인으로 살았다. 그가 상상한 것들은 오늘날 비행기와 탱크,

로봇으로 진화했다. 우크라이나 전장을 누비는 장갑차와 헬리콥터의 원형을 5세기 전 레오나르도 다빈치 1452~1519가 그려냈다.

그는 자연을 관찰하면서 영감을 얻었다.

"가만히 서서 순전히 우연으로 생겨난 것들의 패턴을 살펴보라. 벽에 묻은 얼룩이나 벽난로의 재, 하늘의 구름, 해안의 자갈들. 그것들을 주의 깊게 들여다보면 기적 같은 발명을 떠올릴 수 있으리라."

영감을 얻고 혁신을 이루려는 모든 이들이 새겨들어야 할 말이다. 하지만 기적이라는 말은 곱씹어봐야 한다. 혁신은 대개 기적이 아니므로.

역사는 온갖 신화를 만들어낸다. 혁신의 역사도 마찬가지다. 위대한 발명가와 창업자의 성공담은 흔히 신화와 사실을 버무려 놓은 것이다. 그중에서도 에피파니 epiphany의 순간을 포착하는 신화가 많다. 에피파니는 신이 환하게 모습을 드러내듯 어떤 것의 본질이나 의미가 갑자기 또렷해지는 것이다.

아이작 뉴턴이 중력의 법칙을 깨닫는 순간을 생각해보자. 사과나무 아래 앉아 있던 어린 뉴턴이 떨어지는 사과에 머리를 맞고 깨달음을 얻었다거나, 어른이 된 그가 산책하다 떨어지는 사과를 보며 문득 만유인력을 생각해냈다거나 하는 이야기들은 누군가가 지어내고 과장한 것이다. 물론 프랑스의 볼테르 같은 인기

작가들이 뉴턴의 아이디어를 극화해서 전했을 때 대중은 재미있게 받아들였다. 건조한 사실보다 흥미로운 신화로 가르치면 더 효과적인 법이다.

미국 작가 스콧 버컨은 "콜럼버스가 아메리카를 발견하지 않은 것처럼 뉴턴은 중력을 발견하지 않았다"고 지적한다.[1] 중력은 고대 이집트 피라미드나 로마 콜로세움을 세운 이들도 잘 이해하고 있었다. 그러나 만유인력을 정교하고 체계적인 이론으로 정립해 과학 혁명을 일으킨 이는 다른 누구도 아닌 뉴턴이었다. 그것은 홀로 촛불에 의지해 끝도 없이 연구한 결과였다. 한순간의 기적이 아니었다.

고대 그리스의 아르키메데스는 목욕물이 넘치는 걸 보고 외쳤다. "유레카Eureka! 알았어, 바로 이거야!" 그는 왕관이 과연 순금으로 만들어졌는지 알아낼 방법을 깨달았다. 벌거벗은 채 거리로 뛰쳐나갈 만큼 흥분된 순간이었다. 위대한 혁신가들이 가장 많이 받는 질문은 그런 유레카의 순간이 언제였느냐는 것이다. 월드와이드웹을 발명한 팀 버너스리는 이렇게 말했다.

"기자들은 늘 내 발명에서 결정적 아이디어는 무엇이었는지, 존재하지 않았던 웹을 있게 해준 단 하나의 사건은 무엇이었는지 묻지요. 내가 유레카의 순간은 없었다고 하면 그들은 당혹스러워합니다."

대부분의 혁신에서 단 하나의 마법 같은 순간을 찾기는 어렵다. 퍼즐 조각으로 그림을 맞출 때를 생각해보자. 그림을 완성하는 마지막 조각은 어떤 특별한 의미가 있을까? 그 조각이 중요한 의미를 지니는 건 이미 제자리에 맞춰놓은 수많은 조각 때문이다. 그것들을 다시 흩트려버리면 그중 어떤 것도 그림을 완성할 마지막 조각이 될 수 있다.

혁신가의 목표는 기적의 순간에 이르는 것이 아니다. 문제를 제대로 보고 끝내 풀어내는 것이다. 인텔 4004 마이크로프로세서를 발명한 테드 호프는 이렇게 말했다.

"멋진 돌파구를 마냥 기다리고만 있으면 그 일은 절대 일어나지 않을 겁니다. 당신이 해야 할 건 문제를 붙잡고 계속 일하는 거죠."

경영의 구루 피터 드러커도 같은 말을 했다. "성공하는 기업가들은 뮤즈가 키스하며 빛나는 아이디어를 줄 때까지 기다리지 않습니다. 그들은 일하러 가지요."

머스크도 돈 무서운 줄 알게 될까?

1943년 1월 12일 뉴욕의 한 성당에 2000명이 모였다. 닷새 전 세상을 떠난 위대한 발명가를 추모하는 자리였다. 세르비아계 이민자 니콜라 테슬라 1856~1943의 노년은 쓸쓸했다. 교류 전기와 무선 전신을 생각해낸 그의 상상력은 오늘날 인류 문명에 엄청난 공헌을 했다. 하지만 그는 늘 자신의 꿈을 이뤄줄 자본에 목말라 했다. 당대 금융계 황제 존 피어폰트 모건에게 투자를 호소하는 편지는 절절했다.

"모건 씨, 1년 전부터 제 베개가 눈물로 젖지 않은 밤이 없었습니다만 …… 어떤 일이 있어도 제 임무를 완수할 수 있다고 자신합니다. …… 세계를 한 세기나 진보시킬 특별한 지식을 얻었는데도 작업이 지연돼 안타까울 따름입니다."[2]

오늘날 그에 대한 오마주는 쉽게 찾아볼 수 있다. 전기차 테슬라는 지구촌 곳곳을 누빈다. 그의 이름을 딴 기업의 시가총액은 2021년 말 1조2400억 달러_{약 1600조 원}까지 치솟았다. 그 기업을 이끄는 일론 머스크는 지구촌 어떤 부자보다도 재산이 많았다. 당시 머스크를 '올해의 인물'로 선정한 『타임』은 그의 재산이 2660억 달러라고 했다. 니콜라 테슬라는 15만 달러를 대준 모건이 지원을 철회하자 낙담하고 분노했다. 오늘날 머스크에게는 웬만한 서학개미 한 명이 그만한 자본을 대준다.

물론 머스크도 자금 부족으로 벼랑 끝에 몰린 적이 있다. 2013년 봄 전기차 모델 S를 내놓고 돈줄이 마른 그는 친구인 래리 페이지에게 손을 벌렸다. 테슬라를 구글에 매각하기로 구두 합의까지 했다. 그러나 지금 머스크에게 자본은 큰 문제가 아니다. 그를 제약하는 건 상상력의 한계밖에 없는 것 같다.

전기차 혁명을 주도한 그는 이제 스페이스X로 화성 식민지 구상을 진전시키려 한다. 인류가 여러 행성에서 문명을 발전시키게 하겠다는 포부다. 자본주의 체제는 이 무모한 기업가에게 그만큼 관대했다. 테슬라는 몽상가 취급을 받았지만 머스크는 성공한 혁신가로 대접받았다.

지금처럼 자본이 풍부한 시대는 일찍이 없었다. 홍수처럼 불어난 글로벌 유동성은 이 겁 없는 모험가를 한껏 띄워주었다. 2022년 초 테슬라의 주가수익비율PER은 350배 가까웠다. 이 회사가 한 해 동안 창출한 이익은 시가총액의 0.3퍼센트에도 못 미쳤다. 투자 위험이 거의 없는 10년짜리 미국 국채 수익률은 그 여섯 배였다. 투자자들이 머스크의 꿈을 얼마나 높게 쳐주었는지 알 수 있다.

하지만 언제까지 그럴까? 초저금리 시대는 막을 내렸다. 금리가 오를수록 성장기업의 투자 매력은 떨어진다. 미래 이익을 현재 가치로 계산할 때 적용하는 할인율이 높아지기 때문이다. 투자자들은 그만큼 더 깐깐해질 것이다. 성장기업의 자본 조달이 땅 짚고 헤엄치기였던 시절은 지나갔다.

앞으로 자본 조달이 지금처럼 쉽지 않으리라고 볼 근거는 많다. 각국 정부는 노령화와 불평등 문제에 대처하려 재정 지출과 빚을 늘릴 수밖에 없다. 민간기업 투자에 쓰일 돈을 빨아들이는 것이다. 세계화가 퇴조하는 것도 큰 부담이다. 미중 패권 다툼이 격화하면서 글로벌 가치사슬이 끊어지면 기업들은 중복 투자 부담과 비효율을 떠안아야 한다. 기관투자가들은 기업의 기후변화 대응과 사회적 책임, 지배구조 문제를 더 매섭게 따지고 들 것이다.

이제 자본은 다시 귀해질 것이다. 머스크도 지금처럼 값싼 자본을 손쉽게 얻을 수는 없게 될 것이다. 테슬라 주가가 치솟았을 때 여윳돈을 챙겨둔 것도 그 때문이다. 이제 자본시장은 더 냉혹하게 검증에 나설 것이다. 과연 누가 진정한 혁신가인가?

잡스는 말했지 "먹튀는 안돼"

시장조사업체 IDC에 따르면 2024년 2분기 전 세계 스마트폰 출하는 2억8500만 대 남짓했다. 중국 샤오미의 점유율은 15퍼센트에 가깝다. 19퍼센트에 가까운 삼성에는 못 미쳐도 15퍼센트대인 애플과는 2위 자리를 놓고 엎치락뒤치락한다. 이는 물량 기준이어서 저가 제품 위주의 중국업체들이 더 두드러져 보인다. 하지만 스마트폰 시장의 판이 바뀌고 있는 건 분명하다.

10년 전 이 시장에서 좁쌀小米이라는 이름의 중국 기업은 존재감이 거의 없었다. 샤오미가 무섭게 추격해올 때 삼성의 한 임원에게서 들었던 촌평을 기억한다. 삼성이 정규군이라면 샤오미는 게릴라라는 말이었다. 느닷없는 공격자는 민첩했다. 그리고 유연했다. 잃을 것도 별로 없었다. 이기기 위해서라면 무슨 수든 쓸 수 있었다. 수틀리면 조직을 아예 해체하고 재편성할 수도 있었다.

지난날 우리 기업은 일본 기업을 추격했다. 그다음에는 중국 기업이 우리 기업을 쫓아왔다. 그들은 애플과 삼성의 혁신을 베꼈다. 때로 훔치기도 했을 것이다. 하지만 그것만으로는 부족하다. 추격자가 선도자로 나서려면 그만큼 빠르게 혁신해야 한다.

혁신 전쟁에서는 앞서 달렸던 자와 몸집 큰 자가 꼭 유리한 건 아니다. 파괴적 혁신 disruptive innovation 이 이뤄지는 때는 더욱 그렇다. 존속적 혁신 sustaining innovation 은 기존 제품의 성능을 높이는 것이다. 선도기업들을 실패로 몰아갈 가능성이 거의 없다. 하지만 더 싸고 단순하고 편리한 새로운 개념의 제품을 내놓는 파괴적 혁신은 가장 잘나가던 선도기업도 한순간에 무너뜨릴 수 있다.[3]

지금은 누구나 혁신을 부르짖는다. 혁신은 값싼 상투어가 된 느낌이다. 그저 성공하는 기업을 만들고 싶다는 희망적 사고쯤으로 들릴 때가 많다. 그럴수록 진정한 혁신가의 값어치는 올라간다.

애플은 역사상 가장 혁신적인 기업으로 평가받는다. 적어도 지금까지는 그랬다. 2022년 초 애플 시가총액은 기업 사상 처음으로 3조 달러 약 3900조 원를 넘었다. 종가 기준으로는 2023년 7월에 그 고지에 올랐다. 21세기에 접어들 때까지만 해도 애플의 몸값은 마이크로소프트의 20분의 1이었다. 지금은 마이크로소프트보다 높다.

애플은 혁신의 아이콘이라는 스티브 잡스 1955~2011의 유산이다. 전기작가 월터 아이작슨은 이렇게 평했다.

"잡스는 많은 걸 직접 발명하지는 않았다. 하지만 아이디어와 예술과 기술을 통합해 미래를 발명하는 데는 달인이었다. 그는 그래픽 인터페이스의 진가를 알아보고 제록스가 하지 못하는 방식으로 맥을 설계했다. 1000곡의 노래를 주머니에 넣고 다니는 기쁨을 간파하고 엄청난 유산을 가진 소니가 결코 해내지 못한 방식으로 아이팟을 만들었다. …… 그리고 휴대폰을 음악과 사진, 동영상, 이메일, 웹 기기로 바꿔놓은 아이폰을 내놓았다."[4]

잡스는 아이작슨에게 써 준 글에서 애플의 혁신이 널리 공감을 얻는 건 인간에 대한 깊은 이해 때문이라고 했다. 한때 혁신의 주역이었던 기업들이 쇠퇴하는 까닭은 무엇일까? 잡스는 혁신을 통해 독점적 지위를 차지한 기업들은 흔히 세일즈맨들에게 경영을 맡기고 제품의 질은 경시하기 시작한다고 지적했다.

잡스는 끊임없이 혁신을 밀어붙였다. 물론 다 성공한 건 아니다. 그의 방식이 늘 정답인 것도 아니다. 하지만 그는 모든 기업가와 투자자들이 늘 곱씹어봐야 할 말을 남겼다.

"위대한 제품을 만들려는 의욕으로 가득한 영속적인 기업을 만드는 데 내 열정을 쏟았다. 나는 회사를 차린 다음 매각이나 기업공개로 현금을 챙기고 떠나려 하면서도 자칭 기업가라는 이들을 보면 질색한다. 그들은 진정한 기업을 만드는 일, 사업에서 가장 힘든 일을 할 뜻이 없다."

한때의 혁신에 안주하며 실제 가치보다 높은 평가만 탐하는 이들은 결코 위대한 영속 기업을 만들 수 없다. 성공한 혁신일지라도 창업자나 경영자가 그것을 뻥튀기해 팔아먹고 튀어버린다면 자본시장의 신뢰 기반은 무너지고 말 것이다.

베이조스는 거품 너머를 봤다

디지털 정글의 제국을 건설한 제프 베이조스. 그는 지금처럼 넓고 깊은 자본시장의 최대 수혜자 중 한 사람이다. 하지만 그도 자칫 잘못했으면 시장의 거품과 함께 흔적 없이 사라졌을지도 모른다. 닷컴버블 시대인 1999년 말로 돌아가 보자. 당시 아마존 주가는 113달러까지 치솟았다. 1.5달러로 상장한 지 2년 만이었다. 뒤이은 거품 붕괴는 참혹했다. 2001년 가을 아마존 주가는 5달러대로 추락했다.[5]

자본시장에 끓어올랐던 거품이 꺼질 때 기업들은 위기에 내몰린다. 혹독한 시간의 담금질이다. 그 시기를 견디고 살아남는 기업은 더 강해진다. 1997년 외환위기 후 한국 기업들이 그랬다. 2008년 글로벌 금융위기 후에도 마찬가지였다. 아마존은 그런 위기를 넘었고 더 강해졌다. 아마존 주가는 2024년 7월 200달러로 사상 최고를 기록했다. 주식분할 전 주가로 환산하면 4000달러로 치솟은 것이다. 시가총액은 2조 달러 약 2600조 원를 넘었다. 닷컴버블이 붕괴할 때 아마존의 미래를 믿었던 투자자들은 700배 넘는 수익을 올렸다.

베이조스는 1999년 '올해의 인물'로 『타임』 표지를 장식했다.

그때까지만 해도 오늘날의 거대 제국 아마존을 상상하기는 어려웠다. 당시 『타임』 편집장이었던 아이작슨은 베이조스 기사가 웃음거리가 되지는 않을까 걱정했다. 닷컴버블이 꺼지기 시작했고 아마존도 어떻게 될지 알 수 없었다. 그는 『타임』의 CEO 돈 로건을 찾아가 자신이 실수한 건 아닌지 물었다. 로건은 걱정하지 말라고 했다. "자네 선택을 고수하게. 베이조스는 인터넷사업이 아니라 고객서비스 사업을 하는 걸세. 몇십 년 후 사람들이 닷컴기업들을 다 잊어버린 후에도 그는 여전히 활약하고 있을 거야."[6]

베이조스는 어떻게 그 시간을 버텨냈을까? 그는 아마존 주가가 20분의 1토막 나는 것을 지켜보면서 냉철하게 따져봤다. 고객 추이와 수익 구조는 나아지고 있었다. 성장은 빨라지고 있었다. 고정비용을 감당할 만큼 규모를 늘리기만 하면 이익은 폭발적으로 늘어날 수 있었다. 그는 철저히 길게 보는 게임을 했다. 성장을 위해서라면 단기 이익을 기꺼이 희생했다. 실제로 아마존은 창업 20년이 넘도록 미미한 이익밖에 내지 못했다. 문제는 주주들이 믿어주느냐였다. 그의 비전과 철학이 아무리 훌륭해도 오랫동안 적자를 내는 기업을 믿고 동행해주는 주주들이 없다면 지는 게임이었다.

이 영리한 기업가는 시장의 생리를 꿰뚫어 보고 있었다. 베이조스는 주주 서한에서 증권 분석의 선구자 벤저민 그레이엄이 한 말을 인용했다. "주식시장은 단기적으로는 투표기지만 장기적으로는 저울이다." 투표는 인기에 좌우된다. 투기적 거품의 광기와 폭락 장의 패닉에 휩쓸린다. 그러나 저울은 그저 말없이 무게를 잴 뿐이다. 길게 보면 주식시장은 기업의 본질적인 가치를 제대로 드러낼 것이다.

베이조스는 주식 상장 후 해마다 주주들에게 편지를 썼다. 그는 처음부터 이렇게 선언했다. "우리는 언제나 고객들에게 초점을 맞추겠다. 단기 이익이나 월가 반응보다는 장기적인 시장 주도권이라는 관점에서 투자하겠다(1997년 서한)." 직원들에게는 "매일 아침 경쟁자가 아니라 고객을 무서워하며 눈을 뜨라"고 다그쳤다(1998년 서한). "많은 투자자가 사실 일시적인 세입자나 다름없다"며 "장기적 사고는 진정한 주인의식에 필요한 조건이자 그 결과"라고도 했다(2003년 서한). 자신은 장기 보유 주주들을 위한 선택을 하겠다는 말이었다.

베이조스는 장부상 이익보다는 주당 현금흐름을 중시했다. 현금흐름이 늘어날수록 더 많은 혁신을 꾀할 수 있다. 위기 때도 더 잘 버틸 수 있다. 그는 "성장을 위한 자본 투자가 그로부터 창출되는 현금흐름을 초과할 때 오히려 주주가치를 해칠 수 있다"고 지적했다(2004년 서한). 베이조스는 늘 첫날처럼 일해야 한다는 '데이원Day 1' 정신을 끊임없이 강조했다. "데이 투는 정체다. 그 뒤에는 쓸데없는 것들이 따라온다. 그리고 극히 고통스러운 쇠퇴가 이어진다. 그다음에 오는 건 죽음이다(2016년 서한)."

베이조스는 절묘하게 디지털 혁명의 물결에 올라탔다. 질풍처

프롤로그　19

럼 내달리며 영토를 확장했다. 그러나 그가 자본시장과 효과적으로 소통하며 장기투자 철학과 비전에 대한 주주들의 공감을 끌어내지 못했더라면 지금의 아마존 제국은 없었을 것이다.

아마존 주가는 코로나19 팬데믹 후 거품이 걷히면서 반 토막 나기도 했다. 혁신 기업도 성장 잠재력을 높이 샀던 투자자들의 믿음이 사라지면 언제든 다시 위기를 맞을 수 있다. 그럴 때 폭락하는 주가를 바라보는 창업자와 경영자들은 두 쪽으로 나뉠 것이다. 한발 앞서 주식을 팔아치우고 제 살길부터 찾으려고 궁리하는 쪽과 힘든 시기를 함께 할 투자자의 믿음을 얻으려고 진솔한 편지를 쓰는 쪽으로.

혁신자본에 투자하라

피렌체 공화국과 밀라노 왕국을 오가다 프랑스에서 생을 마친 다빈치는 오래된 신념이 허물어지는 시대를 살았다. 정치도 철학도 혼란스러웠다. 그는 대학에 가지 못했고, 동성애자로 고발당했으며, 오랫동안 이방인으로 살았다.

다빈치의 호기심은 끝이 없었다. 그를 '모나리자'와 '최후의 만찬'을 남긴 화가로만 봐서는 안 된다. 그는 인체와 동물 해부학, 기계학, 건축과 토목공학, 군사공학, 로봇공학, 수로학, 공기역학, 광학, 동물학, 식물학, 음악, 의상과 무대 디자인, 수학, 천문학 분야에서도 놀라운 통찰을 보여줬다.

그는 성당 꼭대기에 구리 보주를 얹으려 지레와 도르래, 크랭크로 거대한 물체를 들고 끄는 방법을 시연했다. 물을 동력으로 곡식을 빻고 직물을 가공하는 기계도 설계했다. 새의 비상에 관한 역학을 탐구해 하늘을 날고 싶은 인간의 억누를 수 없는 욕망을 채우고자 했다. 대포로 적진을 뚫고 가는 '난공불락의 장갑차'를 제안하고 터널 굴착기와 조립식 다리도 구상했다. 잠수함 같은 미래 군사 기술을 상상하고 직조기, 제분기, 풍차, 자동 실 꼬기가 가능한 물레, 움직이는 기사와 사자 로봇도 설계했다.

다빈치는 스티브 잡스의 영웅이었다. 잡스는 500년 시간을 뛰어넘어 그와 교감할 수 있었다. 잡스는 다빈치가 "예술과 공학 양쪽에서 아름다움을 봤고 그 둘을 결합하는 능력 덕분에 천재가 됐다"고 했다. 그는 신제품 프리젠테이션 때 인문학과 기술의 교차로 그림을 띄우곤 했다. 바로 그 교차로에서 창의성이 나온다고 믿었다.

다빈치는 확실히 천재였다. 그러나 신이 내린 천재라기보다 우리가 배울 수 있는 천재였다. 그의 열렬한 호기심과 치밀한 관찰력은 보통사람도 본받을 수 있는 자질이다. 교육을 거의 받지 못한 그는 라틴어 읽기나 긴 나눗셈을 잘 하지 못했다. 아이작슨은 그의 천재성이 인간적인 것이며 의지와 야망으로 정련된 것임을 알아보았다. 잡스 역시 천재였다. 그는 특출하게 똑똑한 사람은 아니었다. 하지만 그의 상상은 때로 마법처럼 도약했다. 아이작슨은 그가 "새로운 길을 찾아내는 탐험가처럼 정보를 흡수하고 바람의 냄새를 맡으며 앞에 있는 것들을 감지했다"고 썼다.

영국 전기작가 찰스 니콜은 다빈치를 경험의 신봉자라고 평가했다. 그는 스스로 관찰하고 증거를 모으며 지식을 쌓았다. 당시 금기였던 인체 해부에 열정을 쏟았다. 냉동되지 않은 시신을 해부하는 일은 힘들고 역겨웠다. 피부를 절개할 때는 지방이 뿜어져 나왔다. 다빈치가 가장 주의 깊게 관찰한 건 입술 근육이었다. 그는 다른 어떤 동물보다 인간에게 표정을 만들어내는 근육이 많다는 걸 알았다. 해부와 실험으로 인간이 어떻게 성난 표정을 짓거나 슬픔과 고통을 표현하는지 알아냈다. 입술 근육에 신호를 보내는 신경이 어디서 비롯되는지도 알고 싶어 했다. 모나리자의 미소는 우연히 나온 것이 아니었다.

다빈치와 잡스는 완벽주의자였다. 다빈치는 적당히 훌륭한 그림을 내놓느니 차라리 포기하는 쪽을 택했다. '모나리자' 같은 걸작도 죽을 때까지 가지고 다니면서 다듬었다. 1503년 피렌체에서 그리기 시작한 이 그림을 밀라노, 로마, 프랑스로 옮겨가면서 1517년까지 새로 붓질을 하고 색을 입혔다. 잡스는 아무도 보지 않을 회로기판 안쪽이 아름답게 나올 때까지 매킨토시 출시를 보류했다. 아름다운 서랍장을 만드는 목수가 아무도 안 본다고 장 뒤쪽을 싸구려 합판으로 만들겠는가?

잡스가 심혈을 쏟은 애플 Ⅱ의 팸플릿에는 그의 디자인 철학을 압축하는 문구가 담겼다.

"단순함은 궁극의 정교함이다."

이 말은 흔히 다빈치의 것으로 인용되나 근거는 찾을 수 없다. 메시지는 분명하다. 디자인이 단순할수록 사용하기 쉽다. 진정한 예술가는 단순화할 줄 안다. 단순함은 복잡성을 완전히 정복할 때 얻을 수 있다. 사물의 본질을 더 깊이 파고들어야 가능한 일이다.

다빈치와 잡스는 외톨이가 아니었다. 혁신은 한 사람의 아이디어에서 출발하더라도 팀 스포츠처럼 손발을 맞춰 실행할 때 비로소 빛을 본다. 다빈치의 '비트루비우스적 인간'은 아이디어 공유를 통해 나왔다. 해부학 연구는 긴밀한 협업으로 이뤄졌다. 잡스는 제록스가 개발한 그래픽 인터페이스를 애플 컴퓨터에 통합했다. 그들의 혁신적인 아이디어를 가져와 단순하고 편리한 제품으로 구현해냈다.

이 책은 다빈치처럼 상상하고 잡스처럼 혁신하는 사람들 이야기다. 우리에게 영감을 줄 수많은 창업자와 CEO들이 등장한다. 고대 로마와 중세 이탈리아부터 근대 영국과 오늘날 미국에 이르기까지 남다른 아이디어와 열정으로 세상을 바꾸며 거대한 부의 제국을 일군 이들을 만나본다. 초콜릿과 면도날부터 전기차와 인공지능AI 반도체까지 우리 삶을 바꿔놓은 온갖 것이 그들의 꿈과 피와 땀의 결정이다. 시대와 분야는 달라도 그들은 모두 상상하고Imagine 혁신하고Innovate 실행하는Implement 'I형 인간'들이다. 그들은 대부분 타고난 천재라기보다 노력하는 혁신가들이다. 혁신

자본은 한 사람이나 기업의 꿈, 피, 땀이 어우러진 총체적인 혁신 역량을 말한다. 혁신자본은 21세기 부의 가장 중요한 원천이다.

1976년 회사를 차리기로 한 잡스는 폭스바겐 버스를 팔았다. 스티브 워즈니악은 HP65 전자계산기를 반값에 팔았다. 초기 자본 1300달러가 마련됐다. 그렇게 시작된 애플의 기업가치는 반세기가 채 안 돼 3조 달러를 훌쩍 넘었다. 부의 빅뱅이다.

부의 대폭발이 일어날 때 가장 귀중한 에너지는 창조적 두뇌와 혁신역량이다. 토지자본, 상업자본, 산업자본, 금융자본의 시대는 혁신자본이 지배하는 시대로 바뀌었다. 지금은 누구나 기업가이고 투자자인 시대. 혁신역량이 곧 계급이 되는 시대에 부의 빅뱅을 마주한 우리는 어떻게 상상하고 혁신하고 실행할 것인가? 책은 이 물음에서 출발한다.

나는 추상적인 이론보다는 혁신의 힘으로 날아오르고 혁신에 치여 추락한 기업들의 실제 경험에서 답을 찾으려 한다. 오늘날 기업가와 투자자에게 가장 절실한 것은 혁신자본을 알아보는 혜안이다. 독자들은 혁신 전쟁의 최전선에서 뛰는 글로벌 CEO의 생각법과 경영 혁명에서 영감을 얻을 수 있을 것이다. 나는 그것을 설명하기보다는 보여주려 한다. 독자들이 스스로 묻고 답하는 읽기를 권한다.

제1부는 오늘날 가장 성공적인 기업들이 실제로 어떻게 혁신했는지 보여주려 한다. 혁신가들은 미친 듯이 꿈꾸고, 다르게 싸

우고, 끊임없이 실험했다. 창업부터 경쟁전략에 이르기까지 글로벌 CEO들의 비밀 노트를 보듯 귀중한 노하우를 엿볼 수 있기를 바란다.

제2부는 혁신 자본주의의 작동 원리와 창조적 파괴의 폭풍을 이야기한다. 기업가들은 모두 발밑에서 무너지는 땅 위에 서 있는 사람들이다. '새로 고침'으로 더 강해지고, 공룡의 운명을 피하는 법을 터득하며, 시간의 담금질을 견딘 기업들을 만날 수 있다.

제3부에서는 위대한 기업은 왜 추락하는지 탐구하고, 혁신과 거품의 이중주를 되새겨 본다. 거품 속에서 길을 잃는 투자자와 성공의 광채에 눈이 먼 기업가를 만나본다.

제4부는 혁신자본이 지배하는 시대 기업과 국가는 어떻게 경쟁우위를 확보할 수 있는지 알아본다. 오히려 혁신의 걸림돌이 되는 CEO, 내전을 벌이는 가족기업, 반도체 생태계에서 낙오한 국가도 등장한다.

독자들은 이 탐사에서 수많은 질문과 맞닥뜨릴 것이다. 책을 덮을 때쯤 다시 한번 자문해보기를 바란다. 나의 혁신자본은 얼마인가? 나는 어떻게 상상하고 혁신하고 실행할 것인가?

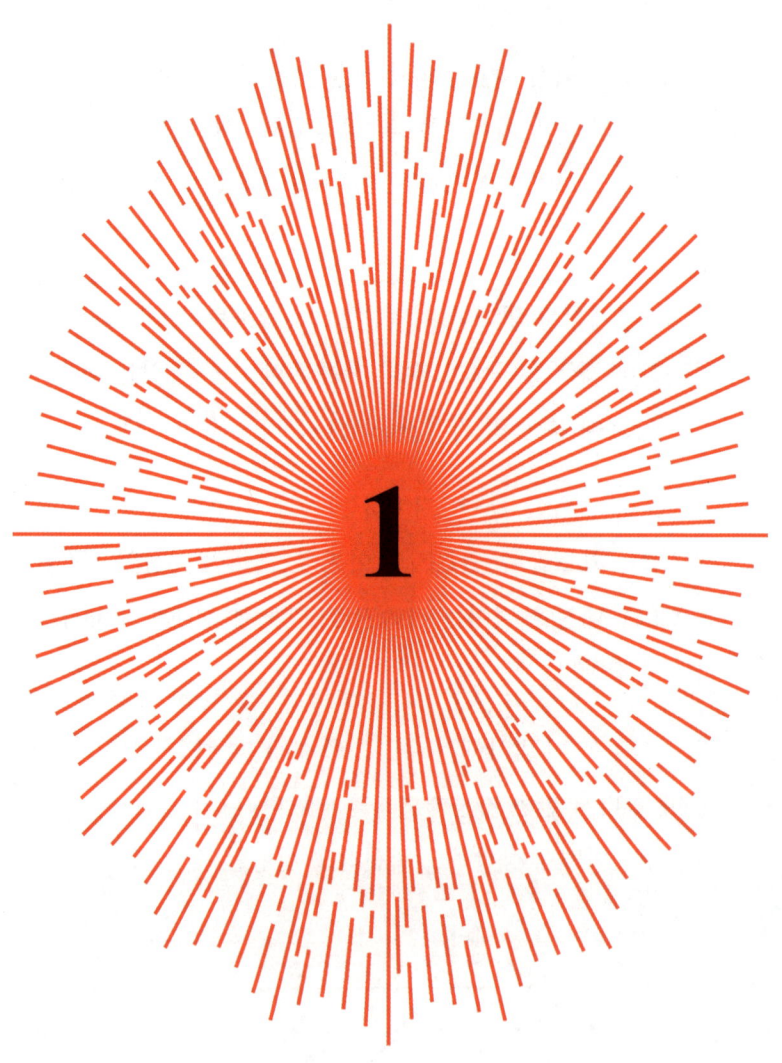

제1부

꿈, 피, 땀

"걷지 말고 뛰세요.
먹잇감을 쫓아 뛰든 먹잇감이 되지
않으려고 뛰든, 뛰세요."

- 젠슨 황 엔비디아 CEO

"우리는 지금껏 위대한 아이디어를
훔치는 걸 부끄러워하지 않았습니다."

- 스티브 잡스 전 애플 CEO

"당신의 꿈이 미친 것인지 묻지 말고
그것이 충분히 미친 것인지 물으세요."

- 2018년 나이키 광고

제1장

제정신이면 하지 않았다

애덤 스미스1723~1790는 "모든 사람이 이득을 볼 가능성은 과대평가하고 대부분이 손실을 볼 가능성은 과소평가한다"고 했다.[7] 그런 낙관과 자신이 없다면 힘들게 기업을 일으키고 위험한 투자를 감행하지 않을 것이다.

3세기 후 지구촌에서 록스타 같은 인기를 누리는 기업가가 말했다. 자신은 30년 전 순진한 낙관이 없었다면 창업 같은 건 하지 않았을 거라고. 주식시가총액이 3조 달러를 웃도는 엔비디아의 CEO가 바로 그다.

2023년 10월 팟캐스트 『어콰이어드』는 60세의 젠슨 황과 인터뷰하면서 이렇게 물었다. 오늘 다시 서른 살이 돼 두 절친과 데니스 레스토랑에 가서 창업을 이야기한다면 어떤 사업을 시작할 것인가? 황은 질문이 끝나기 무섭게 "하지 않겠다"고 답했다.

왜 그런가? 기업을 일으키는 일은 처음 생각했던 것보다 백만 배나 힘들기 때문이다. 기업을 키우면서 얼마나 큰 고통을 느끼게 될지, 얼마나 많은 도전과 수치를 견뎌야 할지, 얼마나 많은 일이 잘못될지 처음부터 깨달았다면 창업은 하지 않았을 거라는 말이었다. 황은 "제정신을 가진 사람이라면 누구도 그 일을 하지 않았을 것"이라고 했다.

그의 대답은 역설적이다. 돌이켜보면 젊은 시절 무지와 무경험이 오히려 그가 성공하는 데 도움이 됐다. 기업가의 일이 얼마나 어려울지 알지 못했기에 지레 포기하지 않을 수 있었다. 황은 그런 낙관과 용기를 "기업가의 초능력"이라고 했다. 인터뷰가 알려지자 인터넷 세상은 들끓었다. 엔비디아는 AI 시대의 슈퍼스타다. 그런 기업의 창업자가 일이 얼마나 어려울지 알았다면 시작도 하지 않았을 거라고 했다. 진심이었을까?

2024년 2월 『와이어드』 인터뷰에서 황은 같은 질문에 다시 답했다. 두 번째 답은 사뭇 달랐다. "만약 그때 엔비디아가 지금 같은 기업이 되리라는 걸 알았다면 창업을 하지 않았을 거냐고요? 농담하는 겁니까? 나는 그 일을 위해 모든 걸 희생했을 겁니다." 그는 앞서 『뉴욕타임스』 '딜북 서밋'에서도 오해를 바로잡으려 했다. "그런 뜻이 아니었습니다. 우리는 대단한 기업을 세웠습니다.

그 모든 일이 가치 있는 일이었죠."

하나의 업을 시작하는 데는 어느 정도 미혹이 필요하다. 그래서 황은 팟캐스트에서 "무지의 이점"을 이야기하려 했다. 그는 수많은 창업자를 만나면서 그들이 얼마나 일이 쉽게 풀릴 것으로 생각하는지 듣고 놀라곤 한다. 굳이 낙관을 깨트릴 필요는 없다. 하지만 속으로는 '절대 그처럼 쉽게 되지는 않을 것'이라고 생각한다. 황은 이렇게 경고했다. "오랫동안 아무도 당신이 성공하리라고 생각하지 않을 겁니다. 당신이 끝내 성공하리라는 걸 믿는 이는 당신 한 사람뿐일 것입니다."

기업가는 창업 후 늘 느끼게 될 불안정과 취약성, 때때로 겪어야 할 굴욕을 생각해야 한다. 황은 이날까지 자신의 뇌에 끊임없이 싱기시킨다. 이 일은 얼마나 이려울 수 있는가?

엔비디아는 AI 시대 부의 빅뱅을 극명하게 보여준다. 성장은 말 그대로 폭발적이었다. 시가총액은 2024년 6월 3조 달러를 넘었다. 1년 새 2조 달러나 늘었다. 불과 5년 전 1000억 달러에 못 미쳤던 회사였다.

대만에서 태어난 황은 아홉 살 때 태국에서 미국으로 건너왔다. 열다섯 살 때는 데니스 레스토랑에서 접시닦이로 일을 시작했다. 서른 살 때는 데니스의 한 부스에서 친구 둘과 창업을 이야기했다. 그리고 지금까지 쉬지 않고 일했다. 그는 어떻게 성공했을까? 2024년 봄 CBS '60분' 인터뷰에서 그는 이렇게 말했다.

"마법은 없습니다. 61년 동안 하루도 빠짐없이 열심히 일했을 뿐입니다."

제1부 꿈, 피, 땀

"나는 성공적이었다, 엔비디아를 시작하기까지는"

『와이어드』 기자에게 황은 자기도 저널리즘을 공부했더라면 좋았을 거라고 했다. 그는 엔비디아의 아이디어를 파는 것을 기본적으로 스토리텔링이라고 생각한다. "전략을 세우는 것도 스토리텔링입니다. 문화를 만들어가는 것도 스토리텔링이죠."

자신이 어떻게 온갖 어려움을 넘어 오늘날에 이르렀는지 이야기할 때 황은 흡인력 있는 저널리스트가 된다. 서사는 간결하고 명료하다. 통찰과 비전을 극적으로 버무린다. 놀라운 성취에서 나오는 오라 aura 는 그런 서사로 더 강렬해진다. 2023년 봄 국립대만대 졸업식에서 풀어낸 이야기도 그랬다. 그는 졸업생들에게 "오늘이 지금까지 살아온 여러분 인생에서 가장 성공적인 날"이라고 축하했다. 그리고 덧붙였다. "나 역시 성공적이었죠. 엔비디아를 시작하기까지는."

황은 여러 차례 큰 실패를 겪었다. 당연히 수치와 굴욕을 느꼈다. 그는 세 번의 고비를 이야기했다. 그때마다 얻은 교훈이 오늘날의 황과 엔비디아를 규정한다고 했다.

1993년 창업 후 초기에 맞닥뜨린 실패는 회사를 벼랑으로 몰았다. 가속 컴퓨팅을 위해 창업한 엔비디아의 첫 작품은 PC 게임에 필요한 3D 그래픽 처리장치였다. 일본 세가의 자금을 받아 게임 콘솔을 개발할 때였다. 1년쯤 지났을 때 아키텍처 전략이 잘못됐음을 깨달았다. 마이크로소프트는 다른 표준을 내놓았다. 세가의 콘솔을 완성하면 윈도와 맞지 않는 열등한 기술이 될 것이었다.

그렇다고 두 손을 들면 즉각 숨이 끊어질 터였다.

진퇴양난이었다.

황은 세가 CEO를 찾아가 엔비디아의 접근법은 잘못됐으며 계약을 완수할 수 없다고 털어놓았다. 수치스러웠다. 하지만 세가의 자금이 끊기면 엔비디아는 퇴출될 수밖에 없었다. 그는 투자를 계속해달라고 간청했다. 놀랍게도 세가는 그 말을 들어주었다. 엔비디아는 6개월 더 생명을 연장할 수 있었다. 배수진을 치고 내놓은 칩 RIVA 128은 1997년 3D 시장에서 돌풍을 일으켰다. 엔비디아는 극적으로 살아났다.

이때 황은 모든 기업가에게 필요한 교훈을 얻었다.

"겸손하게 실패를 마주하고 실수를 인정하고 도움을 요청해야 합니다."

두 번째 고비는 2007년 가속 컴퓨팅을 위한 쿠다 CUDA 플랫폼을 내놓았을 때 왔다. 60년 동안 표준이 돼온 중앙처리장치 CPU 컴퓨팅 모델의 허점을 새로운 그래픽처리장치 GPU 모델로 파고드는 건 대단히 힘든 일이었다. 엄청난 개발비를 쏟아부으면서 실적에 심한 압박을 받았다. 주식시가총액은 10억 달러 선을 맴돌았다. 회의적인 주주들은 수익성 개선에 집중할 것을 요구했다. 하지만 가속 컴퓨팅의 시대가 올 것을 믿는 황은 끈질기게 버텼다.

그리고 마침내 AI 연구자들이 쿠다를 발견했다. 2012년 인공신경망 모델 알렉스넷은 GPU 기반 딥러닝 시대를 알렸다. 황은 딥러닝 기술을 좇기 위해 모든 걸 걸었다. 그 위험을 감수하지 않았다면 가속 컴퓨팅과 AI 혁명의 주역이 될 수 없었을 것이다. AI

연구자들이 엔비디아 모델의 잠재력을 발견한 것은 우연히 찾아온 행운이었을까? 황은 "비전으로 찾아낸 행운"이라고 했다.

그는 또 하나의 교훈을 얻었다.

"비전을 실현하는 데는 늘 고통이 따릅니다. 그 고통을 견뎌내야 합니다."

세 번째 고비는 2010년 구글이 뛰어난 그래픽을 구현하는 모바일 컴퓨터 운영체제를 개발하려 했을 때 찾아왔다. 엔비디아는 컴퓨팅과 그래픽 전문성을 앞세워 모바일 칩 시장에 뛰어들었고 즉시 성공을 거두었다. 하지만 모뎀 칩과 컴퓨팅 칩 업체가 뒤엉키면서 경쟁이 격화했다. 황은 힘든 결정을 했다. 휴대폰 시장을 내놓고 로봇과 인공지능 신경망 쪽에 집중하기로 한 것이다.

그의 말대로 거대한 시장을 포기하고 '제로 빌리언' 시장을 택한 건 전략적 후퇴였다. 그때의 교훈은 이렇게 정리했다.

"가장 똑똑하고 성공적인 사람들에게 후퇴는 쉽지 않습니다. 하지만 전략적 후퇴와 희생, 그리고 무엇을 포기할지 결정하는 건 성공의 요체입니다."

그는 미래의 창업자들에게 말했다. "걷지 말고 뛰세요. 먹잇감을 쫓아 뛰든 먹잇감이 되지 않으려고 뛰든, 뛰세요." 그리고 다시 한번 자신의 교훈을 요약했다. 겸손하게 실수를 인정하고 도움을 청하라, 꿈을 이루기 위해 고통을 참아라, 인생의 목적을 위해 헌신하고 희생하라.

누가 때려눕히면 그는 조용히 일어났다

황의 가족은 그가 다섯 살 때 대만에서 태국으로 옮겨갔다. 아버지는 화학 엔지니어였다. 1960년대 에어컨 회사 캐리어의 훈련 프로그램 덕분에 미국 땅을 처음 밟아본 그는 두 아들을 이 놀라운 나라에 보내기로 했다. 베트남전으로 불안정한 동남아에 뿌리내리고 살 생각은 없었다. 어머니는 형제에게 날마다 사전에서 찾은 영어단어를 열 개씩 가르쳤다. 황은 부모의 그 꿈과 열망이 오늘의 자신을 있게 했다고 회고했다.

형제는 먼저 워싱턴주의 외삼촌에게 갔다. 외삼촌은 형제를 켄터키주 오네이다의 깊은 산골에 있는 기숙학교에 보냈다. 실수였나. 외삼촌 역시 이민 온 지 얼마 안 된 터라 문세아들을 모아놓은 종교적 교정시설을 괜찮은 기숙학교로 알고 보낸 것이다. 황은 그곳에서 가장 거친 친구들의 괴롭힘을 견뎌내야 했다. "그들은 모두 주머니칼을 지니고 있었어요. 그들이 싸움을 벌이면 좋게 끝나지 않았죠. 아이들이 다쳤습니다."

황은 결국 친구를 사귀고 동맹을 만들었다. 그는 기숙사의 나이 많은 친구에게 읽기와 수학을 가르쳤다. 대신 바벨 드는 법을 배웠다. 그곳에서는 모두 일을 해야 했다. 황에게 맡겨진 일은 화장실 청소였다. 언젠가 스탠퍼드 경영대학원 학생들 앞에서 황은 이렇게 말했다. "어떤 일도 깔보지 않습니다. 아시죠, 난 접시닦이를 한 적이 있어요. 화장실 청소도 해봤죠. 여러분 모두가 한 것보다 더 많이 해봤습니다."

공동창업자 크리스 말라초스키는 2012년 한 인터뷰에서 황의 회복력을 이렇게 묘사했다.

"그는 누구를 못살게 굴고 꾸짖는 사람이 아닙니다. 하지만 누가 때려눕히면 조용히 다시 일어나지요."

황의 세계관에서 위대함은 오로지 고난을 통해서만 나온다. 그는 창업 초기 파산을 모면한 후에도 한동안 "우리 회사는 30일 안에 문을 닫을 수 있다"고 마음을 다잡았다. 엔비디아가 투자한 AI 신약개발 회사 리커전의 수장 크리스 깁슨은 두 사람의 첫 만남에서 황이 해준 조언을 기억한다. "그는 모든 스타트업은 항상 죽음을 마주하고 있다고 했습니다. 늘 죽음에 맞서 싸워야 하고 늘 존재가치를 위해 싸워야 한다는 것이죠."

황은 벅찬 요구를 하는 완벽주의자다. 함께 일하기 쉽지 않은 리더임을 스스로 인정한다. 놀라운 일을 하기를 바라는 한 그럴 수밖에 없다고 생각한다. 그는 엔비디아보다 한 해 늦게 세상에 나온 아마존의 '데이 원' 정신을 높이 평가한다. "매일 아침 첫날인 것처럼 눈을 뜹니다. 우리는 늘 이전에는 한 번도 한 적이 없는 일을 한다는 생각을 합니다. 그런 일을 할 때는 확실히 실패할 수도 있습니다."

그는 수평적 조직을 이끈다. 정보의 흐름에서 벗어나지 않으려고 30~40명의 경영자가 직접 보고하게 한다. 공룡 조직의 경직된 위계 구조와 하향식 정보 흐름 속에서 아랫사람이 어렵게 윗선의 의중을 헤아려야 한다면 지금처럼 기술과 시장이 급변하는 환경에 적응할 수 없다. 반도체 설계회사 ARM의 최고경영자 르네 하스는 2010년대에 엔비디아에서 일할 때 이 회사의 독특한 조직 원리를 배웠다. 황은 전형적인 관료조직이 아니라 프로젝트 중심 조직을 만들었다. 중간에 어떤 경영층도 거치지 않고 누구에게든 바로 묻고 답을 얻을 수 있다. 그럴 때 조직은 명확한 목표를 향해 가장 빠르게 움직일 수 있다. 최고의 투명성도 확보할 수 있다.

누가 엔비디아의 왕좌를 흔들 수 있나?

엔비디아는 마침내 AI 시대의 왕좌를 차지했다. 2024년 6월 18일 서른한 살의 젊은 기업은 시가총액 3조3350억 달러로 마이크로소프트를 제치고 지구촌에서 가장 비싼 몸값을 기록했다. 1999년 주식 상장 때부터 그때까지 투자수익률은 재투자한 배당금을 포함해 59만 퍼센트를 웃돌았다. 왕좌는 어느 때보다 굳건해 보였다. 엔비디아는 AI 칩 시장에서 견고한 아성을 쌓았다. 깊은 해자도 둘렀다. 하지만 그 자리는 어떤 자만이나 방심도 허락하지 않는다. 이제 빅테크와 스타트업은 물론 경쟁 당국까지 엔비디아를 상대로 새로운 싸움을 준비하고 있다. 황이 스스로 되뇌듯이 한 번도 해보지 않은 일을 할 때는 당연히 실패할 수 있다. 그렇다면 엔비디아의 왕좌를 흔들 수 있는 것은 무엇일까?

엔비디아는 그래픽처리장치를 앞세워 AI 생태계의 광활한 영토를 개척했다. 문제를 한 번에 하나씩 차례로 풀어나가는 CPU와 달리 병렬 연산이 가능해 가속 컴퓨팅에 유리한 GPU는 AI 모델

훈련에 제격이었다. 엔비디아의 AI 칩은 머리를 잘 굴리는 GPU와 기억을 잘하는 메모리칩HBM을 연결한 형태다. 이들 사이에 데이터가 빠르게 오갈수록 성능이 좋아진다. GPU가 데이터를 기다리느라 놀고 있으면 효율성이 떨어진다.

기민한 스타트업은 그 틈을 노린다. 세레브라스라는 스타트업은 그런 병목을 막을 방법을 생각했다. 하나의 큰 칩에 수많은 처리장치와 메모리칩을 넣어서 이들을 연결하는 복잡성과 데이터 이동의 병목을 없앴다. 그로크는 언어처리장치LPU라는 AI 칩으로 기존 시스템보다 훨씬 빠르게 대량언어모델을 돌릴 수 있게 했다. 매트엑스는 GPU와 같은 칩에서 대량언어모델에 쓰이지 않는 요소들을 빼버림으로써 더 적은 칩으로 더 많은 일을 할 방법을 생각한다.

거대한 자본력을 자랑하는 빅테크는 엔비디아의 고객이자 경쟁자들이다. 그들은 독자적으로 AI 칩을 만들고 있다. 구글은 클라우드 컴퓨팅 서비스를 위한 텐서처리장치TPU를 개발했다. 아마존과 메타, 마이크로소프트도 클라우드 기반 AI를 위한 맞춤형 칩을 만들었다. 오픈AI를 비롯한 주요 고객들도 엔비디아의 칩에만 의존하지 않을 것이다. AMD, 인텔 같은 강력한 경쟁자들은 어떻게든 엔비디아의 독주를 막으려 한다.

스타트업은 특화된 AI 칩을 만드는 데 사활을 걸어야 한다. 2~3년이나 걸리는 칩 개발의 방향을 잘못 잡으면 치명적이다. 엔비디아도 그래픽 칩 아키텍처 전략을 잘못 세워 벼랑에 몰린 적이 있다. 하지만 맷집 센 빅테크라면 사정이 다르다. 언제든 혁신적인 스타트업을 인수함으로써 엔비디아에 더 위협적인 경쟁자가 될 수 있다.

스타트업을 인수하거나 키우는 건 엔비디아의 전략이기도 하다. 2019년에는 네트워킹 기술을 가진 이스라엘의 멜라녹스를 인수해 또 하나의 날개를 달았다. 여러 칩을 연결하는 기술로 데이터 센터를 하나의 슈퍼 칩으로 만들 수 있었다. 엔비디아가 풍부한 소프트웨어 생태계를 만들어가는 건 효과적인 방어전략이기도 하다. GPU 기반 프로그래밍 모델인 쿠다는 도전자들을 저지하는 깊은 해자가 됐다.

엔비디아의 성공은 그 자체로 새로운 문제를 빚어내기도 한다. 성능이 뛰어난 고대역폭 메모리칩이 충분히 공급되지 않으면 병목이 생긴다. 컴퓨팅 파워 수요는 폭발적인데 에너지 공급이 따라가지 못할 가능성도 크다. 혁신적인 칩이 에너지 소비를 줄이면 칩 수요가 늘어나면서 더 많은 전력이 필요해질 것이다. 가늘고 길게 이어진 글로벌 반도체 공급망의 약한 고리는 늘 위태롭다. 엔비디아와 TSMC는 대만의 실리콘 방패가 되어주지만 그만큼 큰 지정학적 위험을 감수해야 한다.

가속의 시대에 왕좌를 지키려면 어떻게 해야 할까? 궁극적인 전략은 창조적 파괴뿐이다. 엔비디아의 성공을 이끈 혁신이 더는 혁신적이지 않을 때 자기 파괴의 결단을 내릴 수 있어야 한다. 그런 면에서 황이 가장 오랫동안 CEO 자리를 지키고 있는 테크 기업 창업자라는 사실은 유리하게 작용할 수 있다.

황은 "매일 나의 핵심적인 믿음에 대한 자기 성찰을 한다"고

했다. CEO의 끊임없는 자기 성찰이 없다면 결의는 아집이 된다.

서서히 그러다 갑자기 테슬라 모멘트가 왔다

"앞으로 사용될 첨단 납축 배터리의 연료 저장 능력은 가솔린 7.6리터 만큼도 안 될 겁니다. 쉽게 말해 날마다 깜박이는 연료 경고등을 보며 집을 나서게 되는 것이죠."

1995년 6월 미국 캘리포니아주 대기자원국이 전기차 시장의 가능성을 알아보는 워크숍을 열었을 때였다. 크라이슬러 영업 총괄 윌리엄 글럽은 매우 부정적이었다. 이 회사는 1998년에 전기로 움직이는 미니밴을 내놓으려고 무게가 700킬로그램이나 되는 배터리를 장착해야 했다. 판매가는 10만 달러로 책정됐다. 휘발유차 평균 가격의 다섯 배에 가까웠다. 제정신인 사람은 이런 차를 안 살 것이었다.[8]

소비자들은 연료를 다시 채우지 않고 달릴 수 있는 최소주행거리가 200킬로미터는 돼야 한다고 생각했다. 하지만 전기차의 최소주행거리는 80킬로미터였다. 잘하면 130킬로미터까지 높일 수 있었다. 운전자들은 또 10초 안에 시속 100킬로미터까지 가속할 수 있는 차를 원했다. 대부분 전기차는 그 속도를 내는 데 20초가 걸렸다. 그래서는 고속도로에 안전하게 진입하기 어려웠다. 포드의 전기차 프로그램을 맡고 있던 존 윌리스가 말했다. "전기차는 약 3만 달러에 판매될 것이고 80킬로미터를 달리게 해줄 납축

전지를 장착하고 있습니다. 하지만 이 차는 팔기 어려울 겁니다."

자동차를 전기로 움직인다는 아이디어는 오래된 것이다. 그 역사는 19세기 초까지 거슬러 올라간다. 전기차는 20세기 초까지도 내연기관 자동차와 디자인 경쟁을 벌였다. 하지만 싸고 안전하고 편리하게 에너지를 저장할 수 없는 자동차는 밀려날 수밖에 없었다. 전기차는 20세기 말까지 감히 주류시장을 넘볼 수 없었다. 소비자들은 전기차 같은 비싼 별종을 원하지 않았다. 자동차업체들도 전기차 시장은 존재하지 않을 거라고 입을 모았다.

변화는 서서히, 그러다 갑자기 찾아왔다. 정글 같은 복잡계에서는 늘 그렇듯 변화의 압력은 조금씩 커지다 임계상태에 이르고 어느 순간 폭발한다. 내연기관 차에서 전기차로 넘어갈 때는 일종의 상전이 phase transition가 이뤄졌다. 서서히 끓고 있던 물이 갑자기 수증기로 변하듯 완전히 다른 상태로 바뀌는 것이다. '테슬라 모멘트'가 바로 그런 순간이다. 테슬라는 자동차의 생태계를 완전히 바꿔놓았다.

일론 머스크는 전기차를 발명하지 않았다. 테슬라를 처음 설립한 이도 그가 아니었다. 2003년 7월 자동차 제조업체를 설립하고 테슬라 모터스라는 이름을 지은 이는 마틴 에버하드와 마크 타페닝이었다. 그들은 납축전지 대신 리튬이온 배터리로 동력을 전달한다는 구상에 푹 빠져 있었다. 물론 테슬라가 1925년 크라이슬러 이후 처음으로 성공적인 자동차업체가 된 건 머스크라는 과감한 투자가를 만났기 때문이다. 그는 곧바로 650만 달러를 투자해 테슬라의 최대주주이자 회장이 됐다.

머스크는 별의 순간을 놓치지 않았다. 2024년 11월 초 테슬라 기업가치는 도요타, 비야디BYD, 샤오미, 페라리, 포르쉐, 제너럴모터스, 메르세데스-벤츠, 폭스바겐, BMW, 포드, 혼다를 합친 것보다 많다.

2010년 상장한 테슬라의 몸값은 10년이 지나도록 700억 달러대를 넘지 못했다. 그 후 2년 새 16배 넘게 뛰었다.

격변이 일상화된 산업에서 승자가 되려면 상전이의 순간을 포착할 수 있어야 한다. 머스크가 전기차를 맨 먼저 구상하지 않았듯이 잡스는 컴퓨터와 이동통신의 첫 개발자가 아니었다. 베이조스는 인터넷을 발명하지 않았다. 하지만 그들은 혁명의 주역이 됐다. 기존 기업들은 기술과 시장의 폭발적 변화를 일으킬 임계상태를 알아보지 못했다. 알아보았어도 행동에 나서지 못했다. 위대한 혁신으로 거대해진 기업들은 흔히 열정을 잃고 오만해진다. 변화에 둔감해져 스스로 무너진다. 겸손하고 날렵한 모험가들에게 격변은 곧 기회다. 그렇다면 앞으로 자동차 시장을 뒤흔들 격변의 씨앗은 어디에 있을까?

전기차의 심장은 배터리다. 테슬라는 리튬이온 배터리로 판을 뒤집었다. 배터리 기술의 놀라운 발전이 없었다면 테슬라 모멘트도 없었을 것이다. 그러나 배터리업계도 또 다른 상전이의 순간을 맞게 될 것이다. 한국의 주력산업이 된 배터리의 미래도 서서히, 그러다 갑자기 바뀔 것이다.

세컨드 라이프는 있나?

젊고 쾌활한 필립 로즈데일을 만난 건 2007년 가을이었다. 세계지식포럼 참석차 서울에 온 린든랩 최고경영자는 서른아홉 살이었다. 그가 4년 전에 만든 가상세계 '세컨드 라이프'는 폭발적으로 성장하고 있었다. 누구든 가상공간의 아바타를 통해 무엇이든 만들고 거래할 수 있었다. 이 자유롭고 개방적인 시장경제에는 토지도 있고 린든 달러라는 통화도 있었다. 리복이나 델 같은 기업들은 이곳에 매장을 차렸다. 『로이터』는 디지털 신대륙에 기자를 파견했다. 10년 동안 이 신세계를 찾은 이들은 3600만 명에 달했다. 이들이 거래한 상품과 서비스는 32억 달러에 달했다.

로즈데일은 컴퓨터와 소프트웨어를 혼자 공부했다. 고등학생 때 이미 조그만 소프트웨어업체를 만들었다. 1990년대 초 대학에서 물리학을 전공하면서 컴퓨터 프로그램으로 현실 세계를 시뮬레이션한다는 아이디어에 빠져들었다. 그리고 광대역 인터넷이 보급될 때까지 미뤄둔 가상세계 건설에 나섰다. 그는 메타버스의 기본 개념을 모두 갖고 있었다. 2007년 그는 이렇게 예견했다. "3D 웹은 급속히 지배적인 서비스가 될 것이며 누구나 아바타를 갖게 될 것이다."

하지만 지금 세컨드 라이프는 존재감이 없다. 모바일과 소셜네트워크 환경에 맞게 진화하지 못한 탓이다. 몰입감이 부족하고 불편한 아바타 세상은 쪼그라들었다. 자유와 창조의 낙원을 만들겠다는 비전으로 지구촌을 매료시켰던 젊은이는 이제 오십대 후반에 이르렀다. 그보다 열여섯 살 아래인 마크 저커버그는 매월 30억 명이 찾는 지구촌 최대 소셜네트워크를 구축했다. 그는 이제 한 차원 높은 가상세계의 왕좌를 꿈꾸고 있다. 일찍이 로즈데일이 꾸었던 메타버스의 꿈이다.

저커버그는 페이스북을 메타버스 기업으로 탈바꿈시키려 한다. 그러지 못하면 세컨드 라이프와 같은 운명을 맞게 될지도 모른다. 메타와 같은 빅테크 기업들은 고속성장의 꿈을 판다. 언젠가 현실이 되어야 할 꿈이다. 투자자들은 거품이 끓는 자본시장에서 그 꿈에 열광했다. 하지만 그 꿈을 깨트리는 기업들에는 전에 없이 가혹한 벌을 내린다. 허황한 꿈은 가차 없는 심판을 받는다. 저커버그는 더 냉혹해질 심판을 어떻게 견뎌낼 수 있을까?

페이스북은 태어나자마자 성장 가도를 질주했다. 그러나 고속성장의 꿈이 현실의 벽에 부딪힐 때 파열음은 요란했다. 2022년 2월 3일 페이스북의 모회사 메타플랫폼 주가는 26퍼센트 폭락했다. 메타 네트워크의 페이스북, 인스타그램, 왓츠앱 이용자가 정체되면서 성장성에 대한 의구심이 생겼기 때문이다. 시가총액은 하루 새 2500억 달러가 날아갔다. 포르투갈이나 뉴질랜드의 한 해 국내총생산과 맞먹는 금액이었다. 이날 저커버그의 재산도 310억 달러나 줄었다.

저커버그는 스무 살에 창업했다. 세계를 하나의 네트워크로 연결하겠다는 꿈은 어느 정도 현실이 됐다. 그도 어느덧 사십대에 접어들었다. '피크 저커버그'라는 말도 나왔다. 그런 의심을 떨쳐버리려면 그는 다시 한번 게임 체인저가 돼야 한다.

세컨드 라이프는 아차 하는 순간 페이스북에 밀렸다. 페이스북은 이제 틱톡 같은 후발 주자의 위협을 받고 있다. 모두가 무시했던 틱톡은 2016년 출범 후 이미 17억 명 가까운 사용자를 모았다.

메타버스의 왕좌를 노리는 이는 저커버그뿐만이 아니다. 빅테크 기업들은 모두 메타버스 혁명을 주도하려 한다. 애플, 마이크로소프트, 알파벳, 아마존, 메타 매출 중 40퍼센트가 서로 겹친다. 모두 메타버스로 가는 길목을 차지하려 엄청난 실탄을 쏟아붓고 있다. 골리앗에 도전하는 다윗이 되려는 벤처기업도 헤아릴 수 없다.

메타버스 정글에서 거대 플랫폼으로 자리 잡는 기업은 몇 안 될 것이다. 기술뿐만 아니라 규제의 벽도 넘어야 한다. 메타버스를 무한한 자유의 가상세계로 만들기는 어렵다. 페이스북이 만들려던 가상동회기 무산된 것만 봐도 알 수 있다. 하지만 혁신이 혁신을 부르는 가속의 시대는 계속될 것이다. 그 시대는 혁신가의 꿈과 피와 땀을 요구한다.

"모리스, 그건 좋은 생각이 아닌 것 같네"

모리스 창은 "들판으로 쫓겨났다"고 했다. 그는 텍사스인스트루먼트TI 최고경영자가 되고 싶었다. 1958년부터 25년 동안 열정을 바친 회사였다. 그가 창의적 실험으로 수율을 높이지 않았다면 TI가 반도체 제조에서 최고의 효율을 자랑할 수 없었을 것이다.

그는 잠시 전자회사를 경영하다 곧 그만뒀다. 그럴 때 대만 정부가 내민 백지수표는 입맛이 당기는 것이었다.

"말해보시오. 얼마가 필요합니까?" 1985년 대만 정부의 실세 리쿼팅이 타이베이로 창을 불러서 물었다. '대만 경제 기적의 아버지'로 불리는 리쿼팅은 경제부와 재무부 장관을 지낸 후 과학기술 진흥을 이끌고 있었다. 그는 창에게 대만 반도체 산업을 이끌어달라고 부탁했다. 전폭 지원도 약속했다.

1931년 중국 본토에서 태어난 창은 어린 시절 일본군을 피해 광저우, 홍콩, 충칭, 상하이를 오갔다. 나중에는 공산군을 피해 다시 홍콩으로 도망쳤다. 그 후 미국으로 건너갔고 하버드대에 입학했다. 셰익스피어를 공부하며 한 해를 보낸 그는 생각이 바뀌어 MIT로 갔다. 중산층이 되려는 그에게는 영문학보다 기계공학이 안전해 보였다.

창은 1968년 처음으로 대만 땅을 밟았다. TI 반도체 조립공장 입지를 정하려고 아시아 여러 나라를 돌아보는 길이었다. 고위 경영자와 함께 경제부 장관 리쿼팅을 만났다. 분위기는 험악했다. 리쿼팅은 제국주의자들이 지식재산권을 내세워 후발국을 을러댄다고 비판했다. 하지만 그는 곧 TI가 대만의 가장 절박한 고민을 해결해줄 귀한 손님임을 깨달았다.

중국은 1964년 첫 원자탄 실험을 했다. 핵을 가진 중국과 맞서는 대만으로서는 미국의 안전 보장이 생명줄이었다. 이럴 때 TI가 대만에 공장을 세운다면 어떨까? 미국인들은 대만은 몰라도 TI는 적극적으로 지키려 할 것이었다. TI와 함께 올 기술과 일자리도 적화를 막는 데 도움이 될 터였다. 대만은 생존을 위해 어떻게든 글로벌 반도체 공급망에 비집고 들어가야 했다.

창은 대만에 공장을 세워야 한다고 주장했다. TI는 1969년 여름부터 이 섬에서 반도체를 조립하기 시작한다. 그리고 16년 후 TI가 내친 창은 대만 정부 요청에 따라 글로벌 반도체 산업 지형을 바꿀 거대한 판을 벌인다. TSMC를 세운 그의 전략은 급진적인 것이었다.

고객이 설계한 반도체를 제조해주는 데 특화한 회사. 그 구상은 이미 1970년대 중반부터 그의 머릿속에서 떠나지 않았다. 창은 생각했다. 앞으로 반도체 원가는 급격히 떨어질 것이다. 컴퓨팅 파워는 폭발적으로 늘어날 것이다. 반도체를 쓰는 온갖 응용기기가 생겨날 것이다. 전문성이 없는 기업들은 반도체를 직접 만들려고 엄청난 투자를 해야 하는데 가능한 한 모험을 피하려 할 것이다. 믿을 만한 업체가 대신 효율적으로 칩을 생산해주면 얼마나 좋을까?

창이 그 구상을 밝혔을 때 TI는 별 관심이 없었다. TI는 이미 돈을 끌어모으고 있었다. 생기지도 않은 시장을 보고 왜 도박을 하겠는가? 창이 TSMC를 세울 때도 마찬가지였다. TI나 인텔의 친구들은 창이 내민 손을 잡지 않았다. 인텔을 이끌던 고든 무어는 이렇게 말했다. "모리스, 자네는 좋은 아이디어를 많이 갖고 있었지. 이건 아니야."[9]

창의 손을 잡은 회사는 네덜란드 필립스였다. 반도체 설계는 하지만 공장은 없는 기업 팹리스의 위탁을 받아 생산을 대신해주는 업체 파운드리 TSMC는 그렇게 탄생했다.

설계업체 기술을 위탁생산업체가 빼가지는 않을까? 창은 절대 반도체 설계는 하지 않겠다고 했다. "우리는 고객과 경쟁하지 않겠다. 고객이 성공하면 우리도 성공할 것이다."

반도체 위탁 생산은 구텐베르크의 인쇄 혁명에 비견된다. 팹리스와 파운드리의 관계는 책을 쓰는 저자와 책을 찍어주는 인쇄소와 같다. 모리스 창은 디지털 시대의 구텐베르크가 되고 싶어 했다. 그러나 반도체 전쟁을 탐사한 크리스 밀러는 둘 사이에 결정적으로 다른 점이 하나 있다고 했다. 구텐베르크는 인쇄술로 독점적인 지위를 누리려 했으나 실패했다. 창은 그렇지 않았다.

인텔은 왜 주춤거렸나?

인텔의 CEO 폴 오텔리니는 실수를 깨달았다. 하지만 너무 늦었다. 애플의 아이폰이 틈새시장에 머물 거라고 본 건 결정적인 오판이었다.

스티브 잡스는 인텔 칩을 맥 컴퓨터에 탑재하기로 했다. 그 직후 오텔리니를 찾아왔다. 인텔이 애플의 휴대폰에 칩을 만들어줄 수 있는가? 그는 휴대폰이 컴퓨터처럼 작동하기를 바랐다. 그만큼 강력한 프로세서가 필요했다. 하지만 오텔리니는 결국 아이폰 계약을 거절한다. 잡스는 모바일 디바이스에 최적화한 프로세서의 설계와 생산을 ARM과 삼성에 맡긴다. 인텔은 뒤늦게 모바일 생태계에 뛰어들지만 이미 때는 늦었다.

오텔리니는 나중에 기자에게 털어놓았다. "그들은 한 푼도 더 내려고 하지 않았어요.……돌이켜보면 우리가 원가 예측을 잘못한 것이었어요. 아이폰 생산량은 어떤 예측치보다 100배는 많았지요."

인텔의 오판은 성공한 기업의 딜레마를 극명하게 보여준다. 인텔은 너무나 수지맞는 장사를 하고 있었다. 넓고 깊은 해자를 두른 난공불락의 성을 두 개나 차지하고 있었다. PC용 칩과 서버용 칩이었다. 해자는 x86 아키텍처였다. 2005년 CEO가 된 오텔리니의 최우선 과제는 사실상 독점하는 시장에서 최대한 이익을 뽑아내는 것이었다.

그 전에 인텔을 이끈 로버트 노이스, 고든 무어, 앤드루 그로브, 그레이그 배럿과 달리 오텔리니는 공학사가 아니었다. 그는 경제학을 공부했고 MBA를 땄다. 그의 비교우위는 칩보다는 재무제표 엔지니어링에 있었다. 장기적으로 기술력의 리더십을 확보하는 것보다 단기 수익성 목표가 중요했을 것이다. 가만히 있어도 돈을 끌어모을 수 있는데 왜 수익성도 낮고 미래도 불투명한 신규 사업에 돈을 쏟아붓겠는가?

인텔은 PC 시대에서 모바일 시대로 바뀔 때 주춤거렸다. AI 시대에도 맨 먼저 치고 나가지 못했다. 이 회사는 1980년대 이후 CPU라는 칩에 특화했다. PC의 두뇌인 이 칩은 여러 목적에 두루 쓰일 수는 있어도 AI의 두뇌로 쓰기에는 너무 비쌌다. AI가 개와 고양이를 구분하는 훈련을 한다고 해보자. 엄청나게 많은 데이터를 일반 용도의 CPU보다 더 빠르게 처리하고 데이터 센터의 공간을 더 적게 차지하면서 에너지를 더 적게 쓰는 특별한 칩이 필요할 것이다. 고양이 이미지를 인식할 때 CPU는 픽셀을 하나씩 처리해야 하지만 GPU는 여러 픽셀을 한꺼번에 볼 수가 있다. GPU는 컴퓨터 게임의 이미지를 다룰 때뿐만 아니라 AI 시스템을 훈련할 때도 훨씬 효율적이었다.

엔비디아는 일찍이 그 잠재력을 알아보았다. 그리고 AI에 미래를 걸었다. 이 회사는 처음부터 칩 제조를 아웃소싱하면서 새로운 세대의 GPU를 설계하는 데 집중했다. 인텔은 칩 설계와 제조를 함께 한다. 2010년 중반부터는 TSMC와 경쟁하려고 파운드리 사업도 시도했다. 앞선 기술과 거대한 생산 설비를 가진 인텔은 파운드리 분야를 주도할 수 있는 모든 요소를 갖추었다. 그러나 문화는 쉽게 바뀌지 않았다.

TSMC와 달리 인텔은 지식재산권에 관한 폐쇄적인 태도를 보였다. TSMC는 칩 설계를 하지 않으므로 고객들과 경쟁하지 않는다. 그러나 인텔은 거의 모든 반도체 회사와 경쟁한다. 사내에서도 PC나 데이터 센터 칩 부문과 달리 파운드리 벤처는 지지를 받지 못했다. 결국 몇 년 만에 접고 말았다.

지난 반세기 동안 인텔은 위대한 혁신 기업이었다. 그것이 문제였다. 그로브는 입버릇처럼 말했다. "성공은 안주를 낳고 안주는 실패를 낳는다. 오로지 편집광만이 살아남는다." 21세기가 시작될 때 인텔의 시가총액은 엔비디아의 30배를 넘었다. 사반세기가 지난 지금 인텔의 몸값은 엔비디아의 30분의 1에도 못 미친다.[10]

인텔은 2021년 파운드리 사업 재진입을 선언했다. 야심 찬 투자로 판을 뒤집으려 했다. 하지만 2024년 상반기 인텔 파운드리 매출 중 외부 고객에서 나온 건 1퍼센트에 불과했다. 투자자들의 의문은 가시지 않았다. 인텔은 어떻게 혁신 기업의 딜레마를 극복할 수 있을까?

ASML은 어떻게 거인들을 줄 세웠나?

네덜란드 반도체 장비업체 ASML의 기업가치는 2024년 6월 4000억 달러까지 치솟았다. 11월 초에는 2600억 달러대로 밀렸다. 그러나 투자자들은 여전히 이 회사 몸값을 한 해 이익의 35배로 쳐준다. 미국 반도체의 대표 주자인 인텔의 몸값은 그 3분의 1 남짓한 수준에 그친다. TSMC나 삼성전자, 인텔 같은 반도체 거인들은 모두 ASML 앞에 줄을 선다. 이 회사의 장비 없이는 최첨단 반도체를 만들 수 없기 때문이다.

ASML은 빛으로 반도체 회로를 새기는 노광장비를 만든다. 빛에 반응하는 감광액을 기판에 바르고 회로 패턴을 그린 마스크를 씌운 다음 빛을 쬐는 방식은 이미 오래전에 나온 기술이다. 그러나 광원으로 극자외선EUV을 활용하는 장비는 ASML만이 만들 수 있다. 10억 분의 1미터나노미터를 따지는 초미세 회로를 새겨넣으려면 파장이 극히 짧은 빛을 쏘아야 한다. 이 회사는 파장이 13.5나노미터에 불과한 EUV 광원 장비를 상용화했다. 그 전에 쓰던 광원의 파장은 248나노미터나 193나노미터였다.

장비 개발은 엄청난 도박이었다. 빛을 만들고 쏘는 기술 하나하나에 오랜 축적의 시간이 필요했다. 그 기술을 절묘하게 조합하고 수많은 부품을 조달하는 것도 극히 어려운 일이었다. 이 빛을 만들어내려면 진공 상태에서 빠르게 움직이는 극히 미세한 주석 알갱이를 레이저로 두 번씩 쏴 맞춰서 플라스마 상태로 만들어야 한다. 그 일을 초당 5만 번이나 해야 한다. 그러자면 초강력 레이저가 필요하다. 빛을 모아 실리콘 칩으로 정확히 보낼 거울을 만들려면 최고의 광학기술도 확보해야 한다. 이 일을 맡은 독일 업체는 달에 있는 골프공을 맞힐 정도의 정밀도를 자랑한다.

적어도 당장은 대체 불가능한 이 장비업체는 어떻게 태어나고 자랄 수 있었을까? 시간을 30년 전으로 되돌려보자.

1992년 세계 최대 반도체 생산업체인 인텔은 파장이 13.5나노미터인 EUV 개발에 투자하기로 했다. 장비를 직접 만들 생각은 없었다. 믿을 만한 협력 상대를 찾아야 했다. 당시 이 시장의 강자는 캐논과 니콘이었다. 그러나 일본 업체들과 격돌했던 미국 반도체 제조사들로서는 핵심 장비를 그들에 의존하고 싶지 않았다. 니콘은 이 기술을 믿지도 않았다. 미국 장비업체들은 기술에서 밀렸다. 대안은 필립스에서 분리된 ASML밖에 없었다.

네덜란드는 미일 반도체 전쟁에서 중립적인 위치에 있었다. 그렇더라도 미국 정부로서는 미래 반도체 산업의 성패를 가를 기술을 외국 기업에 내어주는 건 꺼릴 만했다. 안보상 이유로 반대하는 목소리도 있었다. 하지만 인텔은 걱정하지 않았다. 일본 반도체

업체들을 물리치고 독보적 위상을 굳힌 인텔이었다. ASML이 빨리 첨단 장비를 공급해주기만을 바랄 뿐이었다.

당시 냉전에서 승리한 미국은 기술 수출에 대한 경계심을 풀었다. 일본 기업의 도전은 정치적으로 물리쳤다. 러시아의 기술력은 큰 위협이 아니었다. 중국은 까마득히 뒤떨어져 있었다. 글로벌 공급망을 최대한 확대해 가장 효율적으로 생산하는 일이 중요했다. 교역이 늘어날수록 지정학적인 긴장도 누그러질 것이었다. ASML은 더없이 좋은 기회를 잡았고 결국 불가능에 가까워 보였던 EUV 기술 상용화에 성공했다. 인텔의 투자를 받고, 미국 싱크탱크의 기술을 얻고, 미국의 관련 업체를 인수할 수 있었다. 그런 협력 틀에서 배제된 일본 장비업체들은 경쟁을 포기했다. ASML은 필립스가 TSMC에 투자한 덕분에 치음부터 큰 수요치를 확보할 수 있었다.

ASML의 EUV 장비에 들어가는 부품 중 이 회사가 직접 만드는 것은 15퍼센트에 불과한 것으로 알려졌다. 나머지는 글로벌 공급망의 수천 개 업체에서 조달한다. 광원을 만드는 자회사는 미국에 있다. 첨단 장비의 중국 수출을 막으려는 미국 입김에서 벗어날 수 없는 구조다. 그러나 ASML은 슈퍼 을이다. 반도체 업계 거인들이 모두 차세대 노광장비 확보에 사활을 걸기 때문이다.

새로운 EUV 장비를 입도선매하면서 장비 선점 경쟁에 열을 올리는 팻 겔싱어 인텔 CEO는 시간을 30년 전으로 돌리고 싶을 것이다. 그때 인텔이 더 공격적으로 베팅해서 이 기술과 장비를 독점할 수는 없었을까? 반도체 패권을 놓칠 수 없는 미국 정부도 후회하고 있을 것이다. 지금 같은 미국이라면 과연 ASML의 부상을 선뜻 용인했을까?

캐시미어 입은 늑대

모에 헤네시 루이비통 LVMH의 베르나르 아르노 회장이 애플의 스티브 잡스를 만났다. 서로 호감을 느끼던 둘은 농담을 섞어가며 이야기했다. 잡스가 말했다. "있잖아요, 베르나르. 50년 후에 내 아이폰이 여전히 성공적일지는 모르겠어요. 하지만 그때도 모두가 돔 페리뇽을 마실 거라는 말씀은 확실히 드릴 수 있겠네요."

아르노는 2018년 봄 CNBC 인터뷰에서 그렇게 전했다. 그는 2001년 초에 그 대화가 오갔다고 했다. 이야기의 맥락은 분명했다. 애플 스토어를 구상하던 잡스가 아르노에게 조언을 구하던 참이었다. '욕망의 사원'이 될 명품 매장을 만드는 일에 한 수 가르쳐줄 수 있는 그였다. 하지만 시점이 이상했다. 아이폰이 출시된 건 2007년이 아니었나?

유명한 일화는 흔히 와전되고 변주된다. 이야기한 당사자들조차 시점이나 세부사항을 혼동하기 일쑤다. 아이폰은 급격한 기술 변화의 소용돌이에 휩쓸릴 것이다. 그와 달리 한 세기 가까운 전통을 자랑하는 돔 페리뇽은 몇십 년이 지나도 여전히 애용될 것이다.[11] 그런 취지의 말이 몇 차례 오간 건 확실하다. 하지만 이 일화를 더 알아보려고 기사를 검색해보면 둘 중 누가 그 말을 했는지조차 헷갈린다. 돔 페리뇽의 브랜드가 얼마나 오래 살아남을지 이야기할 때도 전언에 따라 20년, 25년, 30년, 50년후로 다른 시점이 언급된다. 그러나 중요한 건 이런 디테일이 아닐 것이다.

아르노가 강조하려던 건 오랜 시간의 담금질을 견딜 명품을 만들어야 한다는 점일 것이다. 아르노는 "잡스를 만난 건 행운이었다"고 회고한다. 아이폰을 쓰는 그는 흔히 스마트폰처럼 급성장하는 산업과 오랜 숙성이 필요한 자신의 업종을 비교한다. 애플 주식을 너무 빨리 팔아버린 것을 후회하기도 한다. 그는 "제일 좋아하는 기업가는 워런 버핏"이라고 했다. 버핏이 장기 투자자로 자신의 원칙을 흔들림 없이 지켜나가기 때문이다.

아르노는 "럭셔리 사업은 오래된 유산 위에 건설하는 것"이라고 말한다. 하지만 그가 대대로 이어긴 기업을 물려받아 럭셔리 제국을 이끌게 된 건 아니다. 그는 1949년 프랑스 북부의 작은 도시 루베에서 태어났다. 1971년 명문 공과대학 에콜 폴리테크니크를 졸업하고 아버지의 건설회사에서 일을 시작해 반세기 넘게 사업을 해왔다. 반세기는 긴 시간이다. 하지만 명품 브랜드의 전통을 쌓기에는 짧다.

LVMH 제국이 거느린 75개 브랜드 가운데 100년 넘는 전통을 지닌 것만 31개에 이른다. LVMH가 사들인 부르고뉴 지방의 그랑 크뤼 포도밭 클로 데 랑브레의 역사는 1365년까지 거슬러 올라간다. 지구 반대편의 조선 건국보다 이른 시기다. 소테른 지역의 디저트 와인 샤토 디켐은 1593년에 시작됐다. 조선이 임진왜란을 겪던 때다. 뤼나르 1743년와 모에샹동 1765년, 헤네시 1772년, 쇼메 1780년,

제1부 꿈, 피, 땀   55

겔랑 1828년, 티파니 1837년, 글렌모렌지 1843년, 봉마르쉐 1852년, 루이비통 1854년, 불가리 1884년, 레제코 1908년 같은 주류, 보석, 향수, 가방, 신문도 한 세기 넘는 전통을 자랑한다.

80여 개국에 6200개 가까운 매장을 연 이 럭셔리 제국은 2023년 사상 최대인 861억 유로 약 120조 원의 매출을 올렸다. 2024년 3월 『포브스』는 아르노의 순자산을 2330억 달러 약 300조 원로 추정했다. 5년 새 재산을 세 배 넘게 불린 그는 그때까지만 해도 세계 1위 부자 자리를 지켰다.[12]

"내가 좋아하는 건 이기는 것이다. 내가 사랑하는 건 1등이 되는 것이다." 세계 최대 명품제국을 건설한 그는 이렇게 말했다. 그가 자신의 전 생애보다 긴 전통을 쌓아야 하는 브랜드들을 거느릴 수 있었던 비결은 뭘까? 전통이 무르익는 시간을 뛰어넘어 압축성장을 이루려면 무자비한 인수전을 벌여야 했다. 그는 유서 깊은 브랜드들을 배고픈 늑대처럼 먹어치웠다. 사람들은 그를 '캐시미어 입은 늑대'라고 불렀다.

에르메스는 가까스로 늑대의 공격을 벗어났다.

세계 최대 럭셔리 제국

2010년 10월 25일 월요일, 파리 증시가 개장하자마자 에르메스 주가가 치솟았다. 173년 전통의 럭셔리 명가를 노리는 주식 매집 세력이 나타났기 때문이다. 시가총액이 에르메스의 세 배를 넘는 LVMH였다. 거침없이 영토를 확장하던 이 제국은 이미 에르메스 지분을 14퍼센트나 사 모았다고 밝혔다. 주식 관련 파생상품을 포함하면 지분은 17퍼센트에 달했다. 주말의 깜짝 발표에 시장은 놀랐다. 가족기업 에르메스의 주주들은 경악했다. LVMH는 적대적 인수 의사가 없다고 주장했다. 하지만 에르메스는 지분 취득 공시 규정을 피하려 파생상품을 이용한 것부터가 기습 공격의 저의를 보여준다며 거세게 반발했다.

LVMH는 2001년부터 에르메스 주식을 사들였다. 그러나 지분이 5퍼센트 내여서 오랫동안 감시망에 잡히지 않았다. 글로벌 금융위기 때부터는 에르메스 주식을 기초자산으로 한 파생상품을 대거 보유했다. LVMH는 만기가 된 파생상품을 에르메스 주식으로 전환하지 않으면 그 물량이 시장에 대거 풀리게 되고 경쟁 그룹이나 중국업체가 집어삼킬 수 있다고 주장했다. 지분의 평균 매입가는 발표 당시 시가의 절반에도 못 미쳤다.

소송전과 더불어 감정싸움이 고조됐다. 격분한 에르메스 최고경영자 파트리크 토마는 "아름다운 여성을 유혹하려면 뒤에서 덮치기부터 해서는 안 된다"고 쏘아붙였다. 에르메스가는 주주 이탈을 막을 장치를 고안했다. 50퍼센트 남짓한 지분을 가진 비공개 지주사를 만들고 20년 동안 매각을 금지했다. 외부인이 맡던 경영은 창업자의 6대손인 악셀 뒤마에게 넘겼다.

아르노는 1990년대에 '핸드백 전쟁'에서 패배한 경험이 있었다. LVMH는 1999년까지 몇 년 동안 이탈리아 구찌의 지분 34퍼센트를 매집했다. 구찌가는 출구 전략으로 프랑스의 피노 프랭탕

제1부 꿈, 피, 땀   57

르두트 그룹지금의 케링 그룹의 프랑수아 피노를 찾아갔다. 백기사가 된 피노가 대규모 신주를 인수하면서 LVMH 지분은 20퍼센트로 희석됐다. LVMH는 구찌를 품지는 못했으나 엄청난 지분 매각 차익을 얻었다. 에르메스 인수의 꿈도 결국 접어야 했다. 그러나 매집 주식을 처분해 얻은 차익은 수십억 달러에 이르렀다. 아르노는 실패한 인수전에서도 어김없이 돈을 벌었다.

2023년 봄 LVMH 주가는 900유로를 넘어 사상 최고를 기록했다. 시가총액은 유럽 기업으로는 처음으로 5000억 달러를 넘었다. 2000년대 초 200억 달러 안팎에서 20여 년 새 25배로 불어났다. 아르노가 반세기 만에 이토록 거대한 제국을 일으킬 수 있었던 건 공격적인 인수로 단시간에 규모의 경제를 실현한 덕분이었다. 1984년 아르노는 정부에 로비해 파산 위기에 몰린 섬유업체 부삭을 단돈 1프랑에 인수했다. 진흙 속 진주인 크리스티앙 디오르를 챙기기 위해서였다.

아르노는 유럽 대륙 한복판에서 가장 프랑스적인 상품을 팔았다. 그러면서도 영미식 자본주의의 무자비한 경쟁 논리에 충실했다. 그는 패션 하우스 루이비통과 샴페인코냑업체 모에 헤네시의 합병으로 탄생한 LVMH의 경영권 분쟁이 벌어지자 그 틈을 파고들어 1989년 회장 자리에 올랐다. 럭셔리 명가의 창업자를 몰아내고 가족을 분열시키는 작전도 서슴지 않았다. 구찌와 에르메스를 제외하면 인수 시도에서 실패하는 법은 거의 없었다. 지방시1988년부터 겐조와 벨루티1993년, 겔랑1994년, 셀린느1996년, 세포라와 마크 제이콥스1997년, 태그 호이어1999년, 펜디2001년, 불가리2011년,

티파니2021년에 이르기까지 인수 브랜드가 늘어날수록 규모는 물론 범위의 경제까지 갖춘 복합그룹의 장점을 살릴 수 있었다.

명품 기업은 누구 지갑을 탐낼까?

세계화 시대 신흥 중산층의 욕망을 부추기는 럭셔리 산업은 엄청난 성장 잠재력을 보여줬다. 2023년 LVMH 매출은 전년 대비 13퍼센트의 유기적 성장을 기록했다. 전체 매출에서 아시아 지역은 41퍼센트를 차지했다. 미국과 유럽의 비중은 각각 25퍼센트였다. 중국을 비롯한 아시아 신흥시장은 가장 큰 성장 엔진이었다. 아르노는 일찍이 자본주의 중국의 가능성을 알아보았다. 루이비통은 덩샤오핑 시대인 1992년 베이징에 처음으로 문을 열었다. 세계화 물결을 올라탄 일본인들의 럭셔리 취향을 알아본 것도 주효했다.

여기서 한 가지 의문이 생긴다. 루이비통의 모노그램 로고를 지구촌 곳곳에서 쉽게 보게 될수록 부자들이 갈망하는 명품의 오라는 약해지지 않을까? 전체 매출의 7퍼센트를 차지하는 일본에서는 이미 그런 조짐이 나타나고 있다. 소득 수준이 높아져 럭셔리 제품이 대중화될수록 그만큼 희소성이 떨어지고 부를 과시하는 효과도 퇴색될 것이다.

아르노는 몇 년 전『파이낸셜타임스』와 인터뷰에서 이렇게 말했다. "우리는 여전히 작습니다. 이제 막 시작했을 뿐이에요. 우리는 1등이지만 더 나아갈 수 있어요."

그의 셈법을 추측하기는 어렵지 않다. 지구촌의 새 부자들은 계속해서 나타날 것이다. 그들이 있는 한 욕망의 제국을 확장할 여지도 충분하다. 슈퍼 리치에게는 둘도 없는 명품을 팔고 립스틱 하나로 작은 행복을 느껴보려는 중산층에는 그에 맞는 제품을 팔면 된다. 일본시장이 성숙기를 지나면 중국을 누비고 그다음에는 인도와 인도네시아, 아프리카로 가면 된다.

컨설팅회사 베인앤드컴퍼니의 보고서는 그런 셈법을 뒷받침한다. 보고서는 주류를 제외한 개인 럭셔리 제품 시장이 2022년 3540억 유로에서 2030년 5400~5800억 유로로 한 해 5~7퍼센트씩 성장할 것으로 내다봤다. 중국 소비자 비중은 국적 기준으로 17~19퍼센트에서 38~40퍼센트로 늘어난다. 지역별로 따지면 중국 시장은 17퍼센트에서 25~27퍼센트로 커진다. 세대교체도 이뤄지고 있다. 럭셔리 시장에서 11퍼센트를 차지하는 베이비붐 세대 1946~64년생는 2030년이 되면 완전히 사라진다. Y세대 1965~80년생 비중은 47퍼센트에서 50퍼센트로 커진다. Z세대 1996~2015년생는 18퍼센트에서 25~30퍼센트로 급속히 세를 불린다. 럭셔리 산업은 중국인과 Y, Z세대의 취향에 맞춰가야 할 것이다.

전체 파이는 커져도 럭셔리 명가들의 명운은 엇갈릴 것이다. 가장 많은 브랜드로 포트폴리오를 구성한 아르노의 전략은 규모와 범위의 경제면에서 유리하다. 전통적인 코티지 업체들을 모아 거대한 복합그룹으로 재편하면 자원을 공유하면서 부분보다 큰 전체를 만들어낼 수 있다. LVMH는 가죽 제품과 액세서리 같은 소프트 럭셔리뿐만 아니라 불가리와 티파니의 시계나 보석 같은 하드 럭셔리로 확장해가고 있다.

럭셔리 산업은 황홀한 매력을 팔아야 한다. 아르노는 우아하고 세련된 디오르를 사랑하는 어머니를 보며 패션에 관심을 두게 됐다. 그는 패션을 옷으로만 보지 않았다. 패션은 표현이고 소통이며 스토리텔링이다. 성공한 브랜드를 만들어가려면 팀을 신뢰하고 기존의 틀을 벗어나 사고할 수 있게 최대한의 자유를 주어야 한다. 상상력과 첨단 기술을 버무려 끊임없이 실험하고, 리스크를 안고, 가능성의 영역을 넘어야 한다. 브랜딩은 또한 규율이다. 세심하고 철저한 관리는 필수다.

럭셔리 제국은 단순히 기업사냥이나 금융 공학만으로 일으킬 수 없다. 창의성을 발굴하고 키워내는 역량이 가장 중요하다. 럭셔리의 대중화는 최고의 장인정신을 흐려놓을 수 있다. 세월이 흘러도 변치 않는 품격과 끊임없이 변해갈 현대성을 조화시키는 건 늘 어려운 일이다. 다음 세대에 제국의 경영을 물려줄 때가 다가온다는 것도 고민이다. 75세의 아르노 회장은 여전히 활력이 넘치는 행보를 보여주지만 다섯 자녀가 경영권을 물려받을 때 제국이 분할될 가능성도 있다.

제2장

다윗은 다르게 싸웠다

"연신 고개를 끄덕이던 안티오코가 물었다. '블록버스터가 넷플릭스를 산다면 얼마를 내야 하죠?' 그는 5000만 달러라는 우리 대답을 듣고는 딱 잘라 거절했다. 마크와 나는 풀이 죽어 그 자리를 떠났다. 그날 밤 눈을 감자 블록버스터 직원 6만 명이 우리의 터무니없는 제안에 폭소를 터트리는 모습이 떠올랐다."[13]

"리드가 금액을 말하자 안티오코의 입꼬리가 올라가며 진지한 표정에 균형이 살짝 흐트러졌다. 미세한 표정 변화는 곧바로 사라졌다. 하지만 나는 무슨 일이 일어나고 있는지 바로 알아챘다. 그는 웃지 않으려고 애쓰고 있었다."[14]

넷플릭스의 공동창업자 리드 헤이스팅스와 마크 랜돌프가 2000년 블록버스터 CEO 존 안티오코를 만났을 때였다. 블록버스터는 전 세계에 9000개 가까운 비디오 대여점을 두고 홈엔터테인먼트 업계를 지배하던 거인이었다. 하지만 넷플릭스는 2년밖에 안 된 스타트업이었다. 그해 적자만 5700만 달러였다. 넷플릭스 창업자들은 몇 달이나 애쓴 끝에 텍사스주 댈러스의 블록버스터 본사를 찾아갔다. 그날 안티오코가 브랜드와 시장 지배력, 자본력에서 상대가 안 되는 스타트업의 인수 제안을 한마디로 물리친 건 어쩌면 당연했다.

하지만 훗날 두 기업의 운명은 뒤바뀐다. 그날의 만남은 두고두고 소통거리가 된다. 한때 몸값이 50억 달러에 이르렀던 골리앗은 2010년 완전히 무릎을 꿇었다. 그의 자비심에 호소하던 다윗은 단숨에 판을 뒤집었다. 넷플릭스는 2002년 상장 후 20년이 채 안 돼 시가총액 3000억 달러의 거인이 됐다. 무엇이 성패를 갈랐을까?

블록버스터는 거센 변화의 물결에 올라타지 못했다. 오프라인 대여점에서 VHS 카세트테이프를 빌려주던 사업이 인터넷 시대에 온라인으로 DVD를 대여하는 것으로 바뀌고, 다시 초고속통신을 이용한 스트리밍 서비스로 탈바꿈할 때 넷플릭스는 변화를 주도했다. 블록버스터는 끌려갔다. 스트리밍 서비스가 빠르게 진화하면서 거실은 영화관이 됐다. 방송사가 정한 시간에 TV 앞을 사수할 필요도 없어졌다. 똑같은 콘텐츠를 일방적이고 무차별적으로 내보내는 브로드캐스팅은 산업화시대 대량생산 체제의 산물이었다. 개인 맞춤형 콘텐츠는 디지털 혁명의 요체다. 넷플릭스는 저마다 보고 싶은 걸 언제든 볼 수 있게 함으로써 성공했다.

여기에도 어김없이 창업 신화가 전해진다. 헤이스팅스는 1990년대에 집 가까이 있던 블록버스터에서 VHS 비디오테이프를 빌려보기를 좋아했다. 어느 날 식탁 위에 쌓여있던 서류를 옮기고 보니 몇 주 전 빌려보고는 깜박 잊고 돌려주지 않은 테이프가 나왔다. 대여점 점원은 연체료를 요구했다. 40달러씩이나! 알고 보니 블록버스터의 이익은 대부분 연체료 수입이었다. 불쾌하게 연체료를 물지 않고 즐겁게 영화를 볼 수는 없을까?

랜돌프도 이 이야기를 했다. 하지만 헤이스팅스가 '아폴로 13' 비디오를 늦게 반납하는 바람에 연체료 40달러를 물었고 바로 그 순간 새로운 사업을 떠올렸다는 전설은 창업 과정을 너무 단순화한 것이라고 했다. 사실 넷플릭스도 DVD 대여 서비스를 시작할 때 연체료를 받았다.

창업 신화는 흔히 에피파니의 순간을 포착한다. 하지만 진실은 전설보다 훨씬 복잡하다. 인터넷으로 개인 맞춤형 샴푸를 판다는 아이디어를 넷플릭스로 발전시킨 건 한순간의 계시가 아니었다. 나쁜 아이디어 1000가지가 있어야 좋은 아이디어 하나가 나온다.

넷플릭스는 창업 후 끊임없이 혁신을 주도했다. DVD 대여 사업을 하면서 이미 DVD 없는 미래를 그렸다. 아마존과 블록버스터 사업을 모방하던 회사는 이제 190개국에서 2억8000만 명의 가입자를 모으며 시공간의 제약을 넘는 라이프 스타일을 창조하고 있다.

넷플릭스는 도약하고 추락하고 재도약했다. 팬데믹이라는 기회와 글로벌 유동성의 힘이 없었다면 폭풍 성장은 불가능했을 것이다. 초저금리는 눈덩이처럼 불어나는 빚을 걱정할 필요 없이 맘껏 돈을 쓸 수 있게 해주었다. 투자자들은 낮은 수익률을 참아주었다. 2022년 1분기 넷플릭스의 총부채는 277억 달러에 이르렀다. 10년 새 10배로 불어났다. 다음에는 성장통이 찾아왔다. 2021년 말 700달러까지 치솟았던 주가는 반년 만에 200달러 아래로 곤두박질쳤다. 2022년 초 11년 만에 처음으로 가입자가 줄어들었을 때는 주가가 하루에 35퍼센트나 폭락하기도 했다.

헤이스팅스는 전략을 바꿔 패스워드 공유를 제한하고 광고 요금제를 도입했다. 2023년에는 CEO 자리를 그레그 피터스와 테드 서랜도스에게 넘기고 회장으로 물러났다. 넷플릭스 가입자가 다시 늘어나면서 주가는 2024년 여름 전고점을 넘어섰다.

스트리밍 대전과 무기상 전략

넷플릭스는 파죽지세의 제국이었다. 그런 제국도 강력한 도전자와 부딪치거나 스스로 혁신역량을 잃으면 주춤거리게 되고 결국 무너질 수 있다. 2022년 봄 넷플릭스 제국은 결정적 전기를 맞은 것으로 보였다. 전쟁은 피할 수 없었다. 혁신은 가장 냉혹한 시험대에 올랐다.

제국이 정복하려던 세계는 생각보다 넓지 않을 거라는 회의론이 고개를 들었다. 업계는 지구촌 스트리밍 시장이 10억 가구에 이를 것으로 가정했다. 실제는 그보다 훨씬 적을 수도 있었다. 인구가 많은 아시아 시장이 급성장하더라도 매출과 이익에 얼마나 보탬이 될지 의문이었다. 인도에서는 디즈니 가입자 한 명당 수익이 1달러에도 못 미칠 정도였다. 정복할 땅이 생각보다 좁고 비옥하지도 않다면 영토 전쟁은 그만큼 치열해질 것이다. 시장이 성숙할수록 제로섬 게임이 되기 쉽다.

스트리밍 대전은 냉혹한 싸움이다. 아마존과 디즈니, 애플과의 군비 경쟁은 갈수록 격화하고 있다. 합종연횡도 급물살을 탈 것이다. 넷플릭스의 요새는 난공불락이 아니다. 어떤 해자도 충분하지 않을 것이다. 정글 같은 스트리밍 서비스 생태계에서 균형은 쉽게 무너질 수 있다. 누가 파괴적 혁신을 주도하느냐에 따라 생사가 갈린다.

이 전쟁의 앞날은 어느 정도 예견할 수 있다. 처음에는 주인 없는 땅을 먼저 차지하려는 경쟁을 벌이고, 그다음에는 서로의 영토를 빼앗으려 싸우고, 힘이 부치면 합종연횡으로 뭉치며 적과 동침도 마다하지 않게 될 것이다. '오징어 게임'에서처럼 경쟁자들은 하나둘 탈락할 것이다.

넷플릭스는 스트리밍 서비스의 개척자였다. 성취가 눈부실수록 경쟁자가 늘어나는 건 필연이었다. 뒤늦게 가세한 경쟁자들은 버거운 상대다.

애플은 넷플릭스의 한 해 매출을 한 달에 올릴 정도다. 아이폰은 그 자체로 하나의 구독 서비스 모델이다. 애플로서는 스트리밍 서비스가 아이폰 생태계를 더 번창하게 할 수 있다면 그것으로 만족할 수 있다. 이 싸움에 다 걸어야 하는 넷플릭스와는 다른 게임을 할 수 있다. 아마존의 외형은 넷플릭스의 18배나 된다. 덩치가 큰 만큼 어느 한 부문의 출혈에도 잘 버틸 수 있다. 출혈을 겁내지 않는 상대만큼 무서운 경쟁자는 없다. 디즈니는 축적된 콘텐츠로 경쟁우위를 차지하려 한다.

넷플릭스의 최고 콘텐츠 책임자cco 시절 서랜도스는 이렇게 말했다. "우리는 10년 동안 자체 콘텐츠를 제작하고 있습니다. 하지만 그 시간은 모든 경쟁자보다 90년쯤 적은 겁니다."

스트리밍 서비스업체가 언제든 이탈할 수 있는 가입자를 붙잡아두려면 반드시 봐야 할 콘텐츠를 제작하거나 사들이는 데 사활을 걸어야 한다. 넷플릭스는 2018년부터 4년 동안 콘텐츠 확보에 550억 달러를 쏟아부었다.

스트리밍 대전에서 누가 살아남든 엄청난 출혈을 피할 수 없다. 이럴 때는 이른바 무기상 전략이 영리한 선택이 될 수 있다. 무기상은 전장에서 피 흘릴 필요가 없다. 가장 절박하게 원하는 쪽에 가장 비싸게 무기를 팔면 그만이다.

이 전쟁의 궁극적인 무기는 창의적인 콘텐츠다. 소니는 스트리밍 서비스 경쟁에서 아예 발을 빼고 콘텐츠 공급에 전념하는 것이 유리하다고 판단했다. 스트리밍 대전은 K-콘텐츠에도 좋은 기회가 될 것이다.

다윗의 신화는 계속된다

"네가 나를 개로 여겨 막대기들을 가지고 내게 나아왔느냐? 내게로 오라, 내가 네 살을 공중의 새들과 들판의 짐승들에게 주리라."

2미터 넘는 거구의 전사는 양치기 소년의 도전에 심한 모욕감을 느꼈다. 청동 투구를 쓰고 온몸에 빈틈없이 갑옷을 두른 그는 던지는 창과 찌르는 창, 검을 들었다. 도전자는 물매와 매끄러운 돌 다섯 개만 지녔다. 소년의 돌팔매는 전설이 됐다. 소년의 몸무게만큼이나 무거운 청동 갑옷을 입고 있던 전사는 이마에 돌을 맞고 쓰러졌다. 수천 년 동안 인류의 상상력을 자극한 다윗과 골리앗의 싸움이다.

골리앗은 과연 보이는 만큼 강한 전사였을까? 그가 상정한 건 가까이서 맞붙어 힘으로 상대를 제압하는 싸움이었다. 다윗은 전혀 다른 전술을 택했다. 그는 상대의 치명적인 허점을 노렸다.

고대에는 세 유형의 전사가 있었다. 말이나 전차를 탄 기병, 갑옷을 입고 창칼을 든 보병, 화살이나 돌을 날리는 사격병이었다. 미국 조지아대 역사학자 바루크 핼펀에 따르면 무거운 갑옷을 입고 느리게 움직이는 보병에게 멀리서 돌을 날리는 투석병은 치명적이었다. 펠로폰네소스 전쟁 때 아테네의 시칠리아 원정이 실패한 건 그 때문이었다. 투키디데스는 아테네의 중보병이 시칠리아의 산악지대에서 경보병의 투석에 당한 이야기를 전했다.[15]

다윗과 같은 언더도그의 승리는 자본주의 경쟁에서도 강렬한 은유로 자리 잡았다. 오랫동안 노하우를 쌓고 규모의 경제를 누리며 확고한 브랜드 파워와 신뢰를 확보한 선도기업에 '듣보잡' 기업이 도전해 통쾌한 승리를 거두는 이야기는 전설이 된다. 자만에 빠진 선도자와 무모해 보이는 싸움에서 끝내 판을 바꾸는 도전자의 이야기는 끊임없이 회자된다.

마이클 포터의 『경쟁우위』 마지막 장은 선도기업에 대한 공격을 다룬다. 선도기업은 이미 자기 분야에서 전력투구하고 있고 도전기업을 맞아 장기전을 펼 풍부한 자원을 확보하고 있다. 이럴 때 공격 전략의 기본은 선도기업의 전략을 그대로 모방하는 정면충돌을 피하는 것이다. 다윗이 창이나 칼로 골리앗과 맞붙는 건 가장 어리석은 전략이다. 선도기업은 기존의 경쟁우위를 활용해 도전을 쉽게 물리칠 수 있다. 강력한 보복도 할 수 있다. 도전자의 자원은 그 전에 바닥날 것이다.

포터가 든 예를 보자. 프록터 앤드 갬블P&G은 '폴저스' 커피로 제너럴푸드의 '맥스웰하우스' 브랜드[16]에 도전했다가 강력한 보복에 직면했다. 상대와 똑같은 가치사슬을 이용했기 때문이다. 코카콜라가 와인을 판 것이나 IBM이 중대형 복사기 시장에서 차별화나 원가 우위 없이 경쟁하다 제록스의 강력한 저항을 받은 것도 마찬가지다. 도전기업은 원가나 차별화 면에서 명백히 우월하고 지속적인 경쟁우위를 가져야 한다.

선도기업이 원가나 차별화 우위 없이 어중간한 상태에 있다면 도전자에게 허점을 노출하게 된다. 도전기업은 골리앗의 약점을 노리는 다윗처럼 선도기업의 취약성을 드러내는 신호를 포착해야 한다. 불연속적 기술 변화로 산업구조가 바뀌는 건 가장 중요한 기회다. 레이디얼 타이어는 미쉐린이 굿이어와 파이어스톤에 도전할 기회를 만들어주었다.

포터는 세 가지 공격 전략을 제시했다. 첫째는 도전자가 가치사슬을 재배열 reconfiguration 하는 것이다. 선도기업과 같은 경쟁 범위에서 싸우되 완전히 새로운 방식으로 싸우는 것이다. 둘째는 경쟁 범위를 재정의 redefinition 하는 것이다. 일본 전자업체와 자동차 업체는 미국시장을 파고들 때 먼저 시장을 세분하고 경쟁우위가 있는 시장에 집중한 다음 단계적으로 경쟁 범위를 넓혀갔다. 셋째는 순수한 지출 pure spending 을 늘리는 것이다. 단순히 저가 공세를 펴거나 대대적인 광고마케팅에 나서는 방식이다. 출혈 경쟁으로 끝날 수 있는 위험한 전략이다.

전략을 선택하려면 자신과 상대의 경쟁우위를 꿰뚫어 봐야 한다. 다윗이 보여주었듯이 강점은 언제든 약점이 될 수 있다.

다르게 한다는 것

다윗은 골리앗과 같은 방식으로 싸우지 않았다. 기업의 경쟁전략도 이 논리를 따른다. 차별화는 상대와 다르게 하는 것이다.

포터가 말한 기업의 본원적인 전략을 보자. 첫째는 원가 우위 전략이다. 같은 제품과 서비스를 더 낮은 가격에 파는 쪽이 이긴다. 둘째는 차별화 전략이다. 제품과 서비스를 차별화하면 유혈이 낭자한 가격 경쟁을 피할 수 있다. 셋째는 집중화 전략이다. 세분

된 시장에서 원가 우위와 차별화를 꾀하는 것이다. 그중 어느 것도 아닌 '어중간한 상태'의 기업은 경쟁자의 먹잇감이 된다.

기술과 시장이 바뀌고 산업구조가 달라지면 당연히 전략도 바뀌어야 한다. 초창기 자동차 시장을 개척한 기업들은 비싼 승용차를 선보이며 차별화 전략을 따랐다. 그러나 헨리 포드는 '모델 T'로 부자들의 장난감을 대중의 소비재로 바꿔놓았다. 전형적인 원가 우위 전략이었다. 제너럴모터스GM는 차별화 전략으로 판을 뒤집었다. 질 좋은 차를 가장 값싸게 공급하려는 포드의 철학은 선택의 자유를 원하는 고객의 욕구를 무시했다. GM은 포드의 효율적인 생산 기법을 베끼면서도 해마다 모델을 바꿔가며 스타일링 면에서 앞서갔다.

차별화는 독특한 가치를 제공하는 것이다. 기업의 가치사슬 하나하나가 차별화의 대상이다. 『경쟁우위』는 1980년대 중반에 나왔다. 이 책에 소개된 사례 중 이미 전설이 된 것도 있고 적합성을 잃어버린 것도 있다. 페덱스는 전통적인 가치사슬을 완전히 재배열해 차별화를 이룬 사례다. 경쟁사들은 정해진 시간에만 운항하는 항공기와 여러 물류센터를 도는 트럭을 이용했다. 페덱스는 소형 화물만 취급하면서 항공사를 사들이고 배달센터 개념을 도입해 배달의 적시성과 신뢰성을 높였다.

네슬레는 '스토퍼스' 브랜드를 바쁜 사람들이 급하게 먹어치우는 냉동식품이 아니라 괜찮은 별미로 즐길 수 있는 요리로 광고했다. 메뉴 개발에 막대한 투자를 하고, 매력적인 포장 서비스를 제공하며, 변질된 제품을 신속하게 회수했다. 높은 시장 점유율을 바탕으로 원가 우위를 차지하며 차별화 효과를 축적했다. 경쟁사는 그 전략을 베낄 수 있었지만 그러자면 오랫동안 많은 투자를 해야 했다.

혁신의 동학 dynamics 은 경쟁이론 자체에서도 작동한다. 포터가 『경쟁전략』1980과 『경쟁우위』1985를 내놓고 10여 년이 지났을 때 클레이튼 크리스텐슨이 『혁신 기업의 딜레마』1997와 『혁신 기업의 솔루션』2003을 내놓았다. 포터는 기업이 어떻게 성공하는가에, 크리스텐슨은 기업이 왜 실패하는가에 답했다. 그로부터 또 20여 년이 지났으므로 더 혁신적인 이론이 나올 때가 됐다.

경쟁자는 반드시 거꾸러뜨려야 할까?

다윗은 돌팔매를 맞고 쓰러진 골리앗의 칼을 뺏어 목을 벴다. 다윗과 골리앗의 은유에서 적은 어떻게든 거꾸러뜨려야 할 상대다. 그러나 기업의 경쟁은 반드시 '너 죽고 나 살자'고 덤벼야 하는 싸움은 아니다. 포터는 유익한 경쟁기업도 있다고 강조한다.

1977년 여름 『뉴욕타임스』는 제록스와 코닥이 앞서거니 뒤서거니 새로운 제품을 내놓고 있다고 전했다. 이번에는 레이저 프린터였다. 이듬해 내놓을 제록스의 전자 프린팅 시스템은 컴퓨터에 저장된 정보를 필요할 때 인쇄할 수 있도록 설계됐다. 레이저를 이용해 복사용 벨트에 숨은 이미지를 생성한 다음 검은색 토너로 종이에 그 이미지를 재현하는 방식이었다. 예상 가격이 놀랍다. 기계한 대에 29만5000달러를 받고, 임대하면 월 5300달러에 페이지당 0.35센트를 받는다는 것이었다. 코닥은 마이크로필름 시스템으로 컴퓨터에 저장된 정보를 가져와 처리하면서 레이저 빛을 이용해 선명하게 확대할 수 있게 한 제품을 개발했다. 그해 여름 발매할 첫 모델은 12~14만 달러에 팔릴 예정이었다.

복사기 업계의 언더도그인 코닥은 제록스의 유익한 경쟁기업이었다. 이 산업의 절대 강자였던 제록스는 강력한 도전자가 나타나자 더 나은 성과를 올렸다. 경쟁에 대응하는 과정에서 제록스의 원가구조가 개선됐다. 신제품 개발도 빨라졌다. 독점이나 준독점 기업은 흔히 현 상태에 만족하면서 혁신을 게을리한다. 제록스는 그럴 수 없었다. 코닥은 복사기나 프린터 사업을 단순히 다른 사무 자동화 전략의 교두보로 여기지 않았다. 그 자체로 수익을 낼 사업으로 생각했다. 투자수익을 높게 잡고 품질을 강조하는 기업은 유익한 경쟁자다. 다 함께 수렁에 빠지는 가격 경쟁이 아니라 혁신 경쟁을 촉발하기 때문이다.

1963년부터 23년 동안 펩시코 CEO로 전설이 된 도널드 켄덜은 이렇게 말했다. "코카콜라가 없었다면 우리는 그걸 발명해야 했을 것이다. 그들은 펩시를 발명해야 했을 것이다."

펩시가 전격적인 공세에 나서기 전까지 두 회사는 저강도 전투에 머물렀다. 선도기업인 코카콜라는 웬만하면 가격 경쟁을 피했다. 강력한 보복에 나서지도 않았다. 펩시와 닥터 페퍼, 세븐업 같은 추종 기업들은 오랫동안 안정적인 이익을 얻을 수 있었다. 그러나 곧 콜라 전쟁이 벌어졌다.

1977년 '펩시 챌린지' 캠페인은 상징적인 장면이었다. 테이블 위의 두 컵에 펩시콜라와 코카콜라가 담겨 있다. 어느 쪽이 펩시인지 모르고 맛을 본 소비자가 더 좋은 콜라를 선택한다. 두 회사가 얼마나 격렬한 군비 경쟁을 벌였는지는 광고비만 봐도 알 수 있다. 1975년 코카콜라와 펩시콜라의 광고비는 각각 2500만 달러와 1800만 달러였다. 20년 후에는 8200만 달러와 1억1200만 달러로 펩시가 더 많이 썼다.

얻은 건 무엇일까? 1981년부터 16년간 코카콜라 회장을 지낸 로베르토 고이주에타는 시장 점유율 대신 '목 점유율'을 이야기했다. 두 회사의 경쟁은 탄산음료 시장의 파이를 키웠다. 콜라 시장은 1970년 전체 음료 시장의 12퍼센트 남짓 차지했다. 1985년에는 22퍼센트 넘게 가져갔다. 오늘날 약 4000억 달러로 커진 글로벌 탄산음료 시장에서 경쟁할 때는 어느 한쪽이 다른 한쪽을 반드시 거꾸러뜨려야 하는 건 아니다. 마케팅의 고수가 된 코카콜라와 펩시콜라는 장기적으로 서로에게 유익한 경쟁을 벌일 수 있다.

유익한 경쟁기업은 여러 가지 전략적 이익을 가져다준다. 호황 때 경쟁기업이 초과수요를 흡수하도록 하면 불황 때 과잉설비를 걱정하지 않아도 된다. 경쟁 상대가 있으면 차별화에도 유리할 수 있다. 소비자들은 비교 대상이 아예 없는 제품에 대해서는 가격에 민감해진다. 경쟁기업은 '원가우산'이 돼줄 수 있다. 원가가 높은 경쟁기업이 제품 가격을 높게 유지하면 원가구조를 개선한 기업은 그만큼 프리미엄을 누릴 수 있다.

유익한 경쟁기업의 가장 중요한 역할은 동기부여다. 제록스에 동기부여자 역할을 해주던 코닥은 이제 그 시장에서 사라졌다. 한때 유익한 경쟁기업이었더라도 생존의 위기에 몰리면 무익한 경쟁기업으로 돌변한다. 끔찍한 좀비기업이 되는 것이다.

기업은 왜 실패하는가?

『경쟁우위』를 다시 보자.

도전자와 맞닥뜨린 기업의 방어전략은 이렇게 압축된다. 공격의 가능성을 줄여라. 공격해봤자 효과가 없을 거라는 생각이 들게 도전자의 의사결정에 영향을 미쳐라. 도전 자체의 유인을 감소시키거나 도전이 어렵게 진입장벽과 이동장벽을 높여라. 어차피 공격을 피할 수 없다면 피해가 덜한 쪽으로 유도하거나 공격 강도를 줄이게 하라. 보복은 신속하고 과감하게 하라. 도전자가 배수진을 치고 사생결단하는 상황을 만들지 마라.

방어전략의 가장 큰 걸림돌은 단기 수익성에 집착하는 편협함이다. 지속적인 경쟁우위를 위해서는 단기 이익을 어느 정도 희생할 필요가 있다. 공격 유인을 떨어트리려면 가격 인하나 마케팅 공세를 통해 의식적으로 이익률을 떨어트릴 필요도 있다. 수익률이 너무 높으면 도전자는 어떤 장벽이라도 넘으려 할 테니까.

방어전략의 두 번째 함정은 자기만족이다. 성공한 기업이 현상에 안주하며 도전자에 대한 경계를 게을리하다 수성에 실패하는 경우는 헤아릴 수도 없다. 자만이 실패를 부른다는 것은 태곳적부터 전해진 지혜다.

그렇다면 늘 눈을 부릅뜨고 도전자를 경계하며 나름대로 혁신을 위해 안간힘을 쓰는 기업들은 왜 실패할까? 클레이튼 크리스텐슨은 그에 대한 답을 내놓았다. 기업은 꼭 어리석은 결정을 해서가 아니라 적어도 단기적으로는 가장 합리적인 결정을 해서 실패하는 경우가 많다.

디지털이큅먼트DEC를 보자. MIT 링컨 랩에서 일하던 켄 올슨이 1957년에 세운 이 회사는 컴퓨터 업계의 혜성이었다. DEC는 1960년대 중반부터 1980년대 말까지 미니컴퓨터 시장을 지배했다.

1964년 DEC가 내놓은 미니컴퓨터 PDP-8는 이 시장에서 상업적으로 성공한 첫 컴퓨터였다. 가격은 1만8500달러였다. 지금 돈으로 2억 원쯤 되지만 IBM의 메인프레임 컴퓨터보다는 훨씬 작고 쌌다. 인터랙티브 미니컴퓨터라는 새 시장을 창출한 DEC는 폭발적 성장을 거듭했다.

한창 잘나가던 회사는 1990년대 초 추락했다. 1992년에는 139억 달러 매출에 28억 달러 가까운 적자를 냈다. 창업자 올슨은 사장 자리에서 쫓겨났다.

독자 생존에 실패한 DEC는 1998년 기업용 컴퓨터 시장을 노리던 PC 업체 컴팩에 인수됐다. 인수금액은 컴퓨터 업계 사상 최대인 96억 달러였다. 컴팩 역시 경쟁에서 살아남지 못하고 2002년 휴렛팩커드에 인수된다.

DEC가 갑작스럽게 몰락한 이유를 분석한 이들은 대부분 이 회사가 시장을 잘못 읽었다고 결론 내렸다.

1980년대 후반 마이크로컴퓨터 시장이 열릴 때 DEC는 변화에 대응하는 데 너무 굼떴다. 이 회사 개발팀은 1970년대에 이미 마이크로컴퓨터 시작품을 만들었으나 올슨은 더 진척시키지 않았다. 그는 PC 개발 제안에도 퇴짜를 놓았다. 그때 올슨이 한 말은 두고두고 입길에 오르내린다. "어떤 개인이든 자기 집에 컴퓨터를 놓아둘 이유가 없다."[17]

미니컴퓨터로 성공한 DEC는 분명 PC 시장에서도 성공에 필요한 자원을 확보하고 있었다. PC보다 훨씬 정교한 컴퓨터를 설계하고 제작할 수 있는 기술력이 있었고 믿을 만한 캐시 카우도 있었다. 하이엔드 시장에서 구축한 브랜드의 힘은 PC 업체들이 넘보기 어려웠다. 핵심 부품은 아무 데나 맡기지 않았다. 직접 설게하고 조립했다. DEC는 매출총이익률이 50퍼센트가 넘으면 좋은 사업이고 40퍼센트가 안 되면 추진할 가치가 없다고 봤다. 값싼 저성능 PC를 만들어서는 그런 수익성을 낼 수 없었다. 요컨대 당시에는 PC 시장에 뛰어들지 않는 것이 합리적 결정이었다.

올슨은 자신의 성공에 취해 도전자가 다가오는 것조차 모르고 있을 만큼 어리석지 않았다. 그들이 어떤 무기와 전략을 쓸지 모른 채 넋 놓고 있다 당한 것은 아니었다. 크리스텐슨은 바로 이 지점에서 파괴적 혁신의 메커니즘을 발견한다. 그 기제는 한때 성공적인 기업이 왜 무명의 도전자에게 눈 뜨고 당하게 되는지를 보여준다.

퍽이 갈 곳으로 달려가라

아이스하키 사상 가장 위대한 선수로 꼽히는 웨인 그레츠키 캐나다가 말했다. "나는 퍽이 있던 곳이 아니라 퍽이 갈 곳으로 달려간다."

기업가가 이 말을 듣는다면 지금 돈이 되는 사업이 아니라 앞으로 돈이 될 사업을 보고 뛰어야 한다는 뜻으로 이해할 것이다. 하지만 퍽이 갈 곳으로 달려가는 것은 말처럼 쉽지 않다. 기업가는 당연히 지금 수익성 높은 사업에 집중하는 것이 올바른 결정이라고 생각할 것이다. 크리스텐슨은 이렇게 말했다. "기존 기업 경영자들이 실패하는 까닭은 잘못된 결정을 해서가 아니라 올바른 결정을 하기 때문이다."

1995년 『하버드 비즈니스 리뷰』에 파괴적 혁신 이론이 처음 소개되고 20년이 지났을 때 크리스텐슨은 그 개념을 다시 한번 정리했다. 그는 자기 이론이 널리 알려진 후에도 핵심 개념을 오해하거나 기본 원칙을 잘못 적용하는 경우가 많다고 느꼈다. 사람들은 기술과 시장의 격변으로 기업의 갑작스러운 부침이 나타날 때마다 상투적으로 파괴적 혁신을 가져다 붙였다.

'파괴'는 더 적은 자원을 가진 더 작은 기업이 이미 확고한 자리를 굳힌 기존 기업에 성공적으로 도전하는 과정을 묘사한다. 기존 기업은 가장 까다로운 고객들을 위해 제품과 서비스를 향상하는 데 집중한다. 그들은 가장 높은 수익을 내주는 고객들이다. 이런 기업은 필요 이상으로 높은 품질과 성능을 제공하면서 수익성이 낮은 다른 부문은 무시한다. 파괴적 기업은 바로 그들이 무시한 시장에 뛰어든다. 덜 까다로운 고객을 목표로 한 그들의 제품은 성능과 수익성이 낮다. 바로 그 때문에 기존 기업은 도전에 적극적으로 대응하지 않는다. 하위 시장에서 교두보를 마련한 파괴적 기업은 기술 향상으로 점차 상위 시장에 진출한다. 마침내 기존 주류 고객들이 새로운 기업의 혁신을 대량으로 받아들이면 파괴가 나타난다.

파괴는 기존 기업이 무시하는 저가 시장이나 지금껏 존재하지 않았던 새로운 시장, 다시 말해 비소비자를 소비자로 바꾸는 시장에서 나타난다. 기존 주류 고객들이 보기에 파괴적 기업의 초기 제품과 서비스는 열등한 것이다. 크리스텐슨의 정의에 따르면 우버의 서비스는 파괴적 혁신이 아니다. 우버는 기존 택시보다 저가 시장에서 열등한 서비스를 제공한 것도 아니고 택시를 이용하지 않던 비소비자를 소비자로 끌어들인 것도 아니다. 애플 아이폰은 스마트폰 시장에서 기존 기업들과 같은 고객을 겨냥했고 열등한 제품이 아니었으므로 존속적 혁신에 해당한다. 하지만 아이폰은 PC 대신 인터넷에 접속할 새로운 수단을 제공했으므로 PC 시장에서는 파괴적 혁신을 이룬 것이다. 혁신이 존속적이냐 파괴적이냐는 중요하다. 파괴적 혁신은 존속적 혁신과 달리 치명적이기 때문이다.

뉴코는 열등한 저가 제품으로 시작해 상위 시장까지 치고 올라갔다. 전형적인 파괴적 혁신이었다. 거대한 일관제철소를 가지고 고품질 철강을 생산하는 유에스스틸은 날렵하고 유연한 미니밀

업체 뉴코의 도전을 넋 놓고 보고 있지는 않았다. 뉴코와 같은 기술에 투자할지를 놓고 계산기를 두드려보기도 했다. 이미 감가상각이 끝난 기존 제철소를 이용하면 톤당 350달러짜리 제품을 원가 50달러로 생산할 수 있었다. 뉴코처럼 새 제철소를 지으면 원가는 270달러로 늘어날 터였다. 유에스스틸은 성공을 안겨준 기존의 역량에 안주하기로 했다. 적어도 단기적으로는 수익성을 극대화한 합리적 결정이었다.

컴퓨터산업은 파괴적 혁신의 파노라마를 보여준다. 메인프레임 컴퓨터를 만들던 IBM에 DEC의 미니컴퓨터는 파괴적 기술이었다. 메인프레임 제조업체들이 성능과 수익성이 떨어지는 미니컴퓨터를 무시한 건 어떤 면에서 합리적이었다. 한동안 시장을 지배했던 미니컴퓨터 업체들이 개인용 컴퓨터를 무시한 것도 마찬가지였다. 1980년대 후반 데스크톱 컴퓨터가 미니컴퓨터에 견줄 만한 성능을 제공하자 파괴가 일어났다. 그다음에는 휴대용 컴퓨터가 파괴자로 등장했다.

IBM과 DEC는 뒷짐만 지고 있지 않았다. DEC는 뒤늦게 네 차례에 걸쳐 PC 시장 공략에 나섰다. 새 경영진도 적극적이었다. 하지만 회사 내에서 자원을 배분하는 이들은 왜 수익성이 떨어지는 사업에 돈과 에너지를 쏟아부어야 하는지 이해하지 못했다. IBM의 접근법은 달랐다. 처음에는 PC 사업을 위해 뉴욕 본사와 멀리 떨어진 플로리다에 자율적인 조직을 만들었다. 기존 사업과는 완전히 다른 사람과 논리로 추진하려는 것이었다. DEC는 기존 기업이 파괴적 혁신에 대응하려면 독립적인 새 조직을 꾸려야 성공 가능성이 커진다는 원리를 몰랐거나 실행할 능력이 없었다.

"우리는 위대한 아이디어를 훔쳤다"

"당신들은 금광을 깔고 앉아 있어요. 제록스가 그걸 이용하지 않는다는 게 믿기지 않네요!" 스티브 잡스가 외쳤다. 1979년 말 제록스의 팰러앨토 리서치센터PARC에 찾아갔을 때였다. 그는 제록스가 PARC의 놀라운 기술을 왜 여태 상업화하지 않았는지 도저히 이해할 수 없었다. 그는 이리저리 돌아다니며 흥분한 듯 팔을 휘저었다. 질문을 쏟아내며 감탄을 연발했다.[18]

컴퓨터 모니터에 여러 서류 파일과 폴더가 떠 있고 마우스로 원하는 것을 클릭할 수 있게 한 사용자 친화적 기술은 PARC에서 처음 개발된 것이었다. 그들은 각 픽셀의 비트 정보로 이미지를 표현하는 방식을 썼다. 비트맵 디스플레이와 그래픽 인터페이스는 컴퓨터의 미래를 보여주는 기술이었다. 잡스는 인터페이스의 모든 요소가 사용자에게 가장 편하게 느껴지도록 만들고 싶었다. 그에게 PARC의 비밀병기는 참으로 놀라웠다.

캘리포니아의 PARC는 코네티컷주의 제록스 본사에서 4800킬로미터나 떨어져 있었다. 그만큼 상업적 압박에서 벗어나 있는 혁신의 산실이었다. 가장 뛰어난 과학자들이 모여 있는 이 싱크 탱크는 창립한 지 3년밖에 안 된 스타트업 애플과는 비교조차 할 수 없는 자원을 보유하고 혁신적인 아이디어를 쏟아내고 있었다. 뒷

배가 든든한 그들은 급할 것도 없었다.

애플의 제프 래스킨은 비트맵과 그래픽 인터페이스에서 컴퓨터의 미래를 감지했다. 잡스에게는 직접 PARC를 찾아가 보라고 권했다. 1967년 박사학위 논문에서 일찍이 컴퓨터는 텍스트가 아니라 그래픽 기반 인터페이스를 사용해야 한다고 주장한 래스킨은 새 컴퓨터 개발 프로젝트에 자신이 좋아하던 사과 품종인 '매킨토시'라는 이름을 붙였다.

그해 여름 제록스의 벤처투자 부문은 애플의 2차 펀딩에 참여하고 싶어 했다. 잡스는 영리하게 조건을 걸었다. PARC의 핵심 기술에 접근할 수 있게 해주면 100만 달러를 투자할 수 있게 해주겠다는 것이었다. 첫 방문이 성사됐을 때 잡스는 핵심 기술을 보지 못했다. 그는 제록스 본사에 따졌다. 두 번째 방문 때 그래픽 인터페이스와 비트맵 방식을 접하고는 컴퓨터의 미래를 또렷이 볼 수 있었다.

"바로 그거야! 우리가 그걸 해야 해!" 돌아오는 길에 잡스가 외쳤다. 애플 팀은 PARC에서 본 것들을 매킨토시에 구현했다. 그들은 5년 동안 "미칠 만큼 위대한" 제품을 만드는 데 집중했다. 그리고 PARC의 기술을 뛰어넘었다. 버튼이 세 개인 PARC의 마우스는 조작하기 복잡했고 부드럽게 움직이지 않았으며 단가가 300달러나 됐다. 화면의 창을 끌어서 움직일 수도 없었다. 애플은 세련된 아이콘을 넣고, 메뉴가 아래로 펼쳐지게 하고, 마우스를 더블클릭해 파일과 폴더를 열 수 있게 했다.

사실 제록스도 PARC의 기술을 상업화하려고 했다. 매킨토시에 앞서 출시한 '제록스 스타'는 그래픽 인터페이스와 마우스, 비트맵 디스플레이를 통합한 것이었다. 이 투박한 컴퓨터는 큰 파일을 저장하는 데 몇 분씩 걸렸다. 가격은 1만6000달러대로 너무 높아서 네트워크 환경을 갖춘 사무실에서나 쓸 수 있었다. 판매량은 3만 대에 그쳤다. 훗날 잡스가 말했듯이 제록스는 전성기의 IBM이나 마이크로소프트가 될 수 있었다. 하지만 최고의 기술을 손에 쥐고도 컴퓨터산업 전체를 지배할 기회를 놓쳤다. 잡스는 그들을 "컴퓨터가 어떤 일을 할 수 있는지 아무것도 모르는 바보"라고 했다.

매킨토시라는 혁명적인 운영체제의 씨앗은 잡스의 PARC 방문 때 뿌려졌다. 아이작슨은 이렇게 썼다. "애플의 PARC 습격은 이 산업의 역사에서 가장 큰 도둑질로 묘사되곤 한다." 잡스는 그걸 오히려 자랑스러워했다. "피카소는 말했죠. 좋은 예술가는 베끼고 위대한 예술가는 훔친다고요. 우리는 지금껏 위대한 아이디어를 훔치는 걸 부끄러워하지 않았습니다."

제록스는 뒤늦게 애플을 상대로 저작권 소송을 제기했지만 기각당했다. 잡스의 PARC 방문 조건으로 투자했던 100만 달러는 1980년 말 애플이 기업공개를 했을 때 1760만 달러가 됐다. 1977년 초 5000달러 남짓했던 애플의 가치는 주식 상장 후 17억 달러가 됐다. 2024년 11월 초 애플 시가총액은 3조4000억 달러에 이른다. 제록스의 몸값은 12억 달러에 그친다.

잡스가 PARC를 찾아가지 않았다면 컴퓨터 역사는 어떻게 달라졌을까? 이 물음은 더 근본적인 화두로 이어진다.

혁신은 어떻게 이뤄지는가? 위대한 혁신가는 어떻게 생각하는가?

헛스윙을 겁내면 홈런을 칠 수 없다

"미친 사람들에게 축배를. 부적응자들. 반란자들. 말썽꾸러기들. 네모난 구멍의 둥근 못 같은 이들. 사물을 다르게 보는 이들. 그들은 규칙을 좋아하지 않습니다. 현상現狀을 존중하지도 않습니다. 당신은 그들을 인용할 수도 있고, 그들에게 동의하지 않을 수도 있고, 그들을 찬양하거나 비방할 수도 있겠죠. 하지만 당신이 그들을 무시할 수는 없습니다. 그들이 세상을 바꾸기 때문이죠. 그들은 인류가 앞으로 나아가게 합니다. 어떤 이들은 그들을 미친 사람들로 볼지 몰라도 우리는 천재로 봅니다. 자신이 세상을 바꿀 수 있다고 믿을 만큼 미친 사람들, 세상을 바꾸는 이는 바로 그들입니다."

애플은 1997년부터 5년 동안 '다른 것을 생각하라 Think different'는 광고 캠페인을 벌였다. 스티브 잡스가 바로 다른 것을 생각하는 사람이었다.

애플 II는 최초의 통합 패키지형 컴퓨터다. 이 컴퓨터의 가장 중요한 혁신 중 하나는 기계가 조용히 돌아갈 수 있도록 한 것이었다. 선禪과 명상에 심취했던 잡스는 컴퓨터 내부의 팬이 돌아가는 소음이 정신 집중을 방해하는 것을 싫어했다. 그는 아예 팬을 없앤 컴퓨터를 원했다. 급진적인 아이디어였다. 컴퓨터의 과열을 막으려면 당연히 팬으로 열을 식혀야 한다고 생각하던 때였다. 워즈니악 같은 디지털 광들은 이런 아날로그적 문제에 관심을 기울이지 않았다.

"컴퓨터에 왜 팬이 필요한가? 팬 없이 컴퓨터를 식히려면 어떻게 해야 할까?" 잡스는 자신의 네트워크를 통해 문제를 해결해 줄 사람을 찾았다. 비디오게임 제조사 아타리에서 일할 때 사귄 전기공학 전문가에게 조언을 구해 로드 홀트라는 괴짜를 끌어들였다. 홀트는 선형 전원 공급 장치 대신 스위치 식 장치를 만들었다. 전원을 초당 몇천 번 개폐해 짧은 시간에 전력을 저장하고 열도 적게 내는 장치였다. 덕분에 애플 II는 가장 조용하고 작은 개인용 컴퓨디기 됐다.

혁신가 하면 천재적인 발명가나 창의성의 유전자를 물려받은 사람들이라고 생각하기 쉽다. 하지만 혁신은 아이디어만으로 이뤄지지 않는다. 행동이 필요하다. 천재가 아니어도 노력해서 배울 수 있는 행동이다. 경영학자 제프 다이어와 할 그레그슨은 크리스텐슨과 함께 쓴 『이노베이터 DNA』에서 혁신적인 아이디어를 만들어내는 다섯 가지 기술을 꼽았다. 연결과 질문, 관찰, 네트워킹, 실험이 그것이다.

혁신가들은 무엇보다 서로 다른 문제나 개념을 연결하는 사고 associational thinking를 한다. 작가 프란스 요한슨은 다양한 분야의 교류로 생기는 혁신의 돌파구를 '메디치 효과'라고 일컬었다. 중세 베네치아의 메디치 가문이 화가와 조각가, 시인, 건축가, 과학자, 철학자들을 다양하게 모아놓았을 때 창의력이 폭발한 것을 두고 지어낸 말이다.

연결 사고를 하는 이들은 호기심 많고 용기 있는 질문자들이다. 잡스가 컴퓨터에 왜 팬이 필요한지 물었듯이 근본적인 질문을 던지는 이들이 혁신적인 아이디어를 얻을 수 있다. 혁신가는 또한 주의 깊은 관찰자들이다. 고객과 제품, 서비스, 기술, 조직, 시장을 통찰하며 다르게 일하는 방법을 떠올린다. 포드는 시어스의 컨베이어 시스템을 보고 자동차 조립공정을 구상했다. 잡스는 PARC에서 본 것들을 혁신적인 컴퓨터 운영체제로 구현했다.

네트워킹도 중요하다. 네트워킹은 학연과 지연을 동원한 인맥관리로 지대를 챙긴다는 의미가 아니다. 배경과 관점이 다른 다양한 개인들의 네트워크를 통해 자신의 아이디어를 시험하는 것을 말한다. 혁신가들은 근본적으로 다른 관점을 제시할 수 있는 사람들을 일부러 찾아가 새로운 아이디어를 얻어야 한다. 1985년 여름 PARC 출신의 컴퓨터 과학자 앨런 케이가 "산 라파엘에 있는 미친 녀석들을 방문해보라"고 권했을 때 잡스는 조지 루카스 스튜디오의 조그만 컴퓨터 부문 운영자들을 찾아갔다. 한눈에 반한 잡스는 훗날 픽사로 이름을 바꾸게 되는 업체를 1000만 달러에 인수했다. 10년 후 '토이 스토리'를 내놓고 상장했을 때 이 회사 몸값은 12억 달러에 이르렀다.

혁신가들은 끊임없이 실험한다. 실험을 거치지 않은 아이디어는 가설이며 가능성일 뿐이다. 실수를 두려워해서는 안 된다. 베이조스는 "아마존을 경영하는 사람들이 중대한 실수를 하지 않으면 주주들에게 훌륭한 일을 하지 않는 것"이라고 말했다. 헛스윙을 겁내면 홈런을 칠 수 없다.

테슬라가 파괴적 혁신이 아니라고?

"테슬라가 파괴적이라고 생각하기 쉽다. 하지만 이 회사는 자동차 시장의 상단에 발판을 마련했다. 이 부문은 기존 기업이 관심을 기울이지 않는 시장이 아니다. 테슬라의 진입은 당연히 기존 경쟁자들의 주목을 받고 대규모 투자를 촉발했다. 파괴적 혁신 이론이 맞는다면 테슬라는 훨씬 큰 기업에 인수되거나 시장에서 의미 있는 입지를 차지하기 위해 여러 해 동안 힘겹게 싸우게 될 것이다."

테슬라는 파괴적 혁신의 사례로 볼 수 없다는 말이다. 파괴적 혁신 이론을 내놓은 바로 그 클레이튼 크리스텐슨의 지적이다. 그가 2015년 말 『하버드 비즈니스 리뷰』에 마이클 레이너, 로리 맥도널드와 함께 쓴 글에서다.

2015년 말 테슬라 주가는 15달러 선을 오르내렸다. 2021년 말에는 장중 한때 414달러까지 치솟았다. 파괴적 혁신 이론의 주창자가 6년 만에 주가가 20배 넘게 뛸 기업의 미래를 '더 큰 기업에 인수되거나 시장 점유율 확보를 위해 어렵게 싸울 것'으로 내다봤다면 무엇을 놓친 것일까? 아니면 그동안 테슬라의 혁신을 과대평가한 투자자들이 투기적 거품에 뛰어들었다고 봐야 할까?

시간을 돌려보자. 2014년 가을 한 투자자가 크리스텐슨 교수에게 정중하게 이의를 제기했다. 테슬라 주식에 투자한 그는 머스크가 새로운 파괴적 모형을 만들어내고 있는 것 아니냐고 물었다. 크리스텐슨의 모형에서 파괴적 혁신 기업은 처음에 열등한 저가 제품으로 시장에 진입한다. 그 후 점차 상위 시장으로 치고 올라간다. 기존 기업은 기회비용을 생각할 때 수익성 높은 주류시장에 집중하면서 하위 시장을 무시하는 게 낫다고 판단한다. 하지만 테슬라는 처음 10년 동안 10만 달러 넘는 고가의 전기차를 팔았다. 2015년에는 7만 달러짜리 모델을 도입하고 몇 년 안에 3만 달러대 차를 예고한 터였다. 처음부터 고가시장에 치고 들어가 하위 시장으로 내려오는 전략이었다.

크리스텐슨은 하버드 경영대학원의 톰 바트먼과 동료들에게 부탁해 과연 테슬라가 새로운 파괴적 혁신 모형을 만들어내고 있는지 검토하도록 했다. 테슬라의 혁신이 파괴적이냐 존속적이냐는 수많은 자동차업체와 협력업체, 투자자들에게 다 같이 중요한 문제였다.

연구팀은 다섯 가지 질문을 던졌다. 첫째, 신규 진입 기업은 필요 이상의 고성능 고가 제품을 쓰던 고객들을 겨냥해 저성능 저가 제품을 공급하거나, 기존 제품을 이용할 수 없던 고객들을 위해 완전히 새로운 유형의 제품을 내놓았는가? 둘째, 그것이 비대칭적 동기를 유발했는가? 다시 말해 신규 기업은 상위 시장으로 치고 올라가려는 강력한 동기를 갖는 데 비해 기존 기업은 그에 맞서 싸울 동기를 갖지 못하는가? 셋째, 신제품은 낮은 원가구조를 유지하면서 고객의 기대에 맞춰 빠르게 성능을 향상할 수 있는가? 넷째, 판매 채널을 비롯해 새로운 가치 네트워크를 창출하는가? 다섯째, 그것은 모든 기존 기업을 파괴하는가, 아니면 기존 기업 중 발 빠르게 그 기회를 활용하는 기업도 있는가?

연구팀은 테슬라는 파괴자가 아니라고 보았다. 고가 제품을 내놓고 점차 성능을 향상하는 테슬라는 파괴적 혁신에 대한 크리스텐슨의 정의와 맞지 않았다.

그의 이론에 따르면, 파괴적 혁신 전략을 따르는 기업은 오랫동안 경쟁기업의 강력한 반격에 직면하지 않아야 했다. 테슬라는 전형적인 존속적 혁신 기업이었다. 틈새시장을 벗어나는 즉시 격렬한 경쟁에 직면하게 될 터였다.

크리스텐슨이 그 투자자의 질문을 받았던 해 미국 자동차 시장에서는 1650만 대의 차가 팔렸다. 이 중 순수한 전기차는 0.7퍼센트인 12만 대에도 못 미쳤다. 테슬라는 당연히 이 틈새시장을 벗어나 자동차업계 거인들과 맞붙으려 했다. 이 경우 기존 업체들도 모두 전기차 시장에 뛰어들면서 경쟁이 격화하고 수익성은 떨어질 것이었다. 이론 모형은 그렇게 예측했다.

크리스텐슨의 이론은 놀라운 설명력을 가졌다. 하지만 테슬라의 미래를 예측하는 데는 얼마나 도움이 될까? 10년 전 그와 동료들의 글은 테슬라는 진정한 파괴자인가에 관한 숱한 논란을 불러일으켰다. 논란은 현재 진행형이다. 그의 모형에 딱 들어맞지 않는 사례를 설명하기 위한 새로운 모형도 제시됐다. '빅뱅 식 파괴'도 그중 하나다.

빅뱅 파괴자

2003년 여름 마틴 에버하드는 친구 마크 타페닝과 함께 "기술기업이기도 한 자동차 제조업체"를 설립했다. 테슬라였다. 이듬해 초 이 회사에 650만 달러를 투자해 최대주주가 된 일론 머스크는 2007년 에버하드를 CEO 자리에서 물러나게 했다. 에버하드와 타페닝은 테슬라를 먼저 시작했으나 전기차의 폭발적 성장을 이끌지는 못했다.[19]

이 둘은 1997년 봄에도 함께 회사를 설립했다. 누보미디어라는 전자책 회사였다. 오늘날의 전자책을 생각하면 신석기쯤 되던 시절이었다. 개인정보 단말기PDA 팜파일럿이 막 소개되고 휴대폰은 호주머니에 쏙 들어갈 정도가 됐다. 전자책 구상 자체는 새로운 것이 아니었다. 1971년 미국에서 마이클 하트가 비영리 단체로 시작한 '프로젝트 구텐베르크'는 디지털화한 책을 PC로 읽을 수 있게 하려는 시도였다. 에버하드와 타페닝은 편하게 들고 다닐 수 있는 단말기에 하나의 작은 서재를 집어넣으려고 했다. 누보미디어는 최초의 전자책 단말기 '로켓 e북'을 내놓았다.

두 사람은 1997년 말 시작품을 들고 시애틀로 베이조스를 찾아갔다. 반투과 LCD 화면으로 『이상한 나라의 앨리스』와 『두 도시 이야기』를 읽을 수 있는 전자책이었다. 450그램 남짓한 무게에 20시간 지속할 수 있는 배터리를 달았다. 베이조스는 감탄했다. 하지만 성에 차지는 않았다. 책을 내려받으려면 단말기를 컴퓨터에 연결해야 했다. 이를테면 공항에 가다 문득 생각나 책을 내려받으려면 무선 접속이 가능해야 했다. 그러자면 돈이 너무 많이 들었다. 디스플레이의 눈부심도 문제였다. MIT 미디어랩의 전자잉크와 제록스의 전자종이 기술은 여전히 불안정했다.

투자 협상은 무산됐다. 베이조스가 투자자로서 독점권을 요구했기 때문이다. 아마존이 도운 전자책의 성공을 경쟁자가 가로챌까 염려한 그는 미래 투자자에 대한 거부권을 원했다. 일이 틀어지자 누보미디어는 결국 오프라인의 강자 반스앤드노블과 거대 출판사 베텔스만의 투자를 받고 지분 절반을 넘겼다. 로켓 e북은 첫해에 2만 대를 팔았다. 1999년에는 시스코의 투자도 받았다. 2000년 초에는 젬스타 TV 가이드에 인수됐다. 1억8700만 달러짜리 거래였다.

베이조스가 '킨들'을 세상에 내놓은 긴 2007년 말이었다. 그전에 이미 로켓 e북뿐만 아니라 '에브리북' '밀레니엄' '소프트북' '소니 리더' 같은 전자책들이 나왔다. 하지만 저장 용량과 배터리 수명, 디스플레이 기술, 책 종수 면에서 미흡했다. 베이조스는 젬스타가 e북 사업을 접던 2003년에 이미 전자책 전용 단말기를 구상하고 있었다. 그는 전자잉크 기술이 무르익고 값싼 무선 접속 혜택을 누릴 수 있을 때를 기다렸다. 그는 타이밍의 달인이었다. 킨들은 전자책 시장을 석권했다. 컨설턴트 래리 다운즈와 폴 누네스가 말한 '빅뱅 파괴'의 순간을 포착한 것이다.[20]

빅뱅 파괴는 안정적 사업을 불과 몇 달 만에 무너뜨리는 새로운 유형의 혁신이다. 파괴는 심지어 며칠 만에 이뤄지기도 한다. 크리스텐슨의 모형에서는 파괴의 징후를 일찍 알아본 기존 기업의 경영자가 변화에 대비할 충분한 시간을 가질 수 있다. 새로운 기술을 검증하면서 주류 고객들이 그것을 받아들이게 될 때를 대비할 수 있다. 하지만 빅뱅 파괴는 그처럼 느긋한 대응을 허용하지 않는다. 빅뱅 파괴자들은 일부 하위 시장 고객만을 겨냥해 열등하고 값싼 제품으로 시장에 들어오지 않는다. 기존 제품과 서비스는 아예 경쟁 상대로 여기지도 않는다. 그들은 기존의 경쟁 규칙 자체를 무시한다.

다운즈와 누네스는 빅뱅 파괴가 특이점, 대폭발, 대붕괴, 엔트로피 단계를 거친다고 설명했다. 그 과정은 수면 위에 삐쭉 튀어나온 상어 지느러미 같은 궤적을 그린다. 지느러미는 물결 위로 갑자기 솟아올랐다가 그만큼 가파른 하향 곡선을 그린다. 빅뱅 혁신에서는 상승만큼 붕괴도 가파르다. 다운즈와 누네스는 몇 년만 지나면 자신들이 빅뱅 파괴의 사례로 든 기업과 제품, 서비스는 이미 사라지고 없을 것이라고 했다.

제3장
내 우유를 자네 초콜릿에 넣어볼까?

2006년 봄 스탠퍼드대 창작 세미나 강의실 뒤쪽에 앉은 남자는 다른 학생들보다 나이가 훨씬 많았다. 검은 블레이저에 흰 나이키를 신은 그는 이름이 필이라고 했다. 몇 주가 지나자 소문이 돌았다. 소설가인 토비어스 울프 교수를 찾아와 글쓰기를 배우고 싶다고 했던 늙은 학생은 세계 최대 스포츠웨어 기업을 가진 억만장자 필립 H. 나이트라고.

2007년 말 『월스트리트저널』 기자가 이 '스탠퍼드의 미스터리'를 전했다.

초보적인 창작 수업을 듣자고 멀리 오리건주에서 자가용 비행기를 타고 온 학생은 1938년생이다. 한때 위대한 소설가나 저널리스트나 정치가가 되는 상상을 하기도 했다. 그러나 경영대학원을 졸업하고 어떤 '미친 생각'에 이끌려 신발을 팔게 됐다. 2016년에 낸 회고록 『슈독 Shoe Dog』은 그가 반세기 넘게 나이키와 달린 여정을 담고 있다. 나이트는 그해 여름 회장에서 물러났다.

그는 포틀랜드의 모교 클리블랜드 고등학교에서 학생들과 대화했다. 회고록은 3년 만에 완성했고 초고를 여덟 차례 고쳐 썼다고 했다.

"나는 이제 일흔다섯입니다. 내가 죽은 후 많은 이들이 나에 관해 쓰고 싶어 할 텐데요, 난 손주들이 나의 눈을 통해 내 삶을 보기를 바랍니다."

훗날 어떻게 기억되고 싶으냐는 질문이 들어왔다. 그는 묘비명에 이렇게 쓰면 좋겠다고 했다.

"그는 이 일에 모든 걸 바쳤다."

대학원을 졸업하던 1962년 어느 새벽에 나이트는 자신에게 말한다. "모든 사람이 너의 생각은 미친 것이라고 해도 좋다. 그냥 계속 가라. 멈추지 마라." 돌이켜보면 그것이 최선의 조언이었다.

나이트는 안개 낀 새벽을 달린다. 처음에는 몸이 말을 잘 듣지 않는다. 시작하는 건 왜 늘 이토록 힘들까? 그는 달리면서 생각한다. "싫든 좋든 삶은 하나의 게임이다. 누구든 그 진실을 부인하고 경기에서 뛰기를 거부하면 옆으로 밀려날 뿐이다." 그러다 다시 자신의 '미친 생각'을 떠올린다. 사실 세상은 미친 생각으로 만들어졌다. 그가 좋아하는 책과 스포츠, 민주주의, 자유기업 같은 것들은 모두 미친 생각으로 시작되지 않았나?

무엇보다 그가 가장 좋아하는 달리기가 그랬다. 달리기는 힘들다. 고통스럽고 위험하기까지 하다. 보상은 적고 불확실하다. 어떤 즐거움이라도 얻으려면 그건 내면에서 나와야 한다.

"사람들은 달리고 또 달린다. 왜 달리는지는 잘 모른다. 그 대안은 멈추는 것이고 그건 죽을 만큼 두려운 것이기 때문에 달린다."

스물네 살의 나이트가 떠올린 미친 생각은 일제 운동화였다. 경영대학원을 마칠 무렵 기업가정신에 관한 세미나에서였다. 육상선수였던 나이트는 운동화에 관해 잘 알았다. 독일제가 지배하던 카메라 시장에 일제 카메라가 침투해 들어오듯이 일제 운동화도 그러리라고 봤다. 그는 달리기에 편하고 가벼운 운동화의 엄청난 잠재력을 직감했다. 그 생각을 열정적으로 발표했다. 질문은 하나도 나오지 않았다.

그때의 미친 생각이 그를 슈독으로 만들었다. 슈독은 신발에 미친 사람을 뜻한다.

1964년 초 그는 대학 시절 육상 코치였던 빌 바우어만과 500달러씩 내 나이키의 전신인 블루리본 스포츠를 설립했다. 나이트는 중거리 달리기 선수였다. 위대한 선수는 되지 못했다. 바우어만은 가벼운 신발에 미친 사람이었다. 캥거루 가죽이든 대구 껍질이든 신발을 가볍게 만들 수만 있다면 다 써보았다. 나이트는 그에게 실험용 모르모트가 돼주었다.

총성 없는 전쟁

『슈독』은 아무래도 승자의 기록이다. 의도적인 미화나 과장은 없더라도 자기 치부나 잘못을 고스란히 드러내기는 어렵다. 나이트는 나이키 해외 공장이 노동 착취의 현장이라는 공격에 배신감을 느꼈다고 했다. "비판자들은 우리가 처음 그곳에 들어갔을 때보다 얼마나 개선됐는지, 우리가 개선을 위해 얼마나 노력했는지는 말하지 않는다"는 말이었다. 해외 공장에서 나이키는 세입자에 불과하다고도 했다. 신발 갑피와 밑창을 붙이는 러버룸은 유독 가스 때문에 숨이 막힐 지경이라는 비난에 대해서는 독가스를 뿜어내지 않는 수성 접착제를 개발해 발암 물질의 97퍼센트를 제거했다고 밝혔다. 저임금 문제에는 이렇게 둘러댔다. "어떤 나라에서는 임금을 올려주려다가 당국에 불려가 계획을 철회하라는 지시를 받기도 했다. 그들은 신발 공장 종업원이 의사보다 많이 벌면 안 된다고 주장했다."

나이키는 세계화 물결에 올라타 급성장한 기업이다. 이 기업의 총수인 나이트는 '상품이 국경을 넘지 않으면 군인들이 넘을 것'이라는 격언을 인용한다. 그는 사업을 총성 없는 전쟁으로 본다. 하지만 "사실 그것은 전쟁을 막는 훌륭한 보루"라고 말한다.

나이트는 "전쟁은 미워해도 전사의 정신은 좋아했다. 검은 미워해도 사무라이는 사랑했다"고 했다. 알렉산더부터 조지 패튼까지 모든 위대한 장군들이 그의 마음을 사로잡았다. 가장 존경할 만한 전사로는 맥아더를 꼽았다. 맥아더는 뛰어난 전술가이자 동기부여의 달인이었다. 물론 결점도 있었다. 하지만 자신이 그걸 알고 있었다. 나이트는 맥아더의 이 말을 특히 좋아했다. "당신은 스스로 깬 규칙들로 기억된다."

사업이 전쟁이라면 당연히 이겨야 한다. 승리욕이 없는 기업가는 없다. 하지만 늘 "나는 이기고 싶다"라고 되뇌는 그에게서 남다른 집착이 느껴진다. 숙적은 독일 아디다스였다. 나이트는 수십 년 동안 세계 신발 시장을 주름잡은 아디다스에 "병적인 반감"을 갖고 있었다. 날마다 그들을 올려다보고 그들이 멀리 앞서가는 모습을 봐야 하는 것이 싫었다.

고등학생 때 나이트는 오리건에서 두 번째로 빠른 육상선수였다. 4년 동안 가장 빠른 선수의 등만 쳐다봤다. 대학에서도 마찬가지였다. 졸업할 때 다시는 그의 등을 쳐다보지 않게 되기를 빌었다. 아디다스에 대해서도 같은 심정이었다. 그가 추앙하는 바우어만 코치에게서 처음 받은 운동화도 아디다스 제품이었다. 그는 "다윗과 골리앗의 싸움이라는 마음으로" 아디다스에 도전했다.

1977년 봄 항공우주공학자 출신의 괴짜 프랭크 루디가 찾아왔다. 그는 러닝화에 공기를 주입하는 방법을 고안했다고 밝혔다. 압축 에어백을 처음 본 나이트는 신발업계에 있다던 온갖 멍청이를 눈앞에서 보고 있다고 생각했다. 인간은 빙하기 때부터 신발을 신었다. 4만 년 동안 크게 달라지지 않았다. 장인들이 오른쪽과 왼쪽 신발을 다르게 만들고 고무 회사가 밑창을 만들기 시작한 19세기 이후에도 변한 건 별로 없었다. 나이트가 시큰둥한 반응을 보이자 자리에서 일어나던 루디는 한 마디를 덧붙였다. 아디다스에 가서도 에어 슈즈를 설명했는데 같은 반응을 보이더라고. 그 순간 나이트는 생각을 바꿨다. 직접 신고 달려본 그는 대박을 직감했다.

언더도그였던 나이키는 1983년 전 세계 판매에서 처음으로 절대 강자로 보였던 아디다스를 제쳤다. 2024년 11월 현재 나이키의 시가총액은 1200억 달러로 아디다스의 2.7배다. 26년 동안 리복을 이끈 폴 파이어먼은 언젠가 이렇게 말했다. "나이키는 늘 자기들의 첫 번째 상대를 전쟁터의 적으로 생각한다. 그들은 미쳤다."

가족 재산이 350억 달러에 이르는 나이트는 2022년 『뉴욕타임스』와 인터뷰하면서 자신이 "나이키보다 더 보수적"이라고 말했다. 회사의 이미지와는 사뭇 다른 정치색이다. 나이키는 진보적인 생각을 지지하는 브랜드 전략을 썼다. 2018년 콜린 캐퍼닉이라는 흑인 미식축구 선수가 나이키의 얼굴로 등장한 것은 여러모로 상징적이었다.

미친 듯이 꿈꿔라

1977년 1월 17일 서른여섯 살의 게리 길모어는 아침으로 달걀과 햄버거, 감자, 커피를 먹었다. 마지막 식사였다. 유타주에서 두 사람의 목숨을 빼앗은 강도살인으로 사형선고를 받은 그는 교수형 대신 총살형을 택했다. 마지막으로 할 말이 있느냐고 물었을 때 길모어는 짧게 대답했다. "렛츠 두 잇 Let's do it."

10여 년 후 그 말은 사람들 기억에서 사라졌다.

그러나 1988년 길모어의 고향인 오리건주 포틀랜드에서 광고 회사를 경영하던 댄 위든은 바로 그 말에 꽂혔다. 나이키의 슬로건을 고민하던 그는 생각했다. 어떻게 하면 누군가에게 아마도 그 자신이 질 것 같은 최후의 도전을 해보라고 말할 수 있을까? 그는 사형수의 말을 그대로 옮기기는 싫었다. 그래서 조금 바꾸었다.

'저스트 두 잇 Just do it'.

나이키는 피트니스 열풍에 집중한 리복에 밀려 고전하고 있었다. 그해 시작된 '저스트 두 잇'은 나이키의 가장 성공적인 마케팅 캠페인으로 꼽힌다. 그 뒤 10년 동안 나이키 매출은 1000퍼센트 넘게 늘어났다. 틈새시장에 머물던 브랜드는 세계적인 소울 브랜드로 거듭날 수 있었다. 이 광고의 메시지는 신체적, 사회적 조건과 무관하게 누구든 '그냥 해볼 수 있다'는 메시지였다. 첫 광고에는 샌프란시스코 금문교를 달리는 80세의 마라토너 월트 스택이 나온다. 원기 왕성한 모습으로 날마다 17마일을 달린다는 그는 여유 있게 조크까지 한다. "사람들은 내가 어떻게 겨울철에 이빨이 부딪치지 않게 하느냐고 물어요. 난 그걸 로커에 놔두거든요."

런던 올림픽이 열린 2012년의 '당신의 위대함을 발견하라'도 목적의식이 뚜렷한 캠페인이었다. 지구촌에는 런던이라는 지명을 쓰는 도시가 적어도 29곳이 있다. 나이키의 메시지는 위대한 운동선수들이 영국 런던에서 뛰고 있을 때 다른 런던의 평범한 사람들도 저마다 나름의 방식으로 위대함을 찾을 수 있다는 것이었다.

"어찌 된 일인지 우리는 위대함이 선택된 소수와 슈퍼스타만을 위한 것이라고 믿게 됐습니다. 사실 위대함은 우리 모두를 위한 것입니다."

2018년 미국프로풋볼NFL 개막일에 나이키는 '미친 듯이 꿈꿔라' 캠페인을 공개했다. "뭔가를 믿으세요. 그것이 모든 걸 희생한다는 걸 뜻할지라도. 당신의 꿈이 미친 것인지 묻지 말고, 그것이 충분히 미친 것인지 물으세요." 내레이터는 콜린 캐퍼닉이었다. 그는 2년 전 샌프란시스코 포티나이너스의 쿼터백으로 뛰면서 미국 국가 연주 때 인종 차별과 경찰의 흑인 과잉 진압에 항의하는 뜻으로 무릎 꿇기 시위를 했다. 당시 도널드 트럼프 대통령은 그를 비난하는 연설로 지지자들의 기립박수를 받았다. 캐퍼닉은 NFL에서 퇴출당했다.

보수진영은 거세게 반발했다. 애국심이 의심스러운 배은망덕한 미국인을 나이키의 얼굴로 쓴다며 분노했다. 소셜미디어에는 나이키 제품을 불태우는 영상이 올라왔다. 그러나 진보진영에서는 그가 양심에 따라 행동한다고 보았다. 자신보다 훨씬 힘센 상대에 맞서 외로운 싸움을 벌인다는 서사는 울림이 크다. 나이키는 그걸 믿고 기꺼이 도박한 것이다.

철저히 양극화된 정치 지형에서 캐퍼닉처럼 논란의 중심에 있는 인물과 메시지를 내세우는 건 위험할 수 있다. 그러나 나이키는 일부 소비자들이 반발할 걸 뻔히 알면서도 이 캠페인을 벌였다. 아프리카계 미국인과 밀레니얼, Z세대를 비롯해 메시지에 공감하는 충성고객을 충분히 늘릴 수 있을 것으로 봤기 때문이다. 목표 고객에 정확히 이를 수 있는 디지털 환경에서는 예전처럼 모든 인구집단을 향해 어정쩡한 중도를 고수할 필요가 없다. 대놓고 보수 후보를 지지하는 창업자의 정치성향도 의식할 필요가 없었다.

병마개와 면도날, 그리고 오마하의 현인

마흔 살의 세일즈맨은 어느 날 아침 면도를 하다가 생각했다. 면도기와 면도날을 따로 만들고 면도날은 쓰다가 버릴 수 있게 하면 어떨까?

킹 캠프 질레트 1855~1932는 더 안전하고 경제적인 면도기를 생각했다. 집에서 쓰는 면도칼은 그의 구레나룻을 깎기에 너무 무디었다. 가죽으로 날을 가는 것은 보통 일이 아니었다. 이발소나 칼갈이 집에 맡겨야 했다. 자칫 손이나 얼굴에서 피를 볼 수도 있었다.

그는 주류업체 같은 곳에 병마개를 팔러 다니는 일급 세일즈맨이었다. 질레트는 시카고에 큰불이 나 아버지의 사업이 잿더미가 되자 열일곱에 학교를 그만뒀다. 그는 영업에 뛰어났다. 크라운 코르크 앤드 실이라는 회사에서는 좋은 멘토도 만났다. 아버지처럼 발명에 재주가 있던 그는 이미 몇 가지 특허를 얻었다. 하지만 돈이 되는 건 없었다. 멘토는 이렇게 말했다. "킹, 자네는 늘 생각하고 발명하지. 왜 크라운 코르크 같은 것을 발명하려고 하지 않나? 우리 제품을 한 번 쓰고 버린 고객은 다시 찾아오고 고객이 한 사람 늘 때마다 영구적인 수익기반을 쌓을 수 있지."

병과 병마개처럼 쓰고 버릴 수 있는 부품을 반복해서 판다는 구상은 그의 머릿속을 떠나지 않았다. 그 발상은 질레트의 유명한 면도기와 면도날 전략으로 진화했다. 1895년 어느 아침에 그가 떠올린 생각은 거대한 사업으로 발전했다. 오늘날 온갖 플랫폼 사업도 그 사업모델을 따른다. 물론 엄밀하게 따지면 질레트는 면도기와 면도날 사업모델의 최초 창안자라기보다는 그 구상을 제대로 실현하고 발전시킨 기업가로 봐야 할 것이다.

더 안전할 뿐만 아니라 편리성과 경제성까지 갖춘 면도기를 만드는 건 생각만큼 쉽지 않았다. 구상을 실현할 모델을 만들고 특허를 출원하기까지는 6년이 걸렸다. 그는 1901년 아메리칸 안전면도기 회사를 세웠다. 사명은 이듬해 질레트 안전면도기로 바꿨다. 1904년에는 특허를 받았다. 당시 독일 졸링겐이나 영국 셰필드에서 만드는 면도칼은 잘 갈아서 평생 쓰는 것이었다. 전문 이발사가 쓰는 만큼 값도 비쌌다. 그곳 장인들은 버릴 수 있는 값싼 면도날을 대량으로 만든다는 발상은 말도 안 된다고 생각했다. 말이 안 되는 것은 그들의 고정관념이었다.

면도기와 면도날 사업모델은 온갖 신화와 오해를 낳았다. 질레트는 최초 특허를 보유한 17년 동안 경쟁을 차단한 채 면도기 세트를 비싸게 팔았다. 처음에는 한 세트에 5달러를 받았다. 당시 산업계 평균 주급의 3분의 1이었다. 면도날 수요를 늘리기 위해 면도기를 거의 공짜로 준다는 발상은 본격 경쟁이 벌어진 후에 나왔다.

생산 첫해인 1903년 질레트는 면도기 51개와 면도날 168개를 팔았다. 이듬해에는 면도기 9만 개와 면도날 12만 개를 팔았다. 질레트를 인수한 P&G는 2024년 6월에 끝나는 회계연도에 그루밍 사업 부문에서 66억 달러의 매출을 올렸다. 질레트와 비너스 브랜드를 파는 이 부문은 세계 면도기 시장의 60퍼센트 이상을 차지했다. 브라운 브랜드는 남성 전기면도기 시장의 25퍼센트를 차지했다. 지구촌 어디서나 면도기를 팔겠다는 창업자의 야망은 현실이 됐다.

그 야망을 위해 질레트는 최대 투자자와 힘겹게 싸워야 했다. 1902년 유아기의 회사가 파산 위기에 몰렸을 때 6만 달러를 투자해 구해준 존 조이스는 해외 판권을 팔아 로열티를 챙기려 했다. 영국 리버풀에 있던 질레트는 그 소식을 듣고 급히 배를 타고 열흘이나 걸려 보스턴으로 갔다. 가까스로 이사회에 참석한 그는 일급 세일즈맨의 자질을 유감없이 발휘해 이사들을 설득했다. 그의 발명품은 보편적인 제품이었다. 인종과 문화를 가릴 것 없이 누구나 써야 하는 것이었다. 그 엄청난 잠재력을 왜 푼돈에 팔려고 하는가?

1988년 워런 버핏도 그 점을 높이 샀다. 오마하의 현인은 기업 사냥꾼들과 벌인 몇 차례의 격전으로 실탄이 소진된 질레트에 먼저 손을 내밀었다. 그는 전환우선주 형태로 6억 달러를 투자했다. 시가에 20퍼센트 프리미엄을 얹은 주당 50달러에 보통주로 바꿀 수 있는 조건이었다. 전환 시 버핏의 회사는 질레트 의결권 11퍼센트를 갖는 최대주주가 될 터였다. 주가는 날아올랐다. 훗날 엄청난 차익을 거둔 버핏은 후회했다. 리스크를 줄이려 전환우선주를 사지 말고 보통주를 샀더라면 더 낮은 값에 더 많은 주식을 확보할 수 있었을 텐데.

버핏은 세계 여러 나라에서 높은 시장 점유율을 갖고, 가격이 낮고, 반복 구매하는 제품을 만드는 기업에 투자했다. 그가 보기에 질레트의 면도날이 그런 필수품이었다. 그에게는 코카콜라도 필수품이었다. 버핏의 투자 후 질레트 사내 식당과 자판기의 펩시콜라는 전부 코카콜라로 대체됐다. 독일 프랑크푸르트 근처 브라운 사에서 이사회가 열릴 때는 그가 좋아하는 체리 코크를 급히 공수하기도 했다. 버핏은 2005년 질레트와 P&G 합병으로 대성공을 거뒀고, 2023년 3월 말까지 P&G 주식을 모두 팔았다.

몇십 년 동안 부화한 달걀

샘 월튼 1918~1992 은 스물일곱 살이던 1945년 아칸소주의 소도시 뉴포트에서 잡화점 하나를 인수했다. 그는 여성용 팬티를 싸게 살 방도를 알아냈다. 제조업체와 소매상을 연결하는 한 중개상이 열두 장 한 묶음을 2달러에 팔고 있었다. 프랜차이즈 업체로부터 묶음당 2달러 50센트에 공급받던 월튼은 새 중개상과 거래를 터서 더 싸게 팔 수 있었다. 월튼네 가게가 1달러에 석 장을 주다가 넉 장을 주자 팬티는 날개 돋친 듯 팔려나갔다. 그는 단순한 교훈을 얻었다. 월튼이 어떤 물건을 80센트에 공급받았다고 하자. 그것을 1달러에 팔면 1달러 20센트에 팔 때보다 세 배의 물량을 팔 수 있었다. 개당 이익은 절반이어도 총이익은 50퍼센트 많았다. 너무나 단순한 이 셈법이 바로 할인 판매의 요체다. 월마트는 이 단순한 생각을 바탕으로 오늘날 지구촌에서 가장 많은 물건을 파는 기업이 됐다.

월튼은 어릴 때부터 1달러를 손에 쥐려면 얼마나 힘들게 일해야 하는지 체득했다. 오클라호마주 킹피셔에서 태어난 그는 대공황 시절 십대를 보냈다. 메트로폴리탄 생명보험 대리점에서 일하던 아버지는 대출금을 못 갚은 농장 수백 곳을 압류해야 했다. 그 비극은 어린 월튼에게 깊은 인상을 남겼다. 그는 일고여덟 살 때부터 잡지 구독자를 모았고 대학에 다닐 때까지 줄곧 신문 배달을 했다. 월튼은 월마트가 1달러를 헛되이 쓸 때마다 그 돈은 고객의 주머니에서 나오는 것이며 1달러를 절약할 때마다 경쟁에서 한 걸음 더 앞서게 된다고 했다.

월튼은 오랫동안 할인 판매를 연구하고 실험했다. 1962년 마침내 아칸소주 로저스에 월마트 1호점을 열었다. 이 가게는 경쟁자보다 20퍼센트 이상 싸게 팔았다. 월튼은 소도시 고객들이 가격 때문에 정말로 헛간 같은 상점을 마다하지 않고 찾아온다는 사실을 깨달았다. 값을 내리면 훨씬 더 많은 팬티를 팔 수 있다는 뉴포트 시절의 아이디어를 할인점 형태로 실행하기까지는 17년이 걸렸다. 월마트의 성공은 어느 날 문득 기발한 아이디어를 떠올린 사십대 중반의 상인이 하룻밤 새 이룬 것이 아니었다. 경영 컨설턴트 짐 콜린스는 월마트를 몇십 년 동안 부화한 달걀에 비유했다. 이 회사는 플라이휠을 한 바퀴 한 바퀴 돌리듯 축적과 돌파의 과정을 거쳤다.

1970년까지 축적의 과정에서 월마트 점포는 38개로 늘었다.

대형 할인점이 성장하던 초기에는 울워스나 벤 프랭클린 같은 잡화점 체인과 저가 백화점들이 맨 먼저 희생양이 됐다. 월마트 점포는 1990년 1528개, 2000년 3151개로 늘어났다. 월마트는 현재 지구촌에 1만 600여 개의 점포를 열고 있다. 그중 해외 점포가 5400여 개다. 월마트의 연 매출은 6426억 달러(2024년 1월 결산)에 이른다. 전 세계에서 월마트보다 많은 물건을 파는 회사는 없다. 주가는 2024년 가을 80달러를 넘어 사상 최고로 치솟았다. 시가총액은 6600억 달러를 넘었다.

월튼은 소매업 성공의 열쇠는 '고객들이 원하는 것을 주는 것'이라고 했다.[21] 고객들은 무엇보다 싼 가격을 원했다. 그는 기존 소매업체들이 무시했던 소도시 주민들을 겨냥한 할인점으로 소매업에 혁명을 일으켰다. 그 후 60여 년 동안 월마트는 글로벌 자본주의의 빛과 그늘을 적나라하게 보여주었다. 비판자들은 공급업체와 노동자들을 "마지막 한 방울까지 쥐어짜는" 월마트를 성토하고 이 유통 거인이 가격을 깎을 때 "어디에선가 공장 직원이 배를 걷어차일 것"이라고 비판했다.[22]

『포브스』는 1982년부터 1988년까지 월튼을 미국 최고 부자로 꼽았다. 그는 고객을 위해서든 자신을 위해서든 진심으로 1달러의 가치를 믿었다. 월튼의 자서전을 쓰려고 한동안 그와 함께 비행기를 타고 다녔던 저널리스트 존 휴이가 전한 일화가 있다. 어느 날 그는 사진가와 함께 활주로에서 월튼을 기다리고 있었다. 월튼이 비행 계획서를 제출하러 간 사이 사진가는 한 가지 실험을 해보기로 했다. 그는 주머니에서 5센트짜리 동전을 꺼내 활주로에 떨어트려 놓았다. 월마트의 총수이자 최고의 부호인 그는 과연 동전을 주울까? 거들떠보기나 할까? 월튼이 돌아오자 사진가는 휴이와 함께 사진을 찍자고 권했다. 월튼이 말했다. "좋아. 어디에 설까? 동전 위에?"

물론 월튼은 사진을 찍고 나서 동전을 주웠다.

가격 인하는 바보도 할 수 있다?

"옛말에도 있듯이 가격 인하는 바보도 할 수 있다."[23] 경영학자 마이클 포터가 말했다. 그는 "기업은 잠재적 도전자를 비용 면에서 현저히 불리한 처지에 몰아넣는 방어전략을 택해야 한다"고 했다. 규모의 경제를 누리는 기업과 달리 시장 점유율이 낮은 도전자는 신제품 개발과 광고 비용 부담이 크다. 그러나 상품 가격을 내리면 점유율이 높은 기업이 부담하는 추가 비용이 도전자보다 커진다. 포터는 가격을 인하하면 손해 보는 쪽은 도전자가 아니라 방어하려는 기업이 될 수 있다고 지적했다. 하지만 월마트는 도전할 때도 수성할 때도 가격에 승부를 걸었다.

샘 월튼은 K마트를 "할인점 업계의 칭기즈칸"으로 보았다. 1899년 창업자 이름을 따 크레스지로 출범한 이 회사는 1962년 초 K마트 간판을 건 첫 할인점을 열었다. 월마트 간판이 내걸리기 6개월 전이었다. 그해 봄 K마트가 미시간주 가든시티에 7400제곱미터의 대형 할인점을 냈을 때는 문을 열기도 전에 4000명이 장사진을 치고 기다렸다. K마트는 전국 곳곳에 매장을 열었으나 인구가 5만 명이 안 되는 도시에는 입점하지 않았다. 월마트는 아무도 거들떠보지 않는 5000명 이하 소도시를 파고들었다. 대대적인 광고는 필요 없었다. 작은 도시에서 입소문으로 충분했다.

월튼은 학창시절 미식축구팀에 들어간 후로 어떤 형태든 경쟁은 다 멋지다고 여겼다. 경쟁은 그가 소매업을 그토록 좋아하는 이유였다. 할인점의 세계에서는 한순간도 경쟁을 멈출 수 없다. 업계 최고를 꿈꾸는 도전자는 끊임없이 나타난다. 월튼은 경쟁자를 피하거나 그들이 먼저 다가오기를 기다리지 않았다. K마트에 도전하는 월마트는 월튼 자신의 말처럼 "코끼리에 도전장을 내민 벼룩 한 마리"에 지나지 않았다. 그러나 그는 언제나 정면 돌파를 택했다.

월튼은 경쟁이 기업을 더 날카롭게 벼려준다고 믿었다. K마트가 없었다면 월마트가 지금처럼 성장할 수 없었을 것이다. 소매업계 최강자였던 시어스는 월마트와 K마트를 둘 다 무시했다. 할인점들이 파괴적 기술로 무장하고 덤벼올 때도 그들을 적수로 인정하지 않았다. 시어스는 훗날 K마트와 합쳐져 줄곧 내리막길을 걷게 된다.

이 업계의 경쟁은 한마디로 가격전쟁이었다. 1974년 월마트 관리 담당 부사장이 된 잭 슈메이커는 '매일 최저가Every Day Low Price' 정책을 도입했다. 1977년 월마트가 아칸소주 리틀록에 7호점을 냈을 때였다. 점포는 꽤 크고 장사가 잘됐다. 곧 K마트가 파격적인 가격 인하로 공격을 개시했다. 월마트는 무슨 일이 있어도 최저가 매장 타이틀을 내주지 않기로 작정했다. 어느 날 매장 관리자가 크레스트 치약 가격이 6센트까지 떨어졌다고 보고했다. 그래도 경영진은 경쟁을 멈추지 말라고 했다. K마트는 월마트가 쉽사리 항복하지 않는다는 걸 깨닫고 가격 경쟁을 멈췄다. K마트가 월마트의 20배나 되는 매출을 올리던 때였다.

할인점 업계의 총마진율은 1960년대 초 35퍼센트에 이르렀다. 1970년대 중반에는 22퍼센트로 떨어졌다. 경영효율을 극대화해 비용을 낮추지 않으면 살아남을 수 없었다. 간접비를 파격적으로 낮춰 5~7퍼센트의 마진율로 경쟁하는 도매업체도 나타났다. 창고형 매장이라는 신개념 할인점의 개척자인 솔 프라이스는 1976년 첫 프라이스클럽 매장을 열었다. 월튼은 다른 사람의 아이디어를 빌리는 데 주저하지 않았다. 그는 1983년 중소기업과 자영업자, 대량구매 고객을 겨냥한 창고형 매장 샘스클럽을 열었다. 샘스클럽은 9년 만에 매출 100억 달러를 기록했다.

월튼은 경쟁업체 매장에 가서 배울 점이 없는지 살펴보는 걸 가장 재미있어했다. 가족 캠핑을 가서도 K마트 매장을 그냥 지나치는 법이 없었다. 늘 노트와 녹음기를 들고 다니면서 쉬지 않고 질문했다. 한번은 샌디에이고 프라이스클럽 매장에서 소형녹음기에 가격과 매장 정보를 기록하다 제지당했다. 직원이 녹음 내용을 삭제하려 했다. 월튼은 솔 프라이스의 아들 로버트에게 메모를 전해달라고 부탁했다. "매장 직원이 일을 아주 잘 하네요. 귀하의 매장을 둘러보며 몇몇 제품과 매장에 관한 느낌을 녹음기에 담았는데 제지당했습니다. 귀하는 당연히 녹음 내용을 확인할 권리가 있습니다. 하지만 녹음기에는 다른 내용도 있으니 그 부분은 돌려받을 수 있게 해주십시오." 프라이스는 삭제하지 않고 녹음기를 돌려주었다.

월튼은 1992년 74세를 일기로 세상을 떠났다. 그는 1990년 월마트 매출이 K마트를 추월하는 것을 지켜봤다. 하지만 '세상의 모든 것을 판다Everything Store'는 아마존 제국의 출현은 보지 못했다.

월마트 v 아마존

20세기 마지막 해에 레스터 서로 MIT 교수는 이렇게 썼다. "월마트는 현재 미국에서 가장 큰 소매업체다. 20년 후 이 회사가 미국 최대가 아닐 거라는 데 기꺼이 내기를 걸겠다."[24]

당시 월마트는 전자상거래 물결에 올라타려고 온라인 가게를 열었다. 그러나 모든 상품 가격을 오프라인 가게보다 조금씩 높게 책정했다. 같은 물건을 20~30퍼센트 싸게 살 수 있게 하면 모두가 오프라인 가게에서는 구경만 하고 정작 구매는 인터넷으로 할 것이었다. 제 살 깎기가 될 수 있었다. 유통 공룡 월마트는 고통스럽게 탈바꿈하기보다 서서히 도태되는 쪽을 택한 것처럼 보였다. 신경제를 예찬하던 이들은 아마존과 월마트의 결투는 보나 마나라고 생각했다.

사반세기가 지난 지금은 어떤가? 월마트는 여전히 미국 최대 소매업체로 굳건히 버티고 있다. 오프라인 최강의 월마트와 온라인 최강자 아마존을 비교하면 지표에 따라 우열이 엇갈린다. 2023년 월마트 총매출은 약 6400억 달러로 아마존의 5700억 달러보다 많았다.[25] 하지만 아마존의 사업은 훨씬 다각화돼 있다. 상품 판매보다 웹서비스AWS를 비롯한 서비스 매출이 더 많다. 미국 그로서리 시장만 보면 아직 월마트가 압도적이다. 영업이익은 아마존이 월마트보다 많다. 하지만 웹서비스 부문을 빼면 월마트보다 적다. 2024년 11월 초 아마존의 시가총액은 2조 달러를 넘어 7000억 달러에 못 미치는 월마트의 세 배다. 미래 성장성을 그만큼 높이 평가받는다는 뜻이다.

20세기 말 10여 년 동안 CEO로서 월마트 성장을 이끈 데이비드 글래스는 "온라인 판매는 창고형 매장 하나의 매출도 넘지 못할 것"이라고 했다. 그러나 아마존의 폭발적 성장을 지켜본 월마트는 결국 온라인 경쟁에 뛰어들었다. 2016년에는 전자상거래업체 제트닷컴을 인수했다. 8000억 달러를 웃도는 미국 그로서리 시장에서 온라인 판매는 여전히 10퍼센트에 불과한 것으로 추정된다. 아마존이 2017년 홀푸드마켓을 사들인 건 온라인만으로는 그 시장을 장악할 수 없기 때문이다.

월마트의 미국 내 매장은 샘스클럽을 포함해 5200개가 넘는다. 그러나 홀푸드와 아마존 프레시, 아마존 고 매장을 합쳐도 600여 개에 그친다. 쇼핑은 사회성과 오락성을 지닌다. 자동차보험은 온라인으로 해결하더라도 장보기는 북적대는 매장에서 하려는 사람들이 많다. 신선한 육류나 채소를 직접 보면서 고르고 싶어 하는 이들에게 디지털 기술은 아직 만족스럽지 않다.

최후의 승리를 거머쥐려는 월마트와 아마존의 경쟁은 종종 극단으로 치닫는다. 두 거인이 벌인 기저귀 전쟁이 단적인 예다. 2005년 퀴드시라는 회사가 다이퍼스닷컴을 만들어 온라인으로 기저귀와 아기용품을 팔기 시작했다. 월마트와 아마존은 처음에는 시큰둥했다. 그러나 엄마들 사이에 입소문이 퍼지고 벤처 자본이 거액을 투자하자 두 거인도 군침을 흘리기 시작했다. 이 시장에 눈독을 들이던 아마존은 파격적인 할인으로 퀴드시를 압박했다. 석 달 동안 기저귀 한 품목에서만 1억 달러의 손실을 감수할 만큼 파격적이었다. 베이조스는 인수팀에 절대로 퀴드시를 월마트에 뺏기지 말라고 당부했다. 아마존은 인수전에서 지면 기저귀를 공짜로 팔아버리겠다고 협박했다. 승리를 위해서라면 전장을 완전히 불바다로 만들어버릴 수도 있었다.[26]

월마트가 아마존을 일방적으로 추종하리라는 예측은 보기 좋게 빗나갔다. 두 거인은 싸우면서 서로를 배우고 있다. 인공지능과 로봇, 센서 기술로 온라인이 오프라인 매장의 강점을 상쇄할 수 있게 되면 판도는 또 달라질 것이다. 야구의 전설 요기 베라가 말했듯이 끝날 때까지는 끝난 게 아니다.

밀크 초콜릿의 탄생

식음료 제국 네슬레의 뿌리는 1860년대까지 거슬러 올라간다. 하지만 아마존 서점을 뒤져봐도 이 유서 깊은 기업의 역사를 잘

정리한 책은 찾기 어렵다. 먼저 눈에 띈 건 짐 파파글리아의 책이었다. 미국 뉴욕주 풀턴에서 한 세기 동안 초콜릿을 만들다 20여 년 전에 문을 닫은 네슬레 공장의 역사가 담겨 있다. 책은 네슬레 초기 역사를 쓴 앙리 네슬레 1814~1890와 다니엘 페터 1836~1919의 혁신을 이야기한다.[27]

1867년 가을밤이었다. 스위스 브베의 집에서 실험에 몰두하고 있던 네슬레를 급하게 찾아온 이가 있었다. 화학과 약학에 밝은 네슬레는 신생아 다섯 중 한 명은 첫돌이 되기도 전에 사망하는 스위스의 심각한 보건 위기를 해결하려 애쓰고 있었다. 독일계 집안의 자녀 열네 명 중 열한 번째로 태어난 그는 자라나는 아이들에게 충분한 영양을 공급하는 일이 얼마나 중요하고도 어려운지 알 있다. 그는 우유와 곡물, 설딩을 배합해 구운 다음 다시 길아시 민든 '킨더멜'이라는 영양식을 팔았다. 그러나 아직 젖먹이에게 먹여본 적은 없었다.

다급하게 그의 문을 두드린 동료는 한 아기가 죽어가고 있다고 전했다. 엄마는 심하게 앓아누워 있었다. 태어난 지 보름 된 아기는 엄마 젖뿐만 아니라 어떤 음식도 먹으려 하지 않았다. 아기는 경련까지 일으켰다. 살아날 희망은 거의 없었다. 네슬레가 달리 쓸 수 있는 방도는 없었다. 영아에게는 한 번도 실험하지 않은 것이었지만 자신의 이유식을 먹여보았다. 그러자 놀라운 일이 일어났다. 아기는 일곱 달 동안 이유식만 먹고도 아프지 않고 잘 자랐다. 네슬레의 성공은 입소문을 타고 빠르게 퍼져나갔다. 모유를 먹이는 것은 유행에 뒤지는 것이라는 분위기까지 가세해 수요를 부추졌다. 그가 은퇴한 1875년까지 킨더멜은 유럽의 거의 모든 나라에 퍼졌고 한 해 50만 통이 팔려나갔다.

60세의 네슬레는 지분을 모두 팔고 깨끗이 물러났다. 그가 성공적인 기업가로서 경력을 마무리할 때쯤 이웃집에 사는 또 한 명의 기업가가 막 신제품 개발을 시작했다. 다니엘 페터는 스위스 산골의 프랑스계 집안에서 태어났다. 그는 아홉 살 때 이미 학생들에게 라틴어를 가르칠 정도로 머리가 뛰어났다. 스무 살 때는 양초 공장을 운영했다. 하지만 1850년대에 등유가 등장하면서 그의 사업이 무너졌다. 페터가 운영하던 공장의 건물주는 초콜릿 캔디를 만드는 프랑수아-루이 카예라는 사업가였다. 그의 딸과 사랑에 빠진 페터는 결혼 후 장인의 초콜릿 사업에 합류하고 싶어 했다. 장인은 한마디로 거절했다. 페터는 그의 경쟁자가 됐다.

카예는 1818년부터 코코아 열매를 돌로 갈아서 설탕과 섞어 캔디 바를 만들었다. 당시 초콜릿은 과자라기보다는 힘을 많이 쓰는 사람들에게 영양을 제공하는 그 시대의 에너지 바였다. 맛은 썼다. 설탕을 더 넣으면 너무 달았다.

초콜릿 산업의 진화를 지켜보던 페터는 어떻게 하면 캔디 바의 쓰고 단 맛을 부드럽게 바꿔줄 제3의 성분을 추가할 수 있을까 고민하고 있었다. 그 절묘한 균형을 이뤄줄 성분은 무엇일까? 그가 어떻게 해결책을 찾았는지는 전설로 남아 있다. 파파글리아는 이렇게 전한다. 담장을 사이에 두고 페터와 이 문제를 상의하던 네슬레가 말했다.

"내 우유를 자네 초콜릿에 넣어보면 어떻겠나?"

물론 이 한 마디로 오늘날과 같은 밀크 초콜릿이 탄생한 건 아니었다. 페터는 초콜릿에 유제품을 첨가하는 혁신적인 제조법을 놓고 오랫동안 고민하고 실험했다. 네슬레는 우유의 상하기 쉬운 지방을 어떻게 처리할지 조언해줄 수 있었다. 그러나 코코아 열매의 절반을 차지하는 지방 성분을 처리하는 건 또 다른 문제였다. 지방은 물과 잘 섞이지 않는데 우유의 88퍼센트는 물이었다.

페터는 숱한 시행착오 끝에 초콜릿이 너무 빨리 상하지 않고 가장 좋은 맛을 내는 최적의 수준으로 지방을 제거하는 법을 찾았다. 1875년 그는 새로운 제품을 내놓으며 이렇게 선전했다.

'최초의 밀크 초콜릿, 알프스처럼 높은 품질.'

페터의 초콜릿 사업은 훗날 네슬레 그룹과 합쳐진다. 19세기 기업가인 네슬레니 페터는 주로 새로운 제품 개발과 생산의 혁신에 몰두했다.

21세기의 후예들이 고민하고 혁신해야 할 것들은 훨씬 더 많아졌다. 기후변화와 지정학의 리스크가 커지는 지구촌에서 원료를 조달하는 일부터가 그렇다.

우크라이나의 곡창부터 코트디부아르의 카카오 농장에 이르기까지 전쟁터가 아닌 곳이 없다. 네슬레와 페터가 사업을 시작하고 한 세기쯤 지났을 때였다. 1960년대 중반부터 10년 남짓한 기간에 코코아값은 톤당 200달러대에서 4600달러대로 치솟았다. 2000년 들어 700달러대로 떨어졌던 코코아 가격은 등락을 거듭하다 2024년 봄 톤당 1만2261달러로 사상 최고를 기록했다.

세계 최대 식음료 제국의 펫 케어

2004년 11월 초 스위스 증시에 상장된 네슬레 주식에 1만 스위스프랑을 투자했다고 하자. 배당금을 재투자했다면 투자금은 20년 동안 5만800프랑으로 불어났을 것이다. 복리로 연 8.5퍼센트씩 불어난 것이다. 2021년 말 고점에 팔았다면 7만 프랑 넘게 챙겼을 것이다. 네슬레는 홈페이지에서 자사 주식 투자수익률을 증시 전체와 손쉽게 비교해볼 수 있게 해놓았다. 꾸준한 성과를 내줄 수 있다는 자신감일까?

네슬레는 세계 최대 식음료 제국이다. 스위스 레만호 근처의 지휘부는 지구촌 120여 개국에 진출한 300곳 넘는 야전부대를 움직여 커피 네스프레소, 네스카페, 블루보틀와 탄산수 페리에, 초콜릿 킷캣, 아이스크림 하겐다즈, 시리얼 치리오, 분유 일루마, 이유식 거버, 인스턴트 식품 매기, 펫 푸드 퓨리나 시장을 공략한다.

오랫동안 인플레이션이라는 말조차 잊고 지냈던 지구촌이 다시 물가 때문에 고통받을 때도 이 제국은 성장했다. 2023년 네슬레 매출은 930억 스위스프랑에 달했다. 우리 돈으로 150조 원 가까운 외형이다. 기업 인수나 환율 효과를 제외한 유기적 성장은 7.2퍼센트를 기록했다. 가격 인상 효과는 7.3퍼센트에 달했다. 그만큼 값을 올려도 매출에 큰 타격을 받지 않았다. 영업이익률은 17.3퍼센트로 한 해 전보다 오히려 높아졌다. 원가 상승 부담을 소비자에게 전가하지 못해 외형과 수익성에 큰 타격을 받는 기업들이 보기에는 너무나 부러운 숫자다.

부문별 실적에서 눈길을 끄는 점은 펫 케어 부문의 높은 성장세다. 네슬레는 이 부문에서 전체 매출의 20퍼센트를 올렸다. 북미지역에서는 펫 케어가 전체 매출의 44퍼센트를 차지한다. 우리 돈으로 30조 원에 달하는 펫 케어 사업은 네슬레의 유기적 성장에 가장 큰 힘이 되고 있다. 네슬레는 반려동물의 영양과 건강을 챙기는 프리미엄 제품을 앞세워 성장률을 끌어올렸다. 물을 마시기 싫어하는 고양이에게 영양이 풍부한 수분을 공급하는 제품이나 개가 불안과 스트레스를 느끼지 않고 안정을 유지하도록 돕는 제품을 내세웠다.

2024년 11월 초 주식시가총액으로 가늠한 네슬레의 몸값은 우리 돈으로 340조 원에 이른다. 2022년 초의 고점 대비 3분의 1쯤 낮아졌다. 더 큰 폭의 조정을 피할 수 있었던 건 원가가 오른 만큼 제품값을 올려 매출과 이익을 유지하는 가격 결정력 덕분이다.

물론 아무리 지구촌 최대 식음료 제국이라 하더라도 소비자 수요와 가격의 미묘한 균형을 맞춰야 한다. 지나치게 공격적으로 값을 올렸다가 가뜩이나 구매력이 떨어진 이들이 소비를 줄이면 매출 감소와 수익성 악화를 피할 수 없다. 물가고로 지갑이 얇아질수록 소비자들은 품질보다 가격에 민감해진다. 세계적인 유명 브랜드보다 월마트나 이마트 같은 유통업체의 자체 브랜드 제품을 집어 들 가능성이 크다. 유명 브랜드와 대형 유통업체 간 가격 협상도 어느 때보다 치열해진다. 그럴수록 혁신이 절실해진다. 인플레이션은 식음료 업계 거인들의 혁신역량을 가늠할 시험대가 된다.

"고객이 원하는 상품을 개발하지 말라"

도쿄 증시에서 키엔스의 몸값은 대단하다. 2024년 10월 말 시가총액은 17조 엔약 150조 원으로 도요타, 미쓰비시UFJ파이낸셜, 히타치, 소니에 이어 5위다. 히타치와 소니의 매출액은 키엔스의 열 배다. 하지만 시가총액은 이 작은 고추와 비슷하다.

키엔스의 손익계산서를 보면 다시 놀라게 된다. 2024년 3월에 끝난 회계연도 매출액은 9672억 엔. 그중 원가는 17퍼센트에 불과하다. 물건을 팔면 원가의 네 배가 남는다. 영업이익은 4950억 엔으로 매출액의 절반을 넘는다. 영업이익률은 도요타의 다섯 배에 이른다.

키엔스는 1974년 설립됐다. 주로 공장 자동화 기기를 판다. 센서, 현미경, 레이저 마킹기, 3차원 측정기, 레이저 원소 분석기, 산업용 무선 시스템 같은 것들이다. 모두 혁신적인 제품들이지만 경쟁사가 만들지 못할 것들은 아니다. 설립된 지 반세기가 지난 성숙기의 회사는 흔히 경쟁 격화와 수익성 저하로 압박을 받는다. 하지만 키엔스는 여전히 80퍼센트 넘는 매출총이익률과 50퍼센트 넘는 영업이익률을 자랑하는 젊은 기업이다.

언론은 당연히 그 수수께끼를 풀어보려 한다. 이 회사는 좀처럼 속살을 드러내지 않는다. 취재와 인터뷰는 극히 제한적이다. 『니케이 비즈니스』의 니시오카 안누는 어렵사리 이 회사를 취재하고 책을 냈다.[28] 그가 전한 일화를 보자.

키엔스는 이미 여러 업체가 차지하고 있던 형광현미경 시장에 뒤늦게 뛰어들었다. 형광현미경은 생명과학 연구에 많이 쓰인다. 세포에 특수한 시약을 바르면 나타나는 미세한 빛을 관찰할 수 있다. 현미경 주위에 불필요한 빛이 있으면 정확한 관찰을 할 수 없다. 그래서 번거로워도 암실에서 관찰해야 했다. 키엔스가 이 시장의 틈새를 파고들려면 새로운 부가가치를 만들어내야 했다. 키엔스는 이렇게 물었다. 형광현미경을 왜 꼭 암실에서만 써야 하나? 다른 방법으로 불필요한 빛을 차단하면 되지 않을까?

사실 시료와 대물렌즈 주변만 가리면 굳이 암실에 갈 필요가 없었다. 형광 관찰과 분석 시간을 10분의 1로 단축할 수 있게 해준 이 단순한 발상 덕분에 키엔스는 후발 주자이면서도 약진할 수 있었다. 그것은 틀을 깨는 발상이었다. 고객이 분석 시간을 줄이고 싶어 하는 건 당연하다. 그렇다면 분석 시간은 언제부터 언제까지인가? 현미경을 작동할 때부터 분석이 시작된다고 보면 카메라 성능을 높이거나 새로운 분석 프로그램을 개발해야 할 것이다. 하지만 암실 작업 환경을 갖추고 이동하는 시간까지 계산에 넣는다면 차별화 포인트가 달라진다. 몇십 년 동안 암실 작업을 당연하게 생각했던 고객과 경쟁사는 떠올리지 못한 해법이다.

키엔스의 가장 중요한 경쟁전략은 고객의 숨은 니즈를 찾아내는 것이다. 창업자 다키자키 다케미쓰瀧崎武光는 1991년 『니케이 비즈니스』와 인터뷰에서 이렇게 말했다. "어떤 상품을 개발할지 고객에게 듣고 정하면 늦다. 그대로 만들어도 부가가치를 올릴 수 없다. 고객이 미처 깨닫지 못하는 잠재 니즈를 캐내 수면 위로 끌어올려야 한다."

숨은 니즈는 어떻게 알아낼까? 키엔스 출신의 컨설턴트 다지리 노조무는 이렇게 설명한다.

모든 사원에게 태블릿을 지급하려는 회사가 있다고 하자. 단지 가볍고 쓰기 좋은 태블릿을 권해주는 건 현재의 니즈에 대응하는 것이다. 키엔스 직원이라면 왜 태블릿이 필요한지, 그것으로 어떤 성과를 내고 싶은지를 묻는다. 계속 파고들면 빠르고 편하게 정보를 공유해 효율을 높이고 싶다는 근본적인 니즈를 알아낼 수 있다. 그 니즈에 맞는 프로그램까지 구축해주면 최적의 컨설팅 서비스가 된다.

키엔스 직원들은 숨은 니즈를 찾으러 늘 현장에 간다. 예리한 관찰과 질문은 혁신적인 제품과 컨설팅의 출발점이다. 현장에서는 숲과 나무를 함께 봐야 한다. 예컨대 배터리 제조업체가 절단 공정에 관해 상담을 요청했을 때 단순히 절단에 적합한 제품을 제안하는 데 그쳐서는 안 된다. 배터리 제조 공정 전체를 조망하면서 최적화 솔루션을 내주어야 한다.

키엔스는 기본적으로 팹리스 업체다. 자체 개발한 제품을 위탁 생산한다. 원칙적으로 매출총이익률이 80퍼센트가 안 되면 개발 자체를 하지 않는다. 새로운 니즈와 시장을 찾아내는 데 주력하므로 시장 점유율 목표는 무의미하다. 영업은 중간 단계 없는 직접 판매방식을 고수한다. 영업맨들은 엔지니어이자 컨설턴트다.

이 독특한 고부가가치 업체는 1960년대 초 공업고등학교를 졸업한 한 청년이 두 번의 실패 끝에 창업한 회사다.

화석 같은 기업이 될 것인가?

다키자키는 화석을 열심히 모았다. 오사카의 키엔스 본사에 들어가면 곳곳에서 암모나이트나 공룡 화석을 볼 수 있다. 화석들은 창업자의 메시지를 담고 있다. "끊임없이 진화하지 못하는 기업은 사멸한다. 화석 같은 기업이 되지 마라."

그는 1945년 효고현 아마가사키시에서 태어났다. 한신 공업지대의 중심인 오사카와 고베 사이에 있는 도시다. 1964년 공고 졸업이 그의 최종 학력이다. 졸업 후 공정제어 시스템을 만드는 외국계 회사에 엔지니어로 취업했다가 독립해 전자기기 업체를 세웠다. 하지만 곧 실패했다. 다시 조립 하청을 시작했으나 또 실패했다. 스물일곱에 세 번째 창업에 도전했다. 리드진기라는 이름으로 시작한 사업의 주력은 전선 제조업체를 위한 자동 선재 절단기였다. 공장 자동화에 필요한 센서도 개발했다.

도요타자동차에 센서를 공급하면서 비약적 성장이 시작됐다. 1970년대 초 도요타는 프레스 가공 과정에서 금속판을 두 장씩 내보내는 오류 때문에 골치를 썩였다. 다키자키는 값비싼 금형의 손상을 막을 센서를 제안했고 도요타는 그 해법을 채택했다. 센서를 이용해 제조 공장의 효율성을 높이는 방법을 컨설팅하는 것은 키엔스의 핵심 사업이 됐다. 그의 센서는 닛산자동차 공장에도 도입됐다. 회사는 곧 흑자를 냈다.

리드전기는 1986년 '과학의 열쇠' 키+사이언스라는 뜻의 키엔스로 사명을 바꿨다. 주력이던 자동 선재 절단기 사업은 그 전에 접

제1부 꿈, 피, 땀   121

었다. 창업 아이템이라는 상징성이 있고 영업이익률도 20퍼센트나 됐으나 센서보다 수익성이 낮다는 이유로 단호히 버렸다. 키엔스는 유난히 부가가치에 집착했다. 끊임없이 혁신적인 제품을 내놓지 못하면 곧바로 가격 경쟁에 내몰릴 수밖에 없다고 생각했다. 지난 반세기 동안 이 신조에 사활을 걸었다. 그 덕분에 50퍼센트대 영업이익을 낼 수 있었다. 1만 가지가 넘는 제품을 생산하는 키엔스는 신제품 중 70퍼센트는 세계 최초나 업계 최초라고 자부한다. 다른 데는 없는 제품이니 당연히 비싸게 팔 수 있다.

키엔스 주식 중 다키자키 일가가 보유한 지분은 키엔스재단 지분을 포함해 22퍼센트 남짓하다. 『포브스』에 따르면 2024년 11월 초 다키자키의 재산은 209억 달러로 유니클로의 타다시 야나이 448억 달러, 소프트뱅크의 손정의 308억 달러에 이어 일본 3위다. 그는 한사코 언론 인터뷰를 피한다. 사진도 찍히지 않으려 한다.

그에 관한 기사나 책에서는 여전히 33년 전 『니케이 비즈니스』와 한 인터뷰가 인용된다. 아들 한 명이 있는 그는 이렇게 말했다. "창업자들은 '회사는 내 자식 같은 존재'라는 말을 자주 합니다. 나는 그렇게 생각하지 않습니다. 은퇴 시기도 이미 정해두었습니다. 자식에게 회사를 물려줄 생각은 애초에 없었고요. 제 손으로 후계자를 확실히 키운 후에 물려줄 생각입니다."

그는 2000년 사장 자리를 물려주고 회장이 됐다. 2015년에는 다시 명예회장으로 물러났다. 지금도 이사회에는 참석한다. 자신은 카리스마형 경영자가 아니라는 그는 창업자가 자리에 없어도 잘 굴러가는 시스템을 만들려고 했다. 그런 생각은 직함에서도 드

러난다. 키엔스의 사장 직함은 '사책社責'이다. 회사의 우두머리라기보다 책임자임을 강조한다.[29]

보잉 같은 항공기업체부터 TSMC 같은 반도체업체까지 글로벌 기업들의 공장 자동화 경쟁이 격화하고 있다. 그럴수록 키엔스의 몸값은 치솟았다. 정밀 센서와 로봇으로 더 똑똑하게 일해야 하는 기업들은 누구보다 빠르게 자사의 니즈를 일깨워줄 키엔스의 엔지니어들을 찾았다. 그렇다면 키엔스는 언제까지 지금처럼 높은 부가가치를 창출할 수 있을까? 모든 성공적인 기업은 언젠가는 화석이 된다. 어떻게 하면 그 시기를 최대한 늦출 수 있을까?

키엔스의 플라이휠

짐 콜린스는 기업이 도약하는 과정을 플라이휠을 돌리는 것에 비유했다. 육중한 바퀴는 처음에는 힘껏 돌려도 잘 움직이지 않는다. 하지만 한 바퀴 두 바퀴 돌리다 보면 갈수록 빨라진다. 그리고 어느 순간 엄청난 속도를 내게 된다. 축적과 돌파를 거치고 나면 관성만으로도 빠르게 돌아갈 수 있다. 키엔스는 바로 그런 플라이휠을 돌린 기업이다.

산업 자동화 분야의 경쟁자 오므론과 비교해보자. 1933년 창립한 오므론은 키엔스가 태어났을 때 이미 41세의 거인이었다. 오므론의 인력은 2만8000여 명으로 1만2000여 명인 키엔스의 두 배를 넘는다. 하지만 오므론의 매출은 8000억 엔대 2024년 3월 결산로

제1부 꿈, 피, 땀　　123

1조엔 가까운 키엔스에 못 미쳤다. 300억 엔대인 오므론의 영업이익은 5000억 엔 가까운 키엔스에 견줄 수도 없다.

키엔스는 처음부터 직접 판매방식을 고수했다. 딜러망은 기존 기업들이 다 차지하고 있어서 그럴 수밖에 없었다. 영업 인력은 소수 정예의 세일즈 엔지니어들이다. 일본 최고 수준의 연봉을 받고 평균 연령도 매우 낮다. 야근은 업계 평균의 두 배 수준이다. 일 중독자를 키우는 철저한 성과주의 탓에 이직이 잦고 재직기간은 짧은 편이다. 영업 실적 순위는 사내에 늘 공개된다. 실적이 저조하면 상사와 개별 면담을 해야 한다. 감사팀은 불시 검문으로 거짓 보고를 잡아낸다. 예컨대 '고객사를 3시에 방문하려면 2시에는 어느 톨게이트를 지나야 하는데 그런 자료가 없다'는 지적을 받는다. 한 세일즈 매니저는 "회사 차량에 GPS 추적 장치가 있다. 약속보다 10분 늦게 도착했을 때 상사가 이유를 물었다"고 말했다.[30]

세일즈 엔지니어들은 분 단위로 기록하는 외근보고서와 '니즈 카드'를 활용해 고객의 가려운 곳을 긁어주는 최적의 방법을 찾아낸다. 규모의 경제보다는 고객 맞춤형 상품을 고안함으로써 부가가치를 창출한다. 거대한 자본 투자를 하지 않고도 빠르게 변하는 수요에 맞출 수 있는 구조다.

키엔스의 비즈니스 모델은 고부가가치 컨설팅이다. 글로벌 컨설팅사 액센추어의 영업이익률은 14퍼센트에 조금 못 미친다(2023년 8월 결산). 키엔스는 그 네 배 가까운 수익성을 자랑한다. 키엔스 고객사는 46개국 35만 개에 이른다. 여기서 일종의 네트워크 효과가 나타난다. 생산성에 애가 타는 기업은 경쟁사는 어떻게 하고 있는지, 베스트 프랙티스는 어떤 것인지 꿰고 있는 조언자를 찾기 마련이다.

2024년 3월 3조 엔 가까운 키엔스의 총자산 중 91퍼센트가 유보이익이다. 장기부채는 거의 없다. 이 비밀스러운 기업이 반세기 동안 축적한 자본을 잘 활용하고 있는지 감시하는 눈은 거의 없다. 연구개발 투자는 매출액의 2.6퍼센트에 불과하다. 이 비율이 8퍼센트에 이르는 TSMC나 11퍼센트 가까운 삼성전자와 비교가 안 된다. 제조설비나 연구개발 투자가 적을수록 당장 수익성은 높아도 미래 성장 가능성은 불확실해진다.

키엔스의 플라이휠은 여전히 놀라운 속도로 돌아간다. 하지만 로봇과 인공지능 시대 자동화 컨설팅의 경쟁우위를 점치기는 어렵다. 중국은 로봇산업의 슈퍼 파워가 되려 한다. 2022년 중국이 새로 도입한 산업 로봇은 29만 대로 일본의 6배에 이르렀다. 전 세계 신규 로봇 도입에서 중국의 비중은 10년 새 14퍼센트에서 52퍼센트로 늘었다.

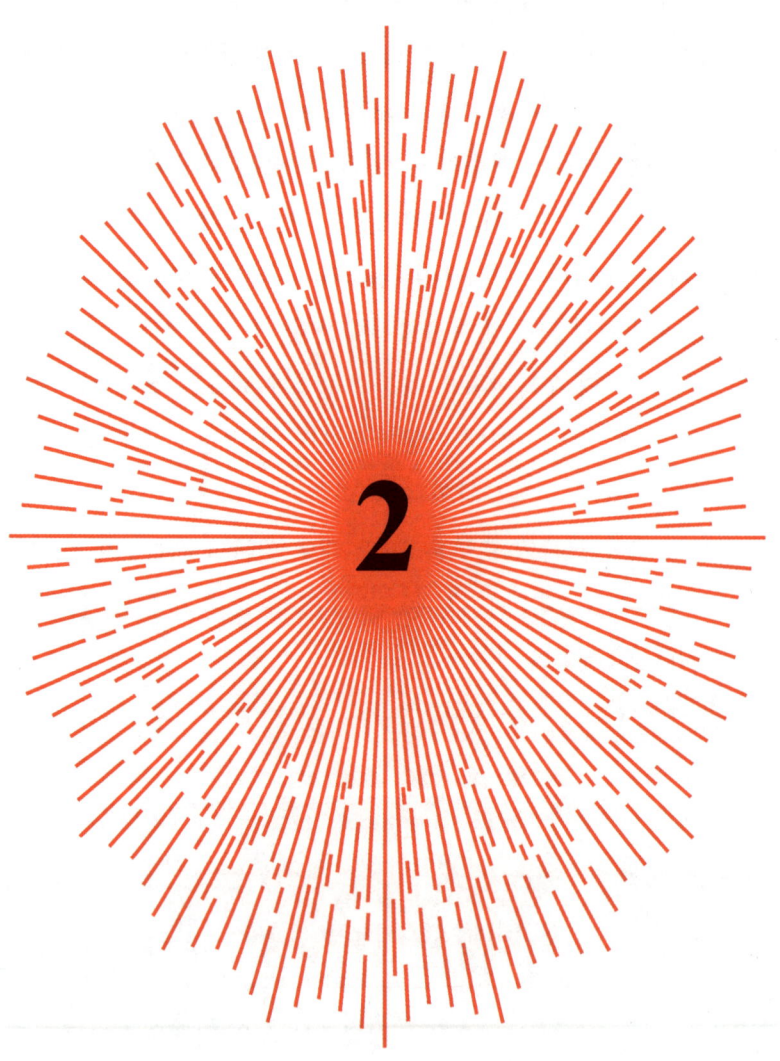

제2부

발밑에서 무너지는 땅

"이 세상의 모든 군대보다 강한 것이 하나 있다. 그것은 제때를 만난 아이디어다."

-프랑스 문호 빅토르 위고

"우리가 황제에게 복종하지 않는다면 상업의 전제군주에게도 복종해서는 안 될 것입니다."

-1890년 미국 반독점법을 주도한 존 셔먼 상원의원

"전통이란 타고 남은 재를 보존하는 것이 아니라 살아 있는 불을 꺼트리지 않고 넘겨주는 것이다."

-독일 포싱거 가문 13대손 베네딕트

제4장
'새로 고침'을 해야 할 때

거상 야코프 푸거 1459~1525는 합스부르크 가문이 유럽을 제패하도록 도왔다. 5세기 후 그 제국은 숨이 끊어졌다. 그동안 근대적 자본주의가 자라났다. 요제프 알로이스 슘페터 1883~1950는 제국의 최후를 지켜보며 자본주의라는 수수께끼를 열심히 풀었다. 그가 경제성장의 원천으로서 기업가정신과 창조적 파괴를 강조한 것은 20세기 후반까지도 잘 알려지지 않았다. 하지만 창조적 파괴는 오늘날 지구촌 반대편의 한국에서도 가장 널리 쓰이는 말이 됐다.

카를 마르크스 1818~1883는 왜 자본주의 체제를 뒤엎는 혁명이 불가피한지 증명하려 했다. 자본주의의 변호사 슘페터는 마르크스 사상의 폭과 깊이를 높이 평가하면서도 그가 여러 가지를 잘못 짚었다며 비판했다. 슘페터는 마르크스가 사망하던 해 오스트리아-헝가리제국 모라비아 지방 지금의 체코 동부에서 태어났다. 젊은 시절 런던에 간 그는 마르크스가 『자본』을 집필했던 대영박물관의 조용한 독서실에 앉아 있곤 했다.

슘페터는 마르크스가 사회계급을 너무 단순화했다고 보았다. 근대에는 남다른 혁신역량을 가진 노동자들이 스스로 기업을 일으켜 자본가로 거듭날 수 있었다. 마르크스가 기업가와 자본가를 구분하지 않은 것도 잘못이었다. 슘페터는 기업가를 비전 있는 리더로 보았다. 기업가는 단순히 제조업자나 상인을 뜻하거나 사주나 경영자를 일컫는 말이 아니었다. 기업가는 끈질기게 혁신을 추구하며 미래를 만들어가는 사람이었다. 슘페터가 보기에 기업가를 움직이는 힘은 돈에 대한 사랑이 아니었다. 그것은 나만의 제국을 건설하겠다는 욕망과 지배하고 존경받으려는 욕구, 창조하고 성취하는 기쁨이었다.[31]

기업가는 뭔가를 창조하고 일을 완성하며 자신의 열정과 재능을 발휘하는 데서 기쁨을 느낀다. 경쟁하려는 의지, 정복하려는 의지, 다른 이들보다 뛰어난 자신을 증명하려는 의지, 자신의 이익을 위해 성공하려는 의지, 성공의 열매만 바라는 의지가 아니라 성공 자체에 의미를 두는 의지가 기업가를 움직인다. 그는 어려움을 피하지 않고 변화를 모색하며 모험을 즐거워한다.[32]

기업가적 이윤은 성공한 혁신에 대한 보상이다. 혁신적인 기업가는 자본을 댈 수도 있고 그러지 않을 수도 있다. 충분한 자본이 없는 사람도 기업을 꾸릴 기회를 얻을 수 있다. 물론 자본을 가지면 더 쉽게 기업가가 될 수 있다. 하지만 기업가는 자본가 계급에서만 나오는 것이 아니다. 자본 투자의 위험을 안는 이는 기업가가 아니라 자본가다. 자본가가 아닌 기업가가 사업에 실패하면 다른 사람의 돈을 잃게 된다.

혁신은 저항을 부른다. 자신의 이익이 위협받는다고 느끼는 이들은 혁신에 반대하며 격렬하게 맞서 싸운다. 낡은 기업이 밀려나고 새로운 기업이 탄생하는 자본주의 동학은 승자와 패자를 낳는다. 슘페터는 승자들이 모든 보상을 독차지하는 건 일시적일 뿐이리고 보았다. 모방자들이 혁신을 베끼게 되면 결국 무한경쟁이 벌어지고 이익은 잠식될 것이다. 사회계급 상층부는 늘 물갈이된다. 사람들이 들어찬 호텔처럼 그곳에 머무는 사람은 늘 바뀌게 마련이다.

1942년 슘페터는 낡은 것을 대체할 자본주의적 혁신을 설명하면서 창조적 파괴라는 말을 처음으로 썼다. 파괴는 진보를 위한 대가다. 그러나 올바른 순서가 중요하다. 정치 지도자들이 멋대로 창조와 파괴의 순서를 바꾸려고 시도할 때는 흔히 참혹한 결과를 낳았다. 1960년대 중국 문화대혁명 당시 마오쩌둥의 강령은 순서가 잘못된 것이었다. "먼저 파괴하라. 그러면 건설은 따라올 것이다."[33]

창조적 파괴의 폭풍

슘페터는 1932년부터 18년간 하버드대에서 경제학을 가르쳤다. 학생 중에는 로버트 하일브로너도 있었다. 그는 어느 날 슘페터가 했던 첫마디를 오랫동안 기억했다. "여러분, 자본주의에서 불황은 몸에 좋은 찬물 샤워 cold douche 같은 것입니다."

학생들은 당황했다. 불황이 좋은 거라고? '두쉬'가 뭐지?[34]

슘페터는 자본주의를 내재적인 회복력을 지닌 역동적 체제로 보았다. 창조적 파괴를 자본주의의 본질적 요소라고 했다. '안정된 자본주의'는 모순이었다. 그는 기업가의 혁신이 자본주의의 활력을 만들어낸다고 했다.

기업가는 발명가라기보다는 혁신가다. 산업혁명 시대 영국의 리처드 아크라이트는 발명가인 동시에 혁신적인 기업가였다. 새 방적기를 고안했을 뿐만 아니라 효율적인 생산체제를 확립해 높은 기업가적 이윤을 창출했다. 슘페터는 19세기 중반 영국에서 새로운 강철 생산방식을 개발한 헨리 베세머를 기업가의 가장 순수한 예로 꼽았다.

혁신 경쟁은 냉혹하다. 누군가는 피를 흘리게 된다. 시장은 혁신에 실패한 기업을 가차 없이 무너뜨린다. 기술과 시장 변화가 갈수록 빨라지는 가속의 시대에는 아무리 혁신적인 기업이라도 한순간에 무너질 수 있다. 슘페터는 이렇게 말했다. "모든 성공한 사업가들은 발밑에서 무너지는 땅 위에 서 있다."[35]

슘페터는 경영전략이라는 말을 널리 퍼트렸다.

기업의 전략은 끊임없는 창조적 파괴의 폭풍에서 살아남기 위한 것이다. 경영 환경에 중대한 변화가 일어났을 때 적응적 대응에 머무르는 기업이 있는가 하면 창조적 대응에 나서는 기업이 있다. 창조적 대응은 기존의 관행을 뛰어넘는 것이다.

경영전략은 전통적인 경제학자들이 고수하던 완전경쟁이라는 개념에는 포섭되기 어렵다. 완전경쟁 체제에서는 어떤 기업도 시장을 주름잡지 못한다. 누구도 가격을 결정하거나 많은 이익을 낼 수 없다. 슘페터는 완전경쟁 모델이 창조적 파괴의 동학을 이해하는 데 부적합하다고 봤다.

애플 아이폰이나 테슬라 전기차가 시장에 처음 나왔을 때 완전경쟁 모형으로 그 시장을 설명하기는 어렵다.

슘페터는 자본주의와 대기업을 자주 변호했다. 하지만 그의 사후에 터져 나온 기업의 온갖 부정을 다 용서하려 하지는 않았을 것이다. 예를 들어 21세기에 접어들 때까지 가장 혁신적인 기업으로 꼽혔던 엔론의 회계부정을 보았더라면 그는 뭐라고 했을까? 슘페터의 전기를 쓴 토머스 매크로는 "그는 이런 짓이 자본주의에 대한 배신이라고 생각했을 것"이라고 했다.

이 세상 모든 군대보다 강한 것

다시 한번 타임 슬립을 해보자.

기원전 3세기 시칠리아 시라쿠사의 아르키메데스는 걱정이 태산이다. 히에론 2세 왕은 말도 안 되는 숙제를 던져주었다. "황금으로 만든 왕관에 불순물이 섞여 있을지 모르겠다. 과연 그런지 확실히 알아내라. 물론 왕관을 녹여보면 알 수 있겠지만 그건 꿈도 꾸지 마라."

당대의 가장 뛰어난 수학자이자 물리학자, 공학자, 발명가인 아르키메데스는 이런저런 방도를 짜내봤다. 하지만 다 소용없었다. 히에론의 불길한 눈빛을 떠올리면 가슴이 꽉 막혀왔다. 그는 잠시 그 일을 잊기로 하고 매일 하던 대로 욕탕에 몸을 담갔다. 순간 너무나 사소하면서도 엄청나게 특별한 일이 일어났다. 그의 몸이 물속에 들어가자 수위는 올라갔다. 몸의 부피만큼 물이 넘쳐났다. 그는 곧바로 깨달았다. 이 원리로 왕관의 부피를 측정할 수 있겠다. 그러면 같은 무게의 순금과 왕관의 부피를 비교할 수도 있겠다. 수수께끼는 풀렸다. 유레카! 그는 벌거벗은 채 뛰쳐나갔다.

이 역시 무릎을 치게 하는 스토리텔링의 힘으로 살아남은 신화일 것이다. 그러나 혁신적인 아이디어는 어떻게 나오는가에 관해 많은 것을 일러주는 신화다.

아르키메데스는 학문과 실용을 아울렀다. 지렛대의 원리를 이용한 투석기나 적선에 햇빛을 반사하는 거대한 거울로 로마군을 괴롭히기도 했다. 그는 기존의 지식과 기술을 끊임없이 보완하고 혁신했다. 유레카의 순간은 사실 느리고 어려운 타화수분他花受粉의 결실이었다. 그것은 단 몇 초가 아니라 몇십 년 동안 쌓아온 노력의 정점이었다. 그의 학문적, 기술적 성과는 혼자 힘으로 이룬 것도 아니었다. 광범위한 연구 네트워크의 산물이었다. 당시 시라쿠사는 그리스 식민지 전체에서 가장 빛나는 도시였다. 지중해의 중심축 역할을 하던 시라쿠사는 아르키메데스를 학문의 허브였던 그리스 알렉산드리아와 이어주었다. 그는 최고 권위의 수학자와 천문학자, 사상가들과 교류하며 배울 수 있었다.

혁신에 대한 낭만적 신화들은 에피파니와 유레카의 순간을 지나치게 부각한다. 혁신은 무無에서 갑자기 튀어나오지 않는다. 그 전에 나온 아이디어를 다시 버무려 새롭게 빚어낸 것들이다. 그래서 사회적 맥락이 중요하다. 사상의 경우도 마찬가지다. 찰스 다윈은 진화론을 발명하지 않았다. 그는 애덤 스미스가 이야기한 경쟁의 놀라운 결과도 알았다. 토머스 맬서스의 인구론에도 익숙했다. 마르크스는 헤겔의 철학과 고전적인 정치경제학을 새로운 사회주의 사상과 결합했다.

현실에서 혁신의 과정은 보통 S 커브를 그린다. 영국 작가 마이클 바스카는 혁신적인 아이디어는 세 단계를 거쳐야 한다고 지적한다.[36] 첫 번째는 새로운 개념을 구상하는 단계다. 목욕탕의 아르키메데스나 떨어지는 사과를 보는 뉴턴 이야기는 이 단계를 묘사한다. 다윈은 수십 년 동안 자연선택 이론을 가다듬었다. 혁신의 S 커브는 오랫동안 이 바닥에서 긴다. 두 번째는 실행하는 단계다. 진화론은 다윈의 머릿속에만 머무르지 않고 세상에 나와 읽혀야 했다. 세 번째는 구매가 이뤄지는 단계다. 종의 기원에 관한 이론은 숱한 논쟁과 검증을 거쳐 광범위하게 수용되고 영향력을 갖게 됐다.

물론 모든 아이디어가 다 같은 건 아니다. 독창성과 영향력 면에서 크고 작은 아이디어가 있다. 1840년부터 2010년까지 미국에서 나온 특허들을 평가한 연구에 따르면 전신과 전화, 자동차, 항공기, 플라스틱, 마이크로프로세서, 유전자공학 기술이 '큰 아이디어'의 범주에 들어간다. 제너럴일렉트릭, 웨스팅하우스, IBM, RCA, 마이크로소프트, 애플 같은 기업들은 그런 아이디어로 세상을 바꾸었다. 이제 인공지능과 양자컴퓨팅, 3D 프린팅, 합성생물학, 뇌와 컴퓨터의 인터페이스 같은 기술들이 그 뒤를 잇고 있다.

일하고 생각하는 방식을 바꾸는 혁신도 많다. 컨베이어벨트와 과학적 관리기법을 도입한 포드의 대량생산 방식이 그런 예다. 경쟁과 진화의 새로운 관점을 제시한 애덤 스미스나 찰스 다윈의 사상, 기존의 양식과 철학에 반기를 든 음악과 미술, 영화의 새로운 조류들도 마찬가지다. 이런 혁신이 꽃을 피우려면 시기가 무르익어야 한다. 사회가 새로운 아이디어를 받아들일 준비가 되어야 한다는 말이다. 증기기관은 1세기 이집트 알렉산드리아의 헤론이 선보였다. 그러나 18세기 영국에 와서야 비로소 빛을 본다. 프랑스의 문호 빅토르 위고가 말했다. "이 세상의 모든 군대보다 강한 것이 하나 있다. 그것은 제때를 만난 아이디어다."

물론 작은 아이디어도 중요하다. 디지털 혁명과 부의 빅뱅 시대에는 작은 아이디어로도 엄청난 성공을 거둘 수 있다. 큰 아이디어일수록 생각해내기도 힘들고, 실행되고 수용되기도 어렵다. 사회는 늘 급진적인 아이디어에 적대적이고 손실 회피적이며 근시안적이다. 기득권과 관료주의, 대중영합주의도 혁신의 발목을 잡는다.

슈퍼스타 기업은 창조적 파괴를 방해할까?

가비 아기옹은 1921년 이집트 알렉산드리아에서 태어났다. 초등학교 때 만난 동갑내기와 결혼한 후 파리로 온 그녀는 1952년 자기 아파트의 가정부 방에 작업장을 차린다. 패션 하우스 끌로에다. 가비의 프레타 포르테_{고급 기성복}은 당시 대세였던 오트 쿠튀르_{고급 맞춤복}의 불편을 없앤 혁신이었다. 가비는 1985년 회사 지분을 던힐에 팔고 대중의 눈에서 사라질 때도 이렇게 말했다. "모든 것이 아직 발명되지 않았다. 그래서 나는 설렌다."

1952년 태어난 아들 필리프는 끌로에가 글로벌 브랜드로 커가는 것을 지켜봤다. 그는 하버드대에서 경제학 박사 학위를 받았고 지금은 콜레주 드 프랑스 교수로 있다. 혁신과 성장에 관한 그의 이론은 슘페터 패러다임으로 불린다. 그가 보기에 혁신은 창조적 파괴의 과정이다. 혁신가들은 기존의 혁신가를 밀어내고 또 다른 혁신가에게 밀려난다.

혁신을 장려하려면 그에 따른 수익을 보호해주어야 한다. 특허 제도는 하나의 보호 장치다. 하지만 혁신가가 왕관을 너무 오래 쓰고 있으면 오히려 혁신을 저해할 수 있다. 그가 자신의 혁신을 쓸모없게 만들 새로운 혁신을 막으려 자원을 쏟아부으면 결국 기득권만 살아남고 혁신적인 기업가는 소멸할지도 모른다. 슘페터가 자본주의의 미래를 어둡게 본 까닭이 여기에 있다.

오늘날 혁신의 동력이 약해지고 있는가에 관해 학자들의 견해는 엇갈린다. 노스웨스턴대 경제사학자 로버트 고든은 비관론을 편다. 그는 낮은 가지의 과일을 다 따 먹었을 때처럼 혁신의 열매를 얻기는 갈수록 힘들어진다고 본다. 1958년 보잉 707기가 첫 비행을 했을 때 로스앤젤레스에서 뉴욕까지 날아가는 데 4.8시간이 걸렸다. 오늘날 두 도시를 오가는 항공기들의 비행 시간은 5.6시간으로 오히려 길어졌다.

같은 대학 경제사학자 조엘 모키르는 반론을 편다. 정보통신 혁명으로 혁신적인 아이디어는 지구촌 어디로든 더 쉽게 퍼져나갈 수 있다. 혁신의 이익이 커진 만큼 혁신하지 않을 때의 손실도 커졌다. 생명과학으로 뇌의 노화를 늦추면 좋은 아이디어를 낼 시간도 길어질 것이다. 아기옹은 낙관론자 편에 선다. 미래는 얼마든지 달라질 수 있다. 중요한 건 혁신적인 기업 생태계를 만들어가려는 의지와 정책이다.

아기옹의 논리를 들어보자. 혁신으로 슈퍼스타가 된 기업이 있다. 사회적 자본을 많이 쌓고 모방하기 어려운 노하우를 가진 기업이다. 스타벅스나 월마트 같은 슈퍼스타 기업은 신생기업이 추월하기 어렵다. 정보통신 기술은 슈퍼스타 기업이 더 많은 영역을 장악할 수 있게 해준다. 인수합병은 덩치를 더 키워준다. 그럴수록 나머지 기업은 혁신과 경쟁의 의욕을 잃는다. 슈퍼스타 기업의 혁신은 단기적으로는 성장을 촉진해도 길게 보면 오히려 혁신과 성장을 저해할 수 있다. 이럴 때는 경쟁정책을 혁신해야 한다. 아기옹은 시장 점유율과 가격에만 초점을 맞출 것이 아니라 기존 기업이 인수나 합병으로 혁신적인 신진 기업의 시장 진입과 경쟁사의 연구개발 투자를 방해할 가능성을 따져봐야 한다고 밝혔다.

슘페터식 성장 모델을 설파하는 아기옹은 한국 경제에 1997년 위기가 전화위복이 됐다고 본다. 1960년대 이후의 고속성장은 정부와 재벌의 합작품이었다. 정부 지원을 받는 수출 대기업들이 선진국 기업들을 따라잡는 동안 신생기업의 시장 진입과 경쟁은 사실상 제한됐다. 외국 기업과의 경쟁도 막혀 있었다. 금융 혁신은 거의 이뤄지지 못했다. 쓰나미처럼 위기가 닥치자 방만했던 재벌은 무너졌다. 살아남은 재벌은 전에 없던 경쟁에 직면했다. 그 충격이 한국 기업의 역동성을 되살렸다.

슘페터의 아버지는 작은 마을에서 방직공장을 운영했다. 그러나 31세에 세상을 떴다. 어린 슘페터가 기업가인 아버지를 지켜보며 영감을 얻었을 가능성은 거의 없다. 아기옹의 어머니는 패션기업을 일으켰다. 그녀는 93세까지 살았다. 혁신의 동학을 푸는 이들에게 어떤 실마리를 주었을 법하다. 하버드대에서 경제학을 가르치던 아기옹은 이렇게 회고했다. "어머니는 여성들이 일하면서도 입을 수 있는 드레스를 만들려고 했습니다. 일하는 여성이 거의 없었던 1950년대에 이미 오늘날과 같은 여성상을 본 것이지요. 어머니는 여성들에 대해 당시에 지배적이었던 견해와는 아주 다른 생각을 하고 있었어요."[37]

사티아 나델라 공감의 리더십

1992년 스물다섯 살의 사티아 나델라는 마이크로소프트에 입사한다. 여러 기술 부문 수장들이 그의 배짱과 지식을 시험했다. 그다음에 면접을 본 관리자는 어려운 코딩 문제를 던지지 않았다. "어떤 아기가 거리에 누워 울고 있다고 하세. 어떻게 하겠나?" 나델라는 별생각 없이 911을 부를 거라고 했다. 관리자는 나델라를 사무실에서 내보내며 자기 팔을 그에게 둘렀다. "자넨 공감이 조금 필요하군. 아기가 거리에 누워 울고 있으면 안아 올려야지."[38]

공감 부족으로 입사 기회를 놓칠 뻔한 젊은이는 훗날 공감의 리더십을 설파하는 CEO가 된다. 그는 참으로 고통스러운 경험을 통해 공감을 배운다. 입사하고 4년이 지났을 때였다. 응급 수술로 태어난 첫아이 자인의 몸무게는 1.4킬로그램에 불과했다. 아기는 울지 않았다. 심각한 뇌성마비였다. 그는 비탄에 빠졌다. 그러나 붓다의 가르침처럼 모든 것은 변한다는 것을 깨달았다. 그 무엇도 영원하지 않음을 깨달으면 평정을 얻을 수 있다. 다른 사람들의 고통을 더 깊이 이해할 수 있게 된다.

아들의 상태는 공감의 중요성을 끊임없이 일깨워주었다. 쌍둥이 딸 중 학습장애를 겪는 아이도 있었다. 딸이 캐나다 밴쿠버의 학교에 다니는 5년 동안 그는 주말이면 차를 달려 시애틀과 밴쿠버를 오갔다. 힘든 나날에 그가 얻은 교훈은 공감이 보편적인 가치라는 것이었다. 나델라는 공감의 범위를 넓혀갔다. 종업원과 고객과 협력사들을 대할 때도, 새로운 제품을 내놓고 새로운 시장에 들어갈 때도 무엇보다 공감을 중시했다.

공감은 영감을 부른다. 뇌성마비로 손을 쓰지 못하는 자인을 위해 컴퓨터를 공부하는 고등학생 세 명이 휠체어 옆에 센서를 붙여놓는 아이디어를 냈다. 음악을 좋아하던 아이는 고개를 이리저리 움직여서 재생 목록을 넘길 수 있게 됐다. 마이크로소프트의 해커톤에서는 시선 추적 기술이 나왔다. 루게릭병이나 뇌성마비 환자들을 위한 사용자 인터페이스는 공감 능력이 얼마나 큰 자유와 행복을 가져다줄 수 있는지 보여줬다.

CEO가 된 나델라는 자인이 입원한 집중치료실을 둘러본다. 부드럽게 윙윙거리고 가끔 삐 소리를 내는 의료장비들을 보며 이 연약한 젊은이를 살리기 위해 얼마나 많은 데이터와 컴퓨팅 파워가 필요할까 생각한다. 그 모든 걸 연결해주는 클라우드는 단순한 사업을 넘어 누군가의 생명을 구하는 기술이기도 했다. 종일 사무실에서 컴퓨터 스크린을 들여다본다고 공감의 리더가 되는 건 아니었다. 자신이 만들어내는 기술이 병원과 학교, 생산과 연구개발 현장에서 어떤 영향을 미치는지 직접 봐야 했다. 그는 미국의 쇠락하는 산업도시나 아시아와 아프리카, 남미의 개도국에서 어렵게 생계를 이어가는 사람들을 만났다. 작은 사업을 일으키려 분투하는 사람들, 피부색이나 신념 때문에 폭력과 증오의 대상이 되는 사람들 처지에서 그들에게 진정으로 필요한 것이 뭔지 생각하려 했다.

클라우드 컴퓨팅은 엄청난 양의 데이터를 분석해 통찰력과 예측력을 높일 수 있게 해준다. 개인과 기업, 사회를 바꾸는 혁명적 기술이다. 클라우드 부문은 현재 마이크로소프트에서 매출과 이익 면에서 가장 큰 비중을 차지한다. 2014년 봄 나델라가 방향타를 잡았을 때 이 회사 주가는 40달러에도 못 미쳤다. 10년 후에는

400달러를 웃돌았다. 마이크로소프트를 다시 뛰게 한 새로운 동력은 바로 클라우드였다.

현재 클라우드 시장의 최강자인 아마존 웹서비스는 전체 시장의 3분의 1을 차지하고 있다. 마이크로소프트 애저는 4분의 1 가까이 차지한다. 구글 클라우드는 10분의 1 남짓 가져가고, 알리바바와 IBM은 20~30분의 1을 가져가는 데 그친다. 하지만 마이크로소프트는 처음부터 클라우드 서비스에서 앞서 나가지 못했다. 2011년 초 CEO였던 스티브 발머는 겨우 걸음마를 시작한 클라우드 사업부를 나델라에게 맡겼다. 당시 상황에 대해 나델라는 이렇게 말했다. "아마존은 혁명을 이끌고 있는데 우리는 아직 병력을 모으지도 못했다."

그가 마이크로소프트의 부활을 이끄는 데 필요한 것은 공감의 리더십뿐만이 아니었다. 대담한 '새로 고침'이 필요했다.

'새로 고침' 키

1986년 봄 마이크로소프트가 상장했다. 주당 21달러였다. 주가는 너무 치솟았다. 개미 투자자들이 사기 어렵게 되자 마이크로소프트는 계속해서 주식을 잘게 쪼개야 했다. 주식분할은 모두 아홉 차례 이뤄졌다.

상장 당시 1000달러를 투자한 카푸친 씨를 생각해보자. 그는 47주를 살 수 있었다. 지금까지 팔지 않았다면 분할 후 주식 수는

1만3536주로 불어났을 것이다. 2024년 11월 초 마이크로소프트 주가는 410달러다. 1000달러는 38년 반 동안 555만 달러로 불어났다. 그동안 받은 배당금을 빼고도 그렇다. 모닝스타의 예상 배당수익률 0.81퍼센트을 적용하면 한 해 4만5000달러 가까운 배당을 받을 수 있다.

기술과 시장의 격변은 아무리 눈부신 성공을 거둔 기업도 하루아침에 무너뜨릴 수 있다. 마이크로소프트의 한 해 매출은 상장 당시 2억 달러에도 못 미쳤다. 2024년 6월 말까지 1년 동안 올린 매출은 2400억 달러를 넘는다. 기술기업이 이처럼 빠른 성장세를 한 세대 넘게 이어가는 것은 극히 예외적인 사례다. 지난날의 성공 신화에 취해 독점적 지위를 누리고만 있었다면 불가능한 일이다.

마이크로소프트의 세 번째 CEO인 사티아 나델라는 그 비결을 새로 고침이라는 말로 압축한다. 모든 개인과 조직, 사회는 언젠가 '새로 고침' 키를 눌러야 한다. 스스로 새로운 활력을 불어넣고 전략의 틀을 새로 짜고 목적을 재설정해야 한다. 새로 고침은 창조적 대응의 다른 표현이다. 슘페터가 말했듯이 기업의 전략은 끊임없는 창조적 파괴의 폭풍에서 살아남기 위한 것이다.

혁신의 아이콘이었던 마이크로소프트가 급속히 노쇠해지며 그저 그런 기업으로 전락할 위기를 맞았을 때였다. 나델라는 젊음과 혁신의 에너지를 되찾을 길이 무엇인지 고민했다. 그는 회사의 사명부터 다시 설정했다. 마이크로소프트는 컴퓨팅의 민주화를 기치로 성장했다. 모든 가정의 모든 책상에 컴퓨터가 놓이게 하겠다는 비전을 제시했다. 지금은 모두가 손안의 슈퍼컴퓨터라는 스마트폰을 들고 다니는 세상이다. 이 회사의 사명도 '지구상의 모든 개인과 조직이 더 많은 것을 이루도록 역량을 키워준다'는 것으로 바뀌었다.

사업의 틀을 바꾸는 데는 새로운 비전과 결단이 필요했다. 나델라가 마이크로소프트 창업 이래 가장 중요한 성장 엔진이었던 윈도 운영체제 대신 새로운 핵심 경쟁력으로 키우는 것은 클라우드 컴퓨팅이다. 2024년 6월 말까지 1년 동안 마이크로소프트의 지능형 클라우드 부문 매출은 20퍼센트 가까이 성장해 1000억 달러를 넘었다. 클라우드는 전체 매출에서 가장 큰 43퍼센트 비중을 차지한다.

나델라는 2014년 초 CEO로 처음 소개되는 자리에서 모바일 퍼스트와 클라우드 퍼스트를 외쳤다. 그는 "우리는 전통이 아니라 혁신을 존중한다"고 선언했다. 낡은 경쟁 방식은 과감히 버렸다. 적과 동침도 마다하지 않았다. 전임자인 발머가 '암'이라고 했던 개방형 운영체제 리눅스도 끌어안았다. 가장 강력한 경쟁자인 애플의 아이폰에서 마이크로소프트가 만든 소프트웨어를 구동할 수 있게 했다. 그것은 제로섬 게임이 아니었다.

1990년대 마이크로소프트는 경쟁 당국과 싸우며 '악의 제국'이라는 별명을 얻었다. 한때 기업 분할 위기에 몰리기도 했다. 나델라는 2016년 링크트인 262억 달러을 시작으로 2018년 깃허브 75억 달러, 2021년 제니맥스 미디어 80억 달러와 뉘앙스 커뮤니케이션 197억 달러, 2022년 액티비전 블리자드 687억 달러까지 잇단 대규모 기업인수로 영토를 확장했다. 그가 수장이 될 때쯤 마이크로소프트는 오랫동안 경쟁 상대가 없었던 탓에 변화에 무디어져 있었다. 나델라는 이렇게 말했다.

"관료주의가 혁신을 대체했고 사내 정치가 팀워크를 대신했다. 우리는 낙오했다."

PC 혁명의 주역이었던 회사는 모바일과 AI 혁명의 시대에 낙오하지 않기 위해 스스로 거듭나야 했다. 새 CEO는 세상을 바꾸려면 기업 문화부터 바꿔야 한다는 것을 깨달았다. 새로 고침은 피할 수 없었다. 새로 고침은 오늘날 모든 기업의 CEO에게 맡겨진 숙제이기도 하다.

스타벅스의 치즈 타는 냄새

"탄 치즈에 무슨 마법이 있나?"

하워드 슐츠는 단단히 화가 났다. 스타벅스 CEO 자리에서 물러나 글로벌 전략에 집중하던 슐츠는 2007년 위기의 냄새를 맡았다. 스타벅스 특유의 오라가 흐릿해지고 있었다. 무엇보다 참기 어려운 건 그릴에 치즈 샌드위치를 데울 때 코를 찌르는 냄새였다. 신선하고 따뜻한 에스프레소 향으로 가득해야 할 카페를 치즈 냄새가 압도해버렸다.

스타벅스는 2003년부터 샌드위치를 팔기 시작했다. 베이글 샌드위치부터 소시지, 터키 베이컨, 햄 앤드 에그와 잉글리시 머핀의 여러 조합을 실험했다. 따뜻하게 데우는 샌드위치마다 치즈가

들어갔다.

슐츠는 데우는 음식을 판다는 발상을 싫어했다. 하지만 따뜻한 음식을 좋아하는 고객이 늘어났다. 바리스타들은 샌드위치를 오븐에 데우느라 바빴다. 흘러내린 치즈가 지글지글 타면서 뿜는 냄새가 매장을 뒤덮었다.

슐츠는 몬테레이, 모차렐라보다 체더 타는 냄새에 질색했다. 그는 매장에서 샌드위치를 치워버리라고 지시했다. 제품 개발 책임자가 그 말을 전하자 CEO인 짐 도널드는 샌드위치를 치워버리면 매출과 충성고객을 잃을 것이라며 반대했다. 고객조사 결과도 그 논리를 뒷받침했다.

몇 년 동안 기획과 연구개발, 시험을 거쳤던 신제품 개발팀의 사기는 꺾였다. 그들은 '아로마 태스크포스'를 만들어 소시지와 베이컨, 탄 치즈 냄새를 없애려고 머리를 짜내기도 했다. 다른 오븐을 써보고, 오븐을 더 자주 청소하고, 샌드위치를 싼 종이를 교체하고, 치즈가 덜 흐르게 데우는 시간을 줄여보기도 했다. 냄새가 실내에 퍼지지 않게 히터와 에어컨 통풍기까지 손 봤지만 소용없었다.

창업자와 CEO 간 긴장이 고조됐다. 고객 데이터를 따를 것인가, 창업자의 직관을 존중할 것인가? 매출을 중시할 것인가, 브랜드 손상에 주목할 것인가?

슐츠는 단기 손실을 감수하고 장기적 이익을 얻으려 했다. CEO의 생각은 달랐다. 슐츠는 타협할 생각이 없었다. 2008년 초 8년 만에 CEO로 복귀한 슐츠는 커피 향을 방해하는 샌드위치는 팔지 않겠다고 선언했다.

슐츠는 창업자의 관점은 독특한 것이라고 했다. 기업가는 건설자다. 창업자들은 그 기초부터 벽돌 하나하나까지 알고 있다. 그가 스타벅스를 보는 관점은 전문 경영자와 다른 것이었다. 물론 기업가들은 자신이 일으켜 세운 것에 대한 애정 때문에 눈이 흐려질 수 있다. 그러나 2007년 스타벅스라는 배가 서서히 가라앉고 있다는 슐츠의 직감은 정확히 맞아떨어졌다.

스타벅스는 장기 투자자에게 한 세대 넘게 높은 수익을 안겨준 기업이다. 1992년 기업공개 때 1000달러를 투자한 이를 보자. 공모가는 17달러였으므로 당시 59주를 살 수 있었다. 지금까지 스타벅스는 2대 1 주식분할을 여섯 차례 실시했으므로 59주는 3776주가 됐다.

2024년 11월 초 이 회사 주가는 99달러다. 따라서 32년 전 1000달러는 지금 배당을 제외하고도 37만 달러 넘게 불어났다. 이 회사의 2023년 매출은 약 360억 달러였다. 거의 매일 1억 달러 가까운 매출을 올린 셈이다.

장기 상승 추세에서 크게 벗어나 추락한 시기도 있었다. 2008년 말 주가는 2년 전 고점 대비 80퍼센트 넘게 폭락했다. 순익은 반 토막도 안 됐다. 슐츠의 직감대로 배가 가라앉고 있었다.

폭락했던 스타벅스 주가는 2011년 여름 전고점을 회복했다. V자 반등이었다. 치즈 탄 냄새가 커피 향을 뒤덮은 건 배를 침몰시킬 수 있는 하나의 구멍이었다. 구멍은 그것 말고도 여럿 있었다.

주름만 펴는 성형

2007년 초 어느 날 슐츠는 식탁에 앉아 편지를 썼다. 자신을 대신해 스타벅스를 이끄는 CEO 짐 도널드와 경영진에게 보낼 것이었다. "1000개도 안 되던 매장을 1만3000개 넘게 늘린 지난 10년 동안 성장을 위해 내려야 했던 결정들은 돌이켜보면 스타벅스의 경험을 희석하는 것이었습니다." 진한 풍미의 에스프레소를 멀건 아메리카노로 바꾸는 것과 같은 물타기가 계속됐다는 지적이었다. 그는 창업자의 눈으로 포착한 문제를 꼼꼼히 지적했다. "우리는 자동 에스프레소 기계를 도입해 서비스 속도와 효율성 문제를 해결했습니다. 대신 극적 효과와 낭만을 제거해버렸죠."[39]

고객들은 커피 바 너머의 키 큰 에스프레소 머신 때문에 바리스타가 커피를 뽑는 모습을 보기 어려웠다. 기계는 바리스타와 고객이 친밀하게 대화하는 것도 방해했다. 매장에서 원두를 갈 때 나던 향은 거의 사라져 버렸다. 미리 갈아둔 커피를 봉지로 쌓아두고 팔았기 때문이다. 그런 방식으로 팔면 도시의 일상에 지친 고객들을 저 멀리 코스타리카나 아프리카의 자연으로 데려다준다는 스타벅스의 자랑스러운 서사는 어떻게 되는가? 직원들에게 담배 피우는 건 말할 것도 없고 향수도 뿌리지 말라고 하던 슐츠였다. 진한 커피 향의 감동을 잃어버린다면 고객들에게 무엇으로 호소할 것인가?

슐츠는 1982년 점포 네 개의 커피 회사 스타벅스에 마케팅 책임자로 입사했다. 1971년 시애틀에서 창립한 회사였다.

그는 이듬해 밀라노 출장길에 에스프레소 바의 진한 풍미와 따뜻한 분위기에 완전히 매료됐다. 커피콩을 갈고 에스프레소를 내리고 우유를 데우고 카푸치노를 만드는 바리스타의 정교하고 우아한 동작은 섬세한 춤과 같았다. 손님들과 즐거운 대화를 나누던 바리스타는 슐츠가 에스프레소를 주문하자 그만을 위해 향이 풍부하고 진한 커피를 내려 조그맣고 하얀 잔에 담아 건넸다. 슐츠는 감동했다. 커피의 진정한 마법을 발견한 그는 귀국 후 경영진에 밀라노의 에스프레소 바 같은 스타벅스를 만들자고 설득했다. 설득이 통하지 않자 1985년 일 지오날레라는 커피 회사를 차렸다. 1987년에는 스타벅스를 인수했다. 그리고 20년 간 폭발적 성장을 이끌었다.

그러나 규모가 커질수록 창업 초기의 특별한 경험은 희석됐다. 위기는 "얼굴 주름만 펴는 성형수술로는 해결할 수 없는" 것이었다. 심장을 이식해야 할 정도는 아니었다. 경영자들은 그 희석을 절실하게 느끼지 않는 듯했다. 슐츠가 메일을 보낸 후에도 이렇다 할 변화가 없었다.

슐츠는 CEO인 도널드를 집으로 불렀다. 어색한 침묵이 흐른 후 슐츠가 말했다. "이사회는 내가 CEO로 복귀해야 한다고 믿고 있소. 그래야만 스타벅스에 필요한 변화와 혁신을 일으킬 수 있소." 도널드는 "실망과 놀라움이 뒤섞인 표정"으로 슐츠를 쳐다보고는 몇 가지 법률 서류를 받아 나갔다.

창업자가 전문 경영자를 자르고 CEO로 복귀하는 것인데도 슐츠는 쿠데타라도 하듯 비밀리에 작전을 벌였다. 그는 뉴욕의 전략

컨설팅회사를 찾아가 복귀 작전을 논의했다. 복귀 명분을 강화하는 서사와 미화도 필요했다. 2008년 1월 7일은 월요일이었다. 이사회실에 고위 관리자들을 불러모은 슐츠는 단호하게 말했다. 회사의 핵심 가치에 확신을 갖지 못하는 사람이 있다면 누구든 용납하지 않겠다. 그런 사람이 있다면 나쁜 감정 가질 것 없이 회사를 떠나면 된다.

CEO가 잠시 멈추고 생각해야 할 것

슐츠는 스타벅스가 맥도날드와 비교되는 걸 끔찍이 싫어했다. 그는 사람들이 두 회사를 비교할 때 "고통스럽다"고 했다.[40] 그럴 때면 "까무러칠 만큼" 화를 냈다.[41] 2007년 『컨슈머 리포트』의 시음에서 스타벅스가 맥도날드 커피보다 낮은 평가를 받았을 때 그는 얼마나 기가 막혔을까?

스타벅스만의 로스팅 철학과 특별한 풍미를 고집하던 슐츠가 패스트 푸드 체인의 범용화 전략과 타협하기는 쉽지 않았다. 하지만 폭발적 성장에는 독특한 경험과 브랜드의 물타기가 따를 수밖에 없었다. 일 지오날레가 스타벅스를 인수할 때 매장 수는 모두 17개였다. 1999년에는 2500개에 이르렀다. 2007년 국내외 매장은 1만5000개에 달했다. 스타벅스는 줄곧 가속 페달만 밟아왔다. 이제 일단 멈추고 다시 기본을 생각해야 할 때였다.

"스타벅스의 영혼은 무엇인가?"

슐츠는 스타벅스가 팔고 있는 상품 그 자체가 아니라 그것이 팔리는 속도를 즐기는 악순환의 덫에 빠졌다는 사실을 깨달았다. 위기는 "스웨터에서 실이 한 올씩 풀려나가는" 것과 같았다. 돌아온 슐츠는 미국 내 개점 속도를 늦추고, 실패한 매장의 문을 닫고, 해외 성장 속도를 높이겠다고 밝혔다. 13만여 명에 달하는 바리스타는 전면적인 재교육을 받아야 했다. 바리스타는 스타벅스의 분위기와 경험을 연출하며 고객에 감동을 팔아야 하는 사람들이었다. 하지만 밀라노에서 슐츠를 매료시켰던 바리스타의 친근함은 느낄 수 없었다.

2008년 2월 26일 오후 5시 30분. 미국 내 7100개 스타벅스 매장은 일제히 고객들에게 나가달라고 요청했다. 문을 닫아건 직원들은 한 잔의 에스프레소를 완벽히게 뽑고 우유를 알맞게 데우는 일부터 다시 배웠다. 에스프레소는 수도꼭지에서 흐르는 물처럼 너무 빠르게 쏟아지면 향이 약하고 농도가 묽다. 너무 느리게 떨어지면 너무 곱게 갈았다는 뜻이며 맛이 쓸 것이다. 완벽한 에스프레소는 숟가락에서 떨어지는 꿀처럼 보인다. 에스프레소에 첨가하는 우유는 달콤한 크림처럼 일정하게 데워주는 것이 중요하다. 바리스타들은 주문도 받기 전에 큰 피처로 우유를 데워놓았다가 필요할 때 다시 데워 썼다. 한 번 데운 우유는 달콤한 맛을 잃어버린다.

스타벅스가 에스프레소 머신으로 효율성을 높였다면 맥도날드나 던킨이 똑같이 하지 못할 까닭이 없었다. 스페셜티 커피 시장에 뛰어든 맥도날드는 미국 내 1만4000개 매장에 에스프레소 바를 만들고 맥카페에 10억 달러를 투자하기로 했다. 원두를 갈아서 적당한 밀도로 눌러 짜고 최적 온도로 물을 붓고 알맞게 데운 우유를 타는 과정을 모두 자동화해 바리스타가 필요 없는 에스프레소를 만들었다. 스타벅스는 그들과는 다르다는 걸 커피 자체로 증명해야 했다.

슐츠는 한 잔의 커피가 사람들을 연결해주고 공동체를 창조할 수 있다고 믿었다. 어린 시절 그는 뉴욕의 초라한 아파트에 살았다. 숨 막히는 집안 공기를 피해 계단에 홀로 앉아 있곤 했다.

그는 "사람들이 그날의 혼란에서 벗어나 소속감을 느낄 수 있는 공간을 창조하는" 일을 원했다. 그가 생각한 '집도 직장도 아닌 제3의 장소'는 단순히 네 벽 사이의 공간이 아니라 하나의 사고방식을 의미했다. 온갖 사람들이 찾아와 서로를 고양해주는 공간. 그런 스토리와 경험으로 차별화하지 않으면 커피 전쟁에서 이길 수 없었다.

경쟁은 혁신을 자극했다. 2009년 말 한 포럼에서 슐츠는 이렇게 말했다. "맥도날드는 우리를 더 나은 회사로 만들어줬다." 그는 잠시 멈추고 기본으로 돌아감으로써 초고속 성장기업이 흔히 겪는 '빅뱅 후의 빅 크런치'를 피할 수 있었다. 맥도날드 역시 매장이 3만 개를 넘어선 2001년 같은 위기를 겪은 적이 있다. 현재 지구촌에서 스타벅스 간판을 내건 매장은 3만8000여 개에 이른다. 맥도날드는 4만1000개 가깝다. 2024년 11월 초 스타벅스의 시가총액은 1100억 달러로 2100억 달러인 맥도날드의 절반 남짓한 수준이다. 두 회사의 PER는 29배와 26배로 비슷하다. 두 거인은 서로를 싫어하면서도 서로에게 배워야 했다. 커피 전쟁이 뜨거울수록 소비자는 즐거워진다.

코끼리를 다시 춤추게 하는 법

"여러분의 지난 성공도, 실패도 따지지 않겠습니다." 1993년 봄 뉴욕 맨해튼에서 헬리콥터를 타고 아몽크의 IBM 본사로 날아온 루 거스너가 50명의 경영진과 첫 대면 하는 자리였다. 나흘 후 이사회에서 회장 겸 CEO로 선출될 거스너는 IBM의 첫 외부 영입 수장이었다. 그전에는 담배식품기업 RJR 나비스코의 회장 겸 CEO였다.

컴퓨터 업계 최강자였던 IBM은 늙은 코끼리라기보다 멸종을 앞둔 매머드였다. 1987년 43달러였던 IBM 주가는 13달러로 떨어졌다. 1991년 사상 처음으로 손실을 낸 후 적자 폭이 커지면서 현금은 바닥을 드러내고 있었다. 누가 됐든 혹독한 구조조정의 도끼를 들어야 할 판이었다. 언론은 거스너가 외부 인사를 대거 끌어들일 거라고 예상했다. 그는 이렇게 선언했다. "필요하면 외부 인사를 데려오겠습니다. 하지만 먼저 여러분이 스스로 능력을 입증할 기회를 가질 것입니다. 모두가 새 출발을 하는 것입니다."[42]

그는 누가 문제를 일으켰느냐를 따질 겨를이 없다고 했다. 중요한 건 리더십과 방향감각, 그리고 모멘텀이었다. 상견례 정도로 끝날 수도 있었을 첫 회의는 45분간 이어졌다. 거스너는 자신의 경영철학을 이렇게 요약했다. "나는 절차가 아니라 원칙으로 경영한다. 우리가 해야 할 모든 일은 시장이 지시한다. 정치꾼들은 해고한다. 나쁜 정보를 숨기지 마라. 문제를 위로 떠넘기지 말고 수평적으로 해결하라. 우리가 실수한다면 너무 느려서가 아니라 너무 빨라서 실수하게 하라. 내게 위계 구조는 별 의미가 없다. 문제해결에 도움이 된다면 누구든 지위와 상관없이 회의에 참석하게 하라. 위원회와 회의를 최소한으로 줄여라."

IBM은 극적인 턴어라운드에 성공했다. 1993년까지 3년 내리 적자를 냈던 회사는 이듬해 흑자로 돌아섰다. 거스너가 왔을 때 시가총액은 300억 달러에 못 미쳤다. 9년 후 그가 떠날 때는 1700억 달러 가까웠다. 무엇보다 비즈니스 모델 자체를 바꾸는 큰 베팅이 주효했다. 새로운 모델은 꼬리가 몸통을 흔들게 하는 것이었다.

IBM의 정체성 위기

창립 초부터 IBM을 이끈 토머스 왓슨 1874~1956 은 정보처리의 선각자였다. 그는 기계가 방대한 정보처리 업무를 대신해주는 시대를 예견했다. 하지만 막상 컴퓨터 시대가 도래하자 주저했다. 기존의 주력 사업인 펀치카드를 잃을까 두려웠기 때문이다. IBM은 정체성의 위기에 빠졌다. 문제는 피터 드러커가 '궁정 쿠데타'라고 표현한 사태를 겪고서야 해결됐다. 1956년 CEO가 된 토머스 왓슨 주니어 1914~1993 는 대담하게 IBM을 디지털 컴퓨터의 시대로 이끌었다.

왓슨 주니어는 혁신적인 메인프레임 컴퓨터 '시스템/360'을 내놓았다. 이 제품이 컴퓨터산업에 미친 영향은 마이크로소프트 윈도와 PC 혁명에 비견된다. IBM은 고밀도 집적회로를 발명하지 않았다. 하지만 방 하나를 채울 만큼 크고 비효율적이고 믿을 수 없고 값비싼 컴퓨터의 단점을 그 기술로 극복할 수 있었다. 고객들은 쉽게 업그레이드할 수 있고 주변기기까지 호환되는 컴퓨터에 환호했다. 왓슨 주니어는 이 프로젝트에 1960년대 당시 돈으로 50억 달러를 투자했다. 1940년대 원자탄 개발을 위해 20억 달러를 쏟아부은 맨해튼 프로젝트보다 큰 베팅이었다.

IBM 매출은 1965년부터 20년간 연평균 14퍼센트씩 성장했다. 매출총이익률은 60퍼센드에 이르렀다. 시장 점유율은 30퍼센드를 넘었다. 이런 독주는 결국 경쟁 당국의 눈총을 사게 된다. 몇십 년 동안 이어진 성공은 기업 문화도 바꿔놓았다. 심각한 경쟁 압력을 느끼지 않는 사람들은 자만했다. 많은 걸 누릴 권리가 있다고 생각하는 사람들은 투지를 잃고 위험을 피하고 느려졌다. 시장의 변화가 회사의 성공에 영향을 미치지 않는다면 굳이 외부의 차가운 현실을 고민할 필요가 있을까? 거스너가 보기에 IBM은 메인프레임이라는 하나의 말만 타고 있었다. 그 말을 잘 타기는 했다. 하지만 말이 지쳐 쓰러지기 전까지만 그랬다.

미국 법무부는 1969년 초 IBM을 상대로 반독점 소송을 제기했다. 소송은 13년 후 로널드 레이건 정부 때 결국 취하됐다. 하지만 IBM 사람들은 오랫동안 정부가 강제로 회사를 찢어놓을 수 있다는 악몽에 시달렸다. 심지어 내부 회의나 문서에서 '시장' '점유율' '경쟁' '경쟁사' '지배' '선도' '승리' '제패' 같은 말은 아예 쓰지 못하게 할 정도였다. 그러는 새 개인용컴퓨터가 쓰나미처럼 밀려왔다. IBM은 그 시장을 오판했다. 취미로 컴퓨터를 하는 사람이나 학생들뿐만 아니라 기업들까지 PC를 쓰게 될 줄 몰랐다. PC 운영체제와 마이크로프로세서의 주도권은 마이크로소프트와 인텔에 내주고 말았다.

거스너는 이 산업을 완전히 다른 관점에서 보면서 IBM의 미래를 새로 그리기로 했다. 맨 먼저 살핀 건 고객의 충족되지 않은 니즈였다. 고객들은 수많은 제품과 기술을 통합하는 데 점점 더 힘들어하고 있었다. 그들은 다양한 기술을 자사 프로세스에 통합하는 솔루션을 찾았다. 기업들이 누군가가 정보기술 업무의 설계와 구축, 운용을 처음부터 끝까지 봐주면서 아키텍처와 애플리케이션, 하드웨어와 소프트웨어를 통합해주기를 바란다면 그 서비스는 IBM의 중요한 성장 엔진이 될 수 있었다.

거스너는 광범위한 네트워크로 연결되는 컴퓨팅 모델이 부상하리라고 보았다. 1970년대 IBM은 폐쇄형 컴퓨팅 모델로 전성기를 누렸다. 그러나 이제 개방형 모델이 대세가 될 참이었다. 아키텍처의 관문을 통제하는 모델은 엄청난 경쟁 위협에 직면할 터였다. 거스너는 IBM을 통합 솔루션을 제공하는 서비스 기업으로 탈바꿈시키면서 고도로 연결된 개방적 네트워크의 주역으로 거듭나게 한다는 전략을 세웠다. 그 전략은 다시 한번 정체성 위기에 빠진 IBM을 구해주었다. 그것은 피터 드러커가 모든 경영자의 가장 근본적인 질문이라고 한 것을 던졌기에 생각할 수 있는 전략이었다.

우리의 사업은 무엇인가? 우리의 고객은 무엇을 원하는가?

기술보다 개념이다

거스너는 IBM 경영진과 처음 대면하는 자리에서 여성들이 어떤 옷을 입었는지 기억하지 못했다. 하지만 남성들이 하나같이 흰 셔츠를 입었다는 건 기억했다. 거스너의 파란 셔츠는 그가 굴러온 돌임을 알려주는 것 같았다. 검은 정장에 흰 셔츠는 창업 초기 왓슨이 확립한 전통이었다. 고위 경영자를 상대하는 IBM 세일즈맨들은 고객을 존중하는 뜻으로 격식 갖춘 옷을 입었다. 1995년 거스너는 이 드레스 코드를 폐지했다.

초창기 왓슨은 세 가지 신조를 바탕으로 IBM을 이끌었다. 모든 일에서 탁월함을 추구하고 우월한 고객서비스를 제공하며 개인을 존중한다는 것이었다. 하지만 한 세대가 지나면서 신조의 의미는 변질됐다. IBM이 헤게모니를 잡았을 때 고객서비스는 일방적 관계로 바뀌었다. 혁신적인 컴퓨터로 고객의 사고를 확장하려 했던 열정은 찾아볼 수 없었다. 탁월함의 추구는 완벽함에 대한 집착을 낳았다. 거미줄 같은 승인과 검증을 거치면서 의사결정을 굼뜨게 했다. 개인 존중은 복지와 고용 안정을 노력해서 얻어내는 것이 아니라 당연히 주어지는 권리로 여기는 문화를 낳았다.

가장 놀라운 건 개인 존중이 '노'라고 말하는 문화를 만들어냈다는 사실이었다. 어떤 개인이나 팀도 다른 이들의 합의나 행동을 막을 수 있었다. 이는 곧 IBM의 악명 높은 '동의 거부 시스템nonconcur system'으로 이어졌다. 사업부 간 경쟁은 종종 외부 경쟁보다 더 치열했다. 사업부끼리 수주 경쟁을 벌이는가 하면 연구개발 부서가 무슨 일을 하고 있는지 다른 부문에 숨기기도 했다.

거스너가 본 IBM은 고립된 생태계였다. 사람들은 모든 문제를 내부의 관점에서 바라보았다. 고객의 요구에는 무심해지고 사내 정치에는 신경을 곤두세웠다. 하나의 팀으로 협력하기보다 제 영역을 지키는 데 골몰했다. IBM이 신비로운 기계를 처음 발명하던 시절에는 '고객이 무엇을 요구하는가'보다 '우리가 무엇을 만들 수 있는가'에 집중하는 것이 생산적이었다. 지난날 고객들은 새로운 기술을 설명해주기를 바랐다. 하지만 이제 그들은 스스로 전략을 세우고 기술과 서비스를 선택했다.

거스너는 IBM의 기업 문화를 바꾸는 데 힘을 쏟았다. 보스가 무슨 일을 하라고 지시할 때까지 기다리고 결정을 위로 미루던 사람들이 스스로를 믿고 결정을 내릴 수 있게 하는 일이 가장 어려웠다. 그는 결국 코끼리도 춤출 수 있다는 걸 증명했다. 기업의 덩치 자체는 문제가 아니었다. 혁신 경쟁에서는 흔히 작은 것이 아름답다고 생각한다. 작은 기업은 변화에 기민하게 대응하며 기업가정신도 살아 있다고 믿는다. 거스너는 이를 "순전히 넌센스"라고 했다. "대기업이 되고 싶어 하지 않는 소기업, 대기업의 연구개발과 마케팅 예산과 인력을 부러워하지 않는 소기업은 본 적이 없다."

대기업의 폭과 깊이는 더 큰 리스크를 지고 더 많은 투자를 하며 미래의 성과를 위해 더 오래 참을 수 있게 해준다.

IBM의 나이는 100년을 훌쩍 넘는다.[43] 1962년 초 기업공개 때 IBM 주가는 그 후의 주식분할을 고려해 다시 계산하면 1.57달러였다. 60여 년 후인 2024년 10월 초 주가는 230달러를 넘어 사상 최고로 치솟았다. 시가총액은 2000억 달러를 훌쩍 넘었다. 이처럼 큰 기업이 한 세기 넘게 높은 활력을 유지하고 있다는 것은 극히 보기 드문 성취다.

이처럼 오랜 시간의 담금질을 견뎌낸 기업들은 한 가지 공통점을 지닌다. 이들은 모두 특정 제품이나 기술을 초월해 본질적인 개념을 중심으로 발전한다는 점이다. 아이디어를 중심으로 발전한 기업들은 산업의 플랫폼 자체가 바뀌더라도 스스로 탈바꿈을 거듭하며 살아남을 수 있다.

천공카드 사업에 미련을 못 버리던 IBM은 왓슨 주니어가 메인프레임 컴퓨터에 베팅하면서 첫 번째 탈바꿈에 성공했다. 미니컴퓨터와 PC가 열어젖힌 분산형 컴퓨팅 시대에 굼떠 침몰 직전이었던 IBM은 거스너의 주도 아래 서비스와 소프트웨어 기업으로 거듭났다. 거대한 서비스 조직을 통해 고객의 요구가 어떻게 바뀌는지 알아챈 IBM은 세 번째 플랫폼 전환으로 빅 데이터와 클라우드 컴퓨팅 시대로 발 빠르게 진입할 수 있었다. 2023년 이 회사 총매출액 중 소프트웨어와 컨설팅 부문이 75퍼센트를 차지했다. IBM은 이제 '고객들이 문제를 푸는 데 필요한 모든 기술과 서비스를 모아주는' 일을 한다. 그 일을 하는 데 특정 기술과 플랫폼을 고집할 까닭은 없다.

애플도 IBM처럼 1990년대에 죽을 고비를 넘겼다. 1976년에 태어난 애플은 최신 기술을 단순하고 우아한 형태로 포장하고 더 쓰기 편하게 만들어 프리미엄 가격에 판다는 개념을 중심으로 조직된 회사였다. PC부터 뮤직 플레이어, 스마트폰, 태블릿 컴퓨터, 클라우드 서비스에 이르기까지 같은 개념을 적용해 세계 최대기업이 됐다. 애플보다 한 해 앞서 출범한 마이크로소프트는 PC 소프트웨어에 지나치게 의존하던 체제를 벗어난 후에야 다시 정상을 놓고 다툴 수 있었다.

1994년에 설립된 아마존은 사람들이 뭔가를 쉽게 살 수 있도록 한다는 개념을 중심으로 거대 제국을 건설했다. 책에서 시작해 음악, 잡화, 모바일 앱, 컴퓨팅 파워와 스토리지에 이르기까지 같은 아이디어로 영토를 확장했다. 그보다 10년 늦게 출범한 페이스북은 사람들이 친구들과 뭔가를 나누도록 돕는다는 개념을 확장하면서 폭발적 성장을 할 수 있었다. 반면 1984년 설립된 델은 PC를 가장 효율적으로 생산해 소비자에게 직접 파는 사업모델로 성장했으나 그 영역을 다른 제품으로 확장하는 데 어려움을 겪었다. 같은 해 출범한 시스코시스템즈는 인터넷 라우터로 날아올랐으나 거품 붕괴 후 오랫동안 정체기를 겪었다.

한 세기가 아니라 몇 세기 동안 살아남은 초 장수기업들은 어떨까? 단기적인 효율성보다 지속가능성을 키우는 노력이 중요하다는 건 두말할 필요조차 없다. 일시적인 대박을 노리기보다 오랫동안 꾸준히 현금을 창출할 수 있는 단단한 경영을 해야 한다. 단기 이익 극대화에 집착하거나 독점적인 지위를 구축하는 데만 매달리지 말아야 한다. 독점은 언젠가 무너지기 마련이다. 장수기업은 늘 고객에 집착하고 사회와 더불어 발전하는 길을 택한다. 사회적 유기체로서 유연하고 개방적이며 탈바꿈을 잘해야 한다. 고난을 겪을수록 강해지는 법을 배워야 한다.

초 장수기업들은 기술이 바뀌어도 수요 기반이 사라지지 않는 안정적인 산업에서 나온다. 마차나 내연기관을 만드는 기업보다 작은 식품업체나 여관 중에서 수백 년 된 기업이 나오기 쉽다.

물론 어느 기업도 영원할 수는 없다. 6세기부터 21세기 초까지 명맥을 이어온 일본 곤고구미는 막판에 무리하게 빚을 내면서 성장 활력을 되살리려다 독립 기업의 지위를 내놓고 말았다.

제5장

공룡의 뇌를 만드는 법

　기원전 218년 봄 스물아홉 살의 카르타고 총사령관 한니발은 로마로 진군했다. 이베리아반도 동남쪽 지중해 연안의 카르타헤나에서 출발해 에브로강을 건너고, 피레네산맥을 넘고, 지금의 프랑스 땅인 갈리아의 론강을 건너, 알프스를 넘는 대장정이었다. 출발 때 병력은 보병 9만 명과 기병 1만 2000명, 코끼리 37마리였다. 거점 방위와 군량 확보 문제로 병력을 줄여야 했고 알프스를 넘을 때 희생도 많았다.
　알프스를 넘은 카르타고군은 보병 2만 명과 기병 6000명으로 줄어 있었다. 그러나 죽음의 대장정을 견딘 전사들에게 로마의 연합군은 상대가 되지 않았다. 대규모 회전에서 연패한 로마군은 시간을 끌며 소규모 유격전을 이어갔다. 승리를 목전에 둔 것처럼 보였던 한니발은 적지에서 고립될 위험을 안고 시간을 보내야 했다. 시간은 결국 로마 편이었다.

로마는 스물다섯 살의 패기 있는 푸블리우스 코르넬리우스 스키피오에게 히스파니아 전선을 맡겼다. 이곳에서 승리하고 집정관이 된 스키피오는 카르타고의 본거지를 쳤다. 기원전 202년 로마군이 자마 전투에서 승리하면서 16년에 걸친 제2차 포에니 전쟁 한니발 전쟁은 막을 내렸다. 카르타고는 해외 영토를 모두 잃고 로마는 지중해의 패권을 차지했다.

지난 2000여 년 동안 끊임없이 사가들을 매혹한 이 역사에서 잘 다뤄지지 않는 이야기가 있다. 오늘날의 기업과 놀랍도록 비슷한 초기 형태의 회사들이 로마의 승리에 결정적인 역할을 했다는 사실이다.

아프리카누스 칭호를 받은 스키피오의 아버지 이름도 푸블리우스 코르넬리우스 스키피오다. 기원전 215년 히스파니아 전선에 있던 그는 로마의 원로원에 다급하게 편지를 보낸다. 보급품이 절대적으로 부족해 병사들을 먹일 수도 없게 되리라는 전갈이었다. 로마가 즉시 보급품을 보내주지 않으면 히스파니아 전체를 잃게 될 터였다. 하지만 로마의 국고는 비어 있었다. 국가 재정으로 스키피오의 요청을 들어줄 형편이 아니었다.

원로원은 마지막 수단으로 시민들에게 호소했다. 누구든 스키피오에게 군복과 군량, 장비를 공급해주면 국고가 다시 채워질 때 합당한 보상을 하리라는 것이었다. 그러자 세 회사가 나섰다. 라틴어로 소키에타스로 불리는 이 회사들은 모두 열아홉 명이 모여 만든 것이었다. 그들은 보급품을 제공하는 대신 두 가지 조건을 들어달라고 했다. 자신들의 병역을 면제해주고, 폭풍이나 적의 공격으로 배가 침몰하면 피해를 보상해달라는 것이었다. 원로원은 동의했다.

회사들은 약속을 충실히 이행했다. 스키피오 군은 공세를 이어갔다. 한니발의 동생 하스드루발이 지키던 히스파니아에서 전쟁을 교착상태로 이끌었다. 불과 세 그룹의 회사가 전황을 돌려놓은 것이다. 그만큼 민간기업의 자원 동원 능력이 컸음을 알 수 있다. 회사들은 원로원이 적절한 계약 조건을 들어주면 바로 자본과 곡물, 의복, 전함, 선원을 조달할 수 있었다. 붕괴 위기를 맞은 로마 공화정을 구한 건 강력한 기업 집단이었다.[44]

오늘날 전형적인 기업 형태인 주식회사를 보자. 회사는 주주들이 자본을 대서 설립한 것이다. 주주들의 의무는 무한하지 않다. 손실 가능성은 그들이 댄 자본으로 한정된다. 자연인이 아닌 회사는 법인격을 지닌다. 심지어 표현의 자유까지 가질 수 있다. 경영자나 주주가 죽더라도 회사는 계속해서 생명을 이어간다. 2000여 년 전 로마 공화정 시대 회사들은 이미 이러한 특징들을 보여주었다. 18세기의 저명한 법률가 윌리엄 블랙스톤은 주식회사가 전적으로 로마인들의 걸작이라고 주장했다.

로마를 살린 기업

로마는 회사의 용역을 받는 대가로 특별한 권리와 혜택을 주었다. 국가와 기업은 서로 의존하며 도움을 주는 긴밀한 동업 관계를 맺었다. 광대한 영토를 효율적으로 다스릴 수 있었던 것도 그런 협력체제 덕분이었다. 그러나 회사 규모와 힘이 확대될수록 공화국을 무너뜨릴 잠재적인 위험도 커졌다. 당대 지성들은 회사의 기여를 예찬하면서도 그 해악을 우려했다.

푸블리카누스는 공공 계약자들이었다. 로마의 도시에서 감탄을 자아내는 가로와 성벽, 시장, 신전, 동상, 극장, 교회, 수로, 하수시설, 경기장은 대부분 이들이 건설하고 관리했다. 그들은 정부 대신 세금을 걷는 일도 했다. 그래서 푸블리카누스는 흔히 징세 도급자로 번역된다. 정복과 병합으로 로마 치하에 들어온 광대한 영토에서 세수를 확보하는 건 체제 유지와 발전에 필수적인 기능이었다. 그러나 로마공화국은 대규모 행정 조직을 갖추지 않았다. 영토가 넓어질수록 과세는 힘들어졌다. 원로원이 낸 해결책은 민간기업에 도급하는 것이었다.

로마는 광장 포로 로마노에서 민간회사에 징세권을 파는 경매를 했다. 경매는 법에 따라 사람들이 보는 앞에서 공개적으로 실시해 투명성을 확보했다. 징세권을 산 회사는 속주에서 걷은 세금 중 낙찰 금액을 제한 나머지를 이익으로 챙겼다. 번창하는 속주에서 효율적으로 세금을 걷을 수 있으면 거대한 부를 쌓을 수 있었다.

카이사르와 함께 제1차 삼두정치 체제를 연 폼페이우스는 기업들과 긴밀한 관계를 맺었다. 소키에타스들은 그의 정복으로 얻은 광대한 속주에서 수지맞는 사업 기회를 얻었다. 그들은 폼페이우스가 정치적 경력을 쌓는 데 강력한 지지 세력이 됐다. 삼두정치에 함께한 로마 최고의 부호 크라수스는 그 자신이 푸블리카누스의 대부였다. 그는 원로원에서 기업의 이익을 대변하며 지지를 끌어냈다.

회사의 규모와 영향력이 커질수록 폐해도 늘어났다. 사기와 부패는 막기 어려웠다. 다 낡은 배에 얼마 안 되는 저급품을 싣고 가다 침몰시킨 후 엄청난 피해를 본 것처럼 정부에 보상을 요구하기도 했다. 주민들을 마구 잡아다 노예로 부리기도 했다.[45] 기원전 60년 소키에타스들이 공화정 말기의 로마에서 얼마나 강력한 입지를 차지하고 있었는지 보여주는 사건이 일어났다. 소아시아 속주에서 걷을 수 있을 세금을 지나치게 낙관적으로 예상했던 이들은 징세권 경매에서 너무 많은 돈을 쓰고 말았다. 계약이 집행되면 치명적 손실을 피할 수 없었다.

그들을 "공화국의 위대한 보호자"라고 예찬했던 키케로는 자본가들을 구제하는 데 공화국의 운명이 달려있다고 주장했다. 정부와 기업은 한배를 타고 있었다. 기업의 무분별함으로 그 배가 기울 때도 마찬가지였다. 키케로는 소키에타스들의 과도한 영향력과 그 힘의 남용을 모르지 않았다. 그러나 그 대안은 더 나쁜 것으로 생각했다. 요즘 말로 '시스템적으로 중요한' 존재가 된 기업들이 무너지면 체제 붕괴 위험까지 감수해야 하기 때문이다. 한배를 탄 정부와 기업의 유착과 견제는 그 후 2000여 년 동안 계속된다.

런던 상인들이 자본을 합쳤을 때

잉글랜드의 탐험가이자 군인이며 뛰어난 해적이었던 프랜시스 드레이크는 1587년 "에스파냐 왕의 수염을 그을리는" 전과를 올린다. 잉글랜드 왕실을 뒷배로 활약하던 그는 에스파냐 펠리페 2세의 무적함대 구축을 방해하려고 카디스만을 습격해 큰 타격을 입힌다. 귀항하려던 그는 어떤 소문을 듣고 생각을 바꾼다. 포르투갈의 대형 범선 상필리프호가 모잠비크에서 겨울을 나고 리스본을 향해 출항했다는 소문이었다. 보급품이 얼마 남지 않았고 선원들도 지쳐 있었다. 하지만 그냥 돌아올 드레이크가 아니었다.

운이 따랐다. 그는 대서양의 상미겔섬 근처에서 목표물을 발견하고 냉큼 낚아챘다. 플리머스항으로 돌아와 작성한 약탈품 목록은 놀라웠다. 나포한 상선에서는 옥양목과 퀼트, 호박단, 비단, 인디고, 후추, 계피, 정향, 메이스, 육두구, 자기, 초석, 밀랍, 흑단이 쏟아졌다. 보물상자에는 금목걸이와 팔찌, 다이아몬드, 루비, 수정으로 장식한 허리띠, 진주 반지, 혈석이 가득했다. 보물상자는 드레이크가 엘리자베스 1세 여왕에게 직접 갖다 바치려고 따로 챙겼다. 약탈한 재산은 10만 파운드에 달했다. 요즘 돈으로 2500만 달러 상당이었다.[46]

런던의 상인들은 충격을 받았다. 포르투갈 상선이 주름잡던 동인도의 부는 상상했던 것 이상이었다. 자신들도 항해술이나 모험심에서 뒤지지 않는다면 그 엄청난 부를 움켜잡지 못할 까닭이 어디 있는가?

그들은 곧바로 힘을 합쳤다. 엘리자베스 1세에게 '동인도와 교역하는 런던 상인들의 회사'를 설립할 수 있도록 특별히 허가해달라고 청원했다. 당시 회사 설립은 왕이나 의회가 청원을 받아들여 특권을 부여해야 가능한 일이었다. 여왕은 1600년 마지막 날 청원을 받아들였다.

218명의 상인은 "그 이름과 행동에 있어 하나의 주체로서 공동으로 정책을 결정하는" 기업으로 뭉쳤다. 회사는 잉글랜드와 동인도 사이의 교역을 독점하는 특권을 얻었다. 특허장 하나로 남아프리카의 희망봉 동쪽과 남아메리카의 마젤란해협 서쪽이라면 어느 곳에서든 배타적으로 교역할 권리를 갖게 됐다. 여왕은 대신 '잉글랜드 왕국의 명예와 항해 및 교역의 증진'에 기여할 것을 요구했다. 이 회사의 문장은 이렇게 선언한다. "신이 인도하는 곳에 그 무엇도 우리를 해칠 수 없다."

잉글랜드 동인도회사는 이렇게 탄생했다. 이 회사는 하나의 법적인 인격으로서 1874년 마지막 숨을 내쉴 때까지 3세기 가까운 세월 동안 숱한 개인과 국가의 운명을 바꿔놓았다. 이 회사가 아메리카 식민지에 팔던 차는 보스턴 차 사건으로 미국 독립혁명의 불씨가 됐다. 중국에 팔던 아편은 청 제국의 몰락과 서양의 지배를 재촉했다. 그러나 인류 역사의 흐름을 돌려놓은 동인도회사에서 가장 주목할 만한 점은 이 회사가 교역한 물건보다 자본을 모으는 방식에 있었다.

동인도회사는 오늘날 주식회사의 장점과 결점을 고스란히 보여준다.[47] 개인의 자본을 합치는 회사인 조인트 스톡 컴퍼니는 당시 잉글랜드 법체계에서 새로운 개념이었다.

이런 기업은 1550년대부터 조금씩 나타났다. 대규모 선단을 꾸리느라 초기에 많은 자본을 투자해야 하고 몇 달이나 몇 년 동안 투자금이 묶이는 사업에 꼭 맞는 기업 형태였다.

시행착오도 많았다. 초기 동인도회사에서 주주들은 회사 전체가 아니라 개별 선단의 지분을 가졌다. 같은 회사 내에서도 서로 다른 항해에 참여하는 이들이 더 많은 교역과 이익을 차지하려고 싸웠다. 서로 협력하는 게 아니라 경쟁 선단의 교역을 방해하고 상대를 오도할 역정보를 흘렸다. 때로는 경쟁자들이 총칼을 겨누며 대치하기도 했다. 이처럼 개별 항해에 지분을 갖는 체계는 1614년이 돼서야 끝났다. 주주들이 회사 전체의 지분을 갖게 되자 내분이 사라지면서 동인도회사의 위력은 급격히 커졌다.

골치 아픈 문제도 생겼다. 무엇보다 주주와 경영자가 분리되면서 생긴 긴장과 불신을 해소할 방법을 찾아야 했다. 주주들은 경영자들이 과연 투자금을 성실하게 관리하는지 의심스러워했다. 경영자들은 자신의 노력이 확실한 보상을 받을 수 있을지부터 챙겼다. 이는 지난 4세기 넘게 숱한 시행착오와 제도적 진화를 거쳤지만, 여전히 말끔히 해소되지 않은 문제다.

동남아 역사를 바꾼 상인들

잉글랜드 동인도회사는 동남아에서 푼돈으로 사들인 향신료를 런던에서 엄청나게 비싸게 팔았다. 오늘날 인도네시아의 일부인 반다제도에서 0.5페니에 산 육두구 4.5킬로그램은 런던에서 1.6파운드에 팔았다. 육두구 열매의 껍질을 말린 메이스는 같은 양을 5페니에 사서 16파운드에 팔았다. 수익률은 3만2000퍼센트에 달했다. 이처럼 수지맞는 장사를 독점할 수는 없었다. 곧바로 훨씬 더 크고 사나운 경쟁자가 뛰어들었다. 네덜란드 동인도회사였다.

오늘날 인도네시아의 몰루카제도는 정향과 메이스, 육두구 같은 값진 향신료의 유일한 생산지로 일찍이 유럽 상인들이 군침을 흘리던 곳이었다. 이곳 사람들이 유럽인을 처음 만난 건 16세기에 포르투갈 상인들이 향신료를 사러 왔을 때였다. 이들은 오스만제국이 장악한 서아시아 무역로 대신 아프리카를 돌아 향료제도로 오는 독자 무역로를 찾았다. 포르투갈은 바로 향신료 무역 독점을 꾀했다. 먼저 말레이반도 서쪽의 전략적 요충인 믈라카를 차지했다. 당시 포르투갈 여행가 토메 피레스는 이렇게 썼다.

"믈라카의 주인이 되면 베네치아의 목을 조를 수 있었다."

그러나 네덜란드 상인들을 당할 수는 없었다. 네덜란드인들은 인정사정 보지 않고 경쟁자를 제거하며 시장을 탈취했다. 1600년에는 몰루카제도의 일부인 암본 왕국의 지배자를 설득해 이곳 정향 거래의 독점권을 차지하는 배타적 협정을 맺었다. 1602년에 설립된 네덜란드 동인도회사는 잉글랜드의 경쟁자처럼 군대를 보유하고 무력으로 식민지를 차지할 수 있었다. 1605년에는 포르투갈인들의 요새를 무너뜨리고 다른 나라 무역상들을 쫓아냈다. 이 회사 관리자로 활동하다 훗날 네덜란드 총독으로서 이 지역에 대한 지배력을 확립하는 얀 피터손 쿤은 본국의 이사회에 보낸 서신에서 자신의 경영철학을 분명히 했다. "우리는 전쟁 없이 교역할 수 없고, 교역하지 않고는 전쟁도 할 수 없습니다."

쿤은 1618년 자바섬에 네덜란드 동인도회사의 새로운 거점으로 삼을 바타비아(자카르타)를 구축했다. 몇 년 후에는 반다제도로 함대를 몰고 가서 주민 1만5000명을 학살했다. 메이스와 육두구 생산의 노하우를 가진 극소수만 살려두었다. 잉글랜드 동인도회사는 수단과 방법을 가리지 않는 네덜란드 경쟁자에 대적할 준비가 돼 있지 않았다. 1623년 네덜란드인들은 최후의 일격을 가했다. 암본의 네덜란드 동인도회사에 고용된 일본인 낭인이 정보를 가져왔다. 잉글랜드 상인들이 네덜란드 요새를 장악할 음모를 꾸미고 있다는 것이었다. 네덜란드인들은 즉각 출동해 적들을 체포하고 고문하고 처형했다.

잉글랜드 동인도회사는 향신료 교역의 통제권을 되찾을 가망이 없음을 인정해야 했다. 그들은 더 큰 이윤을 좇아 인도로 갔다. 대학살을 자행한 네덜란드인들은 향료제도에 고도로 착취적인 제도를 확립했다. 원주민의 땅은 노예를 부리는 대농장으로 바뀌었다.

유럽의 상인들이 무자비하게 휩쓸어버리기 전까지만 해도 동남아 여러 나라에서 상업과 산업이 활발해지고 있었다. 메이스와 육두구는 반다제도에서만 자랐다. 이 섬들의 자치적인 도시국가들은 값진 향신료를 수출하는 대신 자바와 믈라카, 인도, 중국, 아라비아에서 흘러들어오는 식량과 공산품을 사들였다. 그러나 네덜란드의 기세가 등등해지자 이 지역 상업과 교역은 움츠러들고 말았다.

동인도회사가 싸움을 걸어올까 겁내는 나라들은 아예 수출용 작물 재배를 포기하기도 했다. 자바섬의 반텐은 네덜란드인들이 쳐들어올까 겁나 후추나무를 모두 잘라버렸다. 오늘날 필리핀 땅인 마긴다니오에서는 싸움의 빌미를 없애려 왕이 후추 재배를 금지했다. 미얀마는 수도를 해안지역의 페구에서 내륙 깊숙한 곳에 있는 아바로 옮겨버렸다.

잉글랜드와 네덜란드 동인도회사는 17세기 이후 서유럽의 정치경제 체제 변혁을 불러올 중대한 제도적 혁신이었다. 하지만 이들이 동남아 식민지에 뿌리내린 착취적 제도는 이 지역이 오랫동안 저개발의 덫에서 벗어나지 못하게 했다. 누군가의 기회를 확대하는 혁신적 제도가 다른 누군가의 기회를 박탈하는 도구로 쓰인 것이다. 서유럽에서 시작된 산업혁명의 물결이 전 세계로 퍼져나갈 때 이 지역도 기술 혁신과 교역 확대의 주요 수혜자가 됐더라면 어땠을까? 실제 역사보다 훨씬 더 빠른 경제 발전을 이루면서 다원적이고 포용적인 정치 체제로 나아갔을지도 모른다.

링컨의 철도법은 신의 한 수였다

에이브러햄 링컨의 책상에 법안이 올라왔다. 1862년 여름 의회가 보낸 법안은 "미주리강부터 태평양까지 철도와 전신선을 건설하도록 지원하고 정부가 동 시설을 우편, 군사 및 기타 목적으로 이용할 수 있도록 보장하는" 내용이었다. 남북전쟁은 1년 넘게 이어지고 있었다. 남부연합의 로버트 리 장군은 '7일 전투'에서 리치먼드를 공략하려던 북부연방 군에 큰 타격을 입혔다. 북군의 조지 매클렐런 장군은 대통령에게 전신을 보내 병력 증원을 요청한다. 링컨의 회신은 이랬다. "우리에게 백만 명이 있어도 제때 보낼 수 없을 것이오."

전장에서 수천 명씩 죽어가고 있었다. 이럴 때 받아든 철도 지원법은 한가해 보일 수도 있었다. 하지만 링컨은 대륙횡단철도가 합중국의 미래를 위해 얼마나 중요한 기획인지 잘 알고 있었다. 그는 오랫동안 철도에 마음을 두고 있었다. 정치에 뛰어들기 전 링컨은 일리노이의 철도회사를 대변하는 변호사였다. 한번은 증기선 사업자들이 강을 가로질러 다리를 놓은 철도회사를 상대로 소송을 걸었다. 변호사 링컨은 그들을 물리쳤다. 그는 단지 돈만 보고 싸운 것이 아니었다. 외딴곳에 사는 가난한 사람들이 쉽고 값싸게 여행하고 교역하고 소통할 수단을 제공함으로써 그들의 삶을 개선하는 데 철도보다 요긴한 것은 없다고 믿었기 때문이다.

대륙횡단철도는 엄청난 잠재력을 지녔다. 해안에서 해안까지 이어지는 철도는 갈라진 국가를 하나로 묶어줄 것이었다. 태평양 연안이 연방에 실질적으로 편입되면 정치와 경제의 통합은 가속화될 게 확실했다. 링컨은 바로 지원법에 서명했다.

국가 통합을 염원하던 지도자에게 철도 건설은 신의 한 수였다. 링컨이 퍼시픽철도법에 서명하고 7년이 지난 1869년 5월 10일 서진하는 유니언퍼시픽 철도와 동진하는 센트럴퍼시픽 철도가 유타주 프로몬토리에서 만났다. 1912마일에 이르는 철도가 태평양 연안부터 미국 중서부를 가로질러 동부와 대서양 연안까지 이어주는 순간이었다. 대륙을 가로지르는 데 걸리는 시간은 6개월에서 6일로 줄어들었다. 열차는 마차보다 열 배나 많은 화물을 실을 수 있었다. 고용 창출 효과는 엄청났다. 1880년대 철도 건설에 20만 명, 운영에 25만 명이 고용됐다. 남북전쟁 후 30년 동안 생산된 철강의 절반이 철도 부문에 투입됐다.

철도는 통합과 변혁의 촉매였다. 태평양 연안과 서부의 오지는 역사상 처음으로 세계시장에 통합됐다. 미국 중서부는 세계의 곡창이 됐다. 온갖 혁신이 뒤따랐다. 구스타버스 프랭클린 스위프트가 1877년에 도입한 냉장 열차는 육류 운송에 새로운 장을 열었다. 그 전에는 살아 있는 소를 열차에 태워서 소비지로 보내야 했다. 이동하는 동안 소의 체중은 줄어들었다. 하지만 산지에서 소를 도살해 냉장 열차에 실어 보내면 운송비를 크게 줄일 수 있었다. 그는 200대의 냉장 열차를 사들여 일주일에 3000마리의 고기를 실어날랐다. 1850년대 밀 1부셸을 시카고에서 뉴욕까지 실어나르려면 20.8센트가 들었다. 1910년대에는 5.4센트밖에 안 들었다.

그러나 성취에는 그늘도 있었다. 화려하게 날아올랐던 미국 철도의 거인들은 거품이 꺼지자 급격하기 추락했다. 그들은 독점기업의 전형이었다. 링컨이 예견하지 못했을 철도회사들의 횡포는 자본주의 변혁에 또 다른 장을 열게 했다. 그때까지는 개념조차 희미했던 반독점 법률이 제정된 것이다.

독점과 반독점의 끝없는 게임

추장의 이름은 '칠면조 다리'였다. 그가 이끄는 샤이엔 인디언 전사들은 조지 암스트롱 커스터 장군의 군대에 쫓기는 중이었다. 그러다 우연히 기차를 만났다. 한 번도 본 적이 없는 괴물이었다. 그들은 산등성이에 숨어서 다가오는 괴물을 지켜보았다. '호저'라는 이름의 전사는 기차를 처음 본 순간을 이렇게 묘사했다. "멀리서는 아주 작아 보였지만 가까이 오면서 계속 더 커졌다. 그리고 연기와 증기를 내뿜었다. 우리는 그 모습이 마치 담배를 피우는 백인의 파이프 같다고 이야기했다."[48]

1867년 대평원 지역에서 유니언퍼시픽의 철도 건설에 저항하던 원주민을 군이 제압했다. 인디언은 대대로 물려받은 삶의 터전을 잃었다. 침입자들에게 저항하다 부족 전체가 절멸하기도 했다. 대륙횡단철도는 갈라진 나라를 통합하려는 링컨에게는 신의 한 수였지만 누군가에게는 엄청난 재앙을 몰고 온 괴물이었다. 처음에는 이 거대한 동맥이 가져다준 새로운 기회에 한껏 들떴던 이들도 시간이 지나면서 철도회사의 음험한 기획에 넌더리를 내기 시작했다.

대륙횡단철도를 건설하는 동안에는 거의 완벽한 경쟁이 벌어졌다. 동진하는 센트럴퍼시픽과 서진하는 유니언퍼시픽은 조금이라도 더 많은 레일을 놓으려고 죽기 살기로 경쟁했다. 철도법은 철길을 깐 거리에 따라 두둑한 보상을 해주었다. 총연장은 정해져 있었다. 유니언퍼시픽이 1마일을 더 깔아 보상을 더 받으면 센트럴퍼시픽이 받을 돈을 그만큼 낚아채는 꼴이었다. 처음 공사가 시작될 때는 운이 좋아야 하루에 1마일을 깔 수 있었다. 하지만 막판에 센트럴퍼시픽은 하루 10마일 넘게 까는 기록을 세우기도 했다.

그러나 철도는 필연적으로 독점을 낳았다. 철도의 고정비는 어마어마하다. 새로운 경쟁자가 쉽게 뛰어들 수 없는 구조다. 하지만 엄청난 돈을 쏟아부어 건설을 마치면 운영비는 그리 많이 들지 않는다. 소비자들은 철도회사가 부르는 대로 값을 치러야 한다. 철도 네트워크에서 배제되는 것을 두려워하는 지역사회는 앞다퉈 지원할 수밖에 없다. 19세기의 부유한 자본가들이 이 수지맞는 장사를 놓칠 리 없었다.

남북전쟁 후 미국에서 부상한 거대 기업가들은 흔히 '강도 귀족'으로 불린다. 1865년 링컨이 암살됐을 때 앤드루 카네기는 삼십대에 접어들었다. 그는 이미 큰 부자였다. 스물여섯 살의 존 D. 록펠러는 미국에서 가장 많은 이익을 내는 정유회사를 갖고 있었다. 스물여덟 살인 피어폰트 모건은 아버지의 은행 일을 배우고 있었다. 스물아홉의 제이 굴드는 철도 기업 회생 전문가로 첫발을 내딛고 있었다. '후미진 어둠 속에서 거대한 그물을 자아낸 거미'로 묘사되는 그는 강도 귀족 가운데서도 가장 음험한 이미지를 지녔다.

1874년 굴드가 유니언퍼시픽 주식을 사 모은다는 소문이 돌았다. 철도업계는 들썩였다. 그해 2월 굴드는 이 회사 주식 13만여 주를 확보한 최대주주가 됐다. 그는 몇 년 후 한 기자에게 유니언퍼시픽에 관심을 두게 된 계기를 들려주었다.

"이상할 건 하나도 없소. 내가 어릴 적에 철도를 아주 가깝게 생각했고 이제 그 첫사랑으로 돌아간 것뿐이오."

하지만 진짜 이유는 그다지 로맨틱한 것이 아니었다. 굴드는 유니언퍼시픽의 바지사장을 내세우고 자신은 이사로서 회사를 멋대로 주물렀다. 그의 가장 중요한 목표는 무슨 수를 써서라도 경쟁자들을 제거하는 것이었다. 첫 사냥감은 바다 위의 경쟁자였다. 뉴욕의 퍼시픽 메일이라는 증기선 회사는 파나마 항로로 화물을 실어날랐다. 이 대안이 존재하는 한 유니언퍼시픽이 육로 운송 가격을 맘대로 올릴 수 없을 터였다. 굴드는 퍼시픽 메일 경영자들이 사기와 뇌물에 연루됐다는 소문을 퍼트렸다. 의회 조사가 시작되고 경영자들은 퇴진했다. 주가가 바닥을 치자 굴드는 헐값에 지배권을 획보했다. 철도 운송료 인상이 뒤따랐다.

그다음은 땅 위의 경쟁자들을 제거하는 작전이 계속됐다. 지방의 소규모 철도회사들은 암암리에 대형 화주에게 운송료를 깎아주고 있었다. 굴드는 눈엣가시 같은 지방 철도회사들을 차례로 흡수하거나 무너뜨렸다. 1880년에는 최후의 한방으로 세계 최대 철도 네트워크를 구축했다. 캔자스퍼시픽과 덴버퍼시픽, 유니언퍼시픽을 합친 거대한 철마가 탄생했다. 그는 이익 외에는 아무것도 생각하지 않았다. 1878년 유니언퍼시픽 주식 47만여 주 가운데 20만 주를 갖고 있던 그는 이듬해 주당 47달러의 차익과 20달러의 배당을 받고 17만여 주를 팔아치웠다. 단숨에 1000만 달러 넘게 이익을 챙겼다.

1890년 미국 의회는 첫 반독점법을 통과시켰다.

법안을 낸 존 셔먼은 제왕처럼 독점력을 휘두르는 개인들은 범죄자로 처벌받아야 한다고 목소리를 높였다. "우리가 정치 권력으로서 왕을 인정하지 않는다면 생산과 운송, 판매를 지배하는 왕도 인정해서는 안 됩니다. 우리가 황제에게 복종하지 않는다면 상업의 전제군주에게도 복종해서는 안 될 것입니다."

반독점법이 통과됐을 때 이미 제이 굴드는 유니언 태평양에서 엄청난 이익을 챙긴 후였다. 그러나 독점과 반독점의 치열한 전투는 이제 막 시작됐을 뿐이었다.

19세기 강도 귀족은 요즘 기업가를 부러워할까?

창조적 파괴를 탐구한 슘페터는 미국 철도 산업에 주목했다. 그는 미국 철도를 새 사람과 새 기업이 일으킨 혁신 중 최고의 본보기로 꼽았다. 일찍이 기업가들은 몇몇 노선에 철길을 열어 내륙의 원자재를 항구로 실어날랐다. 증기기관이 발명되고 탄광이 개발되면서 철도는 기존 운하와 도로 운송을 완전히 제쳤다. 1840년대에 시작된 미국 철도화는 국가와 산업 발전을 가속한 기념비적 성과였다. 반세기 후 미국 전역을 연결한 거대한 철도와 전신망은 온갖 혁신을 불러왔다. 시카고와 오마하, 덴버 같은 거점도시들이 쑥쑥 자라났다.

철도 산업은 대규모 자본을 끌어들였다. 그에 걸맞은 금융 혁신도 낳았다. 주식과 채권 거래를 폭발시킨 철도는 근대 월가를 탄생시키기도 했다. 슘페터는 주식회사 제도 덕분에 가장 발전할 수 있었던 산업이 바로 철도라고 생각했다.

불황이 닥쳤을 때는 파산과 합병의 고통스러운 적응 과정이 따랐다. 19세기 수백 곳이던 철도회사는 20세기 들어 10곳으로 통합됐다. 이는 제조업과 유통업의 대대적인 합병으로 이어졌다. 1897년부터 1904년까지 미국에서는 4227곳의 기업이 합병해 257곳의 대기업이 탄생했다.

창조적 파괴의 소용돌이는 누군가에게는 엄청난 기회였다. 1873년 공황으로 가장 큰 타격을 입은 철도회사는 유니언퍼시픽이었다. 이 회사의 경영권을 확보하고 회생시킨 굴드가 1875년 첫 배당금을 발표했을 때 그는 거의 신화적 인물로 떠올랐다.

그의 예리한 지성은 복잡한 금융 시스템의 모든 틈새에서 투자할 지점을 정확히 꿰뚫어 보았다. 1877년 코넬리어스 밴더빌트가 죽고 장남이 경영권을 물려받자 굴드는 늑대가 겁먹은 사슴을 먹어치우듯 대형 철도회사와 전신회사를 하나씩 빼앗았다.[49]

그는 혼자 일하며 누구도 믿지 않았다. 당시 철도회사들은 출혈 경쟁을 막기 위한 기업연합에 참여했다. 이 복잡한 협약은 약자들의 피난처라고 생각한 굴드는 합병 쪽을 택했다. 핵심 전략은 증권시장을 통해 지배권을 확보하는 것이었다. 뛰어난 시장 조작자였던 그의 공격은 은밀하고 무자비했다. 밴더빌트의 아들은 아버지가 창조한 가치를 아버지의 숙적 굴드에게 넘겨줄 수밖에 없었다.

거대 철도회사는 갖은 방법으로 경쟁을 제한하며 일반 시민과 기업인들에게서 최대한의 이익을 짜내려 했다. 국가는 그 전횡을 막으려 했다. 1890년 셔먼 반독점법은 어떤 거래를 독점하거나, 독점하려고 시도하거나, 힘을 합치거나, 공모하는 행위는 중죄로 규정했다. 물론 모든 독점이 불법인 건 아니다. 반독점법을 해석하는 법원은 일찍이 이른바 '합리성 원칙 rule of reason'을 확립했다. '불합리한' 독점과 경쟁 제한만을 불법으로 보는 것이다.

과연 무엇이 불공정하고 불합리한 경쟁 제한인지를 둘러싼 논쟁은 끝이 없다. 아마존이나 구글, 페이스북 같은 기업의 시장 지배력은 기본적으로 놀라운 혁신의 결과이다. 하지만 이 거대한 기업들이 그 힘을 어디까지 행사할 수 있는지는 끊임없는 논란거리가 된다.

남북전쟁 후 철도 투자는 '일단 철길을 깔면 고객이 찾아올 것'이라는 기대로 엄청난 자본을 쏟아부은 것이었다. 슘페터가 말한 대로 "미국 철도 붐은 수요를 앞질러 건설하는 것"이었다. 기업가들은 초기의 적자 운영을 예상하면서도 과감한 투자에 나섰다. 2세기 후 정보기술 붐을 맞은 기업가들도 그랬다. 바야흐로 광범위한 혁명이 일어나고 있음을 감지하고 가장 먼저 행동하려 했다.

20세기 초 존 D. 록펠러가 은퇴할 때 그의 순자산은 미국 국민총생산의 30분의 1이었다. 21세기 첫해에 빌 게이츠가 최고경영자에서 물러날 때 그의 재산은 미국 국내총생산의 130분의 1이었다. 강도 귀족의 시대를 살았던 기업가들은 정부 규제나 사회적 책임 면에서 요즘 기업가들보다 훨씬 자유로웠다. 하지만 그들은 적어도 한 가지 면에서는 오늘날 기업가들을 부러워할 것이다. 지금은 세상을 바꿀 혁신적인 아이디어를 가진 기업가들이 맘껏 헤엄칠 수 있는 넓고 깊은 자본시장이 있다.

포디즘은 혁명이었다

부자들의 호사스러운 장난감이던 자동차가 대중 소비재가 된 건 헨리 포드1863~1947의 모델 T 덕분이었다. 이 모델이 처음 나온 1908년 투어링카 한 대 가격은 850달러였다. 당시 평균적인 노동자의 18개월 치 임금과 맞먹었다. 1925년에는 290달러까지 떨어졌다. 4개월 치 임금을 모으면 살 수 있는 값이었다. 1927년 마지막 모델 T가 굴러 나올 때까지 이 차는 1500만 대 가까이 팔려나갔다.

남북전쟁이 한창일 때 미시건주 디어본의 농가에서 태어난 포드는 기계공작소 견습공으로 일을 시작했다. 1903년 투자자를 모집해 포드자동차를 세우고 미국 시골 사람들이 탈 만한 모델 T를 구상했다. 그 차는 험한 시골길을 견딜 수 있을 만큼 튼튼하고 가벼우면서도 농부들이 직접 수리할 수 있을 정도로 구조가 단순해야 했다. 또 누구나 살 수 있을 만큼 값이 싸야 했다.[50]

어려운 숙제였다. 하지만 포드의 예리한 눈은 답을 찾았다. 물 흐르듯 이어지는 조립공정이 해법이었다. 그는 시카고의 육가공업체와 우편판매업체의 컨베이어 시스템을 보고 아이디어를 얻었다. 육가공업체에서는 갓 잡은 가축의 몸통이 천장의 컨베이어에 매달려 움직였다. 작업자들은 각자의 위치에서 맡은 부위를 해체하고 손질했다. 포드는 그 광경을 보고 하일랜드 파크 공장의 조립공정을 생각했다. 시어스 로벅의 물류창고가 문을 열자마자 찾아간 그는 수많은 엘리베이터와 컨베이어, 활강로, 움직이는 보도에서 노동력과 생산시간을 줄일 기계기술의 모든 응용을 봤다고 했다.[51]

포드는 모두가 달려들어 차 한 대를 완성하던 방식을 버리고 작업자가 저마다의 작업대에서 특정 작업을 수행하도록 했다. 작업자가 움직이지 않고 차가 움직이는 조립 방식은 혁명적인 변화였다. 고도의 분업으로 생산성은 폭발적으로 높아졌다. 1914년 조립라인은 차 한 대를 완성하는 데 걸리는 시간을 12.5시간에서 1.5시간으로 줄여주었다. 1920년 포드자동차는 미국시장의 56퍼센트를 차지했다. GM의 점유율은 그 4분의 1에 불과했다. 헨리 포드와 그 아들 에드셀은 1924년 록펠러에 이어 납세자 순위 2위와 3위에 올랐다.

포디즘은 고임금과 값싼 자동차를 약속했다. 조립라인으로 한껏 효율을 높인 대량생산은 향상된 구매력을 바탕으로 한 대량소비와 선순환을 이루었다. 조립라인 작업에 필요한 덕목은 깊은 지식과 기술이 아니라 기민함과 성실함이었다. 하지만 단순 반복 작업은 육체와 정신을 탈진시켰다. 비숙련 노동자들은 조금이라도 임금을 더 받을 수 있으면 언제든 떠났다. 1913년 이직률은 370퍼센트에 달했다. 1만4000명의 인력을 유지하려면 5만2000명을 고용해야 했다.

포드는 파격적인 해법을 들고 나왔다. 2.5달러가 채 안 되던 하루 임금을 5달러로 올리는 것이었다. 엄밀히 말하면 임금 인상이 아니라 이익 배분이었다. 포드는 새로운 공장 시스템에 맞게 노동자를 개조하려 했다. 임금을 더 받으려면 합법적으로 결혼하고, 가족을 적절히 부양하고, 검소하게 생활하며, 술독에 빠지지 말아야 했다.

처음에 포디즘을 예찬하던 이들도 곧 비판의 날을 세우기 시작했다. 1923년 디트로이트에 온 찰리 채플린은 포드 부자의 안내로 조립라인을 둘러보았다. 1936년 개봉된 '모던 타임스'에서 노동자는 식사하면서도 일을 한다. 음식 주는 기계는 오작동을 일으켜 노동자 입에 억지로 나사를 밀어 넣는다. 올더스 헉슬리의 『멋진 신세계』는 모델 T가 나온 1908년 이후 쏘느 이후, A.F.의 디스토피아를 그렸다. 포드는 그 세계의 신이었다.

20세기가 저물 때 포드자동차의 주가는 30달러를 웃돌았다. 그러나 2024년 11월 주가는 10달러대다. 이 회사 주가는 테슬라가 황금기를 맞기 전에 이미 맥을 추지 못했다. 주가를 누른 건 전기차 혁명의 충격만이 아니었다. 지난 세기 세계 자동차 산업의 무게중심은 영국에서 미국으로, 다시 일본으로 옮겨갔다. 한 세기 전에 부상한 포디즘은 슘페터가 말한 기업가의 혁신과 창조적 파괴를 극명하게 보여주었다. 포디즘은 20세기의 혁명이었다. 그렇다면 혁명의 주역은 왜 바뀌었을까? 그리고 21세기 자동차 산업을 뒤엎을 또 다른 혁명은 무엇일까?

공룡의 뇌를 만든 슬론

"고객은 원하는 어떤 색깔의 차도 살 수 있다. 단 그것이 검은색인 한." 헨리 포드는 이 말로 자신의 대량생산 논리를 설파하려고 했을 것이다. 실제로 포드의 모델 T는 시기에 따라 몇 가지 색으로 나왔다. 그러나 어느 한 시기에는 한 가지 색으로만 나왔다. 듀폰의 다채로운 래커가 나오기 전에는 검은색 페인트가 가장 빨리 말랐다. 컨베이어벨트에서 움직이는 차를 조립하는 방식에 유리했다. 포드는 자동차가 수많은 모델로 소량 생산되고 있을 때인 1903년에 이미 이렇게 말했다. "자동차를 만드는 방식은 하나의 차가 다른 모든 차와 같게 하는 것이다. 핀 공장에서 나오는 하나의 핀이 다른 핀과 같듯이."

그의 전략은 명쾌했다. 질 좋은 차를 가능한 한 비싸지 않게 만드는 것. 모델 T는 그 가격대의 어느 자동차보다 날렵하고 강했다. 최고의 효율을 자랑하는 포드의 대량생산은 소련에서도 배우고 싶어 했다. 하지만 표준화와 단일 모델에 대한 집착은 양날의 칼이었다. 포드의 생산방식은 효율은 높아도 유연성은 떨어졌다.

말과 전차를 대체한 자동차는 개인들에게 최고의 자유를 선물했다. 모델 T를 만든 포드는 자동차 대중화의 영웅이었다. 그러나 값싼 자동차는 선택의 자유를 주지 않았다. 사람들은 개인적인 선택을 원했다. 그를 통해 자신을 표현하고 싶어 했다. 자신이 어떤 취향을 갖고 있으며 자동차에 어느 정도 돈을 쓸 수 있는지도 알리고 싶어 했다. 세계 어느 나라보다 그런 선택의 자유를 중시하는 데가 미국 땅 아니었나?

포드가 가성비 높은 모델 T를 고집하는 동안 경쟁사들은 선택의 폭을 넓혔다. GM은 모델 T와 경쟁할 쉐보레부터 부자들을 위한 캐딜락에 이르기까지 여러 차종으로 고객의 취향에 맞췄다. 1921년 미국 승용차 시장에서 12퍼센트를 가져간 GM은 55퍼센트를 차지한 포드를 감히 넘볼 수조차 없었다. 하지만 GM이 포드를 제치는 데에는 10년도 걸리지 않았다. 1937년 GM의 점유율은 41퍼센트로 21퍼센트에 그친 포드의 두 배였다. 포드는 25퍼센트를 차지한 크라이슬러에도 뒤졌다.

GM은 어떻게 짧은 시간에 극적인 뒤집기에 성공했을까? 기업과 경영의 역사에서 최고의 명승부 중 하나로 꼽히는 이 싸움은 앨프리드 슬론1875~1966을 빼놓고는 이야기힐 수 없다.

슬론은 베어링 회사를 경영하다 1923년 GM의 사장이 된다. 한 동료는 슬론을 그가 만들던 롤러 베어링 같은 사람이라고 했다. 스스로 기름칠을 하고 부드럽게 마찰을 없애며 축을 회전시키는 역할을 한다는 것이다. 포드는 물건을 만드는 방식을 혁신해 생산성을 높였다. 슬론은 사람들이 일하는 새로운 방식을 개발해 생산성을 끌어올렸다.

GM이 포드를 제칠 수 있었던 건 여러 전략이 주효했기 때문이다. GM은 포드의 효율적인 생산 기법을 베꼈다. 그러나 한 걸음 더 나갔다. 부품을 표준화하되 몇 가지 다른 모델에 쓸 수 있도록 함으로써 규모의 경제와 범위의 경제를 함께 얻었다. 포드가 한 가지 모델을 고집하는 동안 해마다 모델을 바꿔가며 스타일링 면에서 앞서갔다. 1919년 소비자금융회사인 GMAC를 설립해 할부판매를 현대화한 것은 중요한 혁신이었다. 포드는 할부판매를 완강히 반대했다. 하지만 실제로 포드 차의 3분의 2는 할부로 팔리고 있었다. 그에 필요한 자금은 딜러들이 지역 금융회사와 손잡고 조달해야 했다. GM은 또 10년 동안 2000만 달러를 쏟아붓는 유례없는 광고로 수요를 자극했다.

그러나 슬론의 혁신 중 가장 중요한 것은 사업부제였다. 그는 회사 조직을 차종에 따라 여러 사업부로 나누고 경영자에게 권한을 주면서 성과에 책임을 지게 했다. 그러자 조직은 더 적극적이고 유연하게 움직이며 성과를 냈다. 사업부제는 제1차 세계대전 직후 듀폰이 처음 도입한 것이었다. 전시에 나이트로글리세린을 공급하며 폭발적으로 성장한 이 회사는 평화가 찾아오자 쇠퇴의 운명에 직면했다. 해법은 페인트를 비롯해 다양한 제품의 생산과 판매를 책임지는 사업부를 만드는 것이었다. 각 사업부는 투자 대비 수익률ROI로 평가받았다. 듀폰의 사업부제는 쇠퇴하는 기업에 다시 활력을 불어넣을 수 있는 혁신적인 아이디어였다.

사업부제는 거대기업이 규모의 이점을 누리면서도 각기 다른 시장에 초점을 맞출 수 있게 해주었다. 『포천』은 슬론의 혁신을 이렇게 평가했다. "GM은 몸집은 갈수록 커지는데 뇌용량은 상대적으로 줄어들어 멸종에 이른 여러 척추동물의 운명을 피했다. 슬론이 GM의 몸집에 걸맞게 합성한 뇌를 만들어주는 방법을 고안했기 때문이다."[52]

포드는 놓치고 슬론은 잡은 것

피터 드러커가 1946년에 낸 『기업의 개념』은 처음으로 대기업의 구조와 전략을 다룬 연구서였다. 하지만 GM 경영진의 전폭적 지원을 받아 쓴 이 책은 이 회사에서 사실상 금서가 됐다. 노사관계와 스태프의 역할을 포함해 GM의 일부 정책들을 시대에 뒤떨어진 것으로 비판했기 때문이다. 경영진은 매우 불쾌해했다. 그러나 슬론은 드러커가 "해야 할 말을 했을 뿐"이라고 했다. 다만 드러커가 경영자의 리더십보다 경영의 제도와 구조를 앞세운 건 잘못이라고 생각했다.

슬론의 리더십은 포드와 대비됐다. 포드는 고압적이었다. 권한은 그에게 집중됐다. 포드는 주주들을 기생충이라며 싫어했다. 1919년에는 외부 주식을 전부 사들였다. 포드라는 거대기업이 이 '무지한 천재'의 절대적인 통제 아래 놓이게 된 것이다. GM을 세운 윌리엄 듀런트는 1920년 주주 반란으로 쫓겨났다. 포드는 그걸 보고 주주들을 더 혐오하게 됐을 것이다. 포드는 은행도 싫어했다. 대규모 투자가 필요할 때는 딜러들에게 현금으로 차를 사라고 요구했다. 소비자금융의 새로운 장을 여는 GM과는 거꾸로 갔다. 포드와 달리 슬론은 주주의 투자수익을 중시했다. GM은 1917년부터 45년 동안 총이익의 67퍼센트를 배당했다.

포드는 스스로 종업원과 고객들이 무엇을 원하는지, 그들에게 좋은 것은 무엇인지 잘 안다고 확신했다. 하지만 조립라인의 반복작업이 얼마나 몸과 마음을 지치게 하는지, 노동자들이 왜 그의 가르침을 따르지 않고 굳이 노동조합에 가입하려 하는지 이해하지 못했다. 그는 모델 T의 가격을 1달러 내릴 때마다 1000명의 새로운 구매자를 끌어들일 수 있다는 셈법을 믿었다. 그 셈법이 더는 통하지 않을 때를 대비하지는 않았다.

포드는 일흔 살이 되기 훨씬 전에 이미 경직적이고 독단적이며 짜증을 잘 내는 경영자가 돼 있었다. 물론 그도 기업의 끊임없는 변화와 창조적 파괴의 동학을 알고 있었다. 그러나 통찰과 혁신은 제조 분야에만 머물렀다. 고객이 왕이 되는 시대에도 마케팅은 뒷전이었다. 조직의 분권화는 한사코 거부했다.

슬론은 너무나 달랐다.

경영자 회의는 이제 지시를 받아 적는 자리가 아니라 서로 협의하는 자리가 됐다. 그는 분권화를 통해 여러 사업부가 저마다 주도권을 쥐고 책임감을 느끼도록 했다. 각각의 조직이 더 유연하게 움직이게 하면서도 본사의 조정과 통제로 규모의 경제와 효율을 확보할 수 있도록 했다. 슬론은 『나의 GM 시절』에서 이렇게 회고했다. "그간의 경험에 비춰 나는 사업에 책임을 지고 있는 사람들에게 동기부여와 기회라는 두 가지가 중요하다는 것을 확신한다. 동기부여는 성과 보상을 통해, 기회는 분권화를 통해 제공할 수 있다. 훌륭한 경영은 중앙 집권화와 분권화의 조화 또는 조화로운 통제 하의 분권화에 달려있다."

가장 중요한 문제는 시장의 변화에 얼마나 잘 대응하느냐였다. "자동차 제조업체의 경직성은 시장에서 대단히 불리했다. 우리는 그 점을 1920년대 포드 씨의 사례에서 볼 수 있다. 그는 한 시대를 풍미했던 자신의 성공적인 사업 개념에 너무 오래 머물러 있었다."

포드는 선도자의 이점을 누렸다. 그것은 큰 강점이었지만 언제까지나 경쟁우위를 보장하지는 않았다. 고집 세고 독선적인 이 영웅은 개인주의가 강하고 관료주의가 멸시되는 미국의 전통에서 낭만적으로 그려졌다. 그러나 20세기 미국의 가장 성공적인 경영자를 대표하는 인물은 설득의 리더십과 체계적인 조직을 활용할 줄 알았던 슬론이었다.

성공한 기업은 왜 변화를 거부할까?

깡통 차나 만들던 일본 업체들이 주제넘게 세계 자동차업계의 왕좌를 지키고 있던 미국 업체들에 덤빈 건 불경죄였다. 포드와 GM은 1920년대에 일본에 조립공장을 세웠다. 그 후 10년 동안 미국 차는 일본 내 신규 등록 차의 95퍼센트를 차지했다. 일본의 임금은 훨씬 쌌지만, 차를 만드는 비용은 미국보다 50퍼센트 더 들었다. 미국 업체를 몰아내려는 일본 군부의 노력은 집요했다. 두 회사는 1939년에 두 손을 들었다. 일본은 무역 전쟁에서 싸우는 법을 일찍이 터득했다.

일본은 제2차 대전에서 패한 건 미국 군인들이 더 용감해서가 아니라 미국 산업이 더 강했기 때문이라는 걸 깨달았다. 자동차 산업을 키우려는 그들에게 한국전쟁은 엄청난 기회였다.

마침 점령군이 떠나면서 다시 자유도 얻었다. 1950년 일본은 3만2000대의 차를 만들었다. 미국이 하루 반이면 만들 수 있는 물량이었다. 20년 후에는 한 해 530만 대를 만들 수 있었다. 그중 110만 대를 수출했다.

파죽지세였다. 1974년 일본은 서독을 제치고 세계 최대 자동차 수출국이 됐다. 1980년에는 미국마저 추월해 세계 최대 자동차 생산국이 됐다. 언론은 대서특필했다. "디트로이트가 세계의 규칙을 정하던 때가 있었다. 새로운 세계는 일본의 것으로 보인다."[53]

미국 업계는 핑곗거리를 찾았다. "일본 정부의 보조금과 악착같은 보호무역주의가 문제다. 이건 불공정한 게임이다!" 맞는 말이었다. 하지만 어느 나라든 정부 지원과 보호만으로 세계 최대의 자동차 왕국을 세울 수는 없다. 1985년 플라자합의 후 달러 가치가 가파르게 떨어지면서 미국에서 수입차 가격이 크게 올랐을 때도 자동차 수입은 계속 늘어났다. 문제는 누가 미국인들이 원하는 차를 잘 만드느냐였다.

미국 업체에 도전하는 일본 업체들은 큰 핸디캡을 안고 있었다. 대량생산 방식으로 미국과 겨루기에는 국내 시장이 너무 좁았다. 고객의 특별한 요구와 취향에 맞춰 제품을 다양화하는 수밖에 없었다. 규모보다 속도로 경쟁해야 했다. 새로운 모델을 더 빨리 설계하고 생산을 더 빨리 안정화하면 언제나 먼저 치고 나갈 수 있었다. 경쟁자의 성공을 재빨리 베끼고 실수를 더 빨리 바로잡는 것도 중요했다.

생산은 더 유연해야 했다. 1970년대 일본 공장에서는 5분이면 프레스 판형을 바꿀 수 있었다. 미국 공장에서는 같은 일을 하는 데 적게는 8시간, 많게는 24시간이나 걸렸다. 미국 노동자들은 지극히 단순한 작업을 지치도록 반복했다. 일본 노동자들은 다목적 기계를 다루며 눈에 불을 켜고 개선할 점을 찾았다. 서둘러 생산해놓고 고치는 데 더 많은 시간을 쓰기보다는 처음부터 결점을 없애려 했다.

적시 just-in-time 생산은 기적이 아니었다. 자동차 조립공장 앞에 밤새 대기하는 부품 트럭 안에는 새우잠을 자는 협력업체 직원이 있었다. 완성차업체는 협력업체를 쥐어짜고 협력업체는 그 직원들을 쥐어짰다. 그럴 때는 뭔가 보상이 있어야 했다. 직원들은 언제든 쓰고 버릴 상품이 아니라 전략적 자산이어야 했다.

자동차 산업의 혁신을 주도하던 미국 업체들은 1940년대 자동변속기를 내놓은 다음에는 이렇다 할 신기술을 보여주지 못했다. 사륜구동과 터보차징, 바퀴 잠김 방지식 제동장치 ABS 같은 기술은 수입 모델에 처음 채택됐다. 1985년 일본의 3대 자동차업체들이 새로 낸 특허는 미국 빅3의 두 배였다. 미국 업체들은 오일 쇼크 후 경제성이 뛰어난 소형차 수요가 늘어날 때도 큰 관심을 보이지 않았다. 이탈리아 시장에 맞는 차와 스웨덴 시장에서 많이 찾는 차가 다르다는 점을 눈여겨보지도 않았다. 좁은 길에서 왼쪽 도로로 주행하는 일본인들이 왼쪽에 운전석이 있는 대형차를 잘 사줄 것으로 기대할 만큼 둔감했다.

미국의 자동차업체들은 청출어람의 일본 업체들에 밀려났다. GM에 패배했던 포드는 훗날 놀라운 회복력을 보여준다. 성공신화를 자랑하던 GM은 정부 구제로 연명하게 된다. 자동차 산업은 전기차 혁명으로 또 다른 격변을 겪게 된다.

성공한 기업들이 스스로 변하기는 어렵다. 오히려 자만심에 취해 스스로 무너지기 쉽다. 지난 한 세기 자동차 산업의 역사는 이 단순한 사실의 반복이었다.

제6장
시간의 담금질을 견디는 기업

"뭇사람들의 바람을 거스르는 일은 아무것도 하지 마라. 그들이 바라지 말아야 할 것들을 바라거든 오만한 명령보다는 우정 어린 충고로 마음을 돌리도록 애써라. 정부 관저를 너희 작업장으로 만들지 마라. 부름을 받을 때까지 기다리고 순종하는 모습을 보이며 크게 부풀린 말을 삼가라. 법적인 문제에 끼어들지 마라. 법을 방해하는 자는 법으로 망할 것이니. 대중의 관심을 끌지 말고 내가 남긴 오점을 멀리하거라."

오늘날 어느 재벌 가문의 좌우명처럼 들린다.

사실은 15세기 피렌체 공화국의 은행 창업자가 생의 마지막에 자녀들에게 남긴 말이다. 메디치 가문의 조반니 디 비치_{1360~1429}가 그다. 조반니는 은행을 세워 23년 동안 11만4000플로린_{피렌체의 금화}을 벌었다. 그의 손자 대인 1469년 메디치가의 재산은 22만 8000플로린에 달했다. 노동자가 한 해 70플로린을 벌면 아내와 네 자녀를 편히 부양할 수 있던 시절이었다.

피렌체의 은행업은 혼란의 땅에서 커왔다. 14세기 흑사병은 이 도시의 인구 3분의 2를 앗아갔다. 도시가 온통 무덤이었다. 조반니도 아버지를 잃었다. 피렌체는 자치 공화국으로 남았다. 금융은 이 도시의 대명사나 다름없었다. 은행업은 강력한 길드의 규제를 받았다. 붉은 가운을 입고 큰 돈주머니를 지닌 은행가들은 정해진 곳에 녹색 천을 씌운 탁자를 놓고 그 위에 장부를 올려놓았다. 모든 거래는 고객이 보는 앞에서 장부에 기재해야 했다. 장부를 파손하면 즉각 퇴출당했다.

은행업의 가장 큰 제약은 교회법이었다. 이자를 받고 돈을 빌려주는 건 중죄였다. '우수라_{usura, 영어는 usury}'는 오늘날 과도한 이자를 물리는 고리대금을 뜻하는 말이지만 당시 바티칸은 얼마가 됐든 이자를 물리면 모두 우수라로 규정했다. 단테의 지옥에서 대금업자들은 신성모독자와 같이 벌을 받는다. 흑사병은 그런 대금업자들에게 내린 신의 벌이라는 주장까지 나왔다. 대금업자가 영원히 지옥의 불에 타는 벌을 피하려면 창의적으로 생각해야 했다.

1397년 로마에서 은행 일을 하던 서른일곱의 조반니는 자기 은행을 만들려고 고향으로 돌아온다. 14세기 중반 피렌체 은행계의 두 거물은 100년 전쟁에서 프랑스와 싸우는 잉글랜드의 에드워드 3세에게 거액을 빌려주었다가 파산하고 만다. 조반니는 그 공백을 메우려 했다. 70여 개 은행이 난립한 시장에서 경쟁우위를 확보하기 위해 그가 창안한 방법은 환어음 발행이었다. 로마 시절 대금업에 대한 교회법을 알아둔 조반니는 규정을 우회할 길을 찾았다.

법은 원금보다 많은 금액을 상환하면 다 우수라로 보았다. 하지만 그 규정은 돈을 빌려주고 나중에 이자를 붙여 돌려받는 대금에만 적용되는 것이었다. 메디치은행이 누군가에게 돈을 주고 다른 곳에서 다른 통화로 돌려받으면 대금이 아니라 환전 거래처럼 보이게 된다. 돈을 쓰는 기간이나 환율을 정하기 나름에 따라 사실상의 이자를 받을 수 있다. 송금인 피렌체의 상인과 어음 발행인 메디시은행, 지급인 메디시의 해외 지점, 수취인 해외의 상인의 복잡한 거래는 장부에 정밀하게 기록된다.

나중에는 해외의 환전이 아니라 국내에서 자금을 융통하는 데 쓰이는 건식어음도 만들어냈다.

원리는 이렇다. 피렌체에서 돈을 빌리려는 상인은 메디치은행에서 플로린을 받고 나중에 파운드화로 갚겠다고 약속한다. 그 날짜가 되면 또 다른 거래로 파운드를 빌리고 나중에 플로린으로 갚겠다고 약속한다. 최종적으로는 당초 빌린 것과 같은 플로린으로 갚게 되는 것이다. 파운드는 순전히 가공의 거래에 이용된다. 환율 변동 위험을 비롯해 여러 가지 리스크를 안게 되는 은행은 국제 정세에 민감할 수밖에 없다. 메디치는 유럽 각국에서 올라오는 정보 보고를 분석하고 자산과 부채를 정교한 복식부기를 통해 관리하며 금융 엔지니어링의 첨단을 걸었다.

조반니는 교회 분열 시대의 발다사레 코사요한 23세가 교황 자리를 굳히려고 싸울 때 10만 플로린을 빌려주었다. 바티칸은 메디치은행의 가장 큰 고객이자 가장 믿을 만한 수입원이었다. 로마 지점은 전체 은행 수입의 절반 이상을 차지했다. 르네상스 시대에 전쟁하고 성을 짓고 사치품을 사들이는 각국의 왕과 귀족들도 주요 고객들이었다. 제네바 지점은 프랑스 왕과 사부아, 부르봉 공작, 밀라노 지점은 프란체스코 스포르차 밀라노 공작, 런던 지점은 잉글랜드 왕과 귀족들에게 돈을 빌려주었다.

메디치은행은 오늘날 금융지주회사 같은 구조였다. 피렌체의 본점은 유럽 전역에 걸쳐 있는 아홉 개 지점의 가장 큰 파트너였다. 메디치는 하나로 움직였으나 각 지점은 독자적인 파트너십 형태를 취했다. 누구나 파트너가 될 수 있었으므로 저마다 열심히 뛸 유인이 컸다. 어느 한 지점의 문제로 은행 전체가 흔들리지 않도록 하는 위험 분산 효과도 있었다.

조반니의 아들 코시모1389~1464는 피렌체에서 메디치 가문의 지배권을 확립한다. 훗날 '국부파테르 파트리아이' 칭호까지 받는다. '통풍을 앓는 자일 고토소'라는 별명의 피에로1416~1469를 거쳐 '위대한 자일 마그니피코'로 불린 로렌초1449~1492의 대에 메디치 가문은 황금기를 누린다. 하지만 그 후 가문과 은행은 높이 오른 만큼 급격히 추락하게 된다.

100년 은행 메디치는 왜 무너졌을까?

"젊음은 얼마나 아름다운가, 언제나 스르르 사라져버리는 그것! 행복하고 싶은 누구든 행복하게 하라. 내일은 알 수 없으니."[54]

메디치가의 전성기를 이끈 '위대한 자'는 이런 시를 썼다. 1469년 스무 살 때 가업을 물려받은 로렌초는 은행 경영에 별 관심이 없었다. 시를 쓰고 철학을 공부했다. 마상 창 시합에서 일등상을 타기도 했다. 가장 열심이었던 일은 정치와 외교였다. 피렌체의 견제 세력을 무력화하고 군주처럼 도시를 쥐락펴락했다.

르네상스 시대 피렌체의 메디치가는 정교하고 현대적인 금융 시스템을 만들어냈다. 끊임없이 정권이 바뀌고 전쟁과 음모와 역병이 그치지 않던 시대였다. 법의 지배는 통하지 않았다. 은행업은 끔찍한 죄악이었다. 그런 토양에서도 유럽은 은행을 원했고 메디치가는 그걸 제공했다. 이 가문은 영고성쇠를 겪는 치국보다는 꾸준하게 이익을 내는 금융에 힘을 쏟았다. 왕이 되는 것보다는 킹메이커가 되는 것이 안전했다.

창업자 조반니와 아들 코시모는 그 원칙에 충실했다.『피렌체사』를 쓴 니콜로 마키아벨리는 코시모를 "가장 신중한 사람"이라며 "근엄하고 정중한 품행을 지니고 극히 자유롭고 인간적"이라고 평했다. 그는 실질적으로 이자를 받는 건식어음을 합법화하는 정치력도 갖췄다. 정치 바람에 피렌체에서 추방될 때도 미리 은행 자산을 다른 도시에 옮겨놓는 선견지명도 보였다.

역사학자 랜즈는 메디치가의 초기 주역들이 기민하고 열정적이며 가차 없고 집념이 강했다고 평했다. 그러나 후손들은 허영심이 강하고 완고하며 방종했다. 1464년 코시모가 죽고 '통풍을 앓는 자' 피에로가 대를 잇자 금융제국의 철옹성에도 금이 가기 시작했다. 경험이 없는 피에로는 사업자들에게 대부금의 즉각 상환을 요구해 파산으로 내몰았다. 그 뒤를 이은 로렌초는 모직물 염색에 쓰이는 백반 광산에 투자했다. 엄청난 이익을 기대했으나 결과는 재앙이었다. 오스만제국에서 백반이 수입되고 새로 광맥이 발견되면서 가격 경쟁을 벌여야 했다. 광산 개발권을 넘기지 않으려는 주민들을 진압하려고 용병을 동원하기도 했다.

로렌초는 유럽의 권력 투쟁에 점점 더 깊이 빨려 들어갔다. 그는 은행을 정치적 야심을 실현하는 도구로 활용했다. 은행이 구축한 금융 네트워크를 동원해 우호 세력을 지원하고 적들에게 타격을 가했다. 신용도가 의심스러운 권력자에게 돈을 빌려줬다 큰 손실을 볼 때가 많았다. 정치와 사업의 섬세한 조합은 조반니와 코시모에게도 어려운 일이었다. 로렌초는 적을 많이 만들었다. 은행업계 경쟁자인 프란체스코 데 파치는 피렌체에서 메디치은행을 영원히 제거하려 했다. 그러자면 일족을 없애야 했다. 교황 식스토 4세도 파치의 음모를 축복했다.

1748년 봄 장엄미사를 위해 두오모에 들어간 로렌초는 파치 일당의 공격을 아슬아슬하게 피했다. 그는 성구 보관실에 몸을 숨겼다. 습격은 실패로 끝났다. 피렌체 시민들은 습격자들에게 반격을 가했다. 도시의 지배자를 죽이려는 파치를 베키오궁으로 끌고 가 목을 매달았다. 복수심에 불타는 로렌초는 파치 가문 사람들을 모조리 잡아다 죽이게 했다. 교황은 로렌초를 파문하고 로마와 나폴리의 메디치은행 자산을 몰수했다. 바티칸과 나폴리는 피렌체에 전쟁을 선포했다.

로렌초는 점점 더 편집적이고 독재적인 통치자가 됐다. 급전이 필요하게 되자 국고에도 손을 댔다. 은행 일은 소홀해지고 재무상태는 갈수록 나빠졌다.

'위대한 자'는 1492년 세상을 떠났다. 2년 후 프랑스 왕 샤를 8세가 토스카나를 침공하자 로렌초의 아들 피에로는 수치스럽게도 항복하고 말았다. 분노한 피렌체 시민들이 들고일어나 그를 도시에서 추방했다. 새 정부는 메디치은행의 자산을 몰수했다. 한 세기 가까이 번성했던 은행은 사라졌다.

로렌초의 경우에서 보듯이 은행 일을 하는 사람들은 때로 잔인하고 무능하며 게으르다. 편견에 휘둘리고 실수를 한다. 금융 시스템 내부에서 일어나는 일들이 늘 합리적인 경제 논리를 따르는 건 아니다.

사람들은 리스크를 안는다. 그 결과는 사회 전체에 파장을 미친다. 233년 전통의 영국 투자은행 베어링이 파산한 것이나 158년 역사의 미국 투자은행 리먼브러더스가 무너진 것도 분별없이 리스크를 안은 사람들 때문이었다. 텍사스 A&M대 로스쿨의 윌리엄 매그너슨은 메디치은행의 흥망에서 얻은 교훈을 이렇게 정리했다.

"은행은 의사결정을 하지 않는다. 결정은 사람이 한다."

금융 왕국 베어링의 부침

　카를 마르크스가 말했다. 역사는 반복된다. 한 번은 비극, 한 번은 희극으로. 베어링의 역사도 되풀이됐다. 희비극의 순서만 달랐다. 19세기 말과 20세기 말에 절체절명의 위기를 맞은 이 금융 왕국은 처음에는 구제를 받았지만 두 번째는 끝내 무너지고 말았다. 베어링 가문은 급속히 부를 쌓고 사회적 영향력을 키웠으나 결국 스스로 몰락했다. 성공한 가문의 후손들은 흔히 귀족이 되고 오만해진다. 온갖 유혹이 다가온다. 능력 있는 이들은 부와 지위로 할 수 있게 된 다른 일에 눈을 돌린다. 하나의 왕조를 이룬 가문의 이런 성쇠는 역사에서 수없이 되풀이되는 패턴이다.

　베어링가의 뿌리는 15세기까지 거슬러 올라간다. 오늘날 네덜란드 흐로닝언 지역에 살던 이들은 독일 브레멘으로 가 프로테스탄트 성직자가 되고 모직물 산업에도 참여했다. 성직자보다 사업가가 될 운명을 직감하고 1717년 잉글랜드로 건너간 이는 젊은 요한 존 베어링, 1697~1748이었다. 그는 엑서터 지방 모직물 수출업자에게서 일을 배웠다. 부유한 상인의 딸과 결혼해 아들 넷과 딸 하나, 큰 집과 4만 파운드를 남겼다. 지금 돈으로 1000만 달러쯤 되는 돈이었다. 가장 많은 유산을 받은 큰아들 존은 사업보다 정치에 관심이 많았다. 셋째 프랜시스 1740~1810는 총명한 사업가였다. 1762년 형과 함께 존 앤드 프랜시스 베어링 회사를 세운 그는 무역으로 번성하는 런던에서 기회를 잡았다.

　당시 번창하던 장거리 교역에는 새로운 금융이 필요했다.

중간에서 어음을 받아주고 돈이 돌게 해주면 교역은 훨씬 더 원활해질 터였다. 프랜시스는 머천트 뱅크라는 새로운 분야에서 돈 냄새를 맡았다. 필요한 건 상품과 사람, 정치, 심지어 날씨에 관한 지식과 정보였다. 어머니는 모험하지 말고 인내심을 가지라고 충고했다. "확실히 아는 분야가 아니면 함부로 뛰어들지 말고 조심하거라. 거기에는 많은 위험이 도사리고 있다. 뛰어난 실력을 갖춘 해외의 수많은 가문이 그곳에서 좌절했고 모든 걸 걸고 달려들었던 회사들이 대부분 파산으로 끝났다는 이야기에 귀를 기울여 준다면 정말 좋겠구나."[55]

1810년 세상을 떠날 때 프랜시스는 유럽 최고의 상인으로 꼽혔다. 그는 무엇보다 전쟁에 돈을 대면서 금융 왕국을 키웠다. 전시는 큰 손실을 볼 리스크와 큰 이득을 볼 기회를 동시에 안겨준다. 프랑스 혁명 1789~1799과 나폴레옹의 제정 1804~1814을 거치면서 베어링이 잡은 가장 큰 기회는 영국 정부에 돈을 빌려준 것이었다. 베어링은 볕이 들 때 건초를 만드는 수완을 보였다. 상업과 금융으로 돈을 버는 데 영국보다 더 좋은 곳은 없었다. 기회는 적국에서도 찾을 수 있었다. 영국의 오랜 적수인 프랑스가 루이지애나라는 광활한 땅을 미국에 팔 때도 베어링이 돈을 보내주었다. 워털루 전투 후 프랑스가 배상금을 낼 때도 중개자로서 72만 파운드를 벌었다. 요즘 돈으로 1억5000만 달러에 이르는 거액이었다.

1818년 프랑스의 리슐리외 공작은 말했다. "유럽에는 여섯 강국이 있다. 영국, 프랑스, 프로이센, 오스트리아, 러시아, 그리고 베어링브러더스다." 그러나 이제 베어링 왕국의 주역들은 은퇴해서

고상한 삶을 살고 싶어 했다. 외부 경영자들은 철도와 산업 시대의 리스크와 기회를 활용할 배짱이 없었다. 주도권은 로스차일드 가문으로 넘어갔다. 베어링가의 후손은 런던의 요새에 웅크린 채 유대인 가문의 교활하고 비윤리적인 행동을 비난하곤 했다.

19세기 말 베어링의 시니어 파트너인 에드워드 1828~1897는 레벨스토크 남작이 됐다. 그는 런던 메이페어의 저택을 넓히고 수만 파운드를 들여 대리석 계단과 로코코 장식, 값비싼 조각과 그림으로 치장했다. 여흥은 사치스러웠고 저속했다. 한 참석자는 그의 세 아들이 중앙 계단에서 누가 오줌발이 멀리 나가는지 경쟁하던 모습을 기억했다. 남작은 남부 해안의 플리머스에 땅을 사고 부와 지위의 상징인 150톤짜리 요트를 정박시켰다. 그러나 1890년 이 모든 우아한 치장들은 한순간에 무너져 내렸다. 신흥시장 아르헨티나에 엄청난 돈을 쏟아부었다가 재앙을 맞은 것이다.

로스차일드가 베어링을 구해준 까닭

'1890년 패닉'으로 불리는 베어링 위기는 19세기의 가장 극적인 국가채무 위기와 맞물렸다. 아르헨티나 정부와 베어링은행의 무분별은 위기를 필연으로 만들었다. 당시 아르헨티나 대통령은 전쟁 영웅 훌리오 아르헨티노 로카 1880~1886년 재임와 엘리트 집단 '80세대'의 주역 미겔 후아레스 셀만 1886~1890년 재임이었다. 로카는 셀만의 여동생과, 셀만은 로카의 여동생과 결혼했다.

로카는 광범위한 철도망으로 중앙정부의 권력을 굳히고 시장을 확대하려 했다. 부에노스아이레스를 남미의 파리로 탈바꿈시키는 대대적인 인프라스트럭처 투자도 이뤄졌다. 문제는 과도한 빚이었다. 아르헨티나는 세계 5대 차입 국가가 됐다. 1889년 영국 밖으로 나가는 은행 대출의 절반 가까이가 이 나라로 몰렸다. GDP 대비 경상수지 적자가 평균 20퍼센트에 이르는 나라였다. 유럽 자본시장에서 빌린 돈을 갚으려면 파운드와 금이 필요했다. 1884년부터 6년간 종이돈 페소화 가치는 연 19퍼센트씩 추락했다. 보수 정권을 몰아내려는 시민연합의 '공원 혁명' 후 셀만은 물러났다. 아르헨티나는 4800만 파운드의 외채에 부도를 냈다. 이듬해까지 실질 GDP가 11퍼센트 줄어드는 불황이 닥쳤다.

이 나라의 거품을 키워주었던 베어링은 직격탄을 맛았다. 창업자의 손자인 에드워드는 아르헨티나 정부에 너무 많은 돈을 빌려줬다. 은행이 파산 위기에 몰리자 이 가족기업의 파트너들은 무한책임을 져야 했다. 베어링은 그해 11월 초 영국은행에 이 문제를 보고했다. 베어링의 부채는 2100만 파운드에 이르렀다. 중앙은행에 예치한 준비금의 두 배를 넘었다.

영국은행은 베어링을 구제하기 위한 신디케이트를 주도했다. 네이선 로스차일드는 베어링이 파산하게 내버려 두고 싶었지만 마지못해 동참했다. 베어링은 과거 중요한 딜에서 로스차일드를 배제하고 유대인에 대한 반감을 숨기지 않았다. 하지만 원한을 앞세울 때가 아니었다. 신뢰 위기가 은행업계 전반으로 번지지 않도록 하는 게 중요했다. 모두가 힘을 합쳐 금융 시스템 붕괴를 막아야 했다. 대형 은행들이 참여한 신디케이트는 일단 400만 파운드를 지원했다. 지금 돈으로 10억 달러에 달하는 금액이었다. 구제금융은 나중에 1700만 파운드까지 불어났다. 더는 프라이빗 뱅크로 존속할 수 없게 된 베어링은 주주들의 책임이 유한한 회사로 거듭났다.

『이코노미스트』 편집인이었던 월터 베젓은 19세기에 이렇게 말했다. "은행가의 업은 세습적이다. 은행의 신용은 아버지에게서 아들로 전해진다. 부가 상속되면서 정제와 세련도 물려받는다." 자본주의 초기에 계속기업을 유지하려는 은행가에게 필요한 건 현명하게 자식을 낳는 일이었다. 베어링가는 가족기업의 연속성에 관한 오랜 고민을 다산多産으로 해결하려 했다. 자녀가 많으면 은행 경영에 재능이 가장 뛰어난 후계자를 선택할 수 있었다. 때로 가문 밖에서 파트너를 들이면서 뛰어난 자손이 날 때까지 기다릴 수도 있었다. 하지만 한 세대의 부는 다음 세대의 지혜를 보장하지 않았다.

프랜시스는 이 문제를 깊이 고민했다. 그는 상인의 후손들이 선대가 추구한 것을 깔보거나 대리인들에게 사업을 넘기는 경향이 있음을 알았다. 특히 경영을 대리인에게 넘기는 건 "더 빠르게 파멸로 가는 길"이라고 생각했다. 프랜시스의 자녀 가운데 성년에 이른 이들은 딸 다섯과 아들 다섯이었다. 장남은 정치를 더 좋아했다. 차남은 암스테르담의 홉스가와 강력한 기업연합을 만들어주기를 바라는 아버지에게 실망감을 안겼다. 그 동생은 상습적인 도박꾼이었다. 그 동생은 촉망을 받았으나 마흔 살에 세상을 떠나고 말았다. 막내아들은 돈을 위한 결혼을 마다하고 사랑을 선택했고 아편에 투기했으며 파산했다.

19세기 말 베어링 위기를 자초한 에드워드의 아들이자 2대 레벨스토크 남작인 존1863~1929은 더 신중한 자세로 리스크를 피했다. 하지만 사정이 나아지자 다시 거만해졌다. 그의 동생으로 3대 레벨스토크 남작인 세실1864~1934이 죽고 나서는 베어링가 안팎의 인물이 번갈아 은행을 이끌었다. 그리고 마침내 1995년 닉 리슨이라는 한 중개인이 베어링을 무너뜨렸을 때 이 은행 왕국의 영광은 완전히 사라졌다. 당시 피터 베어링 회장이 지하철 안에서 233년 전통의 은행이 단돈 1달러에 네덜란드의 ING에 매각됐다는 『파이낸셜타임스』 기사를 읽고 있는 사진이 남아 있다.

233년 전통을 무너뜨린 도박

닉 리슨은 두 팔을 크게 벌리고 소리쳤다. 1만8100에 매수, 1만8000에 매수, 1만7900에 매수, 1만7800에 매수, 매수, 매수, 매수. 1995년 2월 23일 니케이225 지수는 330포인트 떨어졌다. 리슨이 미친 듯이 사들이지 않았더라면 낙폭은 1000포인트에 이르렀을 것이다. 그는 엄청난 손실을 내고 있었다. 정확히 얼마인지는 몰랐다. 너무나 두려워 알아볼 수 없었다. 죽을 것 같았다. 그는 로이터 스크린을 꺼버렸다. 초록색으로 깜박거리던 숫자는 즉각 사라졌다.

지옥 같은 하루였다. 다음날 사이멕스의 마진콜추가 증거금 요구은 적어도 4000만 달러에 이를 것이다. 백오피스의 여직원이 계좌 '88888' 내역을 건네줬다. 리슨이 눈덩이처럼 불어나는 손실을 숨겨온 비밀계좌였다. 리슨은 숫자를 볼 엄두조차 나지 않았다. 그는 니케이225 지수선물 6만1039계약의 매수 포지션을 취하고 있었다. 1월 17일 고베 지진은 주가 변동성이 높을수록 큰 손실을 보는 그의 옵션 투자스트래들 매도에 치명적이었다. 그는 손실을 만회하려 주가 상승에 공격적으로 베팅했다.

그는 혼자 힘으로 시장을 부양하려 했다. 트레이더 사이에는 글로벌 금융가의 큰손 조지 소로스가 리슨을 밀어주고 있어서 돈줄이 마르지 않을 거라는 소문이 돌았다. 리슨 자신이 퍼트린 소문이었다. 그러나 시장은 곧 그의 포지션이 얼마나 위험한지 깨닫기 시작했다. 그는 유일한 매수자가 됐다. 베어링의 경영진만 빼고 누구나 그의 싸움이 얼마나 어리석은 것인지 눈치챘다. 88888 계좌는 사이멕스에 보고된 닉의 포지션에는 포함됐으나 런던에 보고된 포지션에는 빠져 있었다. 경영진이 두 포지션을 대조하는 간단한 점검만 했어도 바로 문제를 발견했을 것이다.

리슨은 싸움을 포기했다. 혼자 시장을 이길 수는 없었다. 이날 거대한 폭탄을 남겨둔 채 사라진 그는 일주일 후 프랑크푸르트에서 체포됐다. 사이멕스의 제왕으로 군림했던 28세의 청년은 베어링에 8억2700만 파운드의 손실을 안겼다. 베어링 자기자본의 두 배를 한꺼번에 날린 것이다. 하지만 233년 전통의 베어링은행이 무너진 건 한 청년의 무모한 도박 때문만은 아니었다.

재앙의 씨앗은 오래전부터 자라고 있었다. 경영자들이 그것을 보지 못했을 뿐이다.

탐욕과 현실 부정의 죄는 리슨만 저지른 것이 아니었다. 1994년 말 리슨의 실제 손실은 2억800만 파운드로 그룹 전체의 세전이익보다 많았다. 하지만 리슨이 눈덩이 손실을 숨긴 채 낸 장부상의 이익 덕분에 1995년 초 베어링의 파트너들이 받을 수 있는 보너스 재원은 1억 파운드가 넘었다. 최고경영진 네 명은 450만 파운드를 나눠 가졌다. 리슨 자신도 45만 파운드를 챙겼다. 하지만 누구도 어떻게 한 명의 트레이더가 그토록 일관되게 엄청난 돈을 벌어들일 수 있는지 묻지 않았다.

피터 베어링 회장은 1890년 베어링 가문의 선조가 그랬듯이 비장한 어조로 영국 중앙은행에 구제를 요청했다. 하지만 두 번째 구제는 없었다. 한 세기 전 위기 때보다 베어링의 자산 대비 부채가 워낙 많았다. 반면 은행이 파산할 경우 예상되는 파장은 훨씬 적었다. 베어링 하나가 사라져도 금융 시스템 전반이 무너질 리는 없었다. 금융계는 베어링의 실패에 경악했다. 경영진은 어떻게 그토록 거대한 시한폭탄이 터질 때까지 까맣게 모르고 있었단 말인가? 그 태만과 무능에 경종을 울리고 모두가 교훈으로 삼게 할 필요가 있었다.

베어링의 지배구조도 한 세기 전과는 달랐다. 19세기 말 베어링 가문은 은행 손실에 무한책임을 졌다. 은행이 위기에 처하자 온 가문이 발 벗고 나서서 회생에 힘을 보탰다. 하지만 20세기 말에는 은행이 파산해도 그 재앙이 가문 전체를 집어삼키지 않았다.

머천트 뱅크는 투자은행과 증권사로 가지치기를 했다. 문화가 다른 조직을 통제하기는 더 어려워졌다. 외부에서 들어온 야심 만만한 경영자들은 대영주처럼 행세했다. 크리스토퍼 히스 베어링 증권 회장은 꽃값으로 한 해 7000파운드를 쓰는 사치스러운 생활을 했다. 지난날의 신중한 은행가들과는 피가 다른 젊은이들은 너무 빨리 너무 부유해졌다.

은행의 위기는 되풀이된다. 베어링 파산 후 한 세대가 지난 지금도 위기의 본질은 달라지지 않았다. 은행이 반드시 닉 리슨 같은 불한당이 있어야만 무너지는 건 아니다. 어딘가에 숨어 있을 리스크를 눈을 부릅뜨고 찾아내지 않는 은행들은 한순간에 무너질 수 있다. 외환위기 때 한국의 은행들이 그랬다. 글로벌 금융위기 때 미국 은행들도 그랬다.

로스차일드 신화와 진실

로스차일드가는 나폴레옹 전쟁의 최대 승자로 알려져 있다. 재기를 꾀하던 프랑스 황제가 워털루에서 무릎을 꿇었을 때 그 정보를 가장 먼저 입수한 런던의 금융가가 증권시장에서 일확천금을 챙겼다는 전설이다. 하지만 이는 부풀려지고 비틀어진 신화다. 역사적 사실과는 거리가 멀다.

1998년 삼십대 중반의 역사학자 니얼 퍼거슨은 로스차일드 가문에 대한 방대한 연구서를 냈다.[56]

그는 이 가문의 서고에 잠들어 있던 135상자의 비밀스러운 자료들을 뒤졌다. 역사는 사실의 기록이라는 랑케의 원칙을 충실히 따르려 한 그의 결론은 현실은 신화와는 반대로 보인다는 것이었다. 웰링턴 공작의 워털루 승전은 로스차일드 형제들에게 엄청난 수익이 아니라 심각한 위기를 안겼다.

나폴레옹과 웰링턴은 1815년 6월 18일 벨기에 남동부 워털루에서 격돌했다. 웰링턴의 공식 승전보는 21일 밤 11시에야 런던에 전달됐다. 네이선 로스차일드는 그보다 훨씬 빨리 소식을 들었고 런던 증시가 폭등하기 전에 물량을 대거 매집해 어마어마한 차익을 남겼다는 전설이 있다. 웰링턴이 패했다는 거짓 소문을 퍼트려 투매를 유도하고 매물을 헐값에 거둬들여 이중으로 이익을 챙겼다는 설도 있다. 네이선 본인이 직접 전투 현장을 목격한 후 해안으로 달려가 어부를 어르고 달래서 끔찍한 폭풍을 뚫고 런던에 도착했다는 상세한 묘사부터 길들인 비둘기를 통해 맨 먼저 승전보를 입수할 수 있었다는 판타지까지 온갖 소문이 떠돌았다.

퍼거슨은 런던의 네이선이 전투 결과를 맨 먼저 들었다고 했다. "로스차일드의 특사가 6월 18일 자정에 브뤼셀에서 발행돼 케르크와 딜을 거쳐 19일 밤 런던의 뉴코트에 도달하게 될 결정적인 신문 호외판을 누구보다 먼저 전달한 덕분에 나폴레옹의 패전 뉴스를 제일 먼저 받게 된 것"이라고 썼다. 그 시점은 웰링턴이 승전 회의를 가진 후 겨우 24시간이 지난 때였고 공식 승전보가 전해진 것보다는 48시간을 앞섰다. 하지만 이 가문의 자료를 모아놓은 웹사이트 '로스차일드 아카이브'를 보면 사뭇 다른 설명이 나온다.

아카이브의 글은 퍼거슨의 책을 검토한 후 쓴 것이다.

웰링턴 공작은 1820년대와 1830년대에 몇 차례 사석에서 어떤 소문을 전했다. 당시 벨기에 겐트에 머무르고 있던 루이 18세가 워털루의 승전 소식을 전해 들을 때 그곳에 있었던 로스차일드의 정보원이 런던의 네이선에게 그 소식을 전했다는 것이다. 실제로 당시 신문들은 19일 겐트에 있었던 한 신사Mr. C가 서둘러 런던으로 와 20일 밤이나 21일에 승전 소식을 전했다고 썼다. 하지만 그를 네이선과 연결지을 근거는 없다. 더욱이 이 신사는 21일 오전 런던 금융가에 그 소식을 공개했다. 그날 낮에 기사가 나왔다. 네이선이 정보를 독점하며 증시를 들었다 놨다 했다는 전설과는 맞지 않는다.

아카이브는 네이선이 다른 소식통으로 그 정보를 들었다고 설명한다. 에든버러의 신문 『칼레도니안 머큐리』의 런던 주재 기자는 21일 저녁에 승전 소식을 전하는 기사를 이렇게 썼다. "나는 이 소식을 겐트에서 온, 로스차일드가 받은 서신을 봤다는 믿을 만한 소식통에게서 들었다." 이날 런던 증시에서 대규모 조작의 증거는 보이지 않았다. 전황에 가장 민감하게 움직이는 증권은 몇 가지 국채의 바스켓인 '옴니엄'이라는 증권이었다. 21일 옴니엄의 개장과 폐장 때 프리미엄은 4.75퍼센트로 같았다. 중간에 6퍼센트로 오르기도 했지만 되밀렸다. 네이선이 미공개 정보를 이용해 폭락을 유도했다가 폭리를 취한 흔적은 보이지 않았다.

기록을 따져보면 워털루 신화의 주요 내용은 대부분 사실이 아닌 것으로 보인다. 사실 네이선은 웰링턴의 승전 소식을 듣고 당황했다. 나폴레옹이 엘바섬에서 돌아와 워털루에서 패할 때까지 겨우 석 달밖에 걸리지 않았다. 영국과 유럽 대륙의 여러 나라가 나폴레옹을 상대로 다시 한번 긴 전쟁을 벌일 것으로 예상하고 그 틈을 타 한몫 잡으려던 그였다. 생각보다 빨리 전쟁이 끝나면 로스차일드가는 전설로 남을 거대한 이익이 아니라 엄청난 손실을 볼 판이었다. 형제들은 대량의 금괴뿐만 아니라 암스테르담에서 팔려던 100만 파운드 넘는 단기 국채 때문에 골머리를 앓게 됐다. 영국에서 동맹국들에 전해 주려던 보조금도 필요 없을 터였다.

　형제들은 결국 큰돈을 벌었다. 하지만 워털루 신화와는 다른 방식으로 벌었다.

19세기 전쟁에서 쌓은 부를 20세기 전쟁에서 잃다

　로스차일드로트실트는 붉은 문패라는 뜻이다. 프랑크푸르트의 비좁고 누추한 유대인 거리에 살던 마이어 암셀1744~1812은 귀족들에게 희귀 동전을 팔며 자본을 모았다. 로스차일드가 이 집안의 성으로 굳어진 것은 이즈음으로 보인다. 그의 다섯 아들은 프랑크푸르트장남 암셀와 빈차남 잘로몬, 런던삼남 네이선, 나폴리사남 카를, 파리막내 제임스에 자리 잡고 오늘날 다국적 기업과 같은 네트워크를 구축했다. 로스차일드는 1815년부터 100년 동안 세계 최대 은행이었다.

　다섯 형제의 사령관이었던 네이선1777~1836이 남긴 재산 350

만 파운드는 당시 영국 국내총생산의 0.62퍼센트였다. 2024년 영국 GDP는 3조5000억 달러에 이른다. 그 0.62퍼센트는 212억 달러다. 2024년 11월 세계 최고 부호 일론 머스크의 재산 2800억 달러와 비교하면 그리 놀랍지 않은 숫자다. 21세기의 기업가는 네이선이 상상도 할 수 없었을 큰 시장에서 엄청난 속도로 부를 축적할 수 있다. 하지만 당시에는 네이선보다 많은 재산을 남긴 부호는 없었다.

지옥 같은 유대인 거리에서 뛰쳐나온 로스차일드가는 어떻게 그토록 많은 부를 거머쥘 수 있었을까? 앞서 봤듯이 워털루 신화는 대부분 허구로 밝혀졌다. 로스차일드가에서 나온 것으로 알려졌으나 출처가 의심스러운 금언들도 많다.

예컨대 재산의 3분의 1은 증권, 3분의 1은 부동산, 3분의 1은 보석과 미술품으로 보유하라거나, 주식시장에는 찬물 샤워를 할 때처럼 재빨리 들어갔다가 재빨리 나와야 한다거나, 모든 걸 독식하지 말고 마지막 10퍼센트는 다른 이들에게 남겨두라는 조언이 그렇다.

로스차일드가는 프랑스 혁명과 나폴레옹 전쟁 같은 정치적 격변기에 무섭게 성장했다. 새로운 기회를 포착하고 위험을 무릅쓴 덕분이었다.

1793년부터 1815년까지 유럽에서는 전쟁이 잇따랐다. 나폴레옹은 "군대는 배가 불러야 전진한다"고 했다. 스페인 군대를 프랑스로 데리고 가려던 웰링턴은 "급여와 식량이 없으면 그들은 약탈할 수밖에 없고 그런다면 우리 모두 파멸할 것"이라고 했다. 네이선은 이 지점에서 기회를 잡았다.

당시 영국은 가장 효율적인 금융 시스템을 갖추고 있었다. 중앙집중식 조세 체계와 투명한 재정 운용, 안정적인 통화제도 덕분에 18세기에 여섯 차례나 전쟁을 치르면서도 큰 정치적 위기를 겪지 않았다. 하지만 전쟁에는 돈이 많이 들었다. 1793년 2억4000만 파운드였던 국가채무는 1815년 국민소득의 두 배인 9억 파운드까지 늘었다. 금괴 밀수와 직물 수출을 하던 유대인 머천트 뱅커 네이선은 전쟁터로 돈을 보내야 하는 영국 정부의 고민을 해결해주었다.

로스차일드가는 금을 인도하는 과정에서 생기는 위험의 대가로 2퍼센트 커미션을 받았다. 동맹국들에 영국 정부의 보조금을 전달할 때도 커미션과 환차익을 챙겼다. 자본시장과 국제 결제 시스템이 제대로 갖춰지지 않았을 때였다. 각국 정부의 절박한 수요를 충족시킨 다국적 금융 네트워크는 빛을 발했다. 나폴레옹이 패한 후에도 부채와 배상금을 청산하는 사업이 짭짤했다. 자본가들은 새롭게 떠오르는 국제 채권시장으로 모여들었다. 전통적인 토지 자본가보다 금융 자본가의 목소리가 커졌다.

이 시장에서 성패를 가르는 건 정치적 신뢰였다. 로스차일드 가문은 채권을 발행한 나라가 전쟁이나 국내 불안으로 채무 불이행 사태를 맞을 조짐이 있는지 누구보다 주의 깊게 살폈다. 늘 정치 활동의 핵심부 가까이에 있으면서 각국의 뉴스를 재빨리 입수하기 위해 엄청난 시간과 에너지, 돈을 투자했다. 총리와 재무장관, 왕실과 귀족들이 엮인 인맥은 곧 막강한 정보력이자 정치적 영향력이었다. 퍼거슨은 로스차일드 가문이 경제사에 남긴 가장 중요한 업적은 진정한 의미의 국제 채권시장을 창출한 것이었다고 말한다.

나폴레옹 전쟁 후 한 세기가 지났을 때 또 다른 전쟁이 유럽을 휩쓸었다. 19세기 초의 전쟁에서 거대한 부를 축적했던 로스차일드 왕국은 20세기 초 제1차 세계대전에서는 그 부를 잃었다. 한 세기 동안 많은 것이 달라졌다. 로스차일드가는 금본위 통화 체제를 바탕으로 사업을 벌이고 있었다. 참전국들이 금 태환을 중지하고 환율을 통제하자 사업은 혼란에 빠졌다. 서유럽 전역에서 철도 건설에 참여했던 이 가문은 기관차마다 전장으로 군인들을 실어나르는 것을 지켜봐야 했다. 조세 체계가 바뀌자 전에 없던 고율의 상속세도 내야 했다.

19세기 초 영국은 오스트리아와 러시아, 프로이센에 차관과 보조금을 제공해 나폴레옹을 무릎 꿇렸다. 20세기 초 전쟁에서 영국 정부는 미국의 신용에 의존했다. 한 세기 전 전시 재정에서 핵심적인 역할을 했던 로스차일드는 이제 미국의 JP모건에 그 역할을 넘겨주었다. 대서양 건너편에 로스차일드 은행을 세우지 않은 것은 전략적 실패였다. 19세기에 전성기를 누린 이 금융 왕국은 더 넓고 깊은 인재와 자본 풀을 활용할 수도 있었을 것이다. 하지만 그러지 않았다. 이 전설적인 금융 가문은 왜 더 큰 제국을 건설하지 못하고 쇠락의 길을 걸었을까?

어려움을 겪는 쪽과 거래하라

1836년 6월 런던의 네이선은 프랑크푸르트로 갔다. 그달 15일 아들 라이오넬과 조카_{동생 카를의 딸} 샬로테가 결혼했다. 59세의 네이선은 정력이 넘쳤다. 문제라면 등 아래쪽에 생긴 종기뿐이었다. 처음에는 참고 일을 했다. 통증은 심해졌다. 런던에서 불러온 명의도 현지의 외과의도 퍼져나가는 독을 막지 못했다. 아마도 포도상구균이나 연쇄상구균 패혈증이었을 것이다. 네이선은 결국 다음 달 28일 숨을 거뒀다. 8월 3일 『타임스』는 켄트 지방에서 잡힌 비둘기를 통해 네이선의 죽음이 처음으로 영국에 전해졌다고 보도했다. 비둘기 다리에 묶인 종이에는 이렇게 적혀 있었다. "그는 죽었다."

네이선은 이런 유언을 했다. "내 사랑하는 아내 한나는 사랑하는 네 아들과 중요한 사안들에 대해 언제나 협력하고 모든 협의에서 목소리를 낼 것이다. 아들들은 미리 어머니의 조언을 요청하지 않고는 어떤 거래도 해서는 안 된다는 것이 내 특별한 바람이다." 그는 네 아들과 네 형제가 변함없는 파트너십을 유지하기를 바랐다.

이 일화는 두 가지 점에서 놀랍다. 하나는 당대 세계 최고 부호가 한낱 종기 때문에 목숨을 잃었다는 사실이다. 요즘 같으면 항생제 하나로 간단히 치료할 수 있었겠지만, 세균 이론이 나오지 않은 당시에는 속수무책이었다. 유럽의 운명이 걸린 전쟁을 판가름할 수도 있었던 막강한 부도 세균과 싸움에는 소용이 없었다.

또 하나는 그의 아들이 사촌과 근친 결혼을 했다는 점이다. 이 가문의 근친 결혼은 특히 잦았다. 네이선의 딸 샬럿은 형 잘로몬의 아들 안젤름과 짝이 됐다. 네이선의 5형제 중 막내는 둘째 형의 딸 베티와 결혼했다. 1824년부터 1877년까지 이 집안에서 이뤄진 21차례 혼사 중 15차례가 마이어 암셸의 직계 자손끼리 한 결혼이었다. 가업의 파트너십을 단단히 하고 자본이 흩어지지 않게 하려는 전략이었다.

로스차일드라는 배타적 공동체는 하나의 왕가였다. 그들의 편지에는 '우리 로열패밀리'라는 표현도 나온다. 로스차일드가 사람들은 대리인들이 배신하지 않는지 늘 의심하고 그들의 오만과 독립심, 무능력에 대해 끊임없이 불평했다.

창업자 마이어 암셸은 아들들을 대대로 결속시키고 딸과 사위를 철저히 배제하는 파트너십을 구축했다. 이런 지배구조는 거의 한 세기 동안 지켜졌다.

1812년 세상을 떠난 그는 이렇게 유언했다. "내 딸과 사위, 그 상속인들은 회사 지분을 소유하지 못한다. 아들들의 평화로운 소유에 불화를 일으키는 자녀는 절대 용서하지 않겠다." 그는 무엇보다 단합을 강조했다. 훗날 맏아들은 이렇게 말했다. "단합은 내 아버지의 마지막 유언으로 가장 중요하고 성스러운 의무로 받들라고 지시하신 것이다."

로스차일드가 문장에는 화살 다섯 개가 한 묶음으로 그려져 있다. 다섯 형제가 뭉치면 꺾이지 않는다는 의미였다. 물론 형제들끼리, 그리고 숙부와 조카들이 격렬하게 충돌할 때도 많았다. 그러나 화합concordia과 정직integritas, 근면industria을 내세우는 가문의 신조를 지키려고 애썼다.

마이어 암셸은 "운이 좋은 정부보다 어려움을 겪는 정부와 거래하는 것이 낫다"고 가르쳤다. 혁명과 전쟁 통에 수지맞는 거래는 상대적으로 여유 있는 정부가 아니라 가장 절박한 정부를 상대로 한 것이었다.

그는 "사람들이 너희를 사랑하게 할 수 없거든 두려워하게 하라"고 했다. "높은 자리에 있는 이가 유대인과 금전적인 파트너십을 맺으면 그는 유대인 사람이 된다"고도 했다. 다섯 형제는 아버지의 조언에 따라 힘 있는 정치인들에게 선물을 건네고, 돈을 빌려주고, 투자 정보를 흘려주고, 뇌물을 안겼다.

시인이자 저널리스트인 하인리히 하이네는 "돈은 우리 시대의 신이며 로스차일드는 그 선지자"라고 했다. 이 금융 왕국은 1825년 금 태환 정지 위기를 맞은 잉글랜드은행에 최종 대부자의 최종 대부자 역할을 할 정도로 막강한 영향력을 과시했다. 그러나 1868년 마이어 암셸의 다섯 아들 중 유일한 생존자였던 제임스가 76세를 일기로 세상을 떠나자 가문의 구심력은 약해졌다.

제임스는 선친이 그랬듯이 "고난의 시절에 피난처가 돼줄 형제간의 신뢰와 단합을 절대 잊지 말라"는 말을 남겼다. 또 온갖 사업에 가문의 이름을 남발하지 말고 가문의 명망을 유지할 수 있기를 바랐다.

자산 일부는 가능한 한 빨리 현금화할 수 있는 증권으로 보유하라는 당부도 했다.

상장 폐지가 낫다?

글로벌 금융위기가 고조되던 2008년 9월 서른 살이던 에마뉘엘 마크롱은 투자은행 로스차일드에 들어간다. 명문 국립행정학교ENA를 나와 경제부 금융조사관으로 일한 지 4년 만이었다. 친구는 다시 생각해보라고 했다. 로스차일드가 어디 보통 은행인가? 훗날 은행에서 한 일로 정치 경력을 망치게 되지는 않을까?

마크롱은 경고를 무시하고 부채 구조조정과 기업 인수합병 일을 열심히 배웠다. 2012년 네슬레가 화이자의 유아식 부문을 인수하는 120억 달러짜리 거래에 자문도 했다. 290만 유로를 번 그는 '금융의 모차르트'라는 별명을 얻었다.

마크롱과 일했던 동료와 고객들은 그가 일을 빨리 배우고 상대의 처지를 잘 이해하는 재능이 있었다고 했다. 그는 EBITDA이자, 세금, 감가상각 전 이익가 뭔지도 몰랐다. 그걸 숨기지도 않았다. 책을 찾아보는 대신 붙임성 있게 주위에 묻고 다녔다. 기술적인 지식은 부족했으나 동문과 공직 인맥을 잘 활용했다. 네슬레 회장에게는 진작 좋은 인상을 남겼다. 그가 프랑스 경제 개혁 자문보고서를 낼 때 초안 작성을 도와준 인연이 있었다. 마크롱은 이 유서 깊은 은행에서 일하면서 프랑스 엘리트층 내부의 촘촘한 네트워크에서 혜택을 보았다.

마크롱은 프랑수아 올랑드 대통령의 경제보좌관과 경제산업부 장관을 거쳐 2017년 대권을 잡는다. 대선에서 경쟁자들은 그를 금융 엘리트의 대변자로 몰아세웠다. 정치권 실세들이 로스차일드를 거쳐 간 건 한두 번도 아니었다. 1962년부터 샤를 드골 정부의 두 번째 총리를 지내고 엘리제궁에 입성한 조르주 퐁피두도 8년 동안 로스차일드에서 일했다.

그러나 로스차일드가는 외부의 인적, 물적 자본을 활용해 성장을 극대화하지 않았다. 지나친 위험을 피하며 신중하게 유기적 성장을 이루려 했다. 이 금융 왕국은 철저히 가족기업으로 남아 있었다. 가업은 엄격한 비밀이 유지되는 파트너십으로 운영됐다. 1960년 런던의 로스차일드사에 외부인이 처음으로 파트너가 되기까지는 150년이 걸렸다. 재능 있는 외부인에 대한 신뢰와 보상은 부족했다. 월가에 파견한 대리인은 믿지 못했다. 세계 최대 자본시장에 기반을 구축할 기회도 놓쳤다. 제1차 세계대전 직전 784만 파운드였던 런던 쪽 회사 자본은 5년 후 361만 피운드로 줄었다.

2003년 런던과 파리의 회사를 합친 그룹 로스차일드가 출범했다. 파리의 다비드 드 로스차일드가 수장이 됐다. 2022년 런던 쪽의 에블린이 91세를 일기로 세상을 떠나면서 무게중심은 파리 쪽으로 더 이동했다. 지금은 다비드의 아들로 로스차일드가의 일곱 번째 세대인 알렉상드르가 회장을 맡고 있다. 기업금융 자문과 개인 자산 관리, 자산운용, 머천트 뱅킹을 하는 로스차일드 앤드 컴퍼니의 2022년 매출은 29억 유로, 순익은 6억 유로였다. 자기자본 수익률은 20퍼센트에 이른다.

2023년 초 로스차일드가는 이 회사의 상장 폐지 계획을 발표했다. 지난 넉 달간 주가평균에 34퍼센트의 프리미엄을 얹은 값으로 유통주식을 모두 사들여 비공개 기업으로 전환하겠다는 것이었다. 이 평가를 적용하면 기업가치는 총 37억 유로에 달했다. 상장 폐지를 위한 주식 매수에는 전투기를 만드는 다소, 자동차그룹 푸조, '샤넬 넘버 5' 향수로 유명한 베르트하이머 가문이 투자하겠다고 나섰다. 그해 가을 비공개 기업이 된 로스차일드 앤드 컴퍼니의 지분은 지주회사인 콩코디아가 52퍼센트, 장기 투자자들이 38퍼센트, 파트너들이 10퍼센트를 갖게 됐다.

상장 폐지 결정에 대해 로스차일드가는 더는 주식시장의 자본이 필요하지 않다는 뜻이라고 했다. 로스차일드 은행의 여러 사업은 단기 이익보다는 장기 성과로 평가받는 것이 더 낫고, 따라서 공개시장보다는 사적 소유가 더 적합하다고 설명했다. 하루하루 주가 변동에 너무 많은 관심을 쏟아야 한다면 장기 목표를 추구하는 데 해로울 수 있다는 말이었다.

기업가들은 종종 스스로 상장 폐지를 택한다. 공개기업으로서 받아야 하는 까다로운 규제와 외부 주주들의 감시로부터 자유로워질 수 있기 때문이다. 특히 장기적인 시야에서 사업을 재편해야 할 때 단기 실적에 대한 부담에서 벗어나 그 일을 할 수 있다. 1997년 애플이 파산의 벼랑에 몰렸을 때였다. PC 업계의 거인 마이클 델은 한 콘퍼런스에서 애플의 구원투수로 돌아온 스티브 잡스에게 어떤 조언을 해주겠느냐는 질문에 이렇게 답했다. "나라면 뭘 하겠느냐고요? 회사 문을 닫고 주주들에게 돈을 돌려줄 겁니다." 화가 난 잡스는 델에게 이런 메일을 보냈다. "최고경영자들은 품격이 있어야 합니다. 당신은 그렇게 생각하지 않는다는 걸 알겠군요."

불을 꺼트리지 않고 넘겨 주기

"무한책임을 지는 가족 소유 구조는 오랫동안 우리 은행과 고객들에게 충실히 작동해왔습니다. 모호한 회계 관행으로 숨겨놓은 불쾌한 손실은 없습니다. 10년간의 강한 성장세를 보인 후 우리 자산은 약간 줄었습니다만 우리 고객들이 1월에만 거의 10억 파운드 1조7000억 원의 세금을 낸 사실을 주목하지 않을 수 없습니다."

2023년 여름 영국의 프라이빗 뱅크인 C. 호어 앤드 컴퍼니의 수장 알렉산더 호어가 이해관계자들에게 보낸 서신이다. 이듬해 여름에는 이런 서신을 보냈다. "다른 많은 조직처럼 우리도 데이터가 넘칩니다. 하지만 아직 AI를 도입하기에는 적합하지 않습니다. 우리의 미래는 자동회 자체기 이니니 개인 맞춤 서비스를 위해 AI를 활용하는 사람들에게 있다고 믿습니다."

2024년 3월 이 고색창연한 은행의 총자산은 68억 파운드 약 12조 원다. 총부채는 63억 파운드 가까운데 대부분 고객이 맡긴 돈이다. 자기자본은 5억 파운드 남짓하다. 비공개 기업인 호어의 역사는 1672년까지 거슬러 올라간다. 12대에 걸쳐 350년 넘게 가족기업으로 살아남았다. 중국 국영은행들을 빼면 세계 최대 은행인 JP모건 체이스와 비교해보자. JP모건의 역사는 1799년에 시작됐다. 자산은 2023년 말 3조9000억 달러에 달했다.

중세 이래 영국에서는 금세공인들이 금융 중개 기능을 맡아왔다. 17세기 이후 발견과 탐험의 시대에는 환전과 신용 수요가 크게 늘었다. 금세공인 도제였던 리처드 호어 1648~1719는 주인이 죽자 사업을 물려받았다. 황금의 병을 상징물로 내건 그의 은행은 번창했다. 영국은행 설립에 반대할 만큼 영향력도 컸다. 그의 아들 굿 헨리는 남해회사 거품 때 정점에서 주식을 팔아 횡재를 했다. '굿'은 자선 활동으로 얻은 별칭이었다.

호어는 19세기 은행 합병 바람을 거슬러 독자 생존을 택했다. 잉글랜드 내전과 두 차례 세계대전, 대공황과 숱한 금융위기를 겪으면서도 끈질기게 살아남았다. 호어의 고객 중에는 이름난 사람이 많았다. 예일대학으로 불멸의 이름을 갖게 된 무역업자 엘리후 예일과 『인구론』을 낸 경제학자 토머스 맬서스, 소설가 제인 오스틴과 토머스 하디, 시인 바이런도 이 은행과 거래했다. 호어는 고객 한 사람 한 사람을 챙기는 세심하고 믿을 만한 서비스로 그토록 오래 살아남을 수 있었다.

영국의 가장 오래된 프라이빗 뱅크도 일본 최장수 기업들의 역사와는 비교조차 할 수 없다. 1637년부터 사케를 빚어온 겟케이칸 月桂冠의 역사는 장수기업 반열에서 한참 밀린다. 사찰 건축에 특화한 곤고구미 金剛組의 역사는 서기 578년까지 거슬러 올라간다. 이시카와현 고마쓰시의 호시료칸 法師旅館은 2018년에 1300주년을 기념했다.

"전통이란 타고 남은 재를 보존하는 것이 아니라 살아 있는 불을 꺼트리지 않고 넘겨주는 것입니다." 1568년부터 유리를 만들어온 독일 포싱거 가문의 13대손 베네딕트의 말이다. 이 말은 세기를 뛰어넘은 장수기업의 존재론적인 물음을 담고 있다. 생존이냐, 성장이냐는 가족기업의 근본적인 딜레마였다.

그들은 늘 안정이냐, 혁신이냐를 놓고 고통스러운 선택을 해야 했다. 하지만 그토록 오랜 시간의 담금질을 견뎌내려면 이분법적 사고에 매몰되지 말아야 한다. 혁신과 성장을 포기하면 안정과 생존도 확보할 수 없기 때문이다. 지속적인 성공은 참으로 어렵다.

프랑스 인시아드 경영대학원의 모르텐 베네드센은 2019년 지구촌에서 200년 넘게 생존한 장수기업들의 성공 요인을 추출한 보고서를 내놓았다. 이 기업들은 무엇보다 오랫동안 무형의 자산을 지켜왔다. 가문의 명예를 건 사명과 역사, 유산, 평판, 네트워크, 독특한 기업 문화와 가치, 철학 같은 것은 어떤 유형자산보다 값진 것이었다. 이런 가족자산을 바탕으로 새로운 인재를 끌어들이고, 동기를 부여하고, 이해관계자들의 충성을 끌어내며, 가치를 창출했다.

안팎의 장애물을 뛰어넘으며 몇 세기에 걸친 도전을 극복하는 지혜도 남달랐다. 안으로는 기업 통제를 둘러싼 가족 간 불화와 능력이 부족한 자손에게 경영권을 넘길 때 생기는 위험에 슬기롭게 대응해야 했다. 밖으로는 경쟁자들과 맞서면서 신속히 자본을 조달하는 것이 가장 큰 어려움이었다. 누구든 한 왕조의 문을 닫았다는 오명을 쓰려고 하지 않는다. 질서 있는 승계를 이어가면서도 외부인의 전문성을 활용하는 건 말처럼 쉽지 않다. 깰 수 없는 유리 천장은 인재 영입을 어렵게 한다.

장수기업은 생존 자체가 큰 성취다. 하지만 몇 세기에 걸쳐 맞닥뜨리는 온갖 격변에 끊임없이 적응하고 혁신하지 않으면 살아남을 수 없다.

기업의 뿌리를 잃지 않으면서도 혁신적인 제품과 전략을 받아들여야 한다는 것은 모순처럼 들린다.

핏줄과 능력

2023년 봄 일본 야마구치현 2선거구 중의원 보궐선거에서 당선된 서른한 살의 기시 노부치요는 기시 노부오 전 방위상의 맏아들이다. 기시 노부오는 아베 신조 전 총리의 친동생이다. 그는 외삼촌의 양자로 들어가 다른 성을 가졌다. A급 전범이었다가 총리가 된 기시 노부스케가 외조부다. 핵무기는 만들지도 갖지도 들여오지도 않겠다고 선언해 노벨평화상을 받은 사토 에이사쿠 전 총리는 기시 노부스케의 친동생이다. 아버지가 사토 집안 데릴사위로 들어가서 성이 달라졌다.

역사를 거슬러 올라가면 양자 입적 사례는 헤아릴 수도 없다. 이토 히로부미는 아버지가 하급 무사 이토 가문의 양자가 되면서 성을 바꾸었다. 도요토미 히데요시는 정략적으로 양자가 되기도 하고 양자를 들이기도 했다. 프랜시스 후쿠야마는 중국과 대조적으로 일본에서는 전통적으로 핏줄이 다른 이를 양자로 삼는 관행이 광범위하고 쉽게 이뤄졌다고 썼다.[57] 가부장 자리는 보통 맏아들에게 물려준다. 하지만 맏아들의 역할은 적법한 양자로 입적만 되면 가족 밖의 누구에게도 맡길 수 있었다. 가업을 물려줄 아들이 없거나 아들의 능력이 없을 때 가장 흔히 쓰는 방식은 사위를 얻어 집안의 성을 따르게 하는 것이었다. 그는 가산을 물려받고 그 집안의 핏줄과 다름없는 대접을 받았다.

게으르고 무능한 아들을 제치고 낯선 이에게 가장의 자리를 물려주는 관행은 19세기 말 메이지유신 이전의 전근대 사회에서 더 흔했다. 친아들을 제치고 후계자를 입양하는 사례는 상인과 사무라이 계층에 특히 많았다. 전쟁에서 살아남는 일이 더 절박하고 물려줄 자산도 많은 계층이었다. 후쿠야마가 인용한 연구들은 후계자 입양 비율을 25~34퍼센트로 추정하기도 했다.[58] 사무라이 가문의 입양 비율은 17세기 26퍼센트에서 18세기 36퍼센트, 19세기 39퍼센트로 높아졌다.[59] 적어도 서너 집 중 한 집은 입양된 후계자가 가업을 이었다는 말이다.

재산을 아들 형제들에게 같이 나눠주었던 중국과 달리 일본에서는 14~16세기 무로마치 시대부터 장자에게 몰아주는 전통이 굳어졌다. 잉글랜드와 유럽 지주들의 장자상속이나 한사상속처럼 가산이 흩어지지 않게 하려는 것이었다. 가족 사업을 물려받은 장자는 동생들이 사업을 거들거나 독립하도록 도와줄 의무가 있었다. 그러나 재산을 나눠줘야 하는 건 아니었다. 1400년 넘게 명맥을 이어온 곤고구미도 장자상속의 전통을 따랐다.

6세기 오사카의 시텐노지 四天王寺 건축에 주도적 역할을 한 이들은 유중광 柳重光을 비롯한 백제 장인들이었다고 한다. 곤고 시게미쓰 金剛重光라는 이름을 쓰게 된 그가 목조 건축과 보수를 위한 장인 집단을 꾸린 것이 이 가족기업의 시초로 알려졌다. 곤고구미는 전화로 무너진 시텐노지와 오사카성의 보수에 전문성을

제2부 발밑에서 무너지는 땅   225

발휘했다. 이 절의 목탑은 도쿠가와 시대의 내전, 화재와 태풍, 제2차 세계대전 때 공습을 겪으며 여러 차례 재건됐다. 그때마다 곤고구미의 기술력이 발휘됐다.

17~19세기 에도 시대에 곤고구미는 사찰 건축을 놓고 다른 집단과 치열한 경쟁을 벌였다. 그럴수록 가장 기술이 뛰어나고 지도력을 갖춘 지도자를 찾아야 했다. 장자라도 자질이 없으면 그 자리를 차지할 수 없었다. 1930년대 세계적인 불황기에는 일거리가 없었다. 37대 당주 곤고 하루카즈는 회사의 어려움에 책임을 느끼고 조상의 제단에서 할복하고 말았다. 그는 아들을 남기지 않았다. 가업은 부인이 이었다. 그다음에는 막내딸과 결혼한 데릴사위 도시타카를 후계자 삼았다.

그의 아들 마스카즈는 1970년대에 UCLA와 캘리포니아주립공대에서 교육을 받았다. 그러나 빚을 내 아파트와 빌딩을 지으며 사업을 확장하다 일본 경제의 거품이 꺼지자 경영난에 빠졌다. 곤고구미는 결국 2006년 오사카의 다른 건설사 다카마쓰에 인수되면서 곤고가 가족기업으로서는 막을 내렸다. 인수자는 곤고의 오라를 지키려 사명을 살려놓았다. 2020년 말 『니케이 비즈니스』는 마사카즈의 딸이 곤고 가문에서는 유일하게 함께 일하며 41대 당주 역할을 하고 있다고 전했다.

곤고구미는 오랜 가업 승계의 역사에서 핏줄과 능력을 함께 고려했다. 일본 장수기업들은 흔히 후계자가 될 아들이 없거나 실망스러울 때 딸을 재능 있는 남성과 결혼시켰다. 아들은 고를 수 없어도 사위는 고를 수 있었다. 핏줄이 다른 외부인을 아예 아들로

들이는 것도 주저하지 않았다. 그러나 이런 양자나 데릴사위 관행은 지구촌에서 흔치 않다. 다른 나라에서는 피라미드 같은 지배구조를 만들거나, 차등의결권 주식을 발행하거나, 소유와 경영을 분리하는 쪽을 택했다.

부자 삼대 못 간다는 가설

만석꾼 조의관은 죽기 전에 손자 덕기를 불러 금고 열쇠를 맡긴다. "이 열쇠 하나를 네게 맡기려고 그렇게 급히 부른 것이다. 이것만 맡겨놓으면 인제는 나도 마음 놓고 눈을 감겠다." 조부는 그 금고를 지키느라 일생을 소모했다. 나중에 본 유언의 내용은 이랬다. "산産을 남겨줌이 도리어 화를 끼치는 수도 없지 않기로, 내 생전에 이처럼 분배하여 놓은 것이다. 덕기 자신에게 줌이 아니라 조 씨 일문에 대대로 물려 내려갈 생활의 자료를 위탁함이니 모름지기 일 푼 일 리라도 임의로 하지 못할지니라."

염상섭의 소설 『삼대三代』 이야기다. 배경은 일제 강점기다. 덕기가 조부에게서 물려받은 자본이 훗날 어떤 변천을 거칠지 상상하는 것은 독자 몫이다.

'부자는 삼대를 못 간다富不過三代'는 건 동서고금의 속설이었다. 가족기업의 역사에는 으레 '삼대 가설'이 나온다. 숱한 반례에도 끈질기게 살아남은 가설이다. 자수성가한 앤드루 카네기는 '셔츠 바람으로 시작해서 삼대 안에 도로 셔츠 바람으로 돌아가는' 부의 사이클을 이야기했다. 영어의 '나막신에서 나막신으로'도 같은 표현이다. 이탈리아인들은 '마구간에서 별로 갔다 다시 마구간으로' 돌아온다는 비유를 썼다. 브라질 사람들도 '부유한 아버지, 고상한 아들, 가난한 손자'를 숱하게 봤다.

구글에서 가족 기업 관련 자료를 찾다 보면 삼대 가설을 뒷받침하는 듯한 통계도 많이 만난다. 특히 30-13-3이라는 숫자가 눈길을 끈다. 가족 기업 중 창업자의 아들 세대까지 살아남는 기업은 30퍼센트, 손자 세대까지 생존하는 기업은 13퍼센트에 불과하고 그 이상 버티는 기업은 3퍼센트에 지나지 않는다는 것이다. 하지만 이 숫자는 여러 손과 입을 거치면서 심하게 와전된 것이다.

대체 어디서 이런 숫자가 나왔을까? 미국의 가족 기업 연구자인 존 워드는 1987년 일리노이주 제조업체 200개사의 분석 결과 Keeping the Family Business Healthy를 소개했다. 그는 "성공적인 가족 기업 중 13퍼센트만이 세 세대를 거쳐 살아남았고 두 번째 세대를 넘어 살아남은 기업은 3분의 2에 못 미친다"고 썼다. 그의 말대로 한 세대를 30년으로 잡으면 세 세대를 '거쳐' 살아남은 기업은 90년 넘게 생존하는 셈이다. 이 통계를 인용하는 이들은 흔히 세 번째 세대에 '이르기까지' 살아남은 기업이 13퍼센트에 불과하다고 전했다.

'살아남은'이라는 말도 오해를 부른다. 가족 기업을 팔거나 공개한 경우, 시장과 기술 변화로 창업 초기의 주력 사업을 접고 새로운 분야에서 성장하는 경우에는 그 기업이 살아남지 못한 건 아니다. 존 워드의 분석은 표본이 작고 업종과 지역, 시기 면에서 온갖 편향을 지니는 것이었다. 숱한 오해와 와전에도 불구하고 40년 가까이 지난 지금까지 그 어설픈 숫자가 돌아다니고 있다.

가족기업의 생존율이나 지속가능성에 관한 믿을 만한 통계는 부족하다. 역사가 짧은 한국 기업들은 분석하기가 더 힘들다. 중소기업연구원 자료에 따르면 2016년 말 조사 대상 70만 개 기업 중 설립 후 50년이 넘은 장수기업은 0.23퍼센트인 1629개사에 불과했다. 우리나라 가족기업들은 부자 삼대 못 간다는 오랜 속설을 검증하기에는 업력이 너무 짧다. 믿을 만한 통계도 부족하다. 그러나 가족기업의 가장 큰 고민거리인 경영권 승계는 이미 눈앞에 닥친 일이다. 97퍼센트 가까운 기업의 업력이 30년이 채 안 되므로 세대교체 문제는 먼 훗날의 이야기라고 생각하기 쉽다. 하지만 기업 넷 중 하나는 대표자의 나이가 60세 이상이다. 50년 이상 장수기업은 대표자가 육칠십대인 경우가 절반이나 된다.

성공적인 가족기업은 성공적인 가족이 만든다. 어느 기업이 삼대 가설의 반례가 될지는 먼저 그 가족을 봐야 알 수 있다.

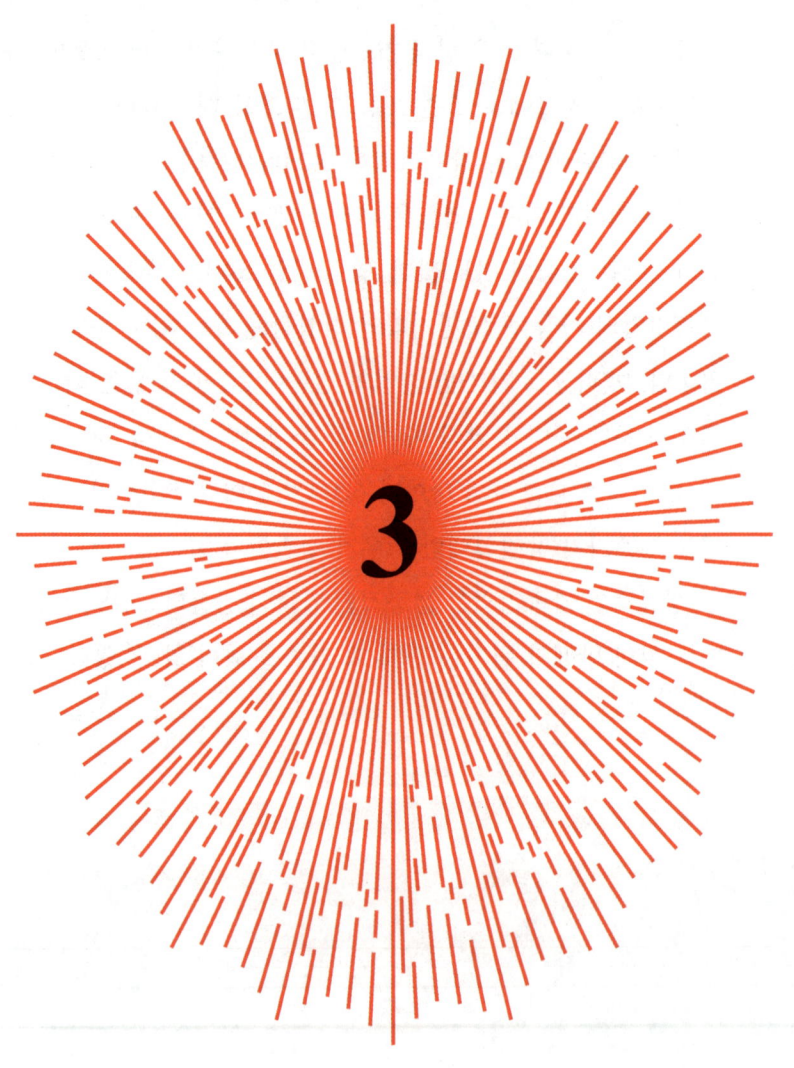

제3부

거품

"역설적으로 낙관은 편집증의 직접적인 결과다."

-리스토 실라스마 전 노키아 회장

"사람들이 더 많은 호기심을 갖지 않는 이유를 모르겠습니다. 나는 매일 아침 모든 새로운 것들을 배워야 한다는 설렘으로 눈을 뜨곤 했죠."

-마이클 델 델테크놀로지 회장 겸 CEO

제7장
위대한 기업은 왜 추락하는가?

노키아의 부침은 롤러코스터 같다. 1996년 100억 달러대였던 이 회사 몸값은 2000년 초 2700억 달러 가까이 치솟았다. 잠시 유럽 최대기업에 등극하기도 했다. 몸값은 다시 500억 달러대로 곤두박질쳤다가 1500억 달러대로 뛰었다. 그 후로는 줄곧 추락했다. 2012년 봄에는 100억 달러를 밑돌았다.

리스토 실라스마는 노키아가 바닥을 치던 2012년 봄 회장이 됐다. 난파하는 거함의 선장이었다. 그는 헬싱키 공대를 나와 보안업체를 창업했고 2008년 노키아 이사회에 합류했다. 거대기업

경영을 맡아본 적이 없던 그는 회장으로서 8년 동안 노키아의 변신을 이끌었다.

전임자인 요르마 올릴라는 노키아의 도약과 비상을 이끈 인물이다. CEO와 회장으로 20년 동안 권좌를 지켰다. 그는 런던과 헬싱키에서 기업은행 일을 하다 1985년 노키아에 들어왔다. 42세에 CEO가 된 그는 거대한 도박을 감행했다. 고무장화부터 화장지, TV까지 잡다한 제품을 만들던 회사는 세계 최대 휴대폰 업체로 거듭났다. 크리넥스가 티슈를 뜻하듯 노키아는 휴대폰의 동의어가 됐다. 올릴라는 영웅과 그의 신화에 의문을 제기하는 이는 없었다.

하지만 실라스마는 뭔가 잘못 돌아가고 있다는 느낌을 지울 수 없었다. 그는 설레는 마음으로 첫 이사회에 참석했다. 경외의 대상인 올릴라는 왕좌에 앉은 지배자의 위엄을 보였다. 그의 왼쪽에는 『파이낸셜타임스』의 모기업 CEO인 마조리 스카디노, 오른쪽에는 MIT의 저명한 이코노미스트로 훗날 노벨 경제학상을 받게 되는 벵트 홀름스트룀이 앉아 있었다. 올릴라는 세계 경제를 다루면서도 한 번도 홀름스트룀의 견해를 묻지 않았다.

이사회는 애플을 간단히 언급하고 지나갔다. 한 해 전 잡스는 아이폰을 내놓으면서 "우리는 모든 버튼을 없앨 것"이라고 선언했다. 스마트폰은 새로운 세계였다. 하지만 노키아 사람들은 자신들이 이미 그 세계를 장악했다고 생각했다. 노키아가 몇 해 전 스마트폰을 발명했고 곧바로 세계 스마트폰 시장의 절반 넘게 차지한 만큼 자신들에게 확실한 지분이 있다고 믿었다.

노키아는 쿼티 키보드와 숫자 키보드를 갖추고, 음악을 내려받아 들을 수 있고, FM 라디오 튜너가 들어있고, 멀티미디어 메시지와 이메일을 주고받을 수 있고, 카메라와 동영상 기능을 갖추고, 사무용 전자수첩을 활용할 수 있고, GPS와 노키아 맵으로 거리를 찾아다닐 수 있는 스마트폰을 내놓았다. 2008년 1분기 노키아는 스마트폰과 피처폰을 합쳐 1억1500만대를 출고했다. 애플의 출고는 170만대에 불과했다. 노키아는 세계 스마트폰 시장의 44퍼센트를 지배했다. 애플의 점유율은 5퍼센트에 그쳤다. 그러나 시장은 노키아에 반대표를 던지고 있었다. 다섯 달 전만 해도 노키아와 애플의 시가총액은 1500억 달러로 비슷했다. 하지만 이제 노키아의 몸값은 애플보다 적은 1100억 달러대로 떨어졌다.

운영체제가 플랫폼의 경쟁력을 좌우하는 시대였다. 하지만 노키아에서 주연은 하드웨어였다. 심비안 운영체제는 혁신을 가속하지 못했다. 오히려 발목을 잡았다. 애플의 가장 큰 장점은 단순함이었다. 반면 심비안 기기들은 복잡하기로 악명이 높았다. 헷갈리는 메뉴, 수많은 옵션과 세팅, 새로운 걸 하려면 번번이 가로막는 승인 요청으로 불평이 높아졌다. 지난날의 유산에 짓눌린 노키아는 애플의 개발자 생태계를 따라가지 못하고 있었다.

성공의 광채에 눈멀다

우후죽순처럼 생겨난 휴대폰 제조업체들은 이제 가장 중요하고 복잡한 부품에 엄청난 연구개발비를 쏟아부을 필요가 없었다. 미국의 퀄컴이나 대만의 미디어텍이 공급하는 칩세트 덕분에 누구나 휴대폰을 설계할 수 있게 됐다. 휴대폰 경쟁력은 운영체제와 앱 생태계로 급속히 옮겨가고 있었다. 노키아의 가장 큰 경쟁우위는 퇴색됐다. 하지만 이 산업을 창출했다고 자부하는 노키아는 치명적 위기를 알아차리지도 못했다. 노키아 왕국은 "성공의 광채에 눈이 먼" 것이 분명했다.[60]

실라스마는 지난날의 성공이 오히려 독이 될 때를 알았다. 징후는 네 가지였다.

첫째, 나쁜 소식은 제때 제대로 전해지지 않는다. 이사회는 주로 지나간 일들을 논의한다. 미래 전략의 약점이나 실패의 원인에 관한 성찰은 거의 없다. 손익은 미래 성공을 점치는 데 형편없는 자료다. 역사적 사실도 아니다. 지난 일에 관한 하나의 견해일 뿐이다. 기술과 시장의 격변 속에 대규모 이익이라는 연막이 눈을 가릴 때 현실을 직시하고 미래를 내다보기는 얼마나 어려운가?

둘째, 문제를 끝까지 파헤치려는 이가 없다. 리더는 스스로 문제의 소재와 원인을 찾아 나서야 하는데도 누군가가 중요한 문제를 깨닫고 알려주기를 바란다.

셋째, 결정이 자꾸만 미뤄지거나 흐지부지된다. 회의에서는 저마다 거부권이 있다고 믿으며 책임지고 결정을 밀어붙이려 하지 않는다.

넷째, 여러 대안을 내놓지 않고 한 가지 안만 내놓는다. 불확실한 미래를 한 가지로 점치는 건 위험하다.

노키아 신화의 주역이었던 올릴라 회장은 신참 이사의 문제 제기를 번번이 일축했다. 2010년 초 실라스마는 도발적인 메모를 작성했다. "이제 영웅적인 디바이스로 노키아의 딜레마를 해결할 수 있는 시절은 지났습니다. 위험을 피하려면 안드로이드 구글의 운영체제를 받아들이는 방안을 진지하게 검토할 필요가 있습니다. 미사여구를 가차 없이 잘라낸 정직한 전략 계획을 요구합니다." 회장은 답이 없었다.

그해 가을 마이크로소프트 오피스 소프트웨어 부문을 이끌었던 스티븐 엘롭이 노키아의 CEO가 됐다. 노키아 출신도 핀란드인도 아닌 외부인으로서 사실상 백지수표를 받은 그는 과거 신화에 갇혀 있지 않았다. 엘롭은 노키아가 심비안을 고집할 것이 아니라 구글 안드로이드와 애플 iOS에 대항할 제3의 운영체제인 마이크로소프트 윈도폰으로 갈아타야 한다고 주장했다. 이듬해 초 전 직원에 보낸 메모에서 그는 "불타는 플랫폼에서 뛰어내릴 것"을 촉구했다.

"북해 유전 플랫폼에서 일하는 한 남자 이야기가 좋겠군요. 어느 날 밤 그는 큰 폭발음에 잠에서 깼습니다. 플랫폼 전체가 순식간에 화염에 휩싸였죠. 그는 연기와 열기를 헤치고 아수라장을 빠져나와 간신히 플랫폼 끝에 이르렀습니다. 아래는 어둡고 차갑고 불길한 바다뿐이었습니다. 남자는 몇 초 안에 행동해야 했습니다. 플랫폼 위에서 피할 길 없이 화염에 휩싸일 수도 있었죠. 아니면 30미터 아래 살을 에는 바다에 뛰어들 수도 있었죠. 그는 뛰어내렸습니다. 통상적인 상황이라면 남자는 얼음장 같은 바다에 뛰어들 생각을 절대 하지 않았을 것입니다. 우리 역시 불타는 플랫폼 위에 서 있고 어떻게 행동할지 결정해야 합니다."

실라스마가 방향타를 쥐었을 때 노키아 시가총액은 100억 달러 안팎이었다. 애플의 몸값은 5000억 달러를 훌쩍 넘었다. 그해 연초 132년 전통의 코닥이 파산보호를 신청했다. 노키아도 같은 운명을 맞을 거라는 소문이 나돌았다.

편집증적 낙관주의자

자칭 편집증적 낙관주의자 paranoid optimist인 실라스마는 이렇게 말했다. "역설적으로 낙관은 편집증의 직접적인 결과다. 당신이 편집증적이라면 이미 최악의 결과를 내다보고 그걸 어떻게 막을지 생각해봤을 것이다. 충격을 어떻게 완화할지 철저히 생각해뒀으므로 나쁜 상황이 닥쳐도 흔들리지 않는다. 리더십 관점에서 보자. 당신이 낙관주의자가 아니면 사람들에게 활력을 불어넣을 수 없다. 하지만 사람들이 부정적인 시나리오에 선제적으로 대응하도록 돕지 않으면 회사는 진정한 회복탄력성을 키우지 못할 것이다."

당신은 편집증적이기 때문에 낙관적일 수 있다. 사람들이 리더에게 바라는 건 현실에 바탕을 둔 낙관주의다. 위기 때는 특히 그렇다. 실라스마는 종종 "우리는 모두 전면 유리가 커다란 백미러인 차를 운전한다"는 생각을 한다. 사람들은 흔히 역사적 자료에만 집중하며 앞길에 무엇이 있는지 살피지 못한다. 편집증적 낙관주의자는 시나리오를 바탕으로 사고한다. 시나리오는 실시간 정보로 끊임없이 시험하고 검증해야 한다. 지금의 사업이 성공적일수록 백미러를 뚫고 앞을 내다보는 데 더 힘을 쏟아야 한다. 과거 데이터로 미래를 추론할 때 지난날의 성공은 독이 된다. 위기로 치닫는 노키아에서 최악의 시나리오를 상정하는 편집증은 찾아볼 수 없었다.

노키아는 어쩔 수 없이 심비안이라는 불타는 플랫폼에서 뛰어내려 윈도폰으로 갈아탔다. 하지만 iOS와 안드로이드 진영의 파죽지세에 더는 버틸 수 없었다. 2013년 9월 실라스마는 "합리적으로 판단한 것이지만 착잡한 감정을 느끼게 하는" 거래를 발표했다. 노키아의 휴대폰 디바이스와 시비스 부문을 마이크로소프트에 매각한 것이다. 마이크로소프트가 전략적 제휴 파트너가 아니라 무서운 경쟁자로 돌변하는 최악의 시나리오까지 따져본 후였다.

노키아 신화를 만들어준 휴대폰 사업의 매각가는 38억 유로에 조금 못 미쳤다. 특허권 사용료를 합쳐도 54억 유로 남짓한 수준에 그쳤다. 그것도 노키아가 안드로이드 진영에 투항하는 걸 막으려는 마이크로소프트가 몸값을 후하게 쳐준 것이었다. 위대한 휴대폰 시대는 막을 내렸다. 노키아는 네트워크 장비 사업에 집중하기로 했다. 독일 지멘스와 합작했던 네트워크 업체의 지분을 모두 사들였다. 또 프랑스 통신장비업체 알카텔-루슨트를 인수해 에릭슨, 화웨이와 경쟁 체제를 만들었다.

노키아는 1865년 펄프 제조업체로 시작했다. 고무, 타이어, 전기 케이블, 전화교환기, TV를 만들던 회사는 이동통신업체로 거듭났다. 1992년 수장이 된 올릴라는 가전을 버리고 휴대폰에 집중함으로써 노키아를 재창조했다. 성장은 폭발적이었다. 하지만 몰락도 그만큼 가팔랐다.

노키아는 파산이라는 최악의 시나리오를 피하고 살아남았다. 하지만 과거의 성공신화를 재연하지는 못했다.

2024년 11월 현재 노키아 시가총액은 250억 달러다. 사반세기 전 전성기의 10분의 1에도 못 미친다. 노키아의 놀라운 비상과 그만큼 충격적인 추락은 창조적 파괴의 동학을 극명하게 보여준다. 숱한 혁신으로 날아오른 이 회사는 애플과 구글의 파괴적 혁신에 무릎을 꿇었다. 지난날의 성공은 기득권을 낳았다. 기득권은 혁신에 저항했다. 조직은 비대해지고 관료화됐다. 신화의 주역은 자만했다. 그들이 아무런 문제가 없다고 확신할 때 다른 눈으로 보면 치명적인 문제가 있었다.

회장이 된 실라스마는 전임자인 올릴라가 유능한 초상화가를 구한다는 이야기를 들었다. CEO나 회장이 회사를 떠나기 전 공식 초상화를 그리게 하는 전통에 따른 것이었다. 미국의 유명 화가가 핀란드에서 몇 달 동안 작업해 두 점의 초상화를 그렸다. 그중 하나는 노키아 창업자들과 나란히 걸렸다. 실라스마는 못마땅했다. 앞으로 떠나는 이들의 초상화를 그리지 말고 사진으로 대체하도록 했다. 150여 년 전통의 노키아는 뼛속부터 달라져야 했다.

흘수선 원칙

글로벌 금융위기 때인 2009년 10월 도요타 아키오 도요타자동차 사장(현 회장)은 기자들 앞에서 충격적인 이야기를 꺼냈다. 그는 미국의 경영 구루 짐 콜린스가 그해 초에 낸 책[61]을 읽었다며 책에서 묘사한 기업의 5단계 몰락 과정 중 도요타가 어느 지점에 있는지를 설명했다. 도요타는 불과 18개월 전 GM을 제치고 생산량 기준으로 세계 최대 자동차업체가 됐다. 하지만 넉 달밖에 안 된 신임 사장은 도요타가 이미 몰락의 첫 3단계를 지나 4단계에 이르렀다고 진단했다. 혹독한 자기비판이었다.

위대한 기업은 어떻게 몰락하는가? 콜린스는 자신의 전작들[62]에서 오랫동안 탁월한 성공을 거두었다고 소개했던 60개 기업을 다시 분석했다. 그리고 엄청난 성공을 거두었다가 몰락한 11개 기업을 가려냈다. 계속해서 비상하는 기업과 추락한 기업을 대조하며 몰락 과정을 살펴보았다.

기업들은 저마다 다른 이유로 몰락한다. 그러나 몰락은 보통 다섯 단계를 거친다. 지난 성공에 취해 자만에 빠지고(1단계), 더 크게 성공하려고 무리하게 욕심을 부리고(2단계), 경고를 무시하면서 위기 가능성을 부정하고(3단계), 이미 시작된 추락을 되돌려보려 어설픈 전략으로 발버둥 치다가(4단계), 결국 다 실패하고 최후를 맞는(5단계) 것이다. 기업이 실제로 추락하기 시작하는 것은 3단계가 끝날 즈음이다. 그때까지는 자만하고 욕심부리고 위험을 무시해도 성공의 플라이휠은 관성 덕분에 계속 돌아갈 수 있다.

이동전화 시장의 개척자인 모토롤라를 보자. 1990년대 초까지도 모토롤라 시장 점유율은 50퍼센트를 넘었다. 하지만 시장은 이미 아날로그에서 디지털로 넘어가고 있었다. 자만한 모토롤라는 그 위협을 무시했다. 1998년에는 노키아에 세계 1위 자리를 내주었다. 그해 모토롤라 점유율은 20퍼센트 아래로 떨어졌다. 하지만 5년마다 규모를 두 배로 키우겠다며 욕심을 부렸다. 온갖 위험을 무시하고 지구촌 어디든 위성전화 이리듐로 연결하려는 야심 찬 프로젝트를 밀어붙인 것은 몰락 3단계의 전형적인 행태였다. 3000달러나 하는 벽돌 전화기를 들고 다니면서 건물 밖에서만 분당 3~7달러를 내고 통화할 사람은 몇이나 될까?

위대한 기업들도 때로 큰 도박을 감행한다. '실패에서 배우라'거나 '빠르게 실패하라'는 것은 오늘날 혁신가들의 모토가 됐다. 하지만 실험과 실패의 경험에서 배우더라도 위험을 얼마나 용인할 것인가는 치밀하고 신중하게 따져봐야 한다. 이때 지켜야 할 것이 '흘수선 원칙' waterline principle 이다. 배와 수면이 닿는 흘수선 위에 구멍이 나면 그것을 메우면서 나아갈 수 있다. 하지만 그 아래 구멍이 나면 침몰을 피할 수 없다. 모토롤라나 노키아는 흘수선 아래 구멍을 보지 못했다.

몰락 4단계에 이른 기업은 공포에 사로잡혀 다급하게 극적 반전을 시도한다. 다시 기본으로 돌아가 핵심 역량을 다지기보다는 단숨에 전세를 뒤집을 묘안을 찾는다. 극약처방도 마다하지 않는다. 그리고 카리스마 넘치는 구원자를 찾아 나선다. 급격한 변화를 부르짖으며 구조조정을 감행할 칼잡이를 외부에서 데려온다. 이 단계에서 흔히 무모한 인수합병도 단행된다. 모토롤라는 2000년 광대역 통신의 강자가 되려고 자사 시가총액과 맞먹는 170억 달러에 제너럴인스트루먼트를 인수했다.

5단계에 이르면 길은 두 가지뿐이다. 독자 생존을 포기하고 경쟁사에 투항하거나 끝까지 몸부림치며 다른 기업에까지 피해를 주는 좀비기업이 되는 것이다. 전설적인 텔레비전 제조업체 제니스는 1999년 파산보호를 신청할 때까지 30년에 걸쳐 5단계 몰락의 길을 걸었다. 이 회사는 일제 저가 브랜드를 무시하고, 자신의 경쟁력 약화보다 불공정 무역관행을 탓하며, 새로 개척한 데이터시스템 사업 대신 이미 기울어진 텔레비전 사업을 살리려고 몸부림치다 끝내 무너지고 말았다. 몰락은 훨씬 더 갑작스럽게 진행될 수도 있다. 글로벌 금융위기 때 거대한 투자은행들이 무너진 것이 단적인 예다.

몰락의 징후를 초기에 발견하면 얼마든지 되돌릴 수 있다. 심지어 4단계까지 깊숙이 진행된 몰락에서도 반전에 성공한 사례들이 있다. 도요타 아키오는 바로 그 4단계의 징후를 간파했다.

파라마운트 제국의 절대권력

그는 셰프를 테이블로 불러냈다. 그리고는 스테이크를 던져버렸다. 너무 익혔다는 것이었다.

"사람들에게 왜 그렇게 못되게 굴어요?" 그녀가 물었다.

"상관없어. 어차피 난 지옥에 갈 테니." 그가 대답했다.

그는 파라마운트 제국의 절대권력 섬너 레드스톤 1923~2020이다. 그녀는 서른 살 아래의 연인 크리스틴 피터스다. 둘의 관계는 1999년 타블로이드 신문들을 장식했다. 그와 52년간 부부로 살아온 필리스 라파엘은 이미 바람둥이 남편을 상대로 두 차례 이혼 소송을 낸 적이 있었다. 이번에는 참지 않았다. 사립탐정을 고용해 레드스톤과 피터스가 파리에서 손잡고 다니는 사진을 찍게 했다. 루퍼트 머독 소유의 『뉴욕포스트』가 사진을 실었을 때 레드스톤은 격분했다. 다시 이혼 소송을 낸 아내는 매사추세츠주 법에 따라 재산 절반을 요구했다. 협상은 길어졌다. 머리끝까지 화가 난 레드스톤은 딸 샤리에게 다시는 결혼하지 않겠다고 선언했다.

하지만 그는 이혼을 매듭짓자마자 피터스에게 청혼했다. 그녀는 거절했다. 모든 것을 제멋대로 하는 그와 결혼하면 너무 힘들 것 같았다. 레드스톤은 서른아홉 살 아래의 초등학교 교사 폴라 포투나토와 재혼했고 7년 후 갈라섰다. 수십억 달러를 가지고 영화와 방송을 주무르는 미디어 거물과 가까이하고 싶은 여성은 많았다. 그보다 마흔한 살 아래인 마누엘라 허저와 마흔여덟 살 아래인 시드니 홀런드는 레드스톤과 함께 살면서 문고리 권력을 차지했다.

레드스톤은 여성 편력을 잃어버린 시간에 대한 일종의 보상으로 여겼는지도 모른다. 그는 1923년 보스턴의 유대인 집안에서 태어났다. 아버지는 리놀륨을 팔러 다니다 주류 사업으로 갈아탔고, 나중에는 드라이브인 극장 두 개를 소유했다.

어머니는 그가 피아노 레슨에서 실수하거나 명문고에서 완벽한 점수를 못 따면 벌을 주었다. 하버드대에 장학생으로 입학한 레드스톤은 2년 만에 졸업에 필요한 학점을 다 땄다. 그는 늘 공부만 했다. 훗날 이렇게 회고했다. "내게는 사교 활동이라는 게 없었다. 친구가 하나도 없었다. 나는 어떤 여자친구를 사귀어도 어머니 맘에는 들지 않으리라는 걸 알았다."[63]

레드스톤은 군에서 일본어 암호 해독을 도왔고, 대학 졸업장을 받은 후 하버드 로스쿨에 진학했다. 이듬해 백화점 소유주의 딸 필리스와 결혼했다. 곧 아들 브렌트와 딸 샤리가 태어났다. 가족 사업에 참여한 레드스톤은 사명을 내셔널어뮤즈먼트NAI로 바꾸었다. 1960년대에는 드라이브인 극장을 실내 멀티스크린 영화관 체인으로 바꿔놓았다. '멀티플렉스'는 그가 만든 말이었다.

쉰여섯 살 때는 죽음의 문턱까지 갔다 왔다. 그가 머물던 코플리 플라자 호텔에 불이 났을 때였다. 그는 화염을 피해 창턱에 매달렸다. 화마는 창문을 넘어 손과 팔을 삼켰다. 고통은 극심했다. 하지만 끝까지 포기하지 않았다. 소방이 사다리차로 그를 구조했다. 60시간의 수술에도 그의 오른팔은 영구적으로 기형이 됐다. 손은 쭈글쭈글한 갈고리 같았다. 나중에 그는 오른팔에 라켓을 동여매고 테니스를 쳤다. 죽음의 문턱에서 살아 돌아온 그의 야망은 더욱 강렬한 불길이 됐다. "승리하려는 의지는 곧 생존하려는 의지"였다.

그는 맹렬한 전사였다. 스스로 무적이라고 느낄 정도였다. 기업사냥꾼의 시대였던 1980년대에는 거대한 미디어 제국을 건설했다. NAI는 1987년 적대적 매수로 비아콤을 정복했고, 1994년 치열한 인수전 끝에 파라마운트를 품에 안았다. 2000년에는 파라마운트를 가진 비아콤이 과거의 모회사 CBS를 합병했다. 미디어 업계 사상 최대인 440억 달러짜리 짝짓기였다. 그해 가을 『포브스』는 레드스톤의 재산이 140억 달러에 이르는 것으로 추산했다.

철권을 휘두르던 레드스톤도 불멸의 존재가 아니었다. 그는 2020년 8월 97세를 일기로 세상을 떠났다. 미디어 제국 파라마운트의 절대권력이 사라진 것이다. 그가 회장 자리에서 물러난 건 92세 때였다. 그는 마지막까지 권좌를 내놓지 않았다. 경영권 승계를 놓고 딸 샤리와 오랫동안 내전을 벌였다. 나이 차이가 마흔 살 넘게 나는 여자친구들까지 끼어든 궁중 암투도 벌어졌다. 절대권력의 승계 과정에서 볼 수 있는 막장 드라마가 연출됐다.

젊음과 불멸에 집착한 총수

레드스톤은 여자친구에게 자기가 파라마운트의 영화 '벤자민 버튼의 시간은 거꾸로 간다'에 영감을 주었다고 말한 적이 있다. 그는 자신의 노화를 부정하려 했다. 2009년 봄 86세의 레드스톤은 밀켄연구소 글로벌 컨퍼런스에서 CNN의 래리 킹과 대담했다.

"몇 살입니까?" 킹이 물었다.

"예순다섯이오." 레드스톤이 대답했다. 청중이 웃었다.

"정말로 몇 살입니까?" 킹이 다시 물었다.

"예순다섯이라니까." 레드스톤은 재차 말했다. 자신은 스무 살 때보다 건강하게 느껴진다고 했다.

"성적으로 약해지지 않았습니까?" 킹이 물었다.

"약해지지 않았소." 60세 연하의 여성과 사귀던 레드스톤이 대답했다. "20세 남성도 늙습니다. 나는 아닙니다. 내 의사는 노화를 거스르는 사람은 나밖에 없다고 합니다. 나는 인류에게 알려진 모든 노화방지제를 먹고 마십니다."[64]

레드스톤은 호텔 화재에서 살아남았다. 심각한 전립선암도 견뎌냈다. 불멸의 삶에 대한 그의 기이한 집착은 갈수록 심해졌다. 사생활은 더 무분별해졌다. 경영자들은 보스가 느닷없이 TV쇼에 출연시키라고 내려보내는 여성들 때문에 골머리를 앓았다. 문고리 권력을 쥔 홀런드와 허저는 레드스톤과 딸 사리 사이를 벌려놓으려고 애를 썼다. 샤리는 자녀들에게 보낸 이메일에서 아버지의 여자친구들을 "창녀"라고 불렀다.

레드스톤은 재산 분할을 요구하는 아내와 3년간 협상한 끝에 2002년 합의했다. 그는 지주회사인 NAI와 이 회사가 거느린 비아콤, CBS의 지배력을 온전히 유지할 수 있었다. 모든 지분의 의결권을 행사하는 대신 주식을 생전에는 자신의 취소 불가능 신탁에 맡겨놓고, 죽거나 '정신적으로 무능력하게' 될 때는 손자들을 위한 신탁에 넘기는 조건이었다.

그는 무엇보다 충성을 중시했다. 언제든 철권을 휘둘러 불충한 자들을 갈아치울 수 있었다. 그가 가장 좋아한 영화가 파라마운트의 1972년 작 '대부'인 건 우연이 아니었다. 모든 주주를 보호해야 할 이사회는 총수의 전횡에 저항하지 못했다. 그는 이견을 보이는 경영자를 참지 못했다.

레드스톤의 두 자녀는 아버지처럼 법을 공부하고 독자적으로 경력을 쌓았다. 둘은 부모의 이혼 조건대로 NAI 지분을 6분의 1씩 보유했다. 레드스톤은 둘 중 한 명이 언젠가 최고경영자와 회장 자리를 물려받게 될 거라고 암시하며 가족 사업에 참여하라고 꼬드겼다. 브렌트가 먼저 이사회에 합류했다. 샤리는 더 버티다가 이혼 후 파트타임 일이 필요해지자 1994년 전략 담당 부사장으로 들어왔다.

2002년 합의 때 후계자로는 브렌트가 아니라 샤리가 지명됐다. 브렌트는 이사회에서 내보냈다. 레드스톤은 비아콤 이사회에서 발표하는 아들을 심한 비판과 욕설로 사정없이 깔아뭉갰다. 아들은 회의장에서 나가버렸고 다시는 돌아오지 않았다. 샤리의 후계자 자리도 불안하기는 마찬가지였다. 대놓고 이견을 말하는 딸과 쉽게 폭발하는 아버지는 거세게 부딪쳤다. 2004년 『뉴욕타임스』와 인터뷰할 때 그는 이렇게 말했다. "먼 미래이기를 바라지만, 언젠가 나는 사라질 겁니다. 그러면 그 아이가 지배 주주가 되겠죠. 하지만 경영자 역할은 하지 않을 겁니다."

이듬해 브렌트는 13억 달러로 추산되는 자신의 지분을 가져가기 위한 소송을 제기했다. 아버지는 격노했다. 제국을 조금이라도 쪼개 주는 건 결코 안 될 말이었다. 법정 다툼 끝에 레드스톤은 브렌트의 지분을 2억4000만 달러에 사들이기로 합의했다.

브렌트는 다시는 아버지와 말을 섞지 않겠다고 맹세했다. 이

합의로 레드스톤의 지분은 80퍼센트로 높아졌다. 나머지 20퍼센트는 샤리가 보유했다.

아버지는 종종 딸을 격파해야 할 경쟁자로 취급했다. 자기 뜻을 거스를 때는 심한 욕설이 담긴 메일로 딸을 공격했다. 그는 필생의 사업으로 일군 미디어 제국의 실적과 가치에 집착했다. 구십 대에 접어들어서도 집안 곳곳에, 심지어 침실에도 주식 시세를 확인할 수 있게 TV 스크린을 설치해 놓았다.

2024년 11월 초 파라마운트 글로벌의 의결권 있는 주식 A주은 주당 21달러다. 그가 세상을 떠난 후 4년 새 24퍼센트 하락했다. 하지만 의결권이 없는 주식 B주은 주당 10달러로 4년 새 58퍼센트나 추락했다. 섬너 사후 무의결권주에 대한 의결권주의 프리미엄은 8퍼센트에서 98퍼센트로 치솟았다.

타이태닉의 운명을 피하려면

2012년 6월 파라마운트는 100번째 생일을 축하했다. 식장에 영화 '대부'의 주제음악이 울려 퍼졌다. 여든아홉 살의 레드스톤이 입장했다. 마흔을 갓 넘긴 여자친구 홀런드가 뒤따랐다.

파라마운트는 할리우드에 하나밖에 안 남은 영화 스튜디오였다. 이날 메인 빌딩에는 '섬너 레드스톤 빌딩'이라는 이름이 새겨졌다. 그가 마이크를 잡았다. "빌딩에는 보통 죽은 사람 이름을 붙이죠. 하지만 그건 내게는 적용되지 않습니다. 난 절대 죽지 않을 테니까요."

절대 안 죽는다던 정복자는 세상을 떠났다. 제국은 매물로 나왔다. 분리했다 다시 합친 비아콤CBS는 파라마운트 글로벌로 이름을 바꿨다. 2024년 봄 두 연합군이 이 제국을 먹으려고 나섰다. 프라이빗 에쿼티 그룹인 아폴로는 컬럼비아 픽처스를 소유한 소니와 손잡았다. 이들은 제국을 260억 달러에 통째로 사들이겠다고 했다. 파라마운트의 주식 가치는 120억 달러로 평가한 것으로 알려졌다.

그에 앞서 엔터테인먼트업체 스카이댄스는 레드버드, KKR 같은 프라이빗 에쿼티와 연합했다.

오라클 창업자 래리 엘리슨의 아들 데이비드 엘리슨이 이끄는 스카이댄스 연합군의 전략은 아폴로와 달랐다. 먼저 20억 달러를 들여 레드스톤 가족 소유의 NAI를 인수한다. 파라마운트 글로벌의 지주회사를 먹겠다는 것이다. 그런 다음 스카이댄스와 파라마운트를 합친다. 여기에 추가로 30억 달러를 투입하더라도 총 투자는 100억 달러에 그친다.

샤리는 엘리슨의 인수 조건을 선호했다. 높은 프리미엄을 붙여 지분을 팔면 당장 거액의 현금을 손에 쥐고 떠날 수 있었다. 미뤄둔 상속세를 내고, 반유대주의에 대항하는 활동에 열중할 수 있었다. 112년 역사를 자랑하는 영화사의 부흥을 바라는 할리우드도 스카이댄스 편을 들었다. 엘리슨은 '탑건: 매버릭' 제작자로도 참여했다. '타이태닉'의 감독 제임스 캐머런은 그를 지지했다.

그러나 의결권 없는 B주를 가진 일반 주주들은 스카이댄스의 조건은 대주주에게만 유리한 것이라며 반발했다.

투자자들은 더 높은 프리미엄을 제시한 아폴로-소니 연합군의 인수를 선호했다. 창작보다는 재무적인 측면에 주목하는 월가도 대체로 아폴로-소니 편을 들었다. 그해 여름 샤리는 스카이댄스에 NAI 지분을 넘기기로 합의했다.

샤리가 처음부터 제국을 넘기려 했던 건 아니었다. 그녀는 야심 차게 스트리밍 전쟁에 가세했다. 섬너가 세상을 떠나고 반년 남짓 지났을 때 파라마운트 주가는 A, B주 모두 100달러까지 치솟았다.

하지만 경영권 승계는 너무 늦었다. 아버지는 정신 건강에 관한 의문이 제기된 후에야 권좌를 내놓았다. 샤리는 20여 년간 아버지의 집착과 변덕으로 불안해했다. 그녀를 견제하는 경영자들은 물론 아버지의 젊은 여자친구들과도 싸워야 했다.

승계가 늦어질수록 변화에 대한 적응력은 떨어졌다. 샤리는 스트리밍 혁명의 쓰나미 속에서 방향타를 잡았다. 엔터테인먼트 기업들은 대형 합병으로 몸집을 키웠다. 2011년 컴캐스트와 유니버설, 2019년 디즈니와 21세기 폭스, 2022년 워너와 디스커버리가 뭉쳤다. 파라마운트는 상대적으로 작아졌다.

2024년 11월 현재 파라마운트 글로벌 A주와 B주 주가는 3년 전 최고가의 5분의 1, 10분의 1로 떨어졌다. 1997년에 나온 '타이태닉'은 파라마운트의 가장 큰 히트작이다. 파라마운트는 혁신에 굼떠 타이태닉처럼 침몰하는 기업의 운명을 피할 수 있을까?

디즈니 왕국의 두 번째 세기

2003년 초겨울 어느 날 LA 북동쪽 패서디나의 와인바 앞에 빨간색 페라리가 멈춰섰다. 로이 E. 디즈니는 이 차를 좋아했다. 다른 것으로는 평소 잘난 체하지 않는 그가 미국에서 가장 부유한 기업인 중 한 명임을 알아채기는 쉽지 않았다. 로이는 월트 디즈니 1901~1966의 조카다. 그는 디즈니 왕국에서 창업자 성을 가진 유일한 경영자였다. 20년 전 마이클 아이스너를 디즈니의 CEO 겸 회장으로 불러온 이도 그였다. 그러나 로이는 이제 그에게 배신감을 느끼고 있었다. 디즈니의 창조적 에너지가 퇴조하고 있는 터에 아이스너는 자신만이 이 회사를 21세기의 미디어와 엔터테인먼트 왕국으로 이끌어갈 수 있다고 확신하고 있었다.

로이는 그날 저녁 디즈니 이사이면서 지배구조위원회 의장인 존 브라이슨을 만났다. 브라이슨은 아이스너 사람이었다. 이사들은 아이스너를 무조건 지지하는 것 같았다. 그렇지 않은 몇몇은 벌써 제거됐다. 로이는 얼마 전에도 아이스너를 성토했다. 영업이익이 25퍼센트나 줄고 주가는 52주 최저가로 추락한 마당에 500만 달러나 보너스를 지급하는 게 말이 되는가?

브라이슨은 며칠 전 만나자고 연락해왔다. 남들 눈을 피할 수 있는 곳을 고집했다. 그는 곧바로 본론을 꺼냈다. "로이, 당신은 규정상 은퇴연령을 지났지요."

너무나 직설적이어서 로이는 깜짝 놀랐다. 이사의 은퇴연령은 72세였다. 로이는 그해 73세가 됐다. 그러나 그 규정은 사업 부문 수장에게는 적용되지 않았다. 로이는 애니메이션 부문 회장이었다.

"우리는 당신이 이사로 다시 나서지 말아야 한다고 결론 내렸습니다." 브라이슨이 통보했다. 로이는 믿을 수 없었다. 이사회가 이렇게까지 나올 줄 꿈에도 생각지 못한 그는 할 말을 잃었다. 칼날에 심장을 찔린 느낌이었다. 로이는 여전히 디즈니 주식을 가장 많이 가진 주주 가운데 한 명이었다. 그는 반세기 삶을 디즈니에 바쳤다. 아버지 로이 O. 디즈니는 동생 월트와 함께 이 왕국을 일으켰다. '어렸을 때는 월트가 내게 동화를 들려주고 『피노키오』를 읽어주곤 했는데.'

한동안 어색한 침묵이 흘렀다. 이사회는 로이가 조용히 물러나리라 생각했을 것이다. 아일랜드의 성이니 값비싼 요트에서 여생을 즐기려니 했을 것이다. 하지만 그는 갑자기 투지가 솟구치는 것을 느꼈다. "당신들은 엄청난 실수를 저지르고 있소." 그는 브라이슨을 똑바로 보고 말했다. "이렇게 한 것을 후회하게 될 거요." 로이는 자리를 박차고 나갔다.[65]

왕국에서는 권력 암투가 벌어지고 있었다. 아이스너는 창업자의 핏줄 가운데 유일하게 경영에 참여하면서 자신을 최고경영자로 영입했던 사람을 이사회에서 찍어냈다. 로이는 가만있지 않았다. 몇 년 동안 치열하게 싸운 끝에 결국 아이스너를 회장과 CEO 자리에서 끌어내렸다. 21년 동안 디즈니의 왕좌를 차지했던 아이스너는 2005년 로버트 아이거에게 그 자리를 물려주었다. 아이거는 아이스너를 제2의 창업자로 여겼다. 그는 15년 동안 왕좌를 지

컸다. 그 자리를 물려받은 밥 차펙은 실적 부진으로 3년이 채 안 돼 경영권을 내놓아야 했다. 2022년 말 이사회는 71세의 아이거를 다시 불러왔다.

월트와 로이 형제는 1923년 디즈니를 설립했다. 이제 두 번째 세기를 맞은 디즈니 왕국이 안팎으로 맞닥뜨린 도전은 크게 두 가지다. 하나는 경영권 승계 문제다. 디즈니는 지난 40년 동안 승계 문제로 골치를 썩였다. 아이스너의 장기 집권 후에 낙점을 받은 아이거는 회고록에서 "훌륭한 리더십은 대체 불가능함에 있는 것이 아니라 아랫사람들이 리더가 될 준비를 할 수 있게 지원하는 데 있다"고 했다.[66] 그런 아이거도 네 차례나 은퇴를 연기했다. 잠재적인 후계자들을 올려주었다가 퇴짜를 놓곤 했다.

또 하나의 도전은 미디어 환경과 기술 변화의 소용돌이 속에서 새로운 경쟁우위를 확보하는 일이다. 디즈니의 시가총액은 2021년 봄 3600억 달러로 정점에 이른 후 1년 남짓한 기간에 반 토막이 났다. 갈수록 격화하는 스트리밍 대전은 말 그대로 먹느냐 먹히느냐의 싸움이다. 누구보다 창조적이고 누구보다 적극적으로 신기술을 끌어안았던 월트 디즈니가 지금의 경영자들을 보면 뭐라고 할까?

월트 디즈니가 살아 있다고?

'덩치 큰 못된 늑대 누가 겁낼까? 덩치 큰 못된 늑대. 덩치 큰

못된 늑대. 덩치 큰 못된 늑대 누가 겁낼까?'

당신은 그 노래를 안 들으려 해도 안 들을 재간이 없다. 한 영화 평론가가 투덜거렸다. 어느 영화관엘 가도 그 노래가 터져 나온다. 라디오도 그 노래만 끈질기게 틀어준다. 노래를 피해 밀주를 파는 가게로 자리를 옮겨보라. 그러면 어떤 불행한 알콜 중독자가 그 노래를 흥얼거리고 있을 것이다.

8분짜리 애니메이션 '아기 돼지 3형제'에 나오는 노래는 사회 현상이 됐다. 노래는 1933년 봄 영화가 개봉되자마자 전국을 휩쓸었다. 미키 마우스로 할리우드에서 영웅이 된 월트 디즈니는 이제 작가 클럽에서도 환대를 받았다. 작품을 내놓을 때 좀처럼 만족하지 못하던 그도 "마침내 우리는 작품 속에서 진정한 퍼스낼리티를 구현해냈다"고 감격했다. 애니메이션은 이제 "생쥐 한 마리가 통통 튀어 다니는 것 이상"의 뭔가가 될 수 있었다.[67]

대공황으로 모두가 잔뜩 움츠러들어 있던 때였다. 불안한 대중은 이 만화영화를 고통과 승리의 우화로 받아들이는 듯했다. 아기 돼지들을 잡아먹으려는 늑대는 대공황의 경제적 고통을 상징했다. 첫째와 둘째 돼지는 늑대가 올지도 모른다는 셋째의 경고에 배꼽을 잡고 웃었다. 첫째는 짚으로 집을 지었다. 늑대가 한 번 훅 불자 날아가 버렸다. 둘째는 나뭇가지로 지었다. 역시 늑대가 단숨에 날려버렸다. 셋째는 벽돌집을 지었다. 지혜롭게 대비한 덕분에 늑대의 위협을 물리칠 수 있었다. 월트는 어떤 메시지를 주려고 그 영화를 만든 건 아니라고 했다. 하지만 풀 죽어 있던 국민은 덩치 큰 못된 늑대를 혼내주는 아기 돼지를 사랑하며 힘든 시기를 견뎌냈다.

월트 디즈니는 미국 문화의 아이콘이 됐다. 1901년 아일랜드계 집안에서 태어난 그는 생계를 꾸리고 성공하기까지 피나는 노력을 해야 했다. 월트는 스무 살 전에 이미 회사를 차렸다 파산한 경험이 있었다. 어릴 때부터 동물을 관찰하고 그리기를 좋아한 그는 동물에 인간의 다채로운 감정을 적용하며 인격을 부여했다. 형 로이와 스튜디오를 차렸을 때 할리우드는 혁신가들을 끌어들이고 있었다. 끼니조차 때우기 힘든 나날이었다. 하지만 만화영화로 성공하려는 야망은 꺾이지 않았다.

훗날 월트는 "모든 건 생쥐 한 마리에서 시작됐다"고 했다. 할리우드로 오기 전 그의 책상 주위를 돌아다니던 생쥐는 아이들이 좋아할 미키 마우스가 됐다. 그는 놀라운 혁신을 이어갔다. 1928년에 개봉한 첫 미키 마우스 영화 '증기선 윌리'는 영상과 음향이 동시화된 최초의 유성 애니메이션이었다. 대성공이었다. 1932년에는 최초의 컬러 애니매이션 '꽃과 나무'을 선뵀다. 월트가 보기에 자연은 인간의 상상력보다 더 풍부한 자원이었다. 색깔은 소리만큼이나 중요한 신의 선물이었다. 1937년에는 최초의 장편 애니메이션 '백설 공주의 일곱 난쟁이'를 내놓아 영화 역사를 다시 썼다. 상영시간은 단편의 열 배인 83분이었다. 1939년까지 49개국에서 상영될 만큼 폭발적 인기를 얻었다.

제2차 세계대전 중 월트는 영화 속 환상을 현실로 옮겨놓을 궁리를 했다. 1955년 캘리포니아 애너하임에 문을 연 디즈니랜드는 관객들이 영화 속 스토리를 실재하는 공간에서 체험할 수 있게 설계했다.

월트 디즈니는 꿈을 파는 상인이었다. 그가 사람들을 현실과 동떨어진 환상으로 이끌고 미국식 보수주의 가치관을 주입했다는 평가도 있다. 노동조합을 탄압하고 인종주의적 편견을 드러냈다는 비판도 있다. 그러나 그는 남다른 상상력과 열정으로 디즈니라는 엔터테인먼트 제국을 건설했다. 100년 기업이 된 디즈니는 그의 값진 유산을 지키면서도 새로운 창조의 동력을 찾아야 한다. 모든 성공한 기업이 그렇듯이 이는 엄청난 딜레마를 안겨주는 일이다. 모든 유산을 고스란히 지키려 하면 창조적 파괴는 불가능하기 때문이다.

1966년 월트 디즈니가 사망한 직후 이상한 소문이 돌기 시작했다. 그가 마치 잠자는 숲속의 공주처럼 언젠가 깨어나기 위해 극저온 상태로 안치돼 있다는 소문이었다. 타블로이드 신문과 잡지들이 소문을 퍼 날랐다. 소문은 전설이 됐다. 사실 그의 시신은 화장됐다. 그런데 이 기이한 소문은 왜 그토록 끈질기게 나돌았을까? 미국 문화의 아이콘을 잃고 싶지 않은 대중의 바람 때문이었을까? 디즈니 제국은 두 번째 세기에도 그의 부재를 아쉬워할까?

시간을 알려줄 것인가, 시계를 만들어줄 것인가?

해리 콘은 1958년 67세를 일기로 세상을 떠났다. 그는 1924년 컬럼비아 픽처스가 문을 연 후 34년 동안 군림했다. 장례에는

1300명쯤 모였다. 누군가는 비아냥거렸다. 조문객들은 사실 그의 죽음을 애도하기보다는 그가 정말로 죽었는지 확인하러 온 것이라고.

제작 책임자와 사장을 겸한 그의 이미지는 폭군이었다. 자기 말을 강조할 때면 옆에 둔 말채찍으로 책상을 치곤 했다. 오후 내내 사무실에서 배우와 감독들에게 고함을 지르다 저녁 파티에서는 다정하게 인사하는 지킬과 하이드 같은 사람이었다. '킹 콘'은 철권을 휘두르며 컬럼비아를 할리우드의 메이저로 키웠다. 그가 세상을 떠나고 이듬해 조카마저 죽자 40년 가까운 가족 경영은 끝이 났다. 할리우드의 황금시대에 가장 성공적인 스튜디오로 꼽히던 컬럼비아는 비틀거렸다. 1982년에는 코카콜라에 인수됐다. 7년 후에는 다시 소니 제국 아래 들어갔다. 두 번째 세기를 맞은 디즈니와 달리 컬럼비아가 독립 기업으로 남아 있었던 건 반세기에 불과했다.

성공한 기업들의 특징을 분석한 짐 콜린스는 디즈니와 컬럼비아를 대조했다. 두 회사의 차이는 최고경영자가 '시간을 알려주는 사람'이냐 '시계를 만들어주는 사람'이냐에 있었다. 혁신적인 아이디어를 갖고 카리스마와 비전을 겸비한 리더는 시간을 말해주는 사람이다. 어느 한 지도자가 물러나거나 죽은 뒤에도 그 기업이 오랫동안 번영할 수 있도록 하려면 시계를 만들어줘야 한다.

월트 디즈니의 가장 중요한 창작품은 미키 마우스도 백설 공주도 디즈니랜드도 아니다. 디즈니라는 기업 자체다. 해리 콘이라는 절대자가 사라진 컬럼비아 왕국은 홀로 설 수 없었다. 월트 디즈니는 시간도 알려주고 시계도 만들어준 경영자였다. 뛰어난 직원에게는 창업자보다 많은 보수를 주고 미술 강좌를 개설하고 제작 기술에 돈을 아끼지 않았다. 그는 자신의 사후에도 잘 돌아갈 수 있는 문화 공장을 만들었다.

하지만 세계 최대의 엔터테인먼트 제국은 아찔한 롤러코스터를 타고 있다. 할리우드와 실리콘밸리의 패권 전쟁과 파괴적 기술의 폭풍 속에서 디즈니는 창업자가 만들어준 오래된 시계만 믿고 있어서는 안 될 것이다. 1950년대 말 디즈니가 완성한 전략은 창의적인 작품을 가지고 여러 포맷과 배급 채널을 통해 돈을 버는 것이었다. 텔레비전과 케이블, 홈 비디오, 인터넷은 영화 제국의 확장을 가속했다. 그 틀은 지금껏 바뀌지 않았다. 그러나 이제 디즈니의 가치시슬 하니하니에 새로운 기술을 가진 경쟁자들이 나타났다. 미키 마우스로 일어난 제국은 이제 컴퓨터 마우스가 불러온 혁명에 당혹해한다.

이제 누구나 영상을 만들어 수십억 명에게 공짜로 보여줄 수 있다. 누구든 무엇이든 볼 수 있게 됐다. 이럴 때일수록 최고의 창작품에 관객이 몰리게 된다. 디즈니의 선장으로 복귀한 아이거는 재무보다는 창작 팀에 힘을 실어주고 있다. 아이거가 CEO 자리를 물려줄 때 디즈니의 기업가치는 2100억 달러가 넘었다. 그가 돌아오고 2년 가까이 지난 2024년 11월에는 1700억 달러대다. 지금의 아이거는 더 젊은 시절의 아이거보다 큰 신뢰를 얻고 있다고 할 수 없다.

최대 격전지는 스트리밍 분야다. 스트리밍 서비스 가입자는 디즈니 플러스와 훌루, ESPN을 합쳐도 약 2억3000만 명으로 2억 8000만 명 가까운 넷플릭스에 못 미친다. 가입자당 수익 역시 넷플릭스보다 낮은 수준이다. 애플이나 아마존 같은 빅테크 기업들은 다른 게임을 한다. 그들은 이 부문에서 반드시 이익을 내야 하는 건 아니다. 주력 상품을 위해 스트리밍 서비스를 로스 리더 loss leader로 이용할 수도 있다. 이들은 콘텐츠 확보에 큰돈을 쏟아붓고 위험한 실험도 마다하지 않는다.

게임 엔진과 생성형 인공지능 기술로 무장한 중국의 경쟁자들도 위협적이다. 최고의 특수효과는 이제 할리우드 강자들의 전유물이 아니다. 젊은이들이 영화관이나 TV를 멀리하고 비디오게임에 많은 시간을 보내는 추세는 이 분야에 힘을 쏟지 않았던 디즈니에 불리하다.

디즈니는 할리우드의 가장 뛰어난 창작 공장이었다. 두 번째 세기에도 그럴 수 있으려면 자신을 재발명하고 사업을 재정의해야 한다. 창작의 지평은 더 넓어져야 한다. 스토리텔링은 새로운 포맷으로 바뀌어야 한다. 업의 본질이 단순히 영화를 만드는 것이 아니라 세계관과 캐릭터를 창조하는 것임을 새삼 일깨우지 못하면 100년 제국의 미래는 불투명해질 것이다.

제8장

거품은 꺼져도 혁신은 남는다

2022년 5월 11일 새벽 5시. 한국에서는 새벽형 인간들만 눈을 뜰 시간에 뉴욕 증시는 끝났다. 사흘 내리 폭락하던 시장은 미미한 반등을 기록했다. 유혈이 낭자한 공방전은 일단 멈췄다. 하지만 어떤 이들에게는 이때부터 본격적인 전투가 시작된다. 정규 장 마감 후 거래 애프터 마켓에서 새삼 곤두박질하는 주식도 있다.

메타버스 시대의 총아로 꼽히던 유니티 소프트웨어를 보자. 실시간 3차원 콘텐츠를 구현하는 솔루션으로 게임 엔진 시장을 주름잡는 이 회사는 장 마감 후 1분기 실적을 내놓았다.

주당 순손실은 0.6달러로 전년 1분기 0.39달러보다 늘어났다. 일시적 요인을 고려해 조정한 주당 순손실은 0.08달러로 한 해 전 0.1달러와 큰 차이가 없었다. 매출은 전년 동기보다 36퍼센트 늘어난 3억2000만 달러였다. 월가가 예상한 수준이었다. 하지만 회사 측이 제시한 2분기 6~8퍼센트와 연간 성장률 22~28퍼센트이 시장의 기대에 못 미쳤다. 고속성장의 기대를 저버린 기업에 대한 시장의 처벌은 가혹했다. 유니티 주가는 장 마감 후 20분 남짓한 시간에 38퍼센트나 곤두박질했다.

이 회사의 몸값은 기술주의 전형적인 주가 흐름을 보여준다. 2020년 9월 상장 당시 70달러 안팎에서 2021년 11월 한때 210달러까지 치솟았다. 하지만 그 후 반년 새 30달러대로 폭락했다. 아찔한 롤러코스터. 기업가치에 영향을 주는 수많은 요인 가운데 도대체 무엇이 그토록 급격하게 바뀌었을까?

유니티의 몸값은 한때 600억 달러 가까이 부풀어 올랐다. 하지만 반년 새 100억 달러 안팎으로 쪼그라들었다. 물론 그 새 많은 것들이 달라졌다. 이 회사의 성장성과 수익성을 악화시키는 요인이 많았을 것이다. 무엇보다 금리가 오르고 있었다. 그럴수록 이 회사가 창출할 미래 이익의 현재가치는 줄어든다. 당시 월가 애널리스트 18명이 제시한 이 회사 목표주가는 평균 135달러였다. 63달러부터 194달러에 폭넓게 분포됐다. 장밋빛 안경을 끼고 이 기업을 지켜봤던 이들은 곧 목표주가를 후려쳤다. 그리고는 그때까지 계산에 넣지 않았던 새로운 정보를 반영했다고 변명했다. 과연 최고 전문가들조차 까맣게 몰랐던 돌발 요인이 있었을까?

사실 어떤 셈법도 유니티 몸값이 그토록 폭발적으로 상승하다 그토록 짧은 기간에 급전직하한 걸 속 시원히 설명해줄 수는 없을 것이다. 개별 기업이나 시장 전체의 주가를 예측하기는 대단히 어렵다. 어떤 전문가라도 미래를 예측하는 것은 고사하고 현상을 설명하는 것조차 버거울 것이다. 특히 자본시장의 거품이 한껏 끓어올랐다 갑자기 꺼질 때는 더욱 그럴 것이다. 그렇다면 도대체 거품이란 무엇일까? 자본시장 거품은 언제 어떻게 끓어오르며, 거품이 꺼질 때 기업과 투자자에게는 어떤 영향을 미칠까?

영국 벨파스트의 퀸스대에서 금융시장 거품의 역사를 연구하는 윌리엄 퀸과 존 터너는 아주 느슨한 정의를 내린다. 거품은 한마디로 가파르게 상승하던 자산 가격이 가파르게 하락하는 현상이다.[68] MIT의 경제사학자 찰스 킨들버거의 정의를 빌려온 것이다. 너무 싱거운 것 같지만 그만큼 장점이 많은 정의다.

어떤 이는 자산 가격이 흔히 펀더멘털로 불리는 기본가치 혹은 내재가치를 벗어날 정도로 오르는 것을 거품으로 본다. 하지만 이 정의에 따라 거품을 알아보자면 먼저 기본가치는 무엇이며 어떻게 가늠할 수 있느냐는 두 번째 물음에 답할 수 있어야 한다. 유니티의 기본가치는 600억 달러인지 100억 달러인지 따져봐야 한다. 어느 숫자가 옳았는지는 나중에나 짐작할 수 있을 뿐이다. 하지만 느슨한 정의에 따르면 주가가 1년 남짓한 기간에 3배로 뛰었다가 반년 새 6분의 1로 떨어진 것만으로도 일단 주가에 거품이 끼었던 것으로 볼 수 있다.

퀸과 터너는 금융과 자본시장 거품을 화재에 비유한다.

불이 타오르려면 산소와 연료와 열이 필요하다. 자본시장의 산소는 시장성 높은 자산들이다. 연료는 화폐와 신용이다. 여기에 열기를 더해주는 건 투기성이다. 이 세 가지 조건이 갖춰진 시장에 정치적 요인이나 기술 혁신이 불을 댕기면 맹렬한 화염이 일어날 수 있다. 한번 붙은 불은 저절로 번진다. 그것은 대단히 파괴적이지만 때로는 유용할 수도 있다. 산불이 오래된 정글의 고목을 태우고 나면 그 숲의 생태계가 더 건강해질 수도 있다. 마찬가지로 한바탕 거품이 휩쓸고 지나간 자리에는 더 혁신적이고 활력 있는 기업 생태계가 자라날 수도 있다.

자본시장에서 거품이 끓어오를 때 혁신적인 기업은 엄청난 기회를 맞을 수 있다. 거품에 취한 투자자들이 공격적으로 리스크를 안으면 기업은 그만큼 수월하게 모험 투자를 감행할 수 있다. 거품이 꺼질 때는 진정으로 혁신적인 기업과 말로만 혁신을 외치는 기업의 운명이 극명하게 엇갈릴 것이다. 투자자들은 거품 붕괴 후의 폐허에서도 살아남을 기업을 찾아야 한다. 그러자면 먼저 거품이 어떻게 촉발되고 확산하는지 알아야 한다.

누가 더 큰 바보인지 시험하다

"21세기가 밝아오는 이때 주식에 관한 가장 중요한 한 가지 사실이 있다. 주식은 싸다. 당신이 시장의 큰 상승 흐름을 놓칠까 걱정하고 있다면 아직도 너무 늦지 않았음을 알게 될 것이다. 주식은 지금 훨씬 더 높은 수준으로 오르는 일생일대의 상승장 가운데 있으며, 다우존스 산업 평균은 3만6000포인트 근처까지 오를 것이다."

제임스 글래스먼과 케빈 해싯이 함께 쓴 『다우 36,000』 서문에 나오는 말이다. 저널리스트인 글래스먼은 훗날 조지 W. 부시 정부의 국무부 차관보가 됐다. 경제학자인 해싯은 도널드 트럼프 대통령의 경제자문위원장을 지냈다. 책은 1999년 10월 출간됐다. 당시 1만 포인트 수준이던 다우지수는 2021년 11월 마침내 3만6000 고지에 올랐다. 두 사람의 장밋빛 전망을 믿고 22년을 기다린 이가 있다면 그의 재산은 세 배 넘게 불어났을 것이다.

하지만 그때까지는 강철같은 믿음과 초인적 인내가 필요했을 것이다. 1만1000대로 올랐던 다우지수는 닷컴버블이 꺼지면서 7000대로 추락했다. 글로벌 금융위기 때는 1만4000대에서 다시 7000선 아래로 곤두박질했다. 그 후 2만9000대까지 올랐다가 코로나19 팬데믹으로 다시 1만9000선 밑으로 폭락했다. 이 모든 붕괴의 공포를 견뎌내고 끝내 웃은 이는 몇이나 될까?

글래스먼과 해싯은 이르면 2005년 초 다우지수가 3만6000 고지에 오를 것으로 점쳤다. 2000년 초에는 쏟아지는 비판을 일축하며 공개적으로 내기를 걸었다. 10년 후 다우지수가 3만6000 선보다 1만 선에 더 가까우면 자선기관에 1000달러씩 기부하겠다고 약속했다. 2010년 초까지 지수가 2만3000을 넘지 못하면 지는 것이다. 실제 지수는 그 절반에도 못 미쳤다. 그들은 약속한 기부금을 구세군에 냈다.

제3부 거품 265

20세기 초 화폐 수량 방정식 MV=PY을 고안한 어빙 피셔는 이들보다 훨씬 명망 높은 석학이다. 그런 피셔도 두고두고 회자될 실수를 했다. 그는 대공황으로 주식시장이 붕괴하기 불과 9일 전에 주가가 "영원한 고원지대 같은 곳에 이르렀다"고 단언했다. 18세기의 천재 물리학자 아이작 뉴턴은 남해주식회사 거품을 너무 일찍 알아보았다. 생각과 달리 주가가 더 치솟자 팔아버린 주식을 다시 샀다가 낭패를 봤다. 이 위대한 과학자는 이런 말을 남겼다. "천체의 움직임은 계산할 수 있어도 인간의 광기는 가늠할 수 없다."

세계의 경제 대통령이라던 앨런 그린스펀 연방준비제도 의장이 주식시장의 "비이성적 과열"을 경고한 것은 1996년 12월 초였다. 하지만 스탠더드 앤드 푸어스 S&P 500지수는 그 후로도 3년 동안 해마다 20~30퍼센트씩 뛰었다. 돌이켜보면 그때는 오히려 주식을 살 절호의 타이밍이었다.

훗날 노벨 경제학상을 받게 되는 로버트 쉴러는 2000년 3월 『비이성적 과열 Irrational Exuberance』을 출간했다. 바로 그때가 닷컴버블의 정점이었다. 하지만 그는 그린스펀의 경고가 나오던 시점에 이미 과열을 알아보았다. 미국 주식시장의 경기조정 주가수익비율 CAPE은 1996년 이미 28배 가까운 수준으로 15배 수준인 역사적 평균을 크게 웃돌았다. 이 비율이 그보다 높았던 적은 32배까지 올랐던 1929년 대공황 직전밖에 없었다. 그러나 CAPE는 경고음이 울린 후에도 3년 내내 치솟았다. 20세기의 마지막 순간에는 44배를 넘기도 했다.

닷컴버블 때와 지금을 단순 비교하는 것은 무리다. 건전한 대

차대조표도, 유망한 비즈니스 모델도 없었던 닷컴 기업과 지금의 기술기업은 다르다.

어쨌든 역사적 맥락을 살펴보자면 2024년 11월 1일 S&P500 지수의 CAPE는 36.5배다. 1871년 이후 이 비율의 중간값은 15.9배였다. 지난 20년만 보자면 글로벌 금융위기 때인 2009년 봄 CAPE는 13.3배로 저점을 기록했고, 제로 금리 시대인 2021년 말 38.5배로 고점을 찍었다.

거품이 낀 시장은 누가 더 큰 바보인지 시험한다. 노벨 경제학상을 받은 석학의 분석도, 세계 경제 대통령의 경고도 거품 증시의 비이성적 과열을 식힐 수는 없었다. 시장의 탐욕과 공포가 어떻게 전염될지는 누구도 예측하기 어렵다. 다만 시장의 화력을 키우는 산소 시장성 높은 지산와 연료 화폐와 신용와 열기 투기를 조장하는 제도를 보고 화염의 강도와 지속성을 가늠할 수 있을 뿐이다.

닷컴의 환상이 걷혔을 때 흔적도 없이 사라진 기업은 헤아릴 수도 없다. 온라인 식료품 배달업체 웹밴의 몸값은 31억 달러에 이르렀지만 18개월 만에 제로가 됐다. B2B 포털 버티컬넷의 기업가치 78억 달러는 몇 달 새 다 날아가 버렸다. 그런 자리에서 아마존 같은 기업들은 살아남았다. 애플과 마이크로소프트 같은 혁신적인 기업들은 거품 증시에서 더 많은 자본을 끌어들일 수 있었다.

퀸과 터너는 경제 전체적으로 볼 때 결과적으로 유익했던 거품과 심각한 상처만 남긴 파괴적인 거품을 구분했다. 거품을 촉발한 요인이 새로운 기술이냐 정치적 선택이냐에 따라, 그리고 거품을 부추긴 주역이 은행이냐 자본시장이냐에 따라 결과가 엇갈렸다.

일본 경제를 침몰시킨 자산 거품과 글로벌 금융위기를 부른 서브프라임 거품은 가장 해로운 거품이었다.

누가 판의 낮잠을 깨우나?

판Pan은 그리스신화에 나오는 목축의 신이다. 머리에 뿔이 나고 수염과 털, 발굽은 산양의 모습을 한 목신은 화를 잘 냈다. 특히 낮잠을 깨우면 공포를 부르는 괴성을 질렀다. 패닉panic은 그의 이름에서 유래한 말이다. 시장에서 끓어오르는 과도한 거품의 끝은 패닉이다. 지난 300년에 걸친 금융의 역사에서 끊임없이 되풀이된 패턴이다. 광란의 투기는 결국 투매로 이어지기 마련이다. 오늘날 금융시장에서 판의 괴성은 갈수록 자주 울려 퍼진다.

2022년 5월 24일 뉴욕 증시에서 판의 낮잠을 깨운 이는 스냅의 CEO 에번 스피겔이었다. 불과 한 달 전 스냅은 2분기 매출이 작년 같은 분기보다 20~25퍼센트 늘어나고 이자, 세금, 감가상각비 차감 전 이익이 0~5000만 달러 수준일 것으로 내다봤다. 그러나 스피겔은 거시경제 환경이 예상보다 빠르게 악화됐다며 2분기 실적이 예상치의 하단을 밑돌 가능성이 크다고 밝혔다. 실적을 걱정하던 투자자들은 완전히 패닉에 빠졌다. 이날 주가는 장중 한때 44퍼센트 넘게 폭락했다. 전년 가을 최고치와 비교하면 85퍼센트나 떨어진 것이다. 1300억 달러를 웃돌았던 이 회사의 몸값은 200억 달러로 쪼그라들었다. 스냅의 추락은 다른 소셜미디어와 기술기업 전반의 급락을 불렀다.

패닉은 거품에 취해 있던 시장 참가자들이 갑자기 차가운 현실을 깨닫는 순간에 찾아온다. 기술과 시장의 격변이 잦아지면서 거품과 패닉의 주기도 짧아졌다. 1720년대 영국 남해주식회사 거품이 꺼진 후 1820년대 첫 번째 신흥시장 거품이 끓어오르기까지는 한 세기 넘게 걸렸다. 주식회사 설립이 엄격히 규제되면서 투기자산의 시장성이 제한됐기 때문이다. 1920년대 월가가 붕괴한 후에도 여러 규제가 도입되면서 금융시장은 반세기 동안 비교적 잠잠했다. 하지만 그 후 규제 장벽이 무너지고 글로벌 자본이동이 자유로워지면서 거품은 더 잦아졌다. 1990년대부터는 6년에 한 번 꼴로 거품이 끓어올랐다는 분석도 있다.

300여 년 전 주식 거품을 경험한 뉴턴은 인간의 광기는 도저히 이해할 수 없다고 토로했다. 지금의 금융시장은 뉴턴의 시대에는 상상도 할 수 없을 만큼 복잡하고 빠르게 돌아간다. 누구나 손안의 슈퍼컴퓨터로 지구촌 반대편 주식을 사고판다. 가뜩이나 종잡을 수 없는 시장에 인공지능이 가세했다. 가치의 닻이 없는 암호화폐도 쏟아졌다.

미국 작가 마이클 루이스는 패닉의 순간에는 모두가 평등하다고 했다. "끝도 없이 무너져 내릴 것 같은 서브프라임 모기지 비우량 주택담보대출 시장이 얼마나 평등한 것인지 놀라울 뿐이다. 첨단 금융에 무지한 수백만 명의 보통사람들이 수십억 달러를 잃었지만, 월가의 거물들도 마찬가지였다."[69]

하지만 패닉은 평등하지 않다. 패닉의 순간에는 뒤늦게 묻지마 투자에 나섰던 이들이 가장 먼저 희생양이 된다. 금리 상승기에는 빚을 감당할 수 없는 차입 투자자들이 특히 위험하다. 악마는 가장 뒤처진 자를 잡아먹는 법이다.

모두가 패닉에 빠질 때 누군가는 절호의 기회를 잡을 수 있다. 거품이 과도할수록 조정도 과도할 수 있기 때문이다. 오마하의 현인으로 불리는 워런 버핏은 2008년 10월 글로벌 금융위기가 극에 달했을 때 이렇게 말했다. "내가 주식을 살 때 적용하는 간단한 규칙은 다른 사람들이 탐욕스러울 때 두려워하고, 다른 사람들이 두려워할 때 탐욕스러워지라는 것이다." 당장 공포에 질려 절규하는 이들에게 이런 말은 위안이 되지 않을 것이다. 하지만 훗날 돌이켜보면 고개를 끄덕이게 될 것이다.

『블랙스완』을 쓴 투자가 나심 탈레브는 1987년 10월 블랙먼데이 때 엄청난 투자수익을 냈다. 옵션 가격 결정 방식의 허점을 파고든 덕분이었다. 훗날 탈레브는 옵션 이론으로 1997년 노벨 경제학상을 받은 마이런 숄즈와 로버트 머튼을 사정없이 깎아내렸다. "당신들은 기생충일 뿐이다. 당신들은 새들에게 나는 법을 가르치고는 그들이 실제로 나는 것을 지켜보며 그걸 자신들 공으로 돌린다."

공포의 신 판은 기원전 490년 마라톤 전투에서 아테네인들을 도와주었다. 페르시아인들을 패닉에 빠트려 도망치게 만든 것이다. 21세기의 글로벌 금융시장에 판의 괴성이 울릴 때는 어떤 이들이 이득을 보게 될까?

쓸모 있는 거품

"달은 가득 찼고 하늘은 맑았다. 아이는 밖으로 다시 나가 자전거를 한참 타고 돌아왔다. 다음 날 아침 타이어를 자세히 살펴보니 고무에 긁힌 자국은 하나도 없었다." 존 보이드 던롭은 그날 밤을 돌이켜봤다. 1888년 2월이었다. 아일랜드 벨파스트의 거리는 한적했다. 아홉 살 난 아들 조니는 세계에서 처음으로 압축공기 타이어를 장착한 세발자전거를 타보았다. 역사적인 순간이었다.

다섯 달 후 던롭은 '두발자전거나 세발자전거, 혹은 다른 차 바퀴의 타이어를 개선한 것'에 대한 특허를 받았다.[70] 던롭은 수의사였고 자전거를 타본 적이 없었다. 하지만 돌이 깔려있고 전차 궤도가 얽혀 있는 길에서 딱딱한 고무바퀴 자전거를 타야 했던 아들을 보고 공기 타이어를 고안했다.

초기의 자전거는 앞바퀴가 너무 커서 불안했다. 바퀴는 충격을 흡수할 수 없어서 불편했다. 하지만 1880년대 후반 레버리지를 키우는 체인과 공기 타이어를 달면서 가장 큰 불만이 해소됐다. 같은 19세기의 발명품인 증기기관과 타자기, 전신, 은판 사진은 이제 쓸모없거나 초기 형태를 알아볼 수 없을 만큼 바뀌었다. 하지만 자전거의 기본 형태는 달라지지 않았다.

미국 저널리스트 조디 로즌은 자전거 예찬론자다. 그는 자전거를 탄탄한 과학과 공학기술, 대량생산 체제, 글로벌 교역의 산물로 본다. 인류의 두 발을 제외하면 자전거만큼 널리 쓰이는 운송 수단은 없다. 베트콩이 정글에서 군수품을 나를 때도, 톈안먼 광장 시

위대가 탱크에 맞설 때도 자전거를 이용했다.[71]

자전거의 초기 역사는 혁신과 거품의 이중주였다. 1890년대는 자전거 매니아의 시대였다. 영국 중서부에서 우후죽순처럼 생겨난 자전거 제조업체가 버밍엄 증시에 대거 상장되면서 투기 열풍이 불었다. 기업가치 뻥튀기와 치어리더의 부추김부터 내부자들의 먹튀와 묻지 마 투기자들의 몰락에 이르기까지 거품이 빚어내는 온갖 추악한 행태를 다 볼 수 있었다.

1896년 뉴매틱 타이어 훗날 던롭 라는 회사의 차입매수와 재상장 추진과정에서 초기 투자자는 단숨에 1138퍼센트 수익을 올렸다. 그 금융 책략의 주역은 결국 파산 법정에 서게 됐다. 하지만 엄청난 단기 차익의 유혹은 자전거 업체들의 상장 붐을 일으켰다. 기업가치는 무형의 영업권을 부풀리는 식으로 열 배씩 뻥튀기됐다. 투기적인 매수세가 몰리면서 자전거 주식들은 미친 듯이 올랐다. 금리는 사상 최저인 2퍼센트로 떨어졌다. 주식 발행가가 평균 32파운드일 때 자전거 주식은 보통 1파운드에 발행됐다. 유동성과 시장성, 투기성의 세 박자가 맞아떨어졌다.

몇몇 언론은 거품과 조작에 대한 경고음을 울렸다. 하지만 선동적인 언론은 혁명적인 신기술을 이해하지 못한다며 공박했다. 부정적 기사에 대해서는 공매도 세력이 시장 붕괴를 획책하는 것이라고 몰아세웠다. 평판이 좋은 신사들은 사업 설명서에 이름을 올려주며 기업 분식을 도와주었다. 버밍엄의 J.G. 애클스라는 회사는 자전거를 한 대도 생산하지 않았다. 하지만 작전세력은 공장이 잘 돌아가는 것처럼 속이려고 따로 세운 회사를 통해 애클스에 2만 대를 주문했다. 그래도 자본이 잘 모이지 않자 회사를 하나 더 세워 애클스 주식을 대량 매수했다. 속임수의 끝은 물론 파산이었다.

1897년 봄 정점을 찍은 자전거 주식은 이듬해 말까지 71퍼센트나 추락했다. 141개 상장사 중 1910년까지 살아남은 회사는 21개에 불과했다. 자전거 업체 이사들과 전문직 투자자들은 거품에 올라탔다가 발 빠르게 빠져나갔다. 돈은 많아도 물정에 어두웠던 신사들은 많이 물린 편이었다. 묻지마 투자에 나선 필부들은 말할 것도 없었다.

하지만 자전거 거품은 전체적으로 비용보다 편익이 컸다. 거품이 꺼진 후 버밍엄 지역 경제는 한때 침체했지만 나라 경제 전체에는 별 충격이 없었다. 자진거 매니아 시대의 기술 혁신은 오늘날까지 유용하게 쓰인다. 타이어의 혁신은 자동차와 오토바이 산업의 성장에 큰 도움을 주었다. 헨리 포드가 모델 T를 내놓기 20년 전에 만든 자동차는 네발자전거Quadricycle로 불렸다. 자동차에 쓰이는 볼 베어링이나 브레이크 패드 역시 자전거를 만들면서 개발됐다. 자전거 가격이 내릴 때 소비자들은 큰 혜택을 보았다.

자전거 거품의 역사는 전형적인 창조적 파괴의 과정으로 보인다. 힘겹게 살아남은 던롭은 훗날 자동차 타이어 업체로 큰 성공을 거뒀다. 오토바이나 자동차, 항공기 제조업체로 탈바꿈한 기업도 있다. 자전거 혁명이 불러온 사회정치적 변화는 더욱 심층적이다. 여성들은 자전거 덕분에 전례 없는 이동성과 자유를 얻었다.

자전거는 온실가스를 뿜어내지도 않는다. 도로 위 흉기로 돌변하는 경우는 거의 없다. 로즌의 말마따나 "두 바퀴는 좋다"고 해야 할까?

보이지 않는 자본과 혈거인의 시대

혈거인은 선사시대에 동굴에 살던 사람들이다. 21세기의 자본시장 전문가가 이 말을 입에 올렸다면 좋은 뜻은 아니었을 것이다. 2000년 초 짐 크레이머는 전통적인 기업가치 분석을 고집하는 사람들을 혈거인에 빗대었다. 헤지펀드 운용자였던 크레이머는 투자 사이트인 스트리트닷컴을 공동 창업했고 경제 전문 채널 CNBC의 간판 진행자로 지구촌에 널리 얼굴을 알렸다.

당시 맥락을 보자. 시스코시스템즈는 닷컴버블 시대에 가장 뜨거운 종목이었다. 크레이머는 하늘 높은 줄 모르고 치솟은 시스코의 PER가 왜 말이 되는지 설명했다. 그는 이 주식을 한 해 이익의 176배나 되는 값에 사도 좋은 이유를 댔다. 셈법에 따라 차이가 있어도 그해 봄 시스코의 PER는 200배를 넘나들었다. 크레이머는 이렇게 밝혔다. "내가 터무니없는 것 같은 가격에도 시스코를 보유하는 까닭은 이 회사가 가격 결정력과 자사의 운명에 대한 통제력을 가지고 있기 때문이다. 이 점에서 워런 버핏은 틀렸다. 코카콜라에는 그런 힘이 없다. 버핏은 기술주에 지나치게 회의적이었다. 그는 기술이 독점적으로 소유할 수 있는 가치를 지닌다는 점을 믿지 않았다."

그의 말은 거침이 없다. "PER는 이제 투자 성과를 내는 데 중요하지 않고, 의미 있는 숫자도 아니다. 이런 지표를 분석하는 건 심리적인 것을 과학적인 것처럼 보이게 하는 것으로, 잘못된 것이다."

하지만 2000년 3월 고점을 찍은 시스코 주가는 1년 새 84퍼센트나 폭락했다. 전통적인 잣대는 틀렸다며 터무니없어 보이는 주가를 정당화하던 목소리는 잦아들었다. 이처럼 거품이 꺼질 때면 어김없이 크레이머가 헐거인으로 매도했던 부류의 투자가들이 다시 목소리를 키우곤 했다.

공포와 탐욕이 지배하는 시장에서 주가가 기본적인 가치를 너무 벗어나면 결국 다시 장기 추세로 회귀할 것이다. 이것이 가치투자의 기본 논리다. 가치투자의 아버지라는 벤저민 그레이엄이 활동하던 1930년대 이후 한 세기 가까이 그 틀은 바뀌지 않았다. 그토록 오랜 세월 풍화를 겪은 틀이라면 그만큼 단단한 구조물이라고 봐야 할까? 아니면 오히려 오랜 풍화로 언제든 무너질 수 있는 상태라고 봐야 할까?

지난날 가치투자의 전도사들이 오늘날의 경제와 기업을 보면 가장 놀라워할 만한 변화가 있다. 그것은 바로 기업가치를 따질 때 '보이지 않는' 자본이 어느 때보다 중요해졌다는 사실이다. 2024년 11월 현재 마이크로소프트 시가총액은 3조 달러를 넘는다. 하지만 유형자산은 1200억 달러에 그친다. 눈으로 보거나 손으로 만질 수 있는 자본은 시장에서 평가한 마이크로소프트 기업가치의 4퍼센트에 불과하다. 이제 기업이 미래 수익 창출을 위해 활용할 수 있는 것들 가운데 공장과 기계, 컴퓨터 같은 유형의 자본보다 혁신적인 아이디어와 노하우, 협력 네트워크, 신뢰의 문화 같은 무형의 자본이 훨씬 더 중요해졌다.

가장 큰 문제는 지난날의 회계나 투자분석 기법으로는 이러한 자본의 가치를 제대로 가늠할 수 없다는 데 있다. 그것은 주로 무형자본의 네 가지 특성 때문이다. 무형자본은 글로벌 시장으로 무한히 확장할 수 있고 scalable, 다른 혁신과 결합해 상승효과 synergy 를 내며, 다른 기업과 경제 전체로 확산 spillover 되지만, 중고기계처럼 되팔기 어려워 흔히 매몰된 sunk 비용으로 처리된다.[72] 이런 무형자본의 가치를 꿰뚫어 보지 못하면 묻지마 투자에 휩쓸리기 쉽다. 그런 투자자야말로 혈거인에 빗댈 수 있을 것이다.

잡스는 왜 핵전쟁을 들먹였나?

혁신의 아이콘은 격분했다. "엄청난 도둑질이에요. 난 안드로이드를 부숴버릴 겁니다. 그건 도둑질한 물건이니까요. 이 문제에 대해서는 핵전쟁도 불사할 겁니다."

2010년 초 대만의 HTC가 구글의 모바일 운영체제 안드로이드를 채용한 스마트폰을 출시한 직후였다. 스티브 잡스는 안드로이드가 애플의 iOS를 베낀 것이라며 펄펄 뛰었다. 그는 배신감을 느꼈다. 구글 CEO 에릭 슈미트는 아이폰과 아이패드 개발 당시 애플 이사회에 있었다. 잡스는 특허침해 소송을 내고는 이렇게 말했다. "구글, 당신들은 **(비속어) 아이폰을 훔친 거야. 우릴 통째로 벗겨 먹었다고."[73]

혁신적인 아이디어의 모방이나 도용을 둘러싼 다툼은 어느 사회에서나 늘 있었던 일이다. 하지만 무형자본의 비중이 커진 사회에서는 그런 다툼이 더 자주 일어날 수밖에 없다. 쓸모있는 아이디어는 물이 흘러넘치듯 파급된다. 지금 내가 쓰는 노트북은 다른 사람이 쓸 수 없다. 그러나 내가 이용하는 지식은 수많은 사람이 동시에 이용할 수 있다. 미국 건국의 아버지 토머스 제퍼슨이 말했듯이 누군가가 내 촛불로 자신의 양초에 불을 붙이더라도 내 불은 더 어두워지지 않는다. 내 주위는 오히려 더 밝아질 수 있다.

하지만 문제는 그리 단순하지 않다. 안드로이드를 부숴버리겠다며 벼르던 잡스에게 누군가가 애플과 구글은 서로 모방하고 경쟁하면서 더 많은 혁신을 낳을 수 있으리라고 말해줄 수도 있었을 것이다. 그 말은 잡스에게 위안이 되었을까?

무형자본은 엄청난 확장성을 지닌다. 애플과 마이크로소프트, 구글, 아마존, 페이스북, 텐센트, 알리바바 같은 기업들의 폭발적 성장은 모두 유형자본의 제약을 뛰어넘는 놀라운 확장성 덕분이다. 여러 무형자본이 결합하면 몇 곱절의 시너지를 낸다. 그러나 보이지 않는 자본은 쉽게 유출된다. 잡스는 어떻게든 그 유출을 막고 싶어 했다.

실패한 혁신의 잔존 가치는 흔히 제로에 가깝다. 매몰 비용이 큰 만큼 투자 위험도 크다. 그럴수록 선도기업과 나머지 기업 간 격차는 커지게 마련이다. 무형자본의 이런 특성은 경제와 사회의

구조적인 변화를 불러온다.

해스컬과 웨스틀레이크는 무형자본의 시대를 특징짓는 다섯 가지 문제를 그려낸다. 대부분 역설적이다.[74]

첫째, 현기증 날만큼 급속한 기술 진보에도 경제는 정체돼 있다. 유례없는 저금리와 기업 이익 증가에도 경제성장은 너무 느리다.

둘째, 부와 소득의 격차에 더해 지위와 존경의 불평등이 커질 수 있다. 이때 고가의 아파트를 가진 은퇴자보다 빚을 내서라도 지식 자본에 투자하는 젊은이가 유리해진다.

셋째, 무형자본 투자를 선도하는 소수의 거대기업에 경제력이 집중되면서 경쟁이 줄어드는 것 같지만 개인 간 경쟁은 더욱 격화한다. 모두가 지위를 향한 무한경쟁을 벌이며 능력주의의 덫에 빠져든다.

넷째, 경제와 사회의 복잡성이 커지면서 새로운 취약성이 드러난다. 무엇보다 통화정책이 무력해졌다. 미국이나 영국 중앙은행은 과거 경기 침체 때 평균 5~6퍼센트포인트씩 금리를 내렸다. 저금리 시대에는 그럴 여력이 없다.

다섯째, 창의력이 꽃피는 시대에도 온갖 허위가 난무한다. 실체가 없는 비즈니스 모델, 진정한 혁신이라기보다 사기에 가까운 금융이 유혹한다.

무형자본의 시대는 묻지마 투자를 부추길 수 있다. 전통적인 기업 회계와 투자분석으로는 무형자본의 가치를 제대로 가늠하지 못한다. 투자 지표로서 PER나 PBR의 유용성은 떨어진다.

이런 잣대를 고집하면 이미 전성기가 지난 기업을 고르게 될 위험이 크다. 과거 실적을 돌아보기보다 미래 성장성을 내다보는 것은 투기성을 지닐 수밖에 없다. 무형자본의 매몰 비용도 투자 위험을 키운다.

정책은 깜깜이가 되기 쉽다. 무형자본 투자의 확산성과 파급효과가 엄청난 만큼 정부가 적극적으로 투자를 지원할 필요가 있다. 하지만 정치적 이해관계에 휘둘리는 정책은 되레 혁신의 싹을 밟아버릴 수 있다. 물적 담보를 고집하는 대출 관행은 모험 투자를 가로막는다. 혁신역량과 무관한 학위나 전문직 면허를 따는 데 너무 많은 에너지를 쏟게 하는 제도도 시대착오적이다. 혁신의 용광로인 도시에서 젊은이들이 밀려나게 하는 정책도 마찬가지다.

아이폰을 도둑맞았다며 격노한 잡스는 오늘날 혁신과 경쟁의 본질에 관한 근본적인 화두를 던져주었다. 혁신 투자의 결실을 곧바로 경쟁자가 채어간다면 아무도 애써 투자하려 하지 않을 것이다. 그렇다고 모방을 통한 혁신을 지나치게 제한하면 경제 전체의 역동성은 떨어질 것이다. 그 절묘한 균형은 어떻게 잡을 수 있을까?

고장 난 나침반, 길 잃은 투자자

"알타미라 이후로 모든 것은 데카당스다." 파블로 피카소가 외쳤다. 스페인 북부의 구석기 시대 동굴벽화를 본 그는 "우리 중 누구도 이렇게 그릴 수 없다"고 했다. 동굴 천장에는 들소와 말, 사슴, 멧돼지가 뛰어다니고 있었다. 붉고 검고 누런 색이 아름답게 어우러진 정교하고 생동감 넘치는 그림이었다. 입체감을 살리려 동굴의 울퉁불퉁한 면을 이용한 듯했다.

학자들은 이 놀라운 미술 작품이 선사시대의 것이라고는 도저히 믿을 수 없었다. 벽화는 1879년 아마추어 고고학자 돈 마르셀리노 산스 데 사우투올라가 어린 딸과 동굴을 탐사하다 발견했다. 이듬해 리스본에서 열린 국제학회에서 전문가들은 그를 비웃으며 몰아세웠다. 혈거인은 결코 그런 작품을 만들어낼 수 없으며 사우투올라는 사기꾼이거나 잘 속는 사람이라는 데 모두가 동의했다. 낙담한 사우투올라는 8년 뒤 세상을 떴다. 1902년이 돼서야 주요 비판자가 실제로 알타미라를 방문해 공개적으로 비난을 철회했다. 최근 연구는 일부 그림이 2만5000년 전 것이라는 결과를 내놓았다. 1994년 발견된 프랑스 쇼베 동굴 그림 가운데 하나는 3만 년 전 것이다. 보존 상태가 너무 좋아 마치 순록 고기 한 점을 뜯으러 잠깐 자리를 떴던 화가가 곧 돌아올 것만 같다고 한다.[75]

닷컴버블 당시 전통적인 투자기법을 고수하는 이들을 혈거인에 빗대 조롱했던 짐 크레이머는 동굴에 살던 '선사시대의 피카소'에 관해서는 잘 몰랐던 것 같다. 현대 미술의 거장이 알타미라 이후 모든 것은 타락이나 퇴폐였다고 한 말은 곱씹어볼 만하다.

오래전 호모 사피엔스는 오만한 현대인이 간과하기 쉬운 생존의 지혜를 터득하고 있었을 것이다. 그들은 늘 경계하면서 유연하게 적응해야 했다. 그러지 않으면 살아남지 못했다.

인류가 온갖 위험이 도사리고 있는 정글 같은 환경에서 살아가야 하는 건 그때나 지금이나 다르지 않다. 달라진 건 그 위험의 양태다.

오늘날 인류는 동굴에 살던 수렵인들처럼 멧돼지의 날카로운 어금니를 조심할 필요는 없다. 그러나 유연성과 적응력을 잃은 현대인들이 맞닥뜨릴 새로운 위험들은 얼마나 많은가? 인간의 지력이 향상된 것보다 복잡성이 더 빠르게 증대됐다면 위험 관리 또한 더 버거워졌다고 봐야 한다.

정글 경제의 투자자와 금융기관, 정책당국, 기업가는 주로 문제를 단순화하고 시스템에 의존하는 방식으로 복잡성과 위험에 대응해왔다. 전통적인 투자기법은 '평균 회귀'라는 단순한 명제에 바탕을 둔 것이다. 장기 추세선에서 지나치게 벗어난 PER나 PBR는 결국 평균으로 되돌아간다고 보는 것이다. 개별 종목을 일일이 분석할 필요 없이 시장 전체에 투자하는 인덱스펀드 역시 단순화의 미학을 추구한다.

은행들은 담보 대출이라는 단순한 해법에 의존한다. 기업의 수익성과 성장성을 평가하려면 고도의 전문성이 필요하고 비용도 많이 든다. 그래서 복잡하게 상환능력을 따지기보다 부동산처럼 확실한 담보를 잡고 대출해주는 것이다. 이런 상황에서 무형의 가치를 창출하려는 신생기업들은 자본 조달에 어려움을 겪을 수밖에 없다. 은행들은 부동산 시장 변동성에 더 많이 노출되고 그만큼 거품 붕괴에 따른 위험도 커진다.

극단적인 불확실성과 복잡성에 대응하기 위한 통화정책 당국의 해법은 인플레이션 목표제다. 오로지 소비자물가 상승률만 보고 금리를 올리고 내리는 방식은 누구나 이해하기 쉽고 예측 가능하다는 장점이 있다. 하지만 너무 기계적이다. 각국 중앙은행은 자산시장 거품이 엄청나게 끓어오를 때도 소비자물가가 낮은 수준에 머무른다는 이유로 오히려 돈을 더 풀었다. 그러다 자산시장 거품이 꺼질 때 물가를 잡는다며 돈줄을 죄기도 했다.

기업은 오로지 주주 이익 극대화라는 단순한 목표를 추구했다. 기업의 이익 추구가 사회와 환경에 어떤 영향을 미칠지, 주주와 더 광범위한 이해관계자들의 목표가 서로 충돌하지는 않는지 복잡하게 따질 필요가 없는 단순한 독트린이었다.

이 단순한 공식들은 모두 정글 경제를 헤쳐나가는 데 유용한 나침반들이다. 그러나 서서히 쌓여가던 변화가 임계점에 이르고 마침내 격변을 초래하는 '상전이'의 시기에는 이런 나침반들이 유용성을 잃기 쉽다. 오히려 위험을 키울 수도 있다. 정글에서 길을 잃은 이들에게 잘못된 방향을 가리키는 나침반은 더 위험한 법이다. 어떤 면에서는 GPS는 고사하고 나침반조차 없었던 동굴 인간들보다 현대인들이 새로운 위험에 더 취약할지도 모른다.

델은 왜 자기 회사를 되샀나?

마이클 델이 말했다. "이 자리에 내가 있고 여러분에게 칼 아이컨을 소개하지 않아도 돼 참 좋습니다." 직원들의 웃음이 터졌다.

2013년 9월 델컴퓨터 특별주주총회에서 250억 달러에 이르는 초대형 기업 인수안이 통과되고 일주일 후 열린 축하 파티였다. 텍사스주 라운드록 본사 대강당에는 600명이 모였다. 인도 벵갈루루와 아일랜드 체리우드를 비롯해 세계 30곳 11만 명 직원들이 실시간으로 지켜볼 수 있는 글로벌 타운홀 미팅이었다. 축하할 일은 델컴퓨터가 유망한 스타트업이나 버거운 경쟁사를 사들인 것이 아니었다. 창업자이자 CEO인 마이클 델이 주식시장에서 자기 회사를 도로 사들인 바이아웃에 성공한 것이었다. 록 밴드 음악이 신나게 쿵쾅거리는 가운데 델의 뒤에 있는 멀티스크린에 메시지가 나타났다. '굿바이 월스트리트.'

1965년에 태어난 델은 저커버그보다 앞선 세대의 테크 신동이었다. 텍사스대 1학년이던 1983년 가을에 창업했다. 회사는 초고속 성장을 이어가던 1988년 공개기업 델컴퓨터가 된다. 델은 페이스북 공개 당시 저커버그 나이보다 다섯 살 어린 스물세 살에 자기 회사를 상장했다. 델은 PC의 주문 제작과 직접 판매라는 혁신으로 컴퓨터산업의 거인이 됐다. 하지만 그 주식은 사반세기 동안 시장에서 거래되다 창업자가 되사들이면서 상장 폐지된다. 당시 델의 지분 16퍼센트는 30억 달러 이상의 가치가 있었다. 그는 여기에 현금 7억5000만 달러를 더하고 사모펀드 실버레이크와 마이크로소프트를 끌어들여 바이아웃에 성공함으로써 75퍼센트 지분을 통제할 수 있게 됐다.

델은 왜 자기가 창업한 기업을 자본시장에 내놓았다가 다시 거둬들였을까? 한마디로 어떤 감시자의 눈치도 볼 필요 없이 원하는 대로 기업을 이끌어가기 위해서였다. 파티장 스크린의 글귀들이 그의 속내를 드러냈다. '그들은 우리에게 강요하지 않을 것이다. 그들은 우리에 대한 비난을 멈출 것이다. 그들은 우리를 조종하지 못할 것이다.' 그들은 누구일까? 기껏해야 90일 앞을 내다보는 월가의 감시자들이다. 그들에게 휘둘리지 않고 긴 안목으로 현재의 델을 미래의 델로 바꾸려는 게 창업자의 속내였다.

시장의 무게중심은 PC에서 태블릿과 스마트폰으로 옮겨가고 있었다. 주식시장은 그 흐름을 타는 데 굼뜬 델을 사정없이 깎아내렸다. 하지만 델은 PC를 포기할 생각이 전혀 없었다. 오히려 거기서 기회를 찾을 수 있다고 믿었다. 시장은 그 잠재력을 알아보지 못했다. 주가는 그만큼 저평가됐다. 델컴퓨터가 비공개 기업이 된다는 건 그가 다시 PC 부문에서 자유롭게 큰 그림을 그리고 실행할 수 있다는 뜻이었다. 주력인 PC를 싸게 팔아 시장 점유율을 높이면서 수지맞는 소프트웨어와 서비스 고객을 확보할 수도 있었다. 그는 혁신과 장기 성장에 초점을 맞추고 솔루션 전략에 속도를 냈다. 이제 설득해야 할 투자자는 자신뿐이었다.

5년 후 델컴퓨터는 상장 계열사와 합병하는 방식으로 재상장됐다. 바이아웃 당시 『포브스』가 추정한 마이클 델의 재산은 153억 달러로 세계 49위였다. 11년이 지난 2024년 11월 현재 그는 1079억 달러의 자산을 보유해 지구촌 12위 부호로 꼽힌다. 그는 적절한 시점에 자기 회사를 되사들였다. 회의론자들은 큰 그림을 놓쳤다. 델은 값싼 자본으로 구조조정을 할 수 있었으므로 바이아웃은 그다지 위험한 거래가 아니었다. 하지만 델은 그때 자신이 창업한 기업을 잃을 수도 있었다. 실제로 그는 기업사냥꾼 칼 아이컨을 물리치는 마지막 순간까지 마음을 졸였다.

델은 아이컨을 "문제를 일으키는 기회주의자"로 보았다. 아이컨이 하는 일은 기업을 인수하겠다고 협박해 자기 지분을 비싼 값에 사들이게 하는 그린 메일 green mail이 전부였다. 그 아이컨이 델의 바이아웃에 딴지를 걸고 나섰다. 위협적이었다. 아이컨은 포커 게임에서 딴 돈으로 프린스턴대 등록금을 낸 인물이었다. 그는 델과 실버레이크가 제시한 주식 매수 가격은 기업가치를 지나치게 낮게 평가해 불공정하다고 주장했다. 구조조정에 실패한 델은 해고해야 한다고 목소리를 높였다.

'다이렉트'에 꽂힌 소년

"간단한 시험 한 번으로 고등학교 졸업장을 따세요." 이 잡지 광고를 본 소년은 고등학교 졸업시험 원서를 주문했다. 소년은 초등학교 3학년이었다. 그는 학교에 아무 불만이 없었다. 하지만 호기심이 무척 많았고 조급했다. 뭔가를 더 빠르고 쉽게 할 수 있는 길이 있다면 반드시 시도해보고 싶었다. 간단한 시험 한 번으로 9년의 학업을 건너뛴다는 건 썩 괜찮은 생각이었다.

어느 날 시험 주관사의 여성 한 명이 집으로 찾아와 정중하게 "마이클 델 씨"를 찾았다. 어리둥절한 어머니는 몇 가지를 물어보고는 곧 무슨 일이 벌어지고 있는지 알아챘다.

"지금 목욕 중인데 불러올게요."

소년은 목욕 가운을 입고 나타났다. 그는 여덟 살이었다.

델의 부모나 시험 주관사는 아이가 장난으로 응시했다고 생각했다. 하지만 델은 진지했다. 그는 어릴 때부터 불필요한 단계를 제거하는 일에 꽂혀 있었다. PC를 중간상 없이 소비자에게 직접 파는 '다이렉트 모델'은 오래전에 터득한 것이었다.

열두 살 때였다. 친구 아버지를 따라 열렬한 우표 수집가가 된 델은 중국 식당에서 잔일을 하며 돈을 벌어 우표를 샀다. 경매로 우표를 사던 그는 생각했다. 경매인들도 짭짤한 수수료를 챙기겠지. 그들에게 돈을 내지 말고 내가 직접 경매를 하면 어떨까? 델은 이웃들이 맡긴 우표를 팔기 위해 잡지에 광고를 내고 독수리 타법으로 만든 카탈로그를 우송했다. 이 일로 2000달러를 벌었다.

열여섯 살 때는 신문 구독을 받았다. 신문사는 새 전화번호부를 주며 무작정 전화를 돌리라고 했다. 델은 잠재 고객과 통화하면서 곧 어떤 패턴을 알아챘다. 상대와 비슷한 억양으로 말하면 구독률이 높았다. 델은 심한 텍사스 억양으로 대화를 이어갔다. 갓 결혼했거나 새집으로 이사한 사람들은 거의 모두 신문을 구독했다. 델은 친구 두 명을 고용해 휴스턴 주변 16개 카운티의 법원들을 훑었다. 결혼하는 커플은 법원에 가서 결혼 증명서를 신청하고 서류를 받을 주소도 남긴다는 사실을 알아냈기 때문이다. 주택 금융 신청자 명단을 보관하는 회사들을 찾아가 새집을 살 사람들도 알아냈다. 대출 규모가 큰 집부터 편지를 보내 구독을 권했다.

어느 날 경제를 가르치는 선생님이 과제를 냈다. 각자 그해 연방소득세 신고서를 제출하라는 것이었다. 그 여름 델은 신문 구독자를 모아 1만8000달러를 벌었다. 선생님은 델이 단위를 잘못 쓴 줄 알고 바로잡아주었다. "마이클이 크게 실수한 것 같군. 이게 사실이라면 선생님보다 더 많이 벌었다는 거야." 교실은 쥐죽은 듯 조용해졌다. 델이 대답했다. "그게 진짜 제 소득인데요." 선생님은 경악했다.

델의 가족에게 기업가정신은 숨 쉬는 공기 같은 것이었다. 아버지는 야심 많은 치과의사였다. 어머니는 주식 중개인이었다. 델은 일찌감치 자신이 돈을 벌기를 좋아한다는 걸 깨달았다. 어릴 때부터 그 일을 시작했다. 텍사스대 입학을 앞둔 여름에도 부지런히 사업을 하고 있었다. IBM의 PC를 업그레이드해 의사와 변호사, 건축가들에게 팔았다. PC 재고가 많은 소매점에서 물량을 받아 공급이 달리는 곳에 넘기면서 차익을 챙기기도 했다. 그는 저가항공사를 타고 피닉스로 가서 트럭을 빌려 30~40대의 PC를 샀다. 그걸 물량이 부족한 투손의 매장에 팔면 그 자리에서 2000달러쯤 벌 수 있었다.

대학 첫 학기가 시작됐다. 의예과 과정의 생물학이나 유기화학 공부는 뒷전이었다. 기숙사에는 업그레이드할 PC와 부품들이 가득했다. 델은 텍사스주 조달청 입찰에도 참여했다. 한 달 매출은 5만~8만 달러에 이르렀다. 아들이 공부는 하지 않고 사업하느라 정신없다는 소문에 오스틴으로 달려온 아버지가 물었다. "너는 무슨 일을 하면서 살려고 하니?" 델의 답은 부모를 낙담시키는 것이었다. "IBM과 경쟁하고 싶어요."

그로부터 41년이 지났다. 2024년 11월 델의 회사 시가총액은 900억 달러 남짓하다. 2000억 달러를 오르내리는 IBM 몸값의 절반에 못 미친다. 1999년 초 『월스트리트저널』이 미국 1000대 기업 주식투자 수익률을 뽑아봤을 때 1위는 델컴퓨터였다. 1988년 1000달러를 투자한 이는 10년 후 35만 달러를 벌었다. 하지만 글로벌 금융위기 후 델은 역성장을 경험했고 비공개 기업으로 돌아가 사업구조를 재편해야 했다. 혁신이 길을 잃은 듯 보일 때 기업 사냥꾼의 공격은 가차 없었다.

혁신은 결승선 없는 경주다

델은 숙적 아이컨을 "죽일 수 없는 좀비 같은 인물"이라며 적의를 숨기지 않았다.[76] 아이컨은 1980년대에 트랜스월드에어라인 TWA을 인수해 기업 사냥꾼으로서 악명을 떨쳤다. 그는 상장 폐지를 꾀하는 델에게서 피 냄새를 맡았다. 하지만 델은 CEO를 갈아치우겠다는 아이컨의 위협이 진짜라고 생각하지 않았다. 아이컨은 기업을 인수하기보다는 경영진을 압박해 비싼 값에 지분을 팔려는 "케케묵은 그린 메일 전략"을 펴고 있었다. 그는 도박사였다. 도박사는 게임을 포기할 줄도 안다.

2013년 봄 델은 아무도 모르게 뉴욕 맨해튼에 있는 아이컨의 집을 찾았다.

"그래, 당신의 계획은 뭔가요?" 델이 물었다.

"무슨 말이오?"

"경영권을 인수하겠다고 제안했는데, 전략이 뭔가요? 경영은 누가 하게 됩니까?"

순간 이상한 낌새가 보였다. 아이컨은 겁을 먹은 것 같았다. 둘이 포커를 하고 있었다면 그는 패를 보여준 셈이었다.

"아, 내겐 후보들이 있소. 관심을 보이는 이들이 많소."

"정말입니까?"

"아, 물론." 그는 냅킨으로 입을 닦았다. "이봐요, 마이클. 당신과 내가 거래를 할 수도 있소. 적당한 값에 거래를 제안하겠소."

너그럽기도 하시지. 델은 생각했다. "그럼 적당한 값은 얼마인가요?"

아이컨은 기뻐하는 것 같았다. "당신들이 제안한 것보다 조금 높은 값이오."

이미 매수가를 주당 13.53달러로 제시한 델이 물었다. "얼마나 높은 값인가요?"

"주당 14달러면 어떻겠소? 이 값이면 당신도 많은 돈을 벌게 될 거요."

"이 회사를 위한 당신의 계획은."

"오, 알다시피 규모의 경제지요. 비생산적인 인수기업들은 팔아야겠죠. 해야 할 일이 많아요."

더는 들을 필요가 없었다. 델은 아이컨의 눈을 똑바로 봤다. "그런데요, 칼. 당신에게는 계획이 없는 것 같군요. 주당 14달러에 회사를 사겠다면 바로 그렇게 하면 됩니다. 당신은 회사를 완전히 망쳐놓을 테고 그동안 나는 그냥 하와이로 가서 여섯 달 동안 쉬면서 체중을 10킬로그램 줄이고 돌아와 주당 8달러에 회사를 도로 살 겁니다. 내게는 끝내주는 거래가 될 겁니다."

아이컨은 말문이 막힌 것 같았다. 그는 불안이나 두려움을 드러내는 사람이 아니었다. 하지만 그 순간에는 아무것도 아닌 포커 패를 들고 있는 사람처럼 두려움을 내비쳤다. 무엇을 두려워했을까? 델이 실제로 떠나버리면 아이컨은 거대한 지분을 안은 채 뭘 해야 할지도 전혀 모르는 처지가 된다. 델은 호텔로 돌아가면서 어깨 위의 무거운 짐을 덜었다고 느꼈다. 이 사람은 우리가 뭘 하는 회사인지 아무것도 모르고 있구나. 우리가 프렌치프라이를 만드는지 핵 발전소를 만드는지도 모르는구나. 그는 한낱 광대일 뿐이야.

델은 아이컨의 집요한 공격을 물리쳤다. 자기 회사를 되사들인 그는 "우리는 세계에서 가장 큰 스타트업"이라고 선언했다. 상장 폐지에 찬성한 주주들은 구조조정의 위험을 감수하지 않았다. 위험은 다시 온전히 델의 몫이 됐다. 델컴퓨터는 2016년 스토리지 업체 EMC와 합쳐 델테크놀로지가 됐다. 2018년 말에는 자회사 VM웨어의 경영 성과에 연동되는 트래킹 주식 DVMT과 비상장인 델의 보통주를 교환하는 방식으로 재상장됐다. 아이컨은 다시 델을 노렸다. 그해 봄부터 조용히 DVMT 주식을 사들여 10월에는 9퍼센트 넘는 지분을 가진 최대주주가 됐다. 그리고는 5년 전처럼 델의 거래가 DVMT 주주들에게 불리한 것이라고 주장했다. 소송전도 벌였다. 그러나 이번에도 델에게 패했다.

뒤끝이 남은 델은 훗날 칼 아이컨의 투자는 허세였다고 다시 한 번 일갈한다. 델컴퓨터가 비상장으로 돌아갈 때 100달러를 웃돌던 아이컨 엔터프라이즈의 주가는 델이 다시 상장할 때는 57달러였다. S&P500 지수가 40퍼센트 상승하는 동안 아이컨의 주식은 거의 반 토막이 난 것이다. 2023년 5월 초 공매도 보고서로 유명한 힌덴버그 리서치가 아이컨을 저격한 후 아이컨 엔터프라이즈 주가는 폭락했다. 힌덴버그는 과도한 레버리지로 문어발식 투자를 이어가는 아이컨의 주식이 지나치게 고평가돼 있다고 밝혔다.

기업 사냥꾼의 공격은 단지 허세로 끝났을까? 델 스스로 말했듯이 진정한 혁신은 결승선 없는 경주다. 창업 후 40여 년이 지난 델이 끊임없는 혁신의 역량을 보여주지 못하면 언제든 다시 사냥꾼의 표적이 될 것이다.

1990년대 초 전자상거래는 극히 제한된 영역에서 이뤄졌다. 누군가 온라인으로 티셔츠를 주문할 수 있다면 같은 방식으로 컴퓨터를 주문하지 못할 이유가 어디 있는가? 델은 남들이 존재하지 않는다고 확신하는 기회를 끝까지 찾아냈다. 문제를 다른 시각에서 봤기 때문이다. 그는 고정관념을 벗어나려면 꼭 천재일 필요도 없고 대학 졸업장이 있어야 하는 것도 아니라고 했다. 언젠가 기자가 그에게 어린 시절 지루하다고 느낀 적은 없었는지 물었다. 그는 한순간도 그럴 때가 없었다고 답했다. "나는 사람들이 더 많은 호기심을 갖지 않는 이유를 모르겠습니다. 매일 아침 모든 새로운 것들을 배워야 한다는 설렘으로 눈을 뜨곤 했죠."

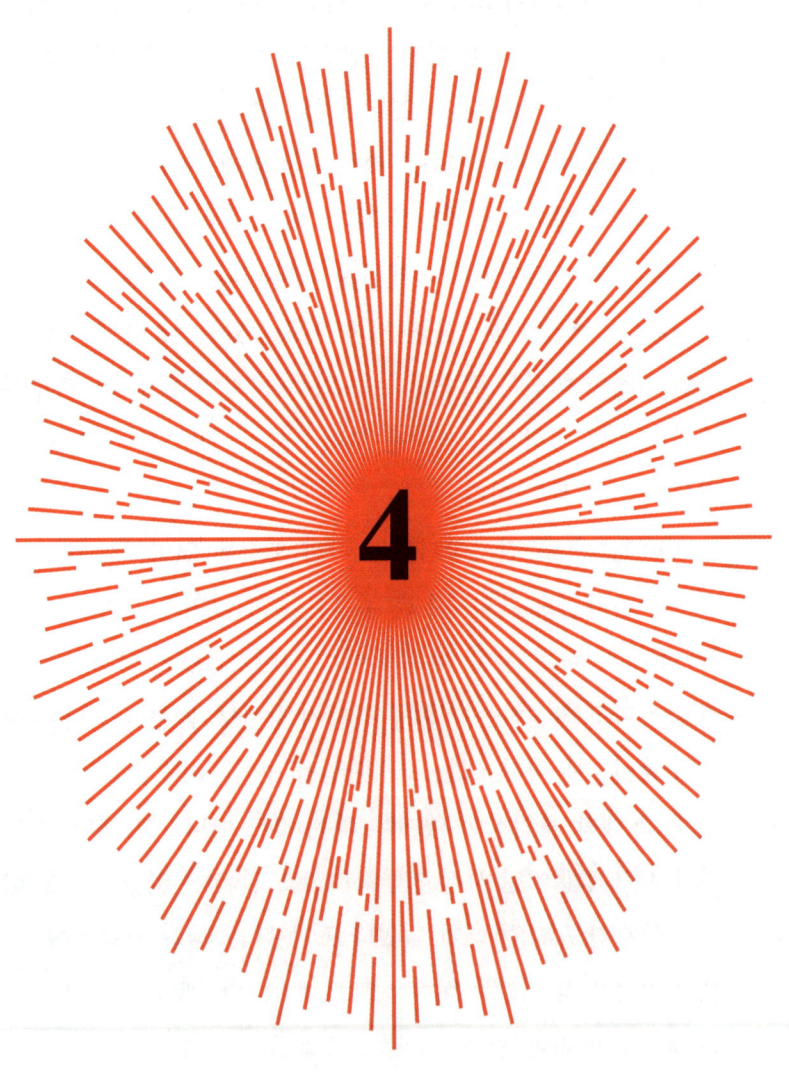

제4부

혁신자본의 지배

"나무를 베는 데 여섯 시간을 달라. 그러면 네 시간은 도끼를 가는 데 쓰겠다."

-에이브러햄 링컨

"에너지 전환으로 산업이 탈바꿈하고 있는데 당신은 도도새의 길을 가겠습니까, 아니면 불사조가 되겠습니까?"

-래리 핑크 블랙록 회장 겸 CEO

"당신은 반도체 칩을 생산해서 감자 칩과 바꾼 다음에 그걸 우적우적 먹으면서 TV를 보다 얼간이가 될 수도 있다."

-자그디시 바그와티 컬럼비아대 경제학 교수

제9장

경주에서 이기는 건 차가 아니다

다윈 스미스 1926~1995가 누구야? 그 이름을 들으면 보통 이렇게 되묻는다. 위키피디아의 프로필은 짤막하다. 1971년부터 20년간 킴벌리 클라크의 CEO였고 인디애나대학과 하버드 로스쿨을 나왔다는 것이 전부다.

킴벌리 클라크는 '크리넥스' 티슈와 '하기스' 기저귀를 만든다. 1872년 위스콘신주의 제지공장으로 출발한 이 회사는 2023년 200억 달러 넘는 매출을 올렸다. 스미스가 CEO가 되기 전 20년 동안 이 회사 주가는 전체 시장에 크게 뒤졌다. 그가 회사를 이끈

20년 동안 누적수익률은 전체 시장의 4.1배에 달했다. 한 세기 동안 이어온 제지사업을 팔고 P&G 같은 강자들이 버티고 있는 소비재 사업에 역량을 집중한 덕분이었다.

당시 미디어나 월가 분석가들은 어리석은 결단이라고 했다. 그 결단을 내린 이가 바로 다윈 스미스다. 그는 케케묵은 제지회사 킴벌리 클라크의 극적인 턴어라운드를 주도했다. 그런데도 스미스는 왜 MBA 학생들에게조차 생소한 이름으로 남았을까? 짐 콜린스는 그의 겸양 때문이라고 봤다.

인디애나의 가난한 시골 출신인 스미스는 낮에는 농기구와 중장비 만드는 회사에서 일하고 밤에 대학에 다녔다. 작업 중 손가락 하나를 잃은 날 밤에도 학교에 가고 이튿날 일하러 나왔다. 로스쿨을 나온 그는 킴벌리 클라크 사내 변호사로 있다가 CEO가 됐다. 몇 달 뒤 비강암과 후두암으로 길어야 1년밖에 못 살 거라는 진단을 받았다. 하지만 그는 자기 삶과 회사의 어려움을 헤쳐나가는 데 불굴의 의지를 보여주었다. 늘 수줍은 듯한 그는 사실 유약하지 않았다. 회사 재건을 위해 100년 된 핵심 사업을 갈아치울 만큼 남다른 결단력과 의지력을 겸비했다.

콜린스는 경영능력의 5단 구조를 제시했다. 맨 아래에는 능력이 뛰어난 개인이 있다 1단. 그 위에는 팀에 공헌하는 구성원 2단, 유능한 관리자 3단, 효과적인 리더 4단가 있다. 맨 꼭대기에는 아주 드물기는 해도 개인적으로는 지극한 겸양을 잃지 않으면서도 회사를 위해서는 불굴의 의지를 보여주며 지속적인 성과를 내는 경영자 5단가 있다.

그의 연구팀은 1965~1995년 『포천』 500대 기업에 오른 1400여 기업 중 고르고 골라 11개의 위대한 기업을 선정했다. 애벗, 서킷시티, 페니 메이, 질레트, 킴벌리 클라크, 크로거, 뉴코, 필립 모리스, 피트니 보즈, 월그린즈, 웰스파고였다. 어떤 전환점 이후 15년 동안 주식 투자수익률이 전체 시장의 3배가 넘는 지속적 고성과 기업들이었다. 이들은 어떤 특성을 가졌길래 위대한 기업으로 도약했을까?

콜린스는 처음에 경영진과 리더십은 보지 말라고 연구팀에 지시했다. 중세 이전 사람들은 자신이 이해하지 못하는 사건들을 모두 신의 뜻으로 돌렸다. 기업의 높은 성과를 모두 CEO의 탁월한 리더십 덕분으로 돌리는 건 단순 사고였다. 하지만 데이터는 무시할 수 없었다. 도약에 성공한 기업에는 예외 없이 5단 경영자가 있었다. 실패한 기업에는 그런 경영자가 없었다.

물론 이런 연구 결과를 언제 어디서나 통하는 성공 법칙으로 오해해서는 안 된다. 무엇보다 인과관계를 혼동하지 말아야 한다. 겸손하고 의지력 있는 CEO가 있다고 반드시 위대한 기업으로 도약하는 건 아니다. 고성과 기업들은 모든 면이 잘나 보이는 법이다. 눈부신 성과를 낸 기업들은 후광효과 때문에 리더십도 전략도 기술도 다 탁월해 보인다. 이런 후견지명을 과신해서 안 된다. 영원히 날아오르는 기업은 없다. 실제로 콜린스가 위대한 기업으로 추려낸 기업 중 서킷시티는 파산했고 페니 메이는 정부 구제를 받았다.

성공한 기업 CEO의 특성을 경험적으로 알아내는 데는 한계가 있다. 겸양의 리더십이 중요하다면 스티브 잡스나 일론 머스크는 그 반례에 해당하는 걸까? 탁월한 CEO가 도약을 이끌었다면 그가 떠난 후에는 기업도 추락하는 걸까? 질문은 끝이 없다.

켄 아이버슨을 아시나요?

"이사회는 2024년 9월 말 기준 보통주 1주당 0.54달러의 분기 현금배당을 지급하기로 결의했다. 이는 당사의 206분기 연속 배당이다."

이 회사는 지난 반세기 동안 해마다 배당을 늘려왔다. 경기 변동을 많이 타는 철강업계에서는 놀라운 기록이다. 그동안 중국업체와 경쟁하다 얼마나 많은 철강회사가 거꾸러졌는지 생각해보면 더욱 놀랍다. 이 배당 왕은 미국 철강업체 뉴코다. 3년 전까지만 해도 40달러대였던 이 회사 주가는 2024년 봄 한때 200달러까지 치솟았다. 1983년부터 10년 동안 주가는 연평균 27퍼센트씩 올랐다. 놀라운 도약을 이끈 CEO는 F. 케네스 아이버슨 1925~2002이었다. 그의 이름을 들어본 이는 많지 않을 것이다.

뉴코의 역사는 한 세기가 넘는다. 올즈모빌의 창업자 랜섬 엘리 올즈는 1905년 다시 REO 모터라는 회사를 세웠다. 반세기 후 자동차 사업을 팔고 청산 과정을 밟던 회사는 세제상 이유로 조그만 핵 관련 서비스업체를 인수했다. 회사는 뉴클리어 코퍼레이션으로 사명을 바꾸고 사업 다각화를 시도했으나 다 실패했다. 1962

년 켄 아이버슨에게 맡긴 철강 부문만 괜찮았다.

시카고 서쪽 시골 마을에서 태어난 아이버슨은 코넬대에서 항공학, 퍼듀대에서 기계공학을 배웠다. 뉴클리어가 철제 들보와 데크를 만들던 벌크래프트를 인수해 그에게 맡기자 아이버슨은 3년 동안 매출과 이익을 세 배로 늘려놓았다. 벌크래프트는 1965년 뉴클리어가 파산 신청을 할 때 유일하게 이익을 내는 사업부였다. 회계를 맡고 있던 샘 시겔은 사표를 쓰면서 이사회에 전보를 보냈다. 자신을 재무책임자로, 아이버슨을 사장으로 앉히면 사직을 재고하겠다는 것이었다. 절박한 이사회는 수락했다.

아이버슨은 곧바로 애리조나주 피닉스의 본사를 사우스캐롤라이나 샬럿으로 옮겼다. 돈이 안 되는 사업은 다 버렸다. 벌크래프트 역시 원재료 공급과 가격 불안에 취약하다는 걸 깨닫고 직접 철강을 생산하기로 했다. 1969년 사우스캐롤라이나 달링턴에 세운 첫 공장은 전기로 방식의 미니밀이었다. 철광석과 코크스로 쇳물을 만드는 고로 방식은 거대한 설비가 필요했다. 고철을 전기로 녹이는 새 방식은 소규모 투자로 가능하고 생산을 유연하게 조절할 수 있었다. 주력 사업이 바뀐 1971년 사명은 뉴코로 바꿨다.

아이버슨은 철강산업의 강자들이 품질 낮은 미니밀을 얕보는 동안 기민하게 시장을 먹어들어갔다. 그의 전략은 신화가 됐다. 하버드 경영대학원 사례 연구에서도, 혁신 기업을 다루는 베스트셀러에서도 뉴코는 빠지지 않았다.

초기의 뉴코는 그야말로 '듣보잡'이었다. 베들레헴 스틸은 전통적 강호였다. 1857년부터 철을 만들어온 이 회사는 화려한 역사를 자랑했다. 이 회사가 없었으면 미국이 두 차례 세계대전에서 이길 수 없었을 것이다. 베들레헴의 철강은 엠파이어스테이트 같은 마천루의 뼈대가 되고 금문교와 후버댐 같은 기념비적 기반시설을 지탱했다. 그러나 이 철강제국은 성공에 따르는 오만을 경계하지 못했다.

2019년 펜실베이니아주 베들레헴에서 21층짜리 건물이 폭파 해체됐다. 2001년 회사가 파산한 후 오랫동안 비어 있던 빌딩이었다. 1만6000톤의 철강이 무너져내리는 데는 16초가 걸렸다. 베들레헴은 47년 전 새로 지은 이 본부 건물에 입주했다. 빌딩은 십자 모양이었다. 두 면으로 창이 난 코너 오피스를 많이 만들기 위한 설계였다. 임원들의 호사는 전망 좋은 방뿐만이 아니었다. 경영자들은 주말이면 회사 비행기를 타고 어딘가로 사라졌다. 골프 클럽에서는 서열에 따라 샤워를 했다.

그 흥청거림은 뉴코의 소박함과 대비됐다. 치과 병원 크기의 뉴코 본부는 보잘것없었다. 임원들이 손님을 접대할 때는 길 건너 샌드위치 가게를 이용했다. 아이버슨이 세상을 떠난 2002년 봄 회사가 낸 자료에 따르면 이미 미국 최대 철강업체가 된 그때까지도 뉴코의 본부 인력은 500명에 불과했다. 『포천』 500대 기업 중 가장 적은 수준이었다. 임원 전용 식당이나 주차공간, 회사 차량은 없었다. 아이버슨은 단지 자린고비 경영으로 비용을 절감하려 한 것이 아니었다. 뉴코의 성공 요인을 알아보려면 노동자와 경영자, 주주의 이익을 하나로 묶으려 한 아이버슨의 생각부터 들어봐야 한다.

안전모 색깔이 왜 달라야 하나?

콜비 D 존스, 콜 매튜 존스, 쿠퍼 더글러스 존스, 코리 린 존스. 뉴코의 2023년 연차보고서는 표지 첫머리부터 사람 이름이 줄줄이 나온다. 같은 성이 이어지는 걸 보면 어느 가족기업의 경영진 이름 같기도 하다. 하지만 숫자가 너무 많다. 깨알 같은 글씨가 맨 앞 두 쪽을 빽빽이 채웠다. 경영진의 단체 사진은 그 뒤에 나온다. 해마다 보고서 맨 앞과 말미에는 20쪽에 걸쳐 셀 수 없이 많은 이름이 적혀 있다. 한 해 전 보고서는 그 이유를 밝혔다. '뉴코의 가치 창조자들'이라는 글에서다. "뉴코의 팀 동료들은 언제나 우리의 진정한 가치 창조자들이었다. 해마다 연차보고서 표지에 그들의 이름을 싣는 건 바로 그 때문이다. 2022년 3만1000명의 팀 동료들은 4년 연속 안전 신기록을 세웠고 뉴코 역사상 가장 많은 이익을 창출했다."

뉴코의 안전모는 모두 같은 색이다. 안전 관리자와 방문객만 예외다. 언젠가 현장 주임이 불만을 제기했다. 안전모 색깔로 직급을 식별할 수 있게 한 건 잘못이라는 말이었다. 높은 자리에 있는 이는 자동차 뒤에 실린 안전모로 은근히 직급을 과시할 수 있었다. 뉴코는 좌담회를 열고 팀 동료의 권위는 직급이 아니라 리더십과 능력에서 나온다는 점을 확인했다.

MBA 과정에서 가르치는 뉴코의 성공 사례는 보통 전략과 기술에 초점을 맞춘다. 뉴코는 상대적으로 적은 자본 투자와 유연한 생산 조절이 가능한 전기로 방식의 미니밀로 철강사업에 뛰어들었다. 기술 혁신으로 쇳물의 순도를 높여가며 점차 고품질 철강 시장을 먹어들어갔다. 하지만 짐 콜린스가 아이버슨에게 성공 요인을 물었을 때 그는 기술에 관해서는 한마디도 하지 않았다. 다른 기업들은 같은 자원과 기술을 주어도 성공하지 못했을 것이다. 베들레헴은 뉴코의 기술적 돌파가 이뤄지던 1980년대 후반 이미 고꾸라지고 있었다. 기술은 이 거인의 추락을 가속했을 뿐이다.

콜린스는 이를 자동차 경주에 비유했다. 우승의 일차적 변수는 자동차가 아니라 운전자와 그 팀이라는 것이었다. 베들레헴의 실패와 뉴코의 성공은 기술보다는 경영에서 원인을 찾아야 한다. 특히 경영 문화가 중요하다. 베들레헴은 미니밀의 도전보다는 적대적 노사관계로 어려움을 겪었다. 시대착오적이고 비효율적인 경영 탓이었다. 뉴코에는 그런 문제가 없었다. 아이버슨은 리더십과 결정권을 생산현장에 넘겨주었다. 경영층은 현장 감독부터 최고경영자까지 네 단계에 불과했다. 다른 기업에서는 여덟 단계나 열 단계를 거쳐야 했다.

아이버슨은 무노조 경영을 고집했다. 대신 강력한 성과 보상체계로 노동자들이 어느 철강회사보다 많은 급여를 받을 수 있도록 했다. 급여의 절반 이상이 20~50명으로 이뤄진 작업팀의 목표 대비 생산성과 연계된 성과급이었다. 시간당 임금은 낮아도 총급여는 높은 구조였다. 팀에서 게으른 동료는 공장 밖으로 내몰리기도 했다. 뉴코는 농부들처럼 성실한 노동윤리를 원했다. 피츠버그나 게리 같은 전통적인 철강 도시가 아니라 인디애나의 크로포츠빌, 네브라스카의 노퍽, 유타의 플리머스 같은 곳에 공장을 지었다.

뉴코는 '다섯 명을 고용해 열 명처럼 일을 시키고 여덟 명처럼 급여를 주는' 회사다. 실적이 좋을 때는 모두가 두둑한 보상을 받았으나 어려울 때는 모두가 고통을 분담해야 했다. 급여는 고위층일수록 더 많이 깎였다. 1982년 경기 침체 때 노동자와 관리자, CEO의 급여는 각각 25퍼센트, 60퍼센트, 75퍼센트 삭감됐다. 이런 성과급제는 불경기 때 노동자를 해고하지 않고도 유연하게 비용을 조절할 수 있게 해주었다.

아이버슨은 이렇게 말했다. "우리는 주식회사 미국의 삶에서 이른바 필요악이라는 것들이 사실은 필요하지 않다는 걸 보여주었다. 뉴코 사람들은 현상 유지와는 극히 대조적인 태도를 고수한다. 우리는 격식을 버리고 배려와 자유, 존중, 평등, 단순한 진실을 중시한다. 정치와 지열함, 계급과 지위에 대한 집착, 대기업 사람들이 당연한 듯 참아내는, 직원들의 정당한 요구에 대한 무감각은 참지 못한다."[77]

질레트, 거절한 청혼과 행복한 결혼

언론은 "천국의 결혼"이라고 했다. 2005년 초 매출 500억 달러대의 P&G와 100억 달러대의 질레트가 합병하겠다고 발표했을 때였다. 합병회사는 유니레버를 제치고 세계 최대 소비재 제조업체가 될 터였다. P&G는 세계 면도기 시장의 72퍼센트를 차지하던 질레트의 몸값을 시가에 18퍼센트 프리미엄을 얹어 570억 달러로 쳐주었다.

워런 버핏은 신부 아버지 같았다. 버크셔해서웨이는 질레트 주식 9퍼센트를 가진 최대주주였다. 버크셔는 1989년 질레트 우선주에 6억 달러를 투자했다. 16년 후 질레트가 P&G와 합칠 때 배당을 빼고도 평가익이 44억 달러에 이르렀다. 연 수익률은 14퍼센트에 달했다. 발표 당일에만 지분 가치가 7억 달러 넘게 불어났다. 버핏은 "꿈의 딜"이라며 축복했다.

기업 합병의 성공률은 낮았다. 당시 결혼한 기업 다섯 쌍 중 네 쌍은 행복하지 않았다. 큰 기업끼리 허세를 부리며 떠들썩하게 한 결혼, 경쟁 압력에 어쩔 수 없이 하는 결혼은 파경 위험이 훨씬 컸다. P&G와 질레트는 여러모로 달랐다. 두 기업 모두 재무적으로 매우 건강했다. P&G의 이익은 4년 새 두 배 넘게 불어났다. 질레트의 매출도 4년 새 두 배 가까이 늘어났다. 덩치를 키우면 공급가를 낮추려는 거대 유통업체에 대한 협상력 제고에 훨씬 유리할 것이었다.

기저귀와 세제, 치약을 만드는 P&G는 여성 상대 마케팅에 전문성이 있었다. 질레트는 남성을 상대하는 데 강점이 있었다. 둘 다 매출의 10퍼센트 정도를 광고비로 썼다. 그걸 통합하면 미디어와 협상을 더 유리하게 이끌 수 있었다. 신시내티의 P&G와 보스턴의 질레트가 결합하면 국제결혼보다 문화적 이질감도 덜할 터였다.

이 결혼도 여러 위험을 안고 있었다. 기업이 유기적 성장에 머물지 않고 인수와 합병으로 덩치를 키우면 전략과 문화의 충돌은 피할 수 없다. 또 경영관리의 어려움과 인력 구조조정으로 홍역을 치른다. 합병 후 2년 남짓 지났을 때 P&G 최고경영자 앨런 래플리는 일반적으로 기업 결합이 실패하는 다섯 가지 이유를 들며 P&G는 그 위험을 다 피할 수 있었다고 자평했다.

기업 합병에 성공하려면 첫째, 전략적 원윈을 생각해야 한다. 두 회사가 보완적인 면이 전혀 없거나 완전히 다른 전략을 추구하면 실패한다. P&G와 질레트는 브랜드와 목표 시장 면에서 서로 잘 보완했다. P&G는 혁신에 능하고 고객을 잘 이해했다. 기술력이 강한 질레트는 몇 주 안에 새 제품을 내놓을 수 있었다.

둘째, 문화적 충돌을 피해야 한다. P&G는 합의를 중시했다. 질레트는 위계적이었다. 래플리는 두 문화의 강점만 살리려고 특별 팀을 만들있다. 질레드 인사에게 P&G 북미지역 총괄을 맡기고 질레트 직원 95퍼센트를 유지했다.

셋째, 두 기업 수장들이 불화를 겪지 않게 해야 한다. 질레트의 CEO 제임스 킬트는 합병 후 1년간 더 머물며 래플리와 잘 지냈다. 2001년 질레트에 올 때 그의 연봉은 440만 달러에 그쳤다. 떠날 때는 스톡옵션으로 1억5000만 달러를 챙길 수 있었다.

넷째, 원가 절감에 성공해야 한다. 두 회사 노조는 제조와 마케팅, 유통의 효율성을 높여 3년 내 12억 달러를 절감하기로 했다.

마지막으로, 약속한 매출 증대를 이뤄야 한다. 합병회사가 성장 목표를 이루지 못하면 진정으로 성공했다고 할 수 없다. P&G와 질레트는 3년 동안 연 7억5000만 달러씩 매출을 늘리겠다고 했다. 2006년 6월에 끝나는 회계연도에 합병회사 매출은 682억 달러였다. 3년 후에는 글로벌 금융위기 중이었는데도 766억 달러로 불어났다.

결혼은 성공적이었다. 하지만 질레트는 그 전에 몇 차례나 원치 않은 결혼을 강요당한 적이 있었다. 적대적 인수 위협을 물리친 이는 1975년부터 16년 동안 최고경영자로 질레트의 도약을 이끈 콜먼 모클러였다.

기업사냥꾼을 물리칠 최고의 무기

1997년 말 하버드 경영대학원 출판부는 한 기업의 글로벌 리더십을 향한 여정을 책으로 펴냈다. 40년 경력의 경제 저널리스트 고든 맥키번은 『커팅 에지 Cutting Edge』라는 제목을 달았다. 칼날과 최첨단이라는 중의적 표현이다. 국가 부도와 기업 파산 공포에 떨던 당시 한국의 CEO들이 지구 반대편에서 면도날로 성공한 기업에 주목할 만큼 여유롭지는 않았을 것이다. 하지만 그때 이 기업의 역사를 읽었다면 귀중한 통찰을 얻었을 것이다.

1980년대 후반 질레트는 위기를 맞았다. 기업사냥꾼들의 공격에 온전히 살아남을 수 없으리라는 불안감이 엄습했다. 1986년 말에는 르블론을 인수했던 로널드 페럴먼이 45달러짜리 질레트 주식을 65달러에 사겠다고 나섰다. 앉은 자리에서 44퍼센트를 챙길 수 있는 거래를 누가 거절하겠는가?

2005년 P&G와 행복한 결혼을 할 때 질레트 몸값은 570억 달러였다. 19년 전 페럴먼이 제안한 몸값은 41억 달러였다. 투자은행 드렉셀 번햄 램버트는 정크본드로 39억 달러를 조달해 그에게 실탄을 대주기로 했다. 페럴먼이 질레트를 인수하면 브라운, 페이퍼 메이트, 오랄-B 사업을 쪼개 팔아서 빚을 갚을 터였다. 그는 이미 질레트 주식을 14퍼센트 가까이 사들여 최대주주가 됐다. 콜먼 모클러가 이끄는 질레트 경영진은 그의 제안을 거부했다. 이는 주주들이 즉각 큰 차익을 거둘 기회를 잃는다는 뜻이었다. 물론 모클러를 비롯한 경영진도 그 기회를 잃기는 마찬가지였다.

주주들을 설득할 논리는 하나뿐이었다. 질레트의 장기 성장 잠재력을 고려하면 눈앞의 이익에 현혹되지 말아야 한다는 것이었다. 모클러가 옳았다. 당시 질레트 주주가 페럴먼의 제안을 받아들였다고 해보자. 비로 44퍼센트 치익을 챙긴 후 주식시장 전체를 따라가는 인덱스펀드에 10년간 투자했다고 하자. 그의 수익은 질레트 주식을 계속 보유했을 때 수익의 3분의 1에 그쳤을 것이다. 모클러는 장기적인 성장 잠재력에 대한 확신을 심어줌으로써 주주들을 설득하는 데 성공했다. 페럴먼의 지분은 주당 59.5달러에 사주었다. 이 주식을 55.8달러에 매집한 그는 3400만 달러를 챙겼다. 질레트는 그린 메일에 당했지만 온전하게 장기 성장 전략을 추구할 수 있게 됐다.

1988년 초에는 아이비리그 출신의 젊은 기업사냥꾼 셋이 만든 코니스턴 파트너스의 기습을 받았다. 이들은 질레트 주식을 6퍼센트 가까이 사 모았다. 평균 매입가는 31.5달러 1대 2 주식 분할 후 주가였다.

기업사냥꾼이 아니라 전략적 투자자라고 주장하는 이들은 주총에서 질레트 이사 열두 명 중 모클러를 포함한 네 명을 갈아치우겠다고 했다. 작전에 성공하면 역시 기업 매각에 나설 터였다.

전쟁 같은 위임장 대결이 시작됐다. 경영진은 질레트 사업에 관해 아무것도 모르면서 장기 성장을 희생해 단기 차익을 얻으려는 정체불명의 공격자들에게 넘어가지 말라고 주주들을 설득했다. 코니스턴은 주주가치를 떨어트리는 경영진을 갈아 치우고 자산을 더 적극적으로 활용해야 한다고 공격했다. 기관투자가들은 장기 투자자로서 기업사냥에 부정적이라고 믿기 쉽다. 하지만 질레트 인수전에서는 전혀 그렇지 않았다. 다급해진 모클러는 혁신적인 신상품 '센서'와 '마하 3' 개발 사실을 공개했다. 다음 해나 그다음 해에 큰 수익을 안겨줄 상품이었다. 하지만 기관들은 기다려줄 생각이 없었다.

승부는 52대 48 박빙으로 갈렸다. 질레트는 8800만 표 중 절반이 조금 넘는 표를 얻었다. 10대 기관투자가 중 캘리포니아 공무원연금기금을 포함한 9개 기관이 코니스턴 편을 들었다. 소액주주의 2000만 표 중에서는 1900만 표가 경영진을 지지했다. 일부 기관은 주총 직전 주가가 49달러까지 치솟았을 때 이미 차익을 챙겼다. 투표권을 가지고 있었으나 표결에 참여하지는 않았다. 경영진에게는 행운이었다.

모클러가 기업사냥꾼의 잇따른 공격을 물리칠 때 믿을 건 하나밖에 없었다. 질레트의 혁신과 성장 잠재력을 믿고 장기투자를 해달라는 논리였다. 그를 외면한 기관들은 단기 차익만 챙겼고 그를 믿어준 소액주주들은 그 몇십 배 수익을 올렸다.

CEO는 어떻게 혁신의 걸림돌이 되나?

'아틀라스ATLAS'는 유럽입자물리학연구소CERN의 거대 하드론 충돌기를 만들기 위한 네 가지 연구 프로젝트 중 하나였다. 우주의 가장 깊은 비밀을 밝히기 위한 이 프로젝트는 1992년에 시작됐다. 180개 기관의 과학자 3000명이 참여해 스위스 시골에서 길이 46미터, 높이 25미터의 입자 충돌기를 만들어야 했다. 부품은 1000만 개를 넘었다. 조직 설계에 나선 컨소시엄은 딜레마에 부딪혔다. 이제껏 못 보던 것을 만드는 수백 개 하위 팀이 가장 효과적으로 돌아가야 했다.

자율적인 팀은 창의적인 문제 해결에 뛰어났다. 하지만 조정은 어려웠다. 반대로 중앙에 권한이 집중된 조직은 시스템 통합에 유리했다. 그러나 한 번도 맞닥뜨린 적이 없는 문제들에 압도될 수 있었다. 하향식 조직은 독립적인 과학자들의 거센 저항을 받을 것이었다. 설계자들은 고심 끝에 상향식 조직구조를 채택했다. 고위 관리자 대신 동료들끼리 조정하는 방식이었다. 모든 하부시스템에 구성원들이 평등하게 참여하는 위원회를 두었다. 시스템 간 문제가 발생하면 워킹그룹을 만들어 해법을 찾았다. 전략적 결정은 협력위원회에서 다루었다.

아틀라스 프로젝트를 제때 예산 범위 내에서 실현하는 데는 엄청난 리더십과 창의력이 필요했다. 하지만 피라미드 같은 위계 구조는 필요 없었다. 모두가 동료였다. 누구도 보스가 아니었다.

이처럼 거대하고 복잡한 문제를 해결하는 조직이 하향식으로 움직이면 속도를 낼 수 없다. 초인이 아닌 한 처음 보는 수백, 수천 가지 문제에 올바른 결정을 제때 내려줄 수 없다. 그만큼 폭넓고 깊은 경험과 지식을 갖춘 리더는 없다. 보스가 낡은 신념을 고집하면 최악이다. 조직의 변방에서 나쁜 소식을 전하지 않으면 문제는 곪게 된다.

마이크로소프트가 바로 그런 문제에 부딪힌 적이 있었다. 1980년대에 PC 중심 비즈니스 모델로 거인이 된 이 회사는 그 후 10년 동안 기술과 시장 변화를 따라가는 데 어려움을 겪었다. 전문성이 부족할 리는 없었다. 거대 조직 내 어딘가에는 첨단 제품을 개발하는 젊은 기술자들이 있었다. 하지만 개발품들은 최고위 경영진에 이르기도 전에 흐지부지되고 잊혀버렸다.

마이크로소프트 경영진은 구글의 놀라운 검색엔진이 나온 지 5년 후에야 구글과 경쟁할 서비스 개발에 1억 달러를 책정했다. 젊은 부사장 크리스 페인이 '언더도그'라는 개발 프로젝트를 이끌었다. 페인은 여러 해 동안 구글을 추적하며 회장 겸 최고 소프트웨어 설계자인 빌 게이츠를 만나려고 애썼다. 마침내 만남이 이뤄졌을 때 구글은 이미 따라잡을 수 없을 만큼 앞서가고 있었다.

애플 아이패드가 나오기 한 해 전인 2009년 마이크로소프트 개발팀은 CEO인 스티브 발머에게 태블릿 시제품을 들고 갔다. '쿠리어'라는 암호명의 태블릿을 본 발머는 왜 윈도 운영체제를 쓰지 않느냐며 화를 냈다. 대답이 마음에 안 들자 프로젝트를 아예 접게 했다.

마이크로소프트는 그래픽 사용자 인터페이스애플 맥, 다이얼 업 인터넷AOL, 웹브라우저넷스케이프, 디지털 뮤직아이팟, 온라인 비디오유튜브, 클라우드 서비스아마존, 스마트폰아이폰에서도 먼저 치고 나가지 못했다. 게이츠와 발머는 휴대폰을 주머니 속 컴퓨터로 보지 않았다.

2007년 발머는 이렇게 단언했다. "아이폰이 의미 있는 수준으로 점유율을 올릴 가능성은 없어. 전혀 없어."

12년 후 게이츠는 안드로이드보다 먼저 치고 나갈 수도 있었다며 후회했다. 4000억 달러짜리 실패였다.

경영학자 게리 해멀은 마이크로소프트의 근시안을 게이츠와 발머의 잘못으로 돌리기는 쉬워도 진짜 범인은 따로 있다고 밝혔다. 문제는 몇 안 되는 최고 경영진에게 권한이 집중된 위계적인 조직구조에 있었다.

피라미드 꼭대기의 리더는 누구보다 멀리 보고 호기심 많고 창의적일 것으로 기대된다. 하지만 그들은 과거에 투자한 지적 자본을 너무 많이 갖고 있다. 육십대 안팎의 CEO들은 그 자리에 적어도 10여 년을 머물면서 고객과 기술, 경쟁 환경에 관한 지난날의 경험과 사고를 버리지 못한다. 근시안은 위계 구조의 아래로 전염된다.

해법은 기업의 관료조직에 대한 근본적인 성찰에서 나온다.

배우지 않는 CEO와 관료조직

자본주의는 혁신을 요구한다. 혁신을 상품화할 기업가도 필요하다. 더 크고 복잡해진 자본주의는 다른 한편으로 관료적 합리화를 갈망했다. 관료제는 한때 거대 조직을 효율적으로 운영할 수 있게 해준 놀라운 혁신이었다. 하지만 이제 관료제는 혁신의 발목을 잡는다. 전통적인 관료조직으로 아틀라스 같은 프로젝트를 추진하는 건 상상만으로도 끔찍하다.

미국 정치학자 카를 도이치는 권력을 "배우지 않을 수 있는 능력"이라고 했다. CEO들은 한때 열심히 배우려 했기 때문에 정상에 올랐다. 하지만 그 자리에 오른 후에는 더는 배우지 않을 뿐만 아니라 다른 조직원의 혁신 의지를 꺾어놓기까지 하는 경우가 많다. 몇십 년 전의 지적 자본을 감가상각하지 않는 리더는 가속의 시대에 맞지 않는다. 배우지 않는 CEO와 관료조직이 만나면 죽음의 칵테일이 된다.

많은 걸 뒤엎어야 하는 창조적 파괴의 시대에 큰 조직의 혜안은 어느 한 사람이나 작은 팀에서만 얻을 수 없다. 중요한 건 초인적인 리더가 아니다. 사람들의 일상적인 천재성을 끌어내고 상품화할 수 있는 혁신적인 조직이다. 하나의 고정된 위계 구조가 아니라 풀어야 할 문제에 따라 책임자가 바뀌는 유연하고 역동적인 조직이다.

내가 몸담은 조직을 생각해보자. 이 조직에는 공식적인 위계 구조가 있는가? 권력은 직위에 부여돼 있는가? 권한은 위에서 아래로 내려오는가? 높은 자리의 리더가 낮은 자리의 리더를 임명하는가? 전략과 예산은 최고위층에서 결정하는가? 중앙의 참모집단이 정책을 수립하고 제대로 따르는지 감시하는가? 직무와 역할은 엄격히 규정되는가? 통제는 감독과 규칙, 제재로 이뤄지는가? 관리자가 과업을 할당하고 성과를 평가하는가? 모든 사람이 승진을 위해 경쟁하는가? 보상은 직급과 연계돼 있는가? 이런 조직이 바로 전형적인 관료조직이다.

독일 사회과학자 막스 베버는 20세기 초에 이렇게 썼다. "관료제는 비인간화할수록 완벽하게 발전한다. 계산할 수 없을 만큼 순전히 개인적이고 비합리적이며 감정적인 요소들을 제거할수록 더 발전한다."

다시 말해 관료제의 목적은 인간을 프로그래밍할 수 있는 로봇으로 바꿔놓는 것이었다. 지난날 독재적이고 무질서한 조직과 비교하면 관료조직은 축복이었다. 과거의 리더는 변덕스러웠다. 의사결정은 감으로 이뤄졌다. 계획은 되는대로였고 감독은 불규칙적이었다. 보상은 노력과 별 관련이 없었다. 그런 조직을 관료조직으로 바꾸면 생산성은 급상승했다. 베버의 말대로 관료제는 "정교함과 안정성, 규율의 엄격성, 신뢰성에서 어떤 조직보다 뛰어나고, 따라서 최고의 효율성을 달성할 수 있는" 제도였다. 하지만 많은 것이 달라졌다. 오늘날 기업의 조직원은 대량생산 체제에서 단순 반복적인 작업을 하던 기능공이 아니다. 창의적인 지식일꾼들이다. 경쟁우위는 규모가 아니라 혁신에서 나온다.

19세기의 발명품인 관료제가 21세기의 혁명적 변화에 적응할 수 있을까? 경영학자 게리 해멀과 미셸 자니니는 관료제는 이제 죽어야 한다고 단언한다. 기업조직은 언제 어떻게든 유연하게 바꿀 수 있고 창의와 열정이 가득한 조직으로 다시 상상해야 한다. 무엇보다 비인간화한 조직을 다시 인간화해야 한다. 구조와 절차, 방법이 아니라 인간을 조직의 중심에 놓는 것이다. 조직의 효율성을 위해 통제를 극대화하는 것이 아니라 조직의 임팩트를 위해 공헌을 극대화하는 경영모델이 필요하다.[78]

관료주의 Bureaucracy에서는 인간을 수단으로 본다. 인간은 조직이 상품과 서비스를 창출하기 위한 도구다. 인간 중심 체제 Humanocracy에서는 반대로 조직이 수단이다. 조직은 인간의 삶을 향상하는 데 필요한 도구라는 말이다.

사람을 비난하지 말고 시스템을 고쳐라

"기술자는 물이 솟아오르지 않고 아래로 흘러내린다고 탓하거나 기체를 가열했을 때 수축하지 않고 팽창한다고 탓하지 않는다. 그러나 경영자는 자신의 결정을 제대로 따라주지 않는 사람들을 비난한다. 그들이 어리석거나 비협조적이거나 게을러서 그렇다고 생각하며 자신이 적절한 통제 방식을 택하지 않아서 그런 것이라고는 생각지 않는다."

경영학자 더글러스 맥그리거 1906~1964가 60여 년 전에 한 말이다.[79] 그는 'X 이론과 Y 이론'으로 잘 알려져 있다.

X 이론에 따르는 경영자는 사람들을 부정적이고 비관적으로 본다. 그는 이렇게 가정한다. 보통의 인간은 일을 싫어하고 가능한 한 피하려 한다. 그들은 지시받는 쪽을 선호하고 책임을 회피하며 야망이 별로 없다. 무엇보다 안전을 바란다. 그러므로 조직이 성과를 내려면 그들을 통제하고 잘못하면 제재하겠다고 위협해야 한다. Y 이론의 시각은 반대다. 인간은 천성적으로 일을 싫어하지 않으며 일할 때 쏟는 육체적, 정신적 노력은 놀이나 휴식처럼 자연스러운 것이다. 노력을 끌어낼 수단으로 외부 통제나 처벌 위협만 있는 건 아니다. 사람들은 스스로 통제할 수 있다. 성과와 연계된 보상이 따르면 목표에 헌신한다. 자아실현은 가장 중요한 보상이다. 조직의 문제를 해결할 높은 수준의 상상력과 창의성은 희귀한 깃이 아니라 광범위하게 퍼져 있다. 하지만 그런 지적 잠재력은 일부만 이용되고 있다.

이 혁명적인 이론이 나오고 20년이 지났을 때 경영학자 윌리엄 에드워즈 데밍 1900~1993이 말했다. "사람들을 비난하지 말고 시스템을 고쳐라."

지난 몇 세대에 걸쳐 인간의 본성에 관한 발견과 재발견이 되풀이됐다. 하지만 경영관리와 조직운영은 여전히 관료제를 바탕으로 한 통제의 이데올로기를 벗어나지 못하는 경우가 많다. 그렇다면 거대한 관료조직에 가려 흔히 무시되고 제대로 활용되지 않는 인간의 특성은 무엇일까?

첫째, 인간은 탄력적이다. 맥그리거가 인간관계론을 설파하고 텍사스인스트루먼트가 최초의 마이크로칩을 공개한 지 60여 년

이 지났다. 2023년 애플은 새 아이폰에 트랜지스터 190억 개가 들어간 칩을 탑재했다.[80] 2024년 봄 엔비디아는 트랜지스터 2080억 개를 탑재한 AI 칩을 공개했다. 이 놀라운 가속의 시대는 인간이 실현한 것이다. 어떤 경영자들은 조직이 변화에 적응하지 못하는 것을 변화를 싫어하는 인간의 본성 탓으로 돌린다. 하지만 인간은 기본적으로 변화 중독자들이다. 조직이 그들의 무한한 탄력성과 회복력을 끌어내고 활용하지 못할 뿐이다.

둘째, 인간은 창의적이다. 디지털 기술은 보통의 개인에게도 창의성을 발휘할 효과적인 도구와 무한한 시장을 창출했다. 회사에서는 틀에 박힌 일을 하고 퇴근 후에는 유튜브에 온갖 기발한 아이디어를 올리는 사람들을 보라. 부족한 건 조직원의 창의성이 아니다. 창조적 파괴의 폭풍 속에서 기업의 유일한 안전장치는 끊임없는 혁신이다. 창업 실험실을 만들고 벤처기업을 비싸게 사들여도 일상적으로 창의성을 질식시키는 관료조직을 바꾸지 않으면 헛일이다.

셋째, 인간은 열정적이다. 조직원의 역량 중 맨 아래층에 있는 건 복종과 순응이다. 조직원은 기본적인 규칙을 지키고 자제력을 발휘해야 한다. 그 위에는 성실성이 있다. 어려운 일을 기꺼이 맡고 책임을 져야 한다. 그 위는 전문성이다. 효과적인 일 처리에 필요하다. 하지만 혁신자본의 시대는 그 이상을 요구한다. 전문성보다 위에 있는 자질은 적극성이다. 자발적으로 새로운 일을 찾고 주도하는 것이다. 그 위에는 창의성이 있다. 문제를 재정의하고 새로운 해법을 내놓는 역량이다. 맨 위에는 대담성이 있다. 바람직한 목표를 위해 위험을 안을 용기가 필요하다.

두 세대 전 맥그리거가 물었던 핵심적인 질문은 여전히 유효하다. "사람들을 관리하는 가장 효과적인 방식을 생각할 때 당신이 깔고 있는 가정은 무엇인가?"

몬테소리와 긱 CEO

요한 고틀리프 피히테는 이마누엘 칸트나 프리드리히 헤겔 같은 이들과 같은 반열에 드는 독일 철학자다. 피히테는 나폴레옹군이 점령한 베를린에서 1807년 말부터 이듬해 봄까지 '독일 국민에게 고함'이라는 우국 강연을 했다. 그는 새로운 국민교육을 부르짖었다. 영국 철학자 버트런드 러셀에 따르면 그는 이렇게 단언했다. "교육은 자유의지를 파괴하는 데 목표를 두어야 한다. 학생들이 평생 교사의 바람과 달리 생각하거나 행동하지 못하게 해야 한다."

이탈리아 교육자 마리아 몬테소리 1870~1952는 그보다 한 세기 늦게 태어났다. 그녀의 교육관은 피히테와 반대였다. 1906년 로마에 문을 연 그녀의 학교에는 미리 짜놓은 일과나 교사의 지시, 줄 맞춘 책상, 학년, 그리고 산업화한 세계의 기초 교육에 들어가는 표준화된 요소들이 없었다. 전통적 교육은 온종일 하고 싶은 대로 내버려 둔 아이들은 행복하겠지만 잘 읽고 쓰고 셈할 수는 없다고 가정했다. 몬테소리는 그 생각이 틀렸음을 보여주었다.

선진국의 아동 교육은 19세기 중반 프로이센의 초등교육에 큰 영향을 받았다. 기본적으로 산업화시대 수요에 맞춘 공장식 교육이었다. 몬테소리는 자유의지를 파괴하는 전통적 교육을 근본적으로 바꿔놓았다. 이 학교는 어린이들이 타고난 학습자이며 스스로 집중하고 창의성을 발휘할 수 있다는 통찰에 바탕을 두었다. 영웅적인 교사나 대규모 투자가 필요한 것도 아니었다. 교육 시스템의 잘못된 가정을 버리고 다시 상상하는 것이 중요했다.

앤드루 맥아피 MIT 교수는 세 살 때부터 몬테소리에 다녔다.[81] 맘껏 자유를 누렸지만 물건을 때려 부수거나 고함치며 뛰어다니거나 서로 으르렁거리며 싸우지 않았다. 조용히 앉아서 배우고 호기심을 충족시킬 수 있기를 바랐다. 하지만 그런 자유는 3학년까지만 누릴 수 있었다. 4학년부터는 공립학교에 들어가야 했다. 맥아피는 종일 같은 책상에 앉아서 정해진 시간에 정해진 과목을 돌아가며 배우는 시스템을 좋아하지 않았다. 위계에 순응해야 하는 체제가 싫었다. 자유의지를 꺾어놓을 재교육 캠프에 들어와 있다는 느낌마저 들었다.

맥아피는 구글 공동창업자인 래리 페이지와 세르게이 브린이 20년 전 바버라 월터스와 한 인터뷰를 기억한다. 월터스는 교수와 과학자 집안에서 태어난 두 사람의 배경이 성공에 도움이 됐는지 궁금해했다. 페이지는 이렇게 말했다. "우리 둘 다 몬테소리 학교에 다녔어요. 규칙과 명령에 따르는 대신 스스로 동기를 부여하고, 세상에 무슨 일이 벌어지는지 질문하고, 일을 조금 다르게 하는 훈련이었지요."

제프 베이조스도 몬테소리에 다녔다. 유치원 선생님들은 자기 활동에 너무나 몰두하는 그를 의자에서 들어내 다음 과제로 옮겨 가도록 했다. 그는 훗날 저소득층 자녀들이 몬테소리 유치원에 다닐 수 있게 지원하는 자선사업도 벌였다.

몬테소리 교육은 이 기업가들의 혁신지능을 높이는 데 도움이 됐을 것이다. 맥아피는 마리아 몬테소리를 "긱geek들의 수호성인"이라고 치켜세웠다.[82] 실제로 몬테소리 자신이 진정한 긱이었다. 긱은 '바보Geck'나 '미친geck 사람'을 뜻하는 독일어에서 영어로 넘어온 말이다. 미국에서 긱은 축제나 서커스에서 살아 있는 닭이나 뱀의 머리를 물어뜯는 기괴한 퍼포먼스를 하는 사람을 뜻했다. 1980년대 들어서는 컴퓨터에 광적으로 몰두하는 사람을 긱으로 부르기 시작했다. 긱은 주류에서 벗어나 사회성이 부족한 괴짜 이미지가 강했다. 하지만 요즘에는 디지털 혁명의 최전선에서 달리는 창의적이고 혁신적인 사람을 묘사하는 말로 쓰인다.

어려운 문제에 집착하는 괴짜들

1846년 빈 종합병원 의사 이그나츠 제멜바이스는 한 가지 의문을 품었다. 이 병원 첫 번째 산부인과 클리닉에서는 산모 중 10퍼센트가 아기를 낳은 직후 고열에 시달리다 사망했다. 그러나 두 번째 클리닉은 산모의 사망률이 4퍼센트에 그쳤다. 소문이 퍼지자 차라리 길거리에서 아이를 낳겠다는 이들까지 나왔다.

다른 의사들은 별 관심을 기울이지 않았다. 제멜바이스는 산모 사망률을 2.5배나 키우는 원인을 찾아 나섰다.

아기를 낳을 클리닉은 무작위로 배정됐다. 산모들의 특성에는 차이가 없었다. 다만 첫 번째 클리닉에서는 수련 중인 의대생들이 산모를 돌보지만 두 번째 클리닉에서는 훈련 중인 조산원들이 일한다는 차이가 있었다.

제멜바이스는 두 집단의 일상 업무를 꼼꼼히 조사했다. 의대생들은 흔히 시신을 해부한 직후 산부인과로 왔다. 조산원들은 그럴 일이 없었다. 제멜바이스는 의대생들이 '시체의 입자'를 손에 묻혀와 산모에게 옮길 거라는 가설을 세웠다.

해법은 간단했다. 이듬해 5월 제멜바이스는 의대생들이 산부인과에 들어올 때는 반드시 손을 씻도록 제도화했다. 4월 산모 사망률은 18퍼센트를 웃돌았으나 6월에는 2퍼센트대, 7월에는 1퍼센트대로 떨어졌다. 기적 같았다. 단 한 명의 산모도 목숨을 잃지 않은 달도 있었다. 하지만 제멜바이스의 아이디어는 의료계 주류에서 거듭 퇴짜를 맞았다. 그의 방식이 산욕열의 위험에서 산모를 구하는 데 명백히 효과를 낸다는 사실은 숫자로 확인할 수 있었다. 그런데도 의사들은 그의 주장을 무시했다.

제멜바이스는 왜 무시당했을까? 의사들의 사고를 바꾸지 못했기 때문이다. 19세기 중반 의료계의 지배적인 학설은 부패한 물질에서 발산되는 독기 miasmas 가 여러 질병을 퍼트린다는 것이었다. 독기가 퍼진 공기가 문제라면 손에 묻은 입자를 씻어내라는 권고는 큰 의미를 두기 어려웠다. 산모들의 죽음을 막을 방법을 찾았는

데도 조롱과 무시를 당하자 제멜바이스는 공격적이고 우울한 사람이 됐고 결국 1865년 빈의 정신병원에서 쓸쓸히 세상을 떠났다.

세균 이론을 정립한 루이 파스퇴르는 1860년대에 일련의 실험을 통해 제멜바이스가 옳았음을 증명했다. 파스퇴르는 '왜' 그가 옳았는지를 설명할 수 있었다. 질병은 고약한 냄새처럼 공기 중에 퍼진 독기가 아니라 세균이라고 불리는 아주 작은 유기체가 일으키는 것이었다. 그의 미생물학은 의사들의 사고와 행동을 완전히 바꿔놓았다. 제멜바이스와 달리 파스퇴르는 사람들에게 자기 생각을 이해시킬 수 있었고, 그를 통해 세상을 더 나은 곳으로 바꿀 수 있었다.

맥아피는 이 일화를 들려주며 '긱 방식'을 설명한다. 긱 방식은 더 빨리 움직이면서 더 많은 혁신을 이뤄야 하는 기업들이 효과적으로 문제를 해결하는 방식이다. 중요한 건 그들의 접근방식이 '왜' 효과적으로 작동하는지 이해하는 것이다. 제멜바이스의 주장에 콧방귀를 뀌던 의사들은 파스퇴르의 미생물학을 이해하고는 바로 사고와 행동을 바꾸었다. 긱 방식을 이해하는 경영자들도 그럴 것이다.

긱은 어려운 문제 해결에 집착하는 괴짜들이다. 그들은 산업화 시대에 표준화된 기업 문화를 바꾼다. 교육의 패러다임을 바꾼 몬테소리처럼 비전통적인 방식으로 문제를 푼다. 긱은 관료주의를 싫어하고 토론을 좋아한다. 완벽한 계획보다는 시행착오를 되풀이하면서 앞으로 나아가려 한다. 어느 정도의 혼란을 용인하고, 평등주의적이며, 실패하거나 잘못이 드러나거나 보스의 견해에 도전하는 걸 두려워하지 않는다. 긱은 과학과 주인 정신, 속도, 개방성을 중시한다.

500000000달러짜리 우주선과 500달러짜리 스마트폰

"평양 미림 비행장 인근 열병식 훈련장에 병력이 활동한 흔적이 잇따라 포착됐다. 위성사진에는 병력이 곳곳에서 땅을 고르거나 이동한 흔적이 확인됐다. 다음날에는 병력 무리로 보이는 점 20여 개가 촬영됐으며 이들이 행진을 벌인 것으로 추정되는 흔적도 발견됐다." 2023년 3월 미국의 소리 VOA 를 인용한 언론 보도다.

북한이 김일성 생일과 군 창건일을 앞두고 새 무기를 앞세운 열병식을 준비할 가능성이 있다고 보고 예의주시하던 이들에게 위성사진은 중요한 정보원이었다. 민간 위성을 운용하는 플래닛 랩스는 앞서 푸른색 컨테이너를 실은 러시아 선박이 나진항에 정박한 사진도 제공했다. 북러 군사 협력을 추적하는 이들에게는 유용한 정보였다.

플래닛 랩스는 200개 넘는 소형 군집위성으로 지구를 스캔하듯 촬영한 이미지를 제공한다. 회장 겸 CEO인 윌 마셜이 2010년 미 항공우주국 NASA 출신 동료들과 함께 창업했다. 2024년 초 결산에서 이 회사 매출은 2억2000만 달러였다.

창업은 단순하면서도 도발적인 물음에서 시작됐다. 스마트폰은 500달러에 살 수 있다. NASA 우주선은 5억 달러가 든다. 우주선에 영0이 여섯 개나 더 붙어야 할 까닭이 뭔가?

마셜은 우주에서 스마트폰으로 찍은 사진을 지구로 보낼 수 있는지 알아보기로 했다. 스마트폰과 통신위성의 기능은 90퍼센트가 중첩됐다. 그는 처음에 아마추어 기술자의 도움을 받아 스마트폰의 데이터 패킷을 이어붙이는 식으로 이미지를 만들어냈다. 마셜은 위성사진 제공에 경쟁자들보다 1000배의 비용 우위를 가지고 있다고 자부한다.

마셜이 NASA에서 시작한 일은 시스템 엔지니어링이었다. 매우 복잡한 일이었다. 수많은 부품을 만들고 통합하고 실험하는 데는 치밀하고 방대한 계획이 필요했다. 우주선을 만드는 일은 단순한 가전 소프트웨어처럼 잘 안 되면 버리고 다시 짜는 식으로 진행할 수 없었다. NASA 프로젝트는 계획 수립에 너무나 많은 시간이 걸렸다. 그러나 사람의 생명과는 무관한 저위험 프로젝트라면 발상을 달리할 수도 있었다. 마셜은 아무리 복잡한 일이라도 일을 해가면서 배우고 더 빨리 움직이면 더 나은 결과를 얻을 수 있다고 생각했다. 10억 달러 아래로는 절대 불가능하다던 무인 달 탐사선을 1억 달러 미만 비용으로 보내는 것도 가능했다. 그는 자신이 옳았음을 증명했다. 2009년 달에서 물을 찾는 임무를 띤 탐사선 LCROSS을 사상 최저인 7900만 달러를 들여서 보낼 수 있었다.

마셜은 NASA에서 6년 동안 다섯 차례 우주선 프로젝트에 참여했다. 대부분 우주 과학자는 한두 차례 참여하는 데 그쳤다. 창업 후 10년 동안 그는 500개의 위성을 우주에 보냈다. 혁신의 속도는 그만큼 빨라졌다. 그는 이미 나와 있는 값싼 부품을 썼다.

실패를 두려워하지 않고 빠르게 반복하는 실험을 통해 학습과 혁신의 속도를 극대화했다.

2002년 스페이스X를 창업한 일론 머스크는 이렇게 말했다. "나에게는 이런 주문이 있다. 프로젝트 일정이 길면 틀린 것이다. 꽉 짜여 있으면 옳은 것이다." 그는 새 로켓을 쏘아 올리는 것처럼 거대하고 복잡한 프로젝트라도 완벽한 계획을 고수하기보다는 일단 일을 시작하고 피드백을 통해 더 나은 방향으로 바꿔나가는 방식이 낫다고 보았다. 스타십 우주선의 소재로 가볍고 강한 탄소섬유를 쓰려다 스테인레스강으로 바꾼 것도 실험을 더 빨리 반복하기 위해서였다.

맥아피는 긱 방식의 첫 번째 특징으로 스피드를 꼽았다. 문제는 실험을 얼마나 빨리 되풀이하며 교훈을 끌어내느냐였다. 스피드는 긱 방식의 두 번째 특징인 주인 정신과도 연결된다. 주인 정신은 명료하게 합의된 목표를 위해 단독으로 책임을 지는 자율적인 팀에서 발휘된다. 흔히 '피자 두 판 팀'으로 불리는 팀이다.

물론 속도가 중요하다고 해서 무턱대고 일을 벌이고 보는 건 곤란하다. 빠르게 행동하기 전에 천천히 생각하는 것이 중요할 때가 많다.

나무꾼은 공들여 도끼를 간다

1928년 미국 대선에서 허버트 후버에게 패한 앨 스미스는 이듬해 초 새로운 도전에 나섰다. 뉴욕 주지사를 지낸 그는 세계 최고의 마천루를 세우기로 하고 투자자를 모아 엠파이어 스테이트사를 설립했다. 월도프 아스토리아 호텔 부지를 사들이고 건축가 윌리엄 램을 고용했다. 예산은 5000만 달러, 요즘 돈으로 8억 달러가 넘었다. 그랜드 오픈은 1931년 5월 1일로 잡았다. 1920년대에 런던을 제치고 지구촌 최대 도시가 된 뉴욕에서는 마천루 경쟁이 벌어지고 있었다. 세계 최고의 영예와 특권을 거머쥐려면 빠르게 움직여야 했다.

램은 지극히 실용적으로 접근했다. 허세를 부리지 않고 빌딩의 기능과 시공 조건, 작업 속도를 우선 고려했다. 공기와 예산에 맞추려면 철저한 분석과 계획으로 공사를 지연시킬 모든 상황에 대비해야 했다. 건축가들은 필요한 철제 빔의 길이와 숫자는 물론 리벳과 볼트 개수까지 정확히 알고 있었다. 굴착기가 땅을 파기 시작할 때 종이 위에서는 이미 건축이 끝나 있었다. 노동자 3000여 명이 속도전을 폈다. 숙련도가 높아질수록 가속이 붙었다. 일주일에 세 층이 올라가다가 나중에는 하루에 한 층이 올라갔다. 마천루는 기계 시대의 꽃이었다. 설계자들은 수직의 조립라인을 상상하며 효율성을 한껏 끌어올렸다.

엠파이어 스테이트는 아르데코 양식의 102층 건물로 첨탑과 안테나를 더하면 443미터에 이른다. 1931년 크라이슬러 빌딩을 제치고 40년 가까이 세계 최고 마천루 자리를 지켰다. 빌딩은 효율적이면서도 늘씬하고 우아한 자태를 뽐냈다. 지구촌 사람들은 1933년 영화에서 킹콩이 이 빌딩을 기어오르는 환상적인 장면을

제4부 혁신자본의 지배

보았다. 공식 오픈은 목표했던 날 이뤄졌다. 대선에서 스미스를 누른 후버 대통령이 참석했다.

공사는 불과 1년 45일 만에 끝났다. 건축비는 예산보다 17퍼센트 줄일 수 있었다. 이는 예산과 공기를 벗어나지 않고 완수한 거대 프로젝트의 대표적 사례다. 10억 달러 넘는 메가 프로젝트의 성공과 실패 사례들을 연구한 벤트 플루비야와 댄 가드너는 이 건축에서 중요한 교훈을 끌어낸다.[83]

"천천히 생각하고 빠르게 행동하라."

세계 최고 마천루를 그토록 빨리 세운 비결은 이 한마디로 압축된다. 볼트 하나까지 계산해야 하는 거대하고 복잡한 프로젝트를 그르치지 않으려면 천천히 생각해야 한다. 중세부터 내려오는 속담이 있다. '못 하나가 없으면 편자를 잃는다. 편자가 없으면 말을 잃는다. 말이 없으면 기수를 잃는다. 기수가 없으면 전투에서 패한다. 전투에서 패하면 왕국을 잃는다.' 마천루를 세우면서 조급하게 첫 삽부터 뜨고 보았다면 온갖 차질이 빚어지면서 비용이 눈덩이처럼 불어났을 것이다. 하지만 사람들은 흔히 빠르게 생각하고 천천히 행동한다.

플루비야와 가드너의 통계는 충격적이다. 136개국 1만6000여 메가 프로젝트 중 애초 계획대로 완성한 건 8.5퍼센트에 불과했다. 91.5퍼센트는 예산보다 많은 돈을 쓰거나, 제때 끝내지 못하거나, 둘 다였다. 비용과 시간을 맞추고 기대한 편익까지 얻은 경우는 0.5퍼센트에 그쳤다.

메가 프로젝트는 핵 발전소나 고속철도 건설부터 대규모 정보기술 투자나 블록버스터급 영화 제작, 올림픽 개최에 이르기까지 다양하다. 이런 프로젝트에 천문학적 투자를 할 때는 예상치 못한 변수가 블랙스완과 같은 충격을 줄 수 있다. 재앙을 피하려면 실행 기간을 최대한 단축해야 한다. 기간이 늘어질수록 그 금융위기나 팬데믹, 전쟁 같은 충격에 노출될 위험이 커진다. 정치인이나 투자자들 마음이 바뀌면서 돈줄이 끊어지기도 한다.

가속의 시대 기업 경영에서 속도가 얼마나 중요한지는 두말할 필요조차 없다. '먼저 뛰고 생각하라'거나 '그냥 하라 Just do it!'는 구호도 난무한다. 하지만 기업의 명운을 건 큰 투자라면 그런 구호가 무모한 행동을 부추길 수 있다. 에이브러햄 링컨은 말했다. "나무를 베는 데 여섯 시간을 달라. 그러면 네 시간은 도끼를 가는 데 쓰겠다."

제10장

도도새냐, 불사조냐?

갱 안으로 기어드는 아이들. 어느 순간 그 굴이 무너지리라는 걸 모를 리는 없다. 자신이 그 안에 있을 때 무너지지 않기를 바랄 뿐이다. 콩고민주공화국의 광산 도시 콜웨지에서 맨손으로 코발트 채굴 작업을 하는 아이들이다. 지구촌 반대편에서는 일론 머스크가 춤을 춘다. 그가 생산을 축하하는 전기차는 코발트가 들어간 배터리를 장착했다. 그는 전기차를 만들어 세계 최고 부자가 됐다.

지구촌에서 가장 가난한 아이들이 죽거나 다치면서 캐낸 광물은 기후 위기에서 지구를 구할 전기차에 쓰인다. 2021년 말 BBC

가 '파노라마'에서 보여준 이 대비는 역설적이다. 테슬라는 비윤리적으로 생산된 광물을 쓰지 않도록 공급망을 관리한다고 밝혔다. 또 일부 차종에 코발트가 들어가지 않는 배터리를 쓰기로 했다. 지독한 공리주의자라면 지구를 살리는 대의를 위해 최빈국 어린이들 고통쯤은 참을 수 있다고 생각할지 모른다. 하지만 윤리 문제를 제쳐놓더라도 지금 같은 배터리 생산은 벽에 부딪힐 수밖에 없다. 자원 공급과 효율 향상의 한계 때문이다.

배터리는 두 전극과 전해질로 이뤄진다. 충전된 배터리를 방전하면 리튬이온이 음극에서 전해질을 통해 양극으로 옮겨가고 전자는 외부 회로를 통해 집전체로 이동한다. 이때 컴퓨터나 전기차를 움직일 에너지가 나온다. 양극재는 주로 니켈N과 망간M, 코발트C를 섞어 만든다. NMC 양극재다.

이들 금속 가격은 롤러코스터를 탄다. 니켈과 코발트 가격은 2020년부터 2년 새 3배로 뛰었다. 그 후 2년 동안에는 가파르게 떨어졌다. 망간 가격도 몇 년에 한 번씩 치솟곤 한다.

21세기로 접어들 때 지구촌의 한 해 리튬이온 배터리 생산은 2기가와트시GWh에 불과했다. S&P글로벌은 전 세계 2차전지 생산 능력이 2023년 초 2.8테라와트시 TWh, 1TWh는 1000GWh에서 2030년 6.5테라와트시까지 늘 것으로 전망했다. 2020년 머스크는 지구촌이 2030년까지 20테라와트시의 에너지 저장장치를 만들어 전력망과 자동차에 절반씩 쓰게 될 것이라고 했다.

거브랜드 시더 UC버클리 교수가 2021년 최종현 학술원 웨비나에서 밝힌 숫자를 보자. 중형 테슬라 같은 전기차 1200만대에 장착할 1테라와트시의 리튬이온 배터리를 생산하려면 총 100만 톤의 금속이 필요하다. 하지만 2023년 코발트 채굴량은 23만 톤에 그쳤다. 니켈은 360만 톤이었으나 대부분 스테인레스강 생산에 써야 한다. 지금 같은 방식으로 배터리 생산을 몇십 배로 늘릴 수는 없다.

배터리 산업 생태계는 격변의 씨앗을 품고 있다. 자원과 효율의 한계는 혁신적인 기술로 뛰어넘어야 한다. 머지않아 바닥을 드러내거나 안전하지 않은 소재에 매달릴 수는 없다.

리튬이온 배터리가 없었다면 지금과 같은 노트북 컴퓨터나 스마트폰, 전기차도 없었을 것이다. 이 배터리는 탄생의 순간부터 역설적이었다. 1972년 석유화학업체 에소 지금의 엑손모빌는 종합 에너지 기업으로 탈바꿈하기로 하고 관련 연구를 시작했다. 이때 리튬이온 배터리가 등장했다. 이 회사는 1970년대 후반부터 도요타와 전기차 양산 논의를 깊이 있게 진행하기도 했다. 하지만 반세기가 지난 지금 이 회사는 전기차와 배터리 혁명의 주역이 아니다.

K-배터리의 힘겨운 상대인 중국 CATL은 세계 배터리 시장의 3분의 1을 차지한다. LG에너지솔루션과 SK온, 삼성SDI 점유율을 합친 것보다 많다. 배터리 대전에서 승자를 예견하기는 어렵다. 거대한 판이 바뀔 때는 더욱 그렇다. 시터 교수는 재료과학 분야에서 회자되는 조크를 소개했다. "첫 번째 회사는 신소재를 개발하다 돈을 다 써버리고, 두 번째 회사도 돈을 잃고, 세 번째 회사가 기술특허를 사들여 돈을 벌 수 있다."

글로벌 배터리 대전은 과연 누가 미래산업의 심장을 뛰게 할 수 있는지 가리는 총력전이다. 4차 산업혁명 시대의 체제 경쟁이기도 하다. 미국은 창조적 파괴의 역량이 뛰어난 생태계를 확보하고 있다. 단숨에 400만 편의 논문을 읽는 AI와 가상공간에서 1만 번의 소재 분석을 하는 컴퓨터로 신소재 제조법을 도출할 수 있다. 중국은 국가가 기술패권 전쟁을 이끌고 있다. 중국 배터리 업체들은 혁신적인 화학을 더 과감하게 수용하는 것으로 보인다. 정글 같은 배터리 생태계에서는 누구도 안전하지 않다. K-배터리는 그런 정글에서 살아남아야 한다.

머스크는 악마의 화신을 봤나?

2022년 봄 일론 머스크는 분노의 트윗을 날렸다. "S&P500 환경·사회·지배구조ESG 지수 상위 10개사에 엑손은 들어갔는데 테슬라는 못 들어갔다. ESG는 사기다. 엉터리 사회정의 전사들이 그걸 무기화했다." 그가 한 달 전에 남긴 댓글은 더 거친 적의를 느끼게 한다. "ESG는 악마의 화신이라는 걸 점점 더 확신하고 있다."

머스크는 왜 그토록 화를 냈을까? 전기차 혁명의 주역으로 탄소 배출 감축에 어느 기업보다 많이 공헌한다고 자부하는 테슬라가 화석연료 시대를 대표하는 엑손모빌보다 ESG 평가에서 밀렸다고? 이 문제는 머스크의 자존심을 구기는 데 그치지 않는다. ESG를 강조하는 글로벌 자본이 투자를 줄이면 테슬라의 성장 기회도 줄어들게 된다.

S&P는 왜 테슬라를 ESG 지수에서 빼버렸을까? 이 지수는 S&P500 기업 중 산업별로 ESG 점수가 낮은 25퍼센트를 제외하고 산출한다. 그해 자동차와 부품 기업 ESG 점수를 매겼을 때 테슬라는 하위 25퍼센트에 들어갔다. 다른 기업들 점수가 전반적으로 올라가면서 테슬라 순위는 떨어졌다. 엑손은 다른 산업에 속해 있다.

S&P는 테슬라 점수가 상대적으로 떨어진 이유를 밝혔다. 테슬라는 효율적 기술로 탄소 배출을 감축하는 전략 면에서, 그리고 부패나 반 경쟁 관행을 막는 규범의 이행과 투명한 공개 면에서 미흡하다는 평가를 받았다. 또 캘리포니아 프레몬트 공장의 인종 차별 논란과 열악한 노동 환경 문제, 당국의 오토파일럿 안전성 조사로 점수가 깎였다. S&P의 총평은 이랬다. "테슬라는 도로에서 화석연료 자동차를 끌어내는 데 역할을 하고 있을지 몰라도 더 넓은 ESG의 렌즈로 들여다보면 동종기업들에 뒤졌다."

테슬라는 모건스탠리캐피털인터내셔널MSCI의 ESG 평가에서도 높은 등급을 받지 못했다. 자동차 산업 42개사의 평균 수준이었다. 펄펄 뛰는 머스크와 달리 미즈노 히로미치 테슬라 이사는 더 절제된 표현으로 ESG 평가체계의 문제를 지적했다. "테슬라는 ESG 투자를 비난하지 않는다. 그러나 ESG 등급체계가 기업의 긍정적 영향도 공정하게 평가할 것을 촉구한다. 현재의 등급은 부정적 영향을 줄이는 것에 과도한 비중을 두고 있다."

현행 ESG 평가 방식에서는 환경과 사회, 지배구조의 세부항목별 가중치에 따라 점수나 등급이 달라진다. 업종별 상대평가여서 석유업체는 좋은 등급을 받는데 전기차업체는 왜 나쁜 등급을 받느냐는 불만을 낳을 수 있다.

테슬라는 ESG보다 '임팩트'라는 표현을 선호한다. 이 회사 보고서를 보자. "대형 투자기관들의 ESG 펀드에 돈을 맡긴 투자자들은 아마도 자기 돈이 기후변화를 호전시키는 기업이 아니라 악화시키는 기업 주식을 사는 데 쓰일 수 있다는 점을 알지 못할 것이다. 어떤 기업이 기름 먹는 하마 같은 차를 마구 찍어내더라도 제조 과정에서 탄소 배출을 조금씩 줄여가는 한 ESG 등급은 올라갈 가능성이 크다. ESG 평가는 흔히 이렇게 묻는다. '이 ESG 이슈가 기업의 이익에 영향을 미칠 것인가?' 그러나 우리는 이렇게 묻는 평가체계가 필요하다. '이 기업의 성장이 세계에 긍정적인 영향을 미칠 것인가?'"[84]

1970년 밀턴 프리드먼은 '기업의 사회적 책임은 이익을 늘리는 것'이라고 못 박았다. 이 단순한 독트린은 지난 반세기 동안 자본주의 사회의 운영체제를 지배했다. 하지만 지금은 다른 생각이 광범위하게 호소력을 얻고 있다. 주주 이익뿐만 아니라 지구환경과 여러 이해관계자, 그리고 기업 자체의 지속가능성에 미칠 영향도 중시해야 한다는 생각이다. ESG는 그런 생각을 종합적으로 표현한 것이다. 하지만 그것은 주주 이익 극대화처럼 단순한 지침이 아니다. 그 복잡성은 새로운 문제를 낳는다. 평가체계와 실행 지침은 조악하다. 머스크의 분노에 찬 트윗은 ESG에 대한 새로운 성찰과 숙고를 요구한다.

신과 이익만을 위해 산 거상

"지난 이틀 밤낮없이 그 많은 편지를 썼더니 몸이 좋지 않네. 먹은 거라곤 빵 한 조각밖에 없다네." "5월이면 내가 하룻밤에 편히 네 시간 넘게 자본 지 2년이 되네." 이탈리아 프라토의 상인 프란체스코 디 마르코 다티니1335~1410가 하나뿐인 친구 라포 마체이에게 보낸 편지다. 사이가 안 좋았던 아내에게는 이렇게 썼다. "내 운명은 태어날 때부터 온전히 행복한 날은 하루도 누리지 못하게끔 정해졌나 보오."

다티니는 이성계가 조선을 열 즈음에 지구 반대편에서 부의 왕국을 일구었다. 그의 아버지는 가난한 선술집 주인이었다. 그는 열세 살 때 이탈리아를 덮친 흑사병으로 네 형제 중 두 명과 어머니, 아버지를 잃었다. 사십대 후반 프랑스 남부의 번창하는 도시 아비뇽에서 장사하다 돌아온 다티니는 프라토와 피렌체에 본점을 두고 프랑스와 스페인, 벨기에, 잉글랜드로 확장해갔다.

교역망은 방대했다. 루마니아와 흑해의 철과 납, 백반, 노예, 향신료, 사우샘프턴과 런던의 잉글랜드 양모, 사르데냐와 시칠리아의 밀, 튀니스와 코르도바의 가죽, 베네치아의 비단, 말라가의 건포도와 무화과, 발렌시아의 아몬드와 대추야자, 마르세유의 사과와 정어리, 가에타의 올리브유, 이비자의 소금, 마요르카의 스페인 양모, 카탈루냐의 오렌지와 올리브유, 포도주를 팔았다. 문서는 라틴어와 프랑스어, 이탈리아어, 영어, 플랑드르어, 카탈루냐어, 프로방스어, 그리스어, 아랍어, 히브리어로 썼다.

다티니는 방대한 기록물을 남겼다. 사가들은 회계장부 500여 권과 동업계약서, 보험계약서, 선하증서, 환어음과 수표 300여 종, 편지 15만여 통으로 이 거상의 삶을 세밀하게 복원할 수 있었다. '신과 이익을 위하여'가 그의 변함없는 모토였다. 방점은 이익에 있었다. 일 중독자인 다티니는 예리하고 기민하며, 야심이 많고, 가차 없고, 탐욕스러운 기업가였다.

그의 삶은 늘 불안과 근심으로 가득했다. 각국에서 상품을 실어오는 배가 가라앉거나 해적을 만나지 않을까, 너무 많은 세금을 내지 않을까, 투자는 안전한 것일까, 채무자의 빚을 제대로 돌려받을 수 있을까 끊임없이 걱정했다. 그는 자신을 위해 일하는 이들을 불신했다. 먼 지점에서 일하는 직원들의 행동 하나하나를 통제하고 간섭하려 했다. 그래서 매일 밤늦게까지 세세한 계획과 지시를 담은 편지를 써야 했다.[85]

그는 때로 경쟁자를 상대로 비윤리적인 책략을 쓰기도 했다. 노예 거래도 했다. 하지만 당시로는 특별히 선하거나 악한 사람은 아니었다. 부에 대한 집착은 남달랐다. 재산을 아무리 많이 모아도 만족하지 못했다. 언제나 더 큰 부자가 되려고 노심초사하는 그에게 마음의 평화는 없었다. 아내와 양녀, 정부와 그 자녀들도 멀어졌다.

하지만 칠십대의 노년에 이른 그는 달라졌다. 죄의식에 시달리다 마침내 하나뿐인 친구의 충고를 받아들였다. 참회의 행동은 전 재산을 사회에 환원하는 것이었다. 다티니는 가난한 이들에게 써 달라며 10만 피오리노를 남겼다. 3.5그램짜리 금화 10만 개와 같은 금액이었다. 다티니는 낡은 체제의 엘리트가 두려워하는 사회적 상향 이동성을 대표하는 인물이었다. 그는 이탈리아의 자치도시 '코무네'의 제도적 환경 덕을 봤다. 그러나 어떤 배경이나 연고, 자본, 정부의 도움도 없이 거부가 됐다.[86]

다티니는 오로지 더 큰 이익을 좇아 평생 고투를 마다하지 않았다. 자신뿐 아니라 주위의 여러 사람을 힘들게 했다. 그러다 마지막에는 구원을 위해 후세의 칭송을 받을 만한 자선에 나섰다. 그의 삶은 하나의 전형을 이룬다. 독일의 거대 금융 자본가 야코프 푸거 역시 노년에 자선으로 자신의 영혼을 구원하려 애썼다.

기업들은 기본적으로 자선이 아니라 사업 자체를 통해 사회 문제를 풀어가야 한다. 기업의 이윤 추구와 사회 문제 해결은 엇갈리지 않고 조화롭게 통합되어야 한다. 말처럼 쉽지 않은 일이다. 착한 행동에는 비용이 따른다. 주주뿐만 아니라 고객과 종업원, 협력업체, 지역사회, 지구촌의 다양한 요구를 중시하는 이해관계자 자본주의와 ESG 경영에 대한 끊임없는 저항은 오래된 질문을 곱씹게 한다. 사업을 잘 하면서 좋은 일을 하는 게 가능한가?

사상 첫 백만장자의 묘비

"제가 없었다면 폐하께서 황제의 관을 얻지 못하셨으리라는 건 주지하는 바입니다. 제가 지급한 금액과 이자를 합해 더는 지체 말고 상환하도록 명하시기 바랍니다." 야코프 푸거의 독촉장은 유럽 최고 권력자 카를 5세에게 보내는 것이었다. 에스파냐 왕이자 신성로마제국 황제로서 로마제국 이후 가장 광활한 영토를 다스리는 그에게 빚을 갚으라고 다그치는 편지였다.

그럴 만했다. 푸거는 카를의 조부인 막시밀리안 1세가 합스부르크 가문을 중흥시킬 수 있도록 지원했다. 카를이 프랑스의 경쟁자를 제치고 신성로마제국 황위에 오를 때에는 선제후들에게 엄청난 뇌물을 뿌릴 수 있게 돈을 대 주었다. 이 대담한 전주는 유럽 정계의 헤게모니를 바꿔놓았다. 또 다음 5세기의 자본주의 도약을 위한 중대한 계기를 만들어냈다.

오늘날 아무 죄의식 없이 이자를 받는 이들은 그에게 감사해야 할 것이다. 기독교는 '아무것도 바라지 말고 꾸어주라'고 가르쳤나. 이자를 물리는 이들은 모두 고리내금업사로 비난받았다. 1310년 마인츠 의회는 고리대금업자의 매장된 시신을 파내게 했다. 시체는 악마의 부하인 구더기에 뒤덮여 악취를 풍겼다. 망자가 죄인이라는 증거였다.

5퍼센트 이자를 약속하며 예금을 끌어들이던 푸거는 기독교 세계 최고 권위의 승인을 받고자 했다. 연줄과 논리가 동원됐다. 메디치가 출신인 교황 레오 10세는 1515년 칙서에 서명했다. "고리대금은 노동이나 비용, 혹은 위험 없이 얻는 이득이나 이윤을 의미할 따름이다." 아무런 비용이나 위험 부담도 지지 않고 얻는 것이 아닌 한 이자를 받는 것도 문제 삼지 않는다는 뜻이다.

괴테는 복식부기를 "인간 정신이 고안한 가장 아름다운 발명 가운데 하나"라고 했다. 베네치아에서 금융을 배운 푸거는 알프스 이북에서 처음으로 복식부기를 도입했다. 그는 통합 재무제표로 자신의 금융 왕국을 한눈에 파악할 수 있었다. 정보에 목마른 그는 각지의 소식을 전달하는 첫 뉴스 서비스를 창안하기도 했다.

부를 향한 열망은 탐욕스럽고 가차 없는 경쟁으로 이어졌다. 구리 생산자들의 카르텔에 합류했을 때였다. 베네치아의 구리 가격을 올리려는 담합에 참여한 그는 공모자들 몰래 덫을 놓았다. 헝가리산 구리를 한꺼번에 풀어 가격이 되레 폭락하게 함으로써 경쟁자들을 거꾸러트린 것이다. 대중과 맞설 때는 피를 흘려야 할 경우에도 망설이지 않았다.

푸거는 세계 최고 부자로 죽었다. 1527년 대차대조표를 보면 그가 조카에게 물려준 사업체의 순자산은 202만 플로린에 이르렀음을 알 수 있다. 푸거야말로 최초의 백만장자라고 할 수 있다. 그는 33년 동안 연평균 12퍼센트씩 재산을 불렸다.[87] 가난한 사람들에게 무엇이 필요한지 잘 안다고 믿었던 그는 노동 빈민을 위한 공동주택을 지었다. 아우크스부르크에는 세계에서 가장 오래된 공공주택단지라는 '푸거라이'가 여전히 운영되고 있다.

그러나 노년의 푸거는 갈수록 늘어나는 적들을 맞아야 했다. 그는 뜻하지 않게 종교개혁의 불씨를 만들었다. 교황과 푸거는 성 베드로 대성당 건립을 빌미로 면죄부를 팔기로 모의했다. 절반은 푸거의 몫이었다. 그에 대한 반발로 마르틴 루터의 95개 조 논제가 나왔다. 몰락한 기사와 농민들이 들고일어난 것은 계급전쟁이었다. 푸거는 그들이 뒤집으려는 체제의 화신이었다. 1520년대 농민반란의 지도자 중 토마스 뮌처는 "신이 푸거를 멸하리라"고 외치며 사적 소유의 철폐만이 은총에 이르는 길이라고 주장했다. 푸거와 뮌처의 대결은 원시적 자본주의자와 공산주의의 싸움이었다. 냉전 기간 동독에서는 뮌처의 초상을 담은 우표가 발행됐다. 서독에서는 푸거의 얼굴이 우표에 실렸다.

푸거의 목표는 안락도 행복도 아니었다. 최대의 부를 쌓는 것이었다. 그는 죽기 전에 자신의 묘비에 쓸 글을 지어놓았다. 초상화를 남기는 것조차 지나친 오만으로 치부되던 시대였다. 글은 자부심의 끝판왕을 보여준다. "전능하고 지선하신 하느님! 자신의 계급과 국가에 광채를 더한 아우크스부르크의 야코프 푸거는 비범한 축재와 자유, 생의 순결에 있어 누구에게도 뒤지지 않았고 영혼의 도량에서도 생전에 견줄 자가 없었으니 사후에도 필멸의 존재로 치부되지 않을 깃입니다."

사후 평가조차 독점하고 싶은 그였다. 5세기 후 또 한 명의 혁신가가 생을 마감할 때는 달랐다. 아이작슨에게 자서전을 맡길 때 잡스는 집필 과정에 영향력을 행사하거나 미리 보여달라고 해서는 안 된다는 조건을 선뜻 수락했다. 그는 이렇게 말했다. "이건 당신 책이니까요. 읽어보지도 않겠습니다."

"게으른 부자가 되는 꼴은 못 본다"

"내가 가끔 월튼 집안의 미래 세대에 관해 걱정하는 건 사실이다. 그들이 모두 아침에 신문 배달을 하리라고 기대하는 건 비현

실적이고 내가 어떻게 할 수 없는 일이라는 걸 안다. 그러나 내 후손 중 누구도 내가 게으른 부자라고 부르는 부류에 들어가는 꼴을 보기는 싫다."

샘 월튼이 회고록에 남긴 말이다. 그는 아들 셋롭, 존, 짐과 딸 앨리스 하나를 두었다. 그는 자신이 한 것처럼 아이들 모두 신문 배달을 하게 했다. 좋은 교육이 되리라고 믿었다. 월튼은 아주 어릴 때부터 아이들도 부모에게 받기만 하기보다 집안 살림을 꾸리는 데 보탬이 돼야 한다고 배웠다. 그의 아이들은 늘 가게에 나가 일을 했다. 큰아들 롭은 운전면허를 따자마자 트럭에 물건을 가득 싣고 밤새 운전해야 했다.

월튼은 훗날 장인이 되는 L. S. 롭슨이라는 사업가를 존경했다. 롭슨은 자신의 목장과 가족 사업을 파트너십 형태로 조직했다. 아들딸들이 모두 동업자가 됐다. 그는 월튼에게도 그렇게 해보라고 조언했다. 1945년 잡화점 하나로 시작한 월튼은 가진 게 많지 않았지만 모든 걸 한데 모아 아이들과 파트너십 체제를 만들었다. 그 파트너십은 월마트를 지배하는 월튼 엔터프라이즈가 된다. 이 지주회사의 이사회는 가족들로 구성된다. 의사결정은 합의를 바탕으로 이뤄진다. 가끔 논쟁이 벌어지기도 한다. 그러나 분배금은 모두 똑같이 가져간다. 월튼은 번 돈을 각자 여기저기 뿌리고 다니지 않고 엔터프라이즈에 차곡차곡 쌓는 구조를 만들었다.

이런 체제는 가족이 공동으로 월마트에 대한 지배력을 유지할 수 있게 해주었다. 지분을 조각조각 팔아버리지 못하게 막는 구조다. 월마트 간판을 내건 지 62년이 지난 지금까지 창업자 가족은 매우 높은 지배력을 확보하고 있다. 2024년 4월 창업자 자녀 셋의 의결권은 46퍼센트에 이른다. 이들이 함께 지배하는 지주회사 월튼 엔터프라이즈가 37퍼센트, 월튼 패밀리 홀딩스 트러스트가 8퍼센트를 갖고 롭과 짐, 앨리스 월튼은 각자 약간의 지분을 보유한다. 뱅가드 그룹을 비롯한 기관투자가들은 전체 주식의 35퍼센트를 가져간다. 일반 투자자와 경영진, 종업원 주주의 비중은 20퍼센트도 안 된다.

월튼은 이런 소유지배구조가 기업사냥꾼을 물리치는 가장 좋은 방책이라고 했다. 그는 돌이켜보면 파트너십은 훌륭한 전략이었으며 롭슨의 조언이 아니었다면 그런 방안을 생각해내지 못했을 거라고 회고했다. 일찍이 이런 소유구조를 설계했기 때문에 지나치게 호화롭지 않게 살면서 가족의 결속을 유지할 수 있었다고 했다. 일찍이 지분을 넘겨 거액의 상속세와 증여세를 내지 않아도 된다는 점도 지적했다. "원리는 간단하다. 유산에 물리는 세금을 줄이는 최선의 길은 평가액이 오르기 전에 자산을 나눠주는 것이다."[88]

세계 최대 가족기업 월마트에서 오너 일가는 어떤 일을 하고 있을까? 큰아들 롭은 1969년 회사에 합류했다. 로스쿨 졸업 후 월마트 대표변호사로 주식 상장 일을 맡기도 했다. 아버지가 세상을 떠난 1992년부터 23년 간 회장으로 있다가 2015년에 물러났다. 그 자리는 사위 그레그 페너가 물려받았다. 롭은 2024년 이사회에서도 은퇴했다. 일찍이 독립했던 둘째 아들 존은 2015년 세상을 떠났다. 막내아들 짐은 2016년 이사회에서 물러나고 그 자리에 아들 스튜어트가 들어왔다. 변호사를 거쳐 월마트에서 기업 인수합병 업무를 하다가 사모 투자회사를 창업하기도 한 스튜어트는 창업세대와는 다른 피라고 할 수 있다.

오너 일가가 확고한 지배력을 가지고 이사회를 이끌고 있지만, 일상적인 경영은 전문 경영자 몫이다. 샘 월튼은 1988년 CEO 자리를 데이비드 글래스에 넘겨줬다. 2000년에는 리 스콧, 2009년에는 마이클 듀크, 2014년에는 더글러스 맥밀런이 그 자리를 물려받았다.

가족기업은 일반적으로 혁신보다 안정을 중시하는 것으로 여겨진다. 긴 안목으로 전략적 결정을 내릴 수 있지만, 경영권 승계에 따르는 위험도 크다. 사상 최고 몸값을 기록하고 있는 월마트는 지금까지 그런 위험들을 잘 피한 것으로 보인다. 하지만 가족기업은 창업 후 삼대를 넘기기 힘들다는 이른바 삼대 가설이 남의 이야기가 될지는 더 두고 볼 일이다.

강철왕의 ESG는 몇 점일까?

미국의 '강철왕' 앤드루 카네기 1835~1919는 허버트 스펜서의 사회 진화이론을 읽고 철학적 깨달음을 얻었다고 했다. 조직적 경영에 가장 뛰어난 재능을 지닌 이들이 부를 쌓는 게 문명의 법칙이라는 것이었다.

젊은 카네기는 달리 생각했었다. 서른 살 전에 이미 요새 돈으로 500만 달러를 거머쥔 그는 부의 원천을 자신의 노동이나 기술에서 찾지 않았다. 남들보다 뛰어난 능력이나 총명함을 내세우지도 않았다. 마침 철강 수요가 폭발적으로 늘어날 때 운 좋게 기회를 잡았을 뿐이라고 생각했다. 훗날의 변심은 놀랍다. 스펜서에게서 깨달음을 얻은 후에는 자신처럼 부를 쌓는 데 보기 드문 재능을 지닌 이들이 그 돈을 공동체에 가장 유익하다고 생각하는 방식으로 써야 한다고 믿었다. 그 부를 어떻게 쓸지 노동자들이 결정하게 허용하는 건 문명의 법칙에 어긋난다고 보았다. 임금 인상을 기업 이익과 연계하기로 했던 약속을 깰 때도 그랬다. 생존에 필요한 것 이상을 주면 '게으른 자와 술 취한 자, 쓸모없는 자들'을 추어주게 될 뿐이라고 생각했다.

그 자신 가난한 이민 노동자 집안에서 자란 가네기였다. 그는 직물공장에서 실패를 나르며 주당 1.2달러의 저임금을 받았다. 기업을 일으킨 후에는 노동자의 친구 '앤디'로 자처했다. 하지만 그는 결국 가장 지독한 노조 파괴자가 된다. 1892년 홈스테드 제철소 파업은 최악의 유혈사태로 치달았다. 치열한 전투에서 노동자 일곱 명과 경비용역 세 명이 사망했다. 주 방위군이 투입되고 노동자 100여 명이 기소됐다. 9년 후 카네기는 존 피어폰트 모건에게 철강회사 지분을 넘기고 2억2600만 달러를 받는다.[89] 당시 모건이 보낸 전신은 한 줄이었다. "축하합니다, 카네기 씨. 당신은 세계 최고 부자가 되셨습니다."

1919년 84세로 세상을 떠날 때까지 그의 여생은 위대한 자선가의 삶이었다. 창조주를 기쁘게 하거나 세정의 칼날을 피하려는 의도보다는 부에 대한 그의 독선적 철학이 반영된 자선이었다. 그는 가장 값어치 있다고 생각하는 것에 신중하고 현명하게 돈을 쓰려고 애썼다. '쓸데없이' 임금을 올려주기보다는 3000개의 도서관을 지어주는 게 낫다고 믿었다. 지난 한 세기 동안 그 혜택을 본 이는 수백만 명에 이를 것이다. 하지만 시어도어 루스벨트 대통령의 최종 평가는 이랬다. "카네기가 자신에게 부를 안겨준 철강 노동자들을 공정하게 대하는 데 재산과 시간을 썼더라면 그가 자선 활동으로 이룬 것보다 1000배는 많이 성취했을 것이다."

카네기는 '강도 귀족'의 시대를 살았다. 열세 살 때 스코틀랜드에서 미국으로 건너와 맨손으로 거대한 부를 일구었다. 철도와 마천루의 시대에 가장 낮은 비용으로 가장 강한 철을 공급하기 위해 헨리 포드보다 앞서 일관작업 공정을 도입하고 규모의 경제를 추구했다. 그 과정에서 여러 이해관계자에게 크고 작은 상처를 주었다.

여기서 사고실험을 해보자. 오늘날 누군가가 이 강철왕의 경영에 ESG 점수를 매긴다면 어떨까? 노동자와 경쟁자를 대하는 그의 자세는 사회적 책임S 면에서 낮은 점수를 받을 만하다. 기업 지배구조G에 대한 평가도 좋을 리가 없다. 모두의 사업은 누구의 사업도 아니라고 믿는 카네기는 많은 사람이 주식을 보유하게 되는 기업공개를 꺼렸다. 그에게 환경E에 대한 고민은 별로 없었을 것이다. 개인적으로는 그을음이 묻어나는 피츠버그를 피해 깨끗한 스코틀랜드에서 시간을 보내곤 했다.

다티니처럼 카네기도 먼저 거대한 부를 축적하는 데 심혈을 쏟은 다음 말년에 자선사업으로 그 부를 환원했다. 이익을 추구하면서 동시에 선한 행동을 하기는 쉽지 않았을 것이다. 더 윤리적으로 행동했다면 비윤리적인 경쟁자를 제치기가 그만큼 어려워졌을지 모른다. 다만 강철왕으로 탄탄한 입지를 굳힌 다음에는 변화를 주도하기도 쉬웠을 것이다. ESG 경영에서도 영향력이 큰 선도기업이 더 큰 책임의식을 가져야 한다.

물론 강도 귀족의 시대 기업가를 오늘날 이해관계자 자본주의의 잣대로 재단할 수는 없다. 카네기는 ESG니 이해관계자 자본주의니 하는 것에 골치를 썩일 필요가 없었다. 기업가로서 그의 목표와 규범은 단순한 것이었다. 누군가는 그 단순한 게임을 좋아할 것이다. 하지만 이미 한 세기가 흘렀고 우리는 그 시대로 되돌이갈 수 없다.

포르쉐 가문의 내전

그들은 억만장자들의 포커 게임에 잘못 끼어들었다. 포르쉐의 짜릿한 가속과 코너링을 만끽하던 헤지펀드 매니저들은 패닉에 빠졌다. 2008년 10월 27일은 월요일이었다. 주식시장이 열리자마자 폭스바겐 주가가 아찔하게 치솟았다. 공매도에 몰렸던 헤지펀드들이 패닉 바잉으로 돌아섰기 때문이다. 금요일까지도 200유로 선을 오르내리던 주가는 화요일 한때 1005유로까지 폭등했다. 폭스바겐 시가총액은 3000억 유로 가까이 불어나며 잠시나마 엑손모빌을 제치고 세계 최대기업이 됐다.

공매도 세력이 패닉에 빠진 건 포르쉐가 일요일에 터트린 핵폭탄 때문이었다. 포르쉐는 몇 년째 폭스바겐 주식을 매집해왔다. 글로벌 금융위기가 한창일 때였다. 자동차업계는 실물과 금융의 복합위기를 맞았다. 그럴 때 꾸준히 오른 폭스바겐 주식을 공매도한 건 극히 상식적이었다. 포르쉐가 악몽 같은 시나리오를 던져주기 전까지는.

포르쉐는 이미 폭스바겐 지분 42.6퍼센트를 보유하고 있으며 옵션 계약을 통해 추가로 31.5퍼센트를 통제할 수 있다고 발표했다. 니더작센주 정부 지분 20퍼센트는 잠겨 있었다. 이제 전체 주식의 94.1퍼센트는 시장에 유통되지 않게 됐다. 그다음은 간단한 산수의 영역이었다. 시장에서 살 수 있는 주식은 6퍼센트가 채 안 됐다. 공매도 세력이 빌려서 판 주식은 그 두 배였다. 유통 물량을 다 거둬들여도 빌린 주식의 절반밖에 갚을 수 없을 터였다.

주가가 치솟으면 공매도 손실은 이론적으로 무한대가 된다. 그 압박숏 스퀴즈에 직면한 이들은 값을 따지지 않고 주식을 사들이려 한다. 2021년 초에도 이런 사태가 일어났다. 헤지펀드들은 한물간 비디오게임 유통업체 게임스톱 주식 공매도에 나섰다. 유통 물량의 260퍼센트나 공매도해놓고 주가가 추락하기만 기다렸다. 온라인 커뮤니티에서 뭉친 소액 투자자들은 그들에게 불개미 떼처럼 달려들었다. 20달러를 밑돌던 게임스톱 주가는 숏 스퀴즈로 480달러까지 폭등했다.

포르쉐가 폭스바겐 주식 유통 물량을 5퍼센트가량 늘리는 조치를 하자 주가는 급락했다. 이틀 만에 반 토막이 나고 한 달 만에 4분의 1 토막이 났다. 숏 스퀴즈로 공매도 세력이 입은 손실은 300억 달러에 달한다는 추정도 나왔다. 독일 금융감독청은 내부자 거래나 주가 조작 가능성을 조사하겠다고 나섰다. 포르쉐는 강력히 부인했다. 옵션거래로 은밀히 지분을 매집할 수 있도록 한 규제의 허점도 드러났다.

포르쉐 최고경영자 벤델린 비데킹은 이 사태의 승자로 보였다. 2009년 1월 결산 때 포르쉐의 반기 매출은 30억 유로였다. 세전 이익은 73억 유로에 달했다. 폭스바겐 주식 옵션거래로 68억 유로를 챙긴 덕분이었다. 포르쉐 오너 일가는 비데킹에게 세전 이익의 0.87퍼센트를 상여로 주고 있었다. 2008년 그의 보수는 7700만 유로에 딜했다. 지금 돈으로 1100억 원 넘는 횡재였다.

비데킹은 유럽에서 몸값이 가장 비싼 경영자였다. 그는 1990년대에 벼랑에 몰린 포르쉐를 살렸다. 일본 자동차의 생산방식을 도입하고 스포츠유틸리티 차 '카이엔'을 비롯해 신차를 잇달아 내놓으며 턴어라운드에 성공했다. 다른 자동차업체의 먹잇감이 될 처지였던 포르쉐는 그 덕분에 덩치가 열다섯 배인 폭스바겐을 삼키려는 야심을 품게 된다. "덩치가 결정적인 기준이라면 공룡이 여전히 살아 있을 것"이라고 했던 비데킹은 이제 자신의 지론을 뒤집고 규모를 키우려 했다.

포르쉐 지주회사는 2009년 초까지 폭스바겐 보유 지분을 50.7퍼센트로 늘렸다. 하지만 75퍼센트 지분을 확보해 경영권을 장악하려던 야망은 결국 무산된다. 금융위기의 한가운데서 무리하게 인수를 밀어붙이다가 100억 유로의 빚을 진 채 오히려 인수 대상에게 구제를 요청할 지경에 이른다. 폭스바겐은 포르쉐 생산회사 지분을 사들여 100퍼센트 계열사로 만든다. 이 지배구조는 얼핏 보면 헷갈리기 쉽다. 포르쉐 일가가 소유하는 지주회사가 폭스바겐을 지배하고, 폭스바겐이 다시 포르쉐 자동차를 생산하는 자회사를 지배한다.

포르쉐와 폭스바겐의 싸움은 한판의 극적인 뒤집기처럼 보였다. 하지만 포르쉐 가문이 벌인 오랜 내전은 반전을 거듭한 것이었다. 독일 기업 역사와 정치경제 체제의 축도를 보여주는 내전의 시작은 이 가족기업의 2세대로 거슬러 올라간다.

가족기업의 지배

오늘 포르쉐 왕국 지배구조의 정점에 있는 포르쉐 자동차 지주 포르쉐 SE의 감독이사회가 열린다고 해보자. 독일 기업에서 일상적인 경영은 경영이사회가 맡는다. 감독이사회는 경영진을 감독하며 큰 전략을 결정한다. 포르쉐 SE 감독이사회에는 열 명이 참석한다. 의장은 볼프강 포르쉐다. 창업자 페르디난트 포르쉐 1875~1951의 친손자다. 외손자인 부의장 한스 미헬 피에히도 참석한다.

4세대 경영자도 함께 자리한다. 볼프강 포르쉐의 맏형의 맏아들 페르디난트 올리버 포르쉐가 보이고, 셋째 형의 아들 페터 다니엘 포르쉐도 아버지에 이어 한 자리를 차지한다. 피에히 집안에서는 한스 미헬 피에히가 누나의 아들 요제프 미하엘 아호르너와 자신의 딸 소피를 데리고 왔다. 다른 네 명은 창업자의 핏줄이 아니다.

포르쉐와 피에히 가문이 완전히 지배하는 포르쉐 SE는 2023년 말 폭스바겐 의결권 지분 53.3퍼센트를 갖고 있다. 여기에 니더작센주의 20퍼센트와 카타르 홀딩사의 17퍼센트를 빼면 폭스바겐 의결권 지분 중 시장에서 유통되는 물량은 9.7퍼센트에 불과하다. 폭스바겐은 2022년 포르쉐 자동차를 생산하는 자회사 포르쉐 AG의 의결권 지분 25퍼센트를 포르쉐 SE에 팔았다.

피라미드의 정점에 있는 포르쉐 가문은 지주회사 포르쉐 SE를 가지고 2023년 매출액 3200억 유로 기준 세계 최대 자동차그룹을 지배하고 있다. 피에히 집안은 포르쉐의 무리한 인수 시도에 뒤집기 승을 거두었다. 하지만 창업자 포르쉐가 본다면 승자는 바로 자신이라고 생각할 것이다. 포르쉐 왕국 전체를 지배하는 감독이사회를 그의 손자와 증손자들이 장악하고 있기 때문이다.

4세대에 이른 이 가족기업의 역사는 왕좌의 게임과도 같은 반전을 보여주었다. 1931년 포르쉐를 창업한 페르디난트는 딸 루이제와 아들 페리에게 지분을 50대 50으로 물려주었다. 창업 2세대가 똑같은 의결권을 갖고 공동경영을 하라는 뜻이었다. 균등 분할은 3세대로 이어졌다. 누나 루이제는 안톤 피에히와 결혼해 아들 셋과 딸 하나를, 동생 페리는 아들 넷을 두었다. 두 세대 열 명이 각각 10퍼센트의 지분을 나눠 가졌다.

2세대의 남매는 서로 신뢰를 잃지 않았다. 아래 대의 사촌들은 그러지 못했다. 볼프강 포르쉐와 페르디난트 피에히가 이끄는 두 집안의 주도권 다툼이 치열해졌다. 반목도 깊어졌다. 친손자들은 창업자의 신화적인 이름을 물려받았다. 볼프강은 외사촌들의 화를 돋우고 싶을 때마다 "포르쉐가의 성이 없는 놈"이라고 불렀다.

1963년 포르쉐에 들어온 페르디난트 피에히는 자동차 설계에 뛰어났다. 그의 엔진을 탑재한 포르쉐 917이 르망 24시간 레이스에서 우승하기도 했다. 하지만 사촌들과의 불화가 심해지자 결국 포르쉐를 떠나 아우디로 갔고, 치열한 생존투쟁 끝에 폭스바겐 그룹의 수장이 된다. 그의 사생활은 복잡했다. 볼프강의 형수였던 마를렌을 포함해 네 명의 여성과 살았고 열세 명의 자녀를 두었다.

내전의 불씨는 경영권의 공동 승계에 따른 가족 간 불화였다. 하지만 한 꺼풀을 벗겨보면 그 바탕에 깔린 경제 논리가 보인다. 포르쉐는 드라마를 팔고 폭스바겐은 현실을 판다.[90] 특별함을 뽐내는 고급 차와 가성비를 중시하는 대중적인 차는 너무나 대조적이다. 하지만 바로 그 때문에 둘은 서로에게 더욱 필요했다. 비데킹이 골리앗에 도전하는 다윗처럼 폭스바겐 인수전을 벌인 것도 그 때문이었다.

한 꺼풀을 더 벗겨보면 독일의 경제구조와 산업정책을 낳은 정치적인 맥락들이 드러난다. 산업화시대 거대기업의 역사가 흔히 그렇듯이 폭스바겐은 시작부터 매우 정치적이었다. 독일 경제 기적의 상징 가운데 하나인 이 국민차 기업의 역사는 자동차광 아돌프 히틀러와의 만남으로 시작됐다.

딱정벌레 차 사냥

1938년 4월 20일은 히틀러의 49세 생일이었다. 그날 사진은 오늘날 세계 최대 자동차그룹의 초기 역사를 보여준다. 페르디난트 포르쉐는 히틀러가 바라던 국민차 모형을 가져왔다. 딱정벌레처럼 생긴 모형을 보며 포르쉐의 설명을 듣는 히틀러는 잔혹한 독재자의 얼굴을 잠시 내려놓고 장난감 차를 선물 받은 아이처럼 웃고 있다.

히틀러는 포르쉐의 숭배자였다. 뮌헨 폭동으로 수감됐을 때도 다임러 신모델을 챙겨볼 정도로 자동차에 관심이 많았다. 1933년 총리가 된 그는 값싼 국민차 개발과 아우토반 건설 계획을 발표했다. 대량 실업을 해소하고 불황을 넘는 묘수가 될 터였다. 이듬해 그는 "자동차는 부자들 것이라는 잘못된 생각"을 비판하며 보통 사람도 차를 살 권리가 있다고 선언했다.

포르쉐와 히틀러는 1934년 초 총리관저에서 만났다. 1250cc 엔진을 뒤쪽에 단 최고 시속 100킬로미터의 소형차를 1000라이히스마르크 이하로 판다는 기본 계획이 정해졌다.[91] '기쁨을 통한 힘 KdF'이라는 이름을 붙인 이 차는 오펠의 동급 차 절반 값이었다. 히틀러는 1939년 50세 생일에 1호 차를 선물 받았다. 하지만 그해 가을 제2차 대전이 터지면서 첫해 생산은 600여 대에 그쳤다. 전후 영국군 사령부는 전쟁 배상금 조로 생산 설비를 영국으로 가져가려다 생각을 바꿨다. 업계는 폭스바겐으로 이름을 바꾼 이 딱정벌레 차가 기본적인 기술적 요건도 갖추지 못했고 추하고 시끄럽다며 무시했다. 폭스바겐은 결국 1949년 독일에 반환되고 연방 정부 지시에 따라 니더작센주가 경영관리를 맡게 됐다.

1960년 독일 정부는 경제부흥의 상징이 된 폭스바겐을 민영화했다. 주식 60퍼센트를 국민주로 팔고 나머지는 연방과 주 정부가 각각 20퍼센트씩 보유했다. 그 후 연방 정부는 지분을 다 팔았으나 니더작센주는 지금까지 그 지분을 갖고 실질적인 거부권을 보유한다. 포르쉐의 폭스바겐 인수가 좌절된 것은 이 거부권 때문이었다.

독일법에 따르면 통상 75퍼센트의 지분을 확보하면 경영권을 장악할 수 있다. 유럽연합 집행위원회는 유독 폭스바겐만 그 기준을 80퍼센트로 정한 것은 잘못이라며 법 개정을 요구했다. 인수전에 나선 포르쉐와 비데킹도 독일 정부가 결국 법을 바꿀 수밖에 없을 것으로 낙관했다. 75퍼센트 지분으로 폭스바겐 경영권을 움켜쥐면 이 회사 금고의 엄청난 현금을 이용해 인수 과정에 진 빚을 갚을 수 있으리라 생각했다. 오산이었다.

2008년 봄 베를린의 한 이탈리아 레스토랑에서 앙겔라 메르켈 총리와 크리스티안 불프 니더작센주 총리 훗날 독일 대통령가 마주 앉았다. 포르쉐의 폭스바겐 인수에 반대하는 불프는 니더작센주의 거부권을 유지해 달라고 총리를 설득했다. 그해 말 연방의회는 거부권을 살려두는 새 법을 통과시켰다. 폭스바겐의 총수 피에히는 불프와 사이가 아주 안 좋았다. 불프가 그를 교체하려고 했기 때문이다. 그러나 피에히는 특유의 정치술로 불프를 끌어들여 유럽연합의 압력을 막아냈다. 폭스바겐 법의 거부권 조항 폐지를 전제로 75퍼센트 지분 확보에 올인했던 포르쉐는 궁지에 몰렸다. 독일 기업의 인수전에 정치 논리가 얼마나 강하게 작용하는지 보여주는 장면이다. 물론 포르쉐가 노렸던 폭스바겐 곳간의 현금은 결국 포르쉐의 빚을 갚는 데 쓰이게 되고 포르쉐와 피에히 가문이 이 거대 자동차그룹을 지배하게 된 것은 앞서 본 대로다.

히틀러와 포르쉐의 합작품이었던 이 국민차 기업은 3세대 경영자들의 불화와 극적인 반전을 부른 인수전 끝에 포르쉐 후손들의 지배 아래 들어갔다. 피에히 몰래 감행한 포르쉐의 인수전은 월가의 혈투를 방불케 했다. 그러나 노동자와 지방정부, 중앙정부가 함께 참전하는 걸 보면 영미식 자본주의가 독일식 이해관계자 자본주의를 완전히 대체한 것은 아님을 알 수 있다.

왕좌의 게임

스물한 살의 슈퍼모델 레티시아 카스타는 프랑스 공화국을 상징하는 마리안느 상 모델로 선정됐다. 1999년이었다. 1960년대 말부터 브리지트 바르도, 미레유 마티외, 카트린느 드뇌브 같은 인기 배우와 가수들이 마리안느로 뽑혔다. 카스타는 프랑스의 얼굴이 되자마자 논란에 휩싸였다. 한 해 200만 파운드 35억 원를 벌던 그녀가 고소득자 세율이 낮은 런던으로 주거지를 옮겼다는 보도 때문이었다.

『타임스』는 카스타가 파리에 살면 소득세와 사회보장세, 부유세를 합쳐 131만 파운드를 내야 하지만 런던에서는 소득세와 국민보험료 79만 파운드만 내면 된다고 썼다. 프랑스 야당 대변인은 "이 나라의 세금 부담은 숨 막힐 지경"이라며 카스타의 런던행은 재능 있는 이들을 외국으로 몰아내는 사회주의의 실패를 상징적으로 보여준다고 공격했다. 브리지트 바르도도 절세를 위한 이주는 전적으로 옳다며 "나도 용기만 있다면 그렇게 했을 것"이라고 했다. 카스타는 절세가 아니라 직업상 이유로 런던의 아파트를 빌렸다고 해명했다.

그녀는 루이비통, 지방시, 불가리 같은 럭셔리 브랜드의 모델도 했다. 2012년에는 그 브랜드를 거느린 LVMH 아르노 회장이 부자 증세에 반발해 외국행을 택하려 한다는 논란에 휩싸였다. 프랑스 최고 부자가 벨기에 국적을 신청했다는 소식은 프랑스의 얼굴이 런던으로 옮겨가는 것보다 훨씬 큰 파장을 불러 왔다. 프랑수아 올랑드 정부가 100만 유로 넘는 소득을 올리는 개인에 대한 세율을 75퍼센트까지 올리려 하면서 부자들의 세금 망명이 우려되던 때였다. 실제로 배우 제라르 드파르디외는 2013년 초 푸틴 대통령의 행정명령으로 러시아 국적을 얻었다.[92]

언론은 아르노에게 "꺼져버려"라며 격앙된 반응을 보였다. 그는 계속 프랑스에서 세금을 낼 것이며 벨기에 국적 신청은 개인적인 투자와 관련된 것이라고 해명했다. 이듬해에는 이중국적 신청을 철회했다. 올랑드의 75퍼센트 소득세는 헌법재판소의 위헌 결정을 받았다. 아르노는 1981년 프랑수아 미테랑 정부가 들어섰을 때도 우호적인 기업 환경을 찾아 미국으로 간 적이 있었다. 하지만 글로벌 제국을 일군 지금은 역설적으로 프랑스를 등지기가 더 어렵게 됐다. 그는 세계화와 불평등이 일으킬 정치적 역풍을 누구보다 민감하게 의식해야 한다.

아르노가 아버지의 건설사에 들어간 1971년 뉴욕의 택시 운전사에게 프랑스 대통령 이름 조르주 퐁피두을 아느냐고 묻자 운전사는 이렇게 답했다. "몰라요. 하지만 크리스티앙 디오르는 알죠." 아르노는 2019년 『포브스』와 인터뷰하면서 LVMH가 프랑스의 기념비라고 말했다. "사람들은 다른 어떤 것보다 루이비통과 디오르라는 이름을 잘 압니다. 그들이 나폴레옹도 알까요? 드골은요? 우리는 이 그룹을 장기적으로 프랑스의 가족이 통제하는 것이 중요하다고 생각합니다."

이처럼 프랑스 기업의 정체성을 중시하는 그가 외국 국적을 취득하려 했다. 아르노는 벨기에 국적 신청에 관해 자신의 사후에 다섯 자녀가 LVMH를 팔아치우지 못하게 개인 재단을 설립하는 데 도움을 받을 의도였다고 밝힌 적이 있다. 문제는 결국 경영권을 지키는 것으로 압축된다. 2024년 11월 초 LVMH의 시가총액은 3000억 유로다. 2023년 봄 정점보다 1000억 유로 넘게 줄었다. 하지만 여전히 우리 돈으로 450조 원에 이르는 럭셔리 제국의 통일성을 유지하는 것이 그의 가장 큰 고민일 것이다.

2023년 말 아르노가는 LVMH 의결권 지분 64퍼센트를 쥐고 있다. 빌 게이츠나 제프 베이조스, 일론 머스크와 비교할 때 아르노는 자신의 핏줄에게 경영권을 물려줘야 한다는 생각이 강한 편이다. 일찍이 경영 수업을 시작한 다섯 자녀의 후계 경쟁은 기본적으로 적자생존의 논리에 따르는 것으로 보인다. 자녀들은 한목소리로 "아버지는 아주 젊다" "그는 30년 더 일할 수 있다" "그가 가능한 한 오래 일해주기를 바란다"고 말한다. 아르노 가족은 토요일에 점심을 함께하며 화합을 다지곤 한다. 아르노는 경영권 승계 문제만 물으면 입을 닫는다. 그는 잔혹한 왕좌의 게임이 아니라 가장 모범적인 경영권 승계의 역사를 만들 수 있을까?

초콜릿 전쟁

마야와 아스테카 문명에서 코코아 콩은 일종의 통화였다. 오늘날 이 기름진 씨앗은 주로 초콜릿 원료로 쓰인다. 팬데믹으로 잠시 멎었던 글로벌 초콜릿 대전이 다시 시작된 가운데 공급량이 줄어든 코코아 가격은 2022년 가을부터 가파르게 올랐다.

2024년 전 세계 초콜릿 시장 규모는 1400억 달러 약 180조 원 안팎으로 추정된다. 몇 년 동안 움츠렸던 여행객들은 다시 공항 면세점에서 달콤한 선물을 고른다. 중국과 인도 중산층도 그 매혹적인 맛에 빠져든다. 이 시장은 해마다 5퍼센트 안팎의 성장세를 이어갈 것으로 전망된다.

적도 아래위 20도의 열대에서 코코아를 재배하는 농민은 500만 명쯤 된다. 초콜릿의 단맛을 본 이들은 50억 명쯤 될 것이다. 즐겨 먹는 계층은 그 10분의 1로 잡아도 원료 생산자의 100배에 이른다. 당연히 공급자가 우위에 설 것 같지만 그렇지 않다.

코코아 생산자와 초콜릿 소비자 사이에 몇 안 되는 거대기업들이 원료 교역과 제조 부문을 틀어쥐고 있다. 마치 모래시계처럼 중간이 잘록한 구조다.

코코아 생산은 매년 10월부터 이듬해 9월까지를 한 해로 잡고 통계를 낸다. 국제 코코아 기구 ICCO에 따르면 2022/2023년 전 세계 코코아 생산량은 505만 톤이었다. 주산지는 본래 중남미였지만 지금은 코트디부아르 224만 톤와 가나 65만 톤, 나이지리아 31만 톤, 카메룬 27만 톤 같은 서아프리카 국가들이 전체 생산의 73퍼센트를 차지한다. 코코아 무역은 8대 메이저 올람, 배리 칼레보, 카길, 에콤, 쉬크덴, 투통, 시모아, 코코아넥트가 장악하고 있다. 이 중에서도 빅4의 영향력이 절대적이다. 초콜릿 제조업체로 가장 많은 코코아를 소비하는 몬델레즈 인터내셔널, 네슬레, 마스, 허쉬, 페레로그룹 같은 다국적 기업들의 힘은 막강하다. 모래시계의 잘록한 허리를 차지하고 있는 기업들이다.

초콜릿의 가치사슬은 엄청난 불균형을 보여준다. 다크 초콜릿을 팔아 100달러를 남기면 그중 80~90달러는 초콜릿 제조업체와 소매업체가 가져간다. 브랜드와 마케팅, 제품 차별화 같은 무형의 자산 덕분이다. 중간 단계에서 교역과 제분을 담당하는 업체들은 7~8달러를 챙긴다. 농민들 몫은 6~7달러에 불과하다. 코코아 농민 중 200만 명은 빈곤선 아래서 허덕인다. 이들은 조직화하지 못했고 협상력은 형편없다. 생산자들은 코코아 콩을 발효시켜 말리자마자 팔아야 한다. 좋은 값을 받을 때까지 보관할 창고도 없다. 트럭이나 가공설비를 살 여력도 없다. 무역상들은 대규모 저장 시설을 갖추고 가격 변동에 따라 공급 물량을 통제할 수 있다. 제조업체들은 원가 상승 부담을 소비자들에게 전가할 수 있다.

다국적 기업에 맞서 협상력을 키우려는 코트디부아르와 가나는 일종의 카르텔 COPEC을 만들었다. 나이지리아와 카메룬 같은 나라들을 끌어들여 코코아 생산량 중 4분의 3을 통제하고 싶어 한다. 하지만 막강한 자본력을 갖춘 메이저들은 수입 선을 돌리거나 비축 물량을 풀어 카르텔의 가격 인상 시도를 무산시킨다. 사우디아라비아가 원유 가격을 올리려면 그냥 생산 시설의 밸브만 잠그면 된다. 하지만 코코아 생산은 그럴 수 없다. 정부가 코코아를 사들여 비축하고 싶어도 재정 여력이 없다.

팬데믹으로 코코아 수요가 부진할 때 코트디부아르 정부는 초콜릿 메이저들에게 무릎을 꿇을 수밖에 없었다. 러시아의 우크라이나 침공도 코코아 생산에 불리하게 작용했다. 비료 공급에 차질이 빚어지고 운송비도 크게 늘었다.

그러나 이런 역학은 바뀔 수 있다. 초콜릿 수요가 늘어날수록 코코아 생산국들의 목소리도 커질 것이다. 기후변화도 불확실성을 키운다. 서아프리카나 아마존강 유역의 코코아 생산이 타격을 받을 수 있다. 코코아 생산을 위한 삼림 파괴는 기후변화를 부채질한다. 악순환이다.

2023/2024년에는 생산이 급감하면서 '코코아 위기'가 찾아왔다. ICCO는 흉작으로 코코아 공급이 전년 대비 12퍼센트 가까이 감소한 433만 톤에 그칠 것으로 전망했다. 수요 부진이 공급 부족으로 급반전되고 투기적 매수세까지 가세하면서 코코아 가격은

폭등했다. 2023년 봄까지만 해도 톤당 2000달러대였으나 이듬해 봄 1만2000달러 넘게 치솟았다.

돈과 기술이 초콜릿 전쟁의 흐름도 바꿔놓을 것이다. 우크라이나 전장을 날아다니는 것과 같은 드론이 서아프리카의 정글을 날아다니고 있다. 식음료 제국 네슬레는 코코아 농가에 닭을 키우라며 돈을 집어준다. 초콜릿의 단맛은 기후변화부터 공정무역과 아동 노동까지 지구촌의 온갖 딜레마를 덮고 있다.

바보 새는 날 필요가 없었다

도도는 아프리카 동쪽 모리셔스 섬에 살다 17세기 말 멸종한 새다. 몸무게가 10~20킬로그램에 이르렀을 것으로 추정되는 새는 날지 못했다. 16세기 유럽에서 온 항해자와 외래종을 만나기 전까지는 굳이 날아다닐 필요가 없었을 것이다. 우리는 공룡에 관해 많은 걸 알고 있다. 하지만 비교적 최근에 사라진 이 새는 잘 알지 못한다. 새 이름은 바보나 미친 사람을 뜻하는 포르투갈어에서 유래했다는 설이 있으나 불분명하다.

2022년 초 블랙록의 회장 겸 CEO인 래리 핑크는 기업 CEO들에게 보내는 연례 서한에서 이 새를 소환했다. "에너지 전환으로 산업이 탈바꿈하고 있는 가운데 당신은 도도새의 길을 가겠습니까, 아니면 불사조가 되겠습니까?"

블랙록은 10조 달러를 굴리는 세계 최대 자산운용사다. 글로벌 자본시장의 큰손으로서 개별 기업의 성장에 어느 기관보다 큰 입김을 미칠 수 있다. 1988년 블랙록을 세운 핑크는 지금까지 CEO들을 수도 없이 만나보았다. 진정으로 위대한 기업들은 명확한 목적의식과 일관된 가치를 갖고 핵심 이해관계자들을 중시한다는 걸 알 수 있었다. 그는 이해관계자 자본주의를 주창하며 기업들에 ESG 경영을 주문했다.

비판자들이 핑크를 반자본주의자로 몰아세우는 것은 터무니없다. 그는 뼛속까지 자본주의자다. 핑크는 '자본주의의 힘' 제하의 CEO 서한에서 이렇게 밝혔다. "이해관계자 자본주의는 정치가 아닙니다. 사회적, 이념적 의제도 아닙니다. 그것은 이른바 워크woke도 아닙니다.[93] 나는 개인들이 더 나은 미래를 만들어가도록 돕고, 혁신을 추동하고, 회복력 있는 경제를 만들고, 우리의 가장 어려운 문제를 풀어갈 수 있는 자본주의의 힘을 믿습니다. 이해관계자 자본주의는 전부 주주들에게 장기적이고 지속적인 수익을 내주기 위한 것입니다."

종업원과 고객, 협력회사, 지역사회를 비롯한 여러 이해관계자와 호혜적 관계를 발전시키고 환경과 사회적 책임, 기업 지배구조를 중시하는 건 결국 장기적으로 주주들에게 더 큰 수익을 가져다 줄 것이라는 논리다.

핑크는 "우리가 지속가능성에 집중하는 건 환경주의자여서가 아니라 자본주의자이자 고객 자산의 수탁자이기 때문"이라며 "세계 경제의 탈 탄소화는 일생일대의 투자 기회를 창출할 것"이라고 주장했다.

이해관계자 자본주의와 ESG 투자는 냉혹한 시험대에 올라 있다. 난제와 딜레마는 끝이 없다. 다양한 이해관계자들의 상충하는 이익은 어떻게 조정할 것인가? ESG의 여러 목표가 부딪칠 때 무엇을 우선할 것인가? 예컨대 러시아 가스 수입을 줄이려 석탄 발전을 늘리는 건 바람직한가? 무기 생산 기업에 투자하지 않는다면 국방은 윤리적이지 않다는 말인가? ESG 평가표만으로 갈수록 몸집이 커지는 중국 기업이나 몸값이 치솟는 거대 석유업체를 투자 대상에서 빼버릴 수 있는가?

핑크는 현실적인 투자가다. 그는 "기업들은 기후 경찰이 될 수 없다"고 했다. 『블룸버그』 인터뷰에서도 "나는 환경 경찰이 되기를 원하지 않는다"고 했다. 2022년 블랙록은 "환경 관련 주주 제안에 대한 지지를 줄일 것"이라고 밝혔다. 기업 경영을 지나치게 제약하는 제안들이 늘어났기 때문이라고 했다.

ESG 투자에 실존적 위협을 느끼는 기업이나 지역은 당연히 맞서 싸우려 한다. 그러나 반격은 그다지 위협적이지 않다. 화석연료 부문의 고용 비중이 14퍼센트에 이르는 미국 텍사스주는 2021년 '화석연료를 보이콧하는 금융회사를 보이콧하는' 법을 만들었다. 하지만 보이콧 대상을 정할 때부터 난관에 부딪혔다. 금융회사가 화석연료를 보이콧하겠다고 선언하지 않고 단지 '투자 위험을 고려한 사업상 판단에 따라' 투자하지 않기로 했다면 제재하기 어렵다. ESG 투자에 더 위협적인 건 저조한 수익률 때문에 투자자들이 이탈하는 것이다.

영국 고생물학자 줄리언 흄은 도도새가 미련하고 어리석었다는 속설이 맞지 않는다고 밝혔다. CT로 두개골을 스캔해보면 도도가 큰 뇌를 가졌으며 비교적 영리한 새였음을 알 수 있다고 했다. 하지만 그 모든 기후변화와 화산활동에도 살아남았던 도도는 결국 멸종했다. 환경 변화에 적응하지 못하는 기업도 그런 운명을 맞을 것이다. 진화에 실패한 ESG 투자 역시 그럴 것이다.

제11장
반도체 칩으로 감자 칩 사기

　　은발과 미소가 멋진 앨빈 토플러를 만난 건 2001년 여름이었다. 한국이 환란의 어두운 터널을 막 벗어났을 때였다. 정보혁명에 대한 놀라운 통찰을 보여준 그는 김대중 대통령에게 '21세기 한국의 비전' 보고서를 전달했다. 저녁 자리에서 본 토플러는 호기심 가득한 소년 같았다. 그는 한국이 위기를 겪은 건 산업화시대 발전모델에서 벗어나지 못했기 때문이라고 했다. 무엇보다 획일적인 공장식 교육에서 벗어나야 한다고 지적했다.
　　그날 저자 사인을 받으려고 들고 간 책은 1993년에 나온 『전쟁과 반전쟁 War and Anti-war』이었다. 토플러가 "폭발물로 얼굴 반쪽이 날아간 보스니아 어린이, 흐릿해진 눈으로 아이의 남은 얼굴을 바라보는 어머니, 미래에 자신도 이해할 수 없는 이유로 죽고 또 죽이게 될 모든 무고한 이들을 위해" 썼다는 책이다.

그의 혜안을 빌려보자. 전쟁의 양태는 생산 양식에 따라 달라진다. 인간도 동물처럼 근육을 써야 하는 농업혁명 제1 물결 시대의 전쟁은 창과 칼을 들고 맞부딪쳐 피를 흘리는 싸움이었다. 기계화로 대량생산이 이뤄지는 산업혁명 제2 물결 시대에는 무차별적인 대량파괴 무기가 동원된다. 정보혁명 제3 물결 시대에는 초정밀 맞춤형 파괴로 부수적 피해를 최소화할 수 있다. 이때는 컴퓨터 칩이 몇 톤의 우라늄보다 큰 위력을 발휘할 수 있다. 1990년 여름 사담 후세인의 이라크가 쿠웨이트를 침공하고 이듬해 초 미국 주도의 연합군이 바그다드를 공격하면서 전개된 걸프전은 제2 물결과 제3 물결이 충돌한 전쟁이었다.

제3 물결 전쟁에서 핵심 자원은 지식이다. 무기는 사용하는 사람들만큼 똑똑해진다. 탱크나 전투기 숫자보다 중요한 건 뛰어난 두뇌와 신경계가 되어줄 컴퓨터 시스템과 그를 활용할 지식전사들이다. 제2 물결 시대 스파이들은 적국의 기계에 관심을 기울였다. 오늘날 스파이들은 소프트웨어에 더 큰 관심을 쏟는다.

토플러는 스파이의 미래를 흥미롭게 풀어낸다. 정밀한 스파이 위성이 핵과 미사일의 움직임을 감시하는 시대에 인간의 정보 수집 휴민트은 경시되기 쉽다. 하지만 디지털 신호가 보내는 정보 시긴트에만 의존하는 건 위험하다.

"최고의 위성들도 테러리스트의 마음까지 들여다볼 수는 없다. 후세인의 권부 내에 한 사람의 스파이만 있었어도 그의 의도를 알아채고 역사를 바꿔놓았을지 모른다."

30여 년이 흘러도 토플러의 통찰은 여전히 빛난다. 러시아-우크라이나 전쟁은 제2 물결과 제3 물결이 뒤섞인 전쟁이다. 디지털 혁명으로 전쟁의 양태는 많이 달라졌다. 오픈 소스를 활용하는 정보OSINT는 러시아군 움직임을 낱낱이 잡아낸다. 20년 전만 해도 몇천 달러가 들었던 위성사진은 이제 공짜로 제공된다. 해상도는 과거와 비교조차 할 수 없다. 민간기업이 띄운 하늘의 눈들은 지상의 30센티미터 크기 물체도 식별할 수 있다. 틱톡에는 탱크를 실은 러시아군 트럭이 어디로 향하는지 보여주는 동영상이 올라온다. 위성의 감시를 방해하는 러시아군 방공망 위치는 고스란히 드러난다.

전쟁이 터지기 엿새 전 조 바이든 미국 대통령은 푸틴이 며칠 안에 우크라이나를 침공할 것을 "확신한다"고 밝혔다. 크렘린궁 안에 믿을 만한 인간 스파이가 없는 한 푸틴의 속내를 정확히 알 수 없다. 서방은 러시아의 위장 전술과 역정보를 알아채기 위해 첨단 기술을 총동원할 수밖에 없다. 정보기관 출신인 푸틴이 누구보다 스파이 활동에 정통하지 않겠는가?

전쟁 때는 인간의 야만성과 함께 혁신역량의 차이도 극명하게 드러난다. 개화기 일본에서 검을 든 사무라이와 총을 든 신식 군대가 싸운 것은 제1 물결과 제2 물결의 충돌이었다. 푸틴의 전쟁은 지식과 혁신이 전쟁과 반전쟁의 핵심요소임을 새삼 일깨워준다. 토플러는 평화를 위해서는 생산과 파괴의 혁명적인 변화를 제대로 이해해야 한다고 말했다. 그는 레온 트로츠키의 말을 인용했다. "당신은 전쟁에 관심이 없을지 모르지만, 전쟁은 당신에게 관심이 있다."

맥도날드를 먹는 두 나라는 싸우지 않는다?

미사일이 폭발하는 도시에서 맥도날드의 황금 아치는 초현실적이다. 끔찍한 전화에 휩싸인 키이우의 맥도날드는 모두 문을 닫았다. 침략에 맞서는 이들에게 먹을 것을 나눠주기는 한다. 하지만 따뜻한 빅맥을 기대하는 이는 아무도 없다.

우크라이나에서 처음으로 맥도날드가 문을 연 건 1997년이다. 2022년 초에는 24개 도시 109곳에 점포가 있었다. 러시아에도 1990년부터 곳곳에 황금 아치가 들어섰다. 점포는 850곳에 달했다. 러시아가 크림반도를 침공한 2014년에는 430여 곳이었는데 그새 두 배로 늘었다. 두 나라 국민은 똑같이 빅맥을 즐겼다. 이제 그 일상은 처참하게 무너졌다.

나는 지구촌 곳곳에서 빅맥을 먹어봤다. 2000년 겨울 스위스 다보스에서도 한 곳뿐인 맥도날드를 즐겨 찾았다. 하지만 반세계화 시위대가 그 가게를 때려 부수는 바람에 비싼 식당 앞에 줄을 서야 했다. 2007년 여름 모스크바에서는 맥도날드마다 주문자들이 길게 늘어선 걸 보고 놀랐다. 러시아인들은 이미 세계화에 맞을 들였다.

누구보다 여러 나라에서 빅맥을 먹어봤다고 자부하는 저널리스트가 있다.『뉴욕타임스』칼럼니스트 토머스 프리드먼이다. 그는 20세기가 끝날 무렵 문득 떠오른 생각을 가다듬어 '분쟁 예방에 관한 황금 아치 이론'이라는 걸 내놓았다. 프리드먼은 맥도날드 체인을 두고 있는 두 나라가 전쟁을 벌인 예가 없다는 사실에 주목했다. 경제가 발전해 빅맥을 즐기는 중산층이 형성되면 그들은 전장에 나가려고 줄을 서기보다는 햄버거 가게에서 줄을 서기를 좋아했다.

1999년 프리드먼이 그 이론을 담은 책[94]을 내면서 공방은 가열됐다. 당시 맥도날드가 있는 유고슬라비아를 나토가 공습하자 그 이론이 틀렸다는 비판이 쏟아졌다. 프리드먼은 반박했다. 황금 아치 이론은 내전에는 적용되지 않는다고 했다. 한 나라 안에서는 빅맥을 먹는 이들세계화 찬성론자들과 빅맥에 먹힐까 겁내는 이들세계화 반대론자들이 싸울 수 있다는 말이었다. 게다가 이 이론은 처음부터 유효 기간을 두었다고 했다. 맥도날드는 언젠가 지구촌의 거의 모든 나라에 진출할 테고 그 나라들끼리 전쟁을 벌일 수 있다는 것이었다. 1980년대 초 맥도날드가 진출한 나라는 30여 국이었다. 지금은 120국에 이른다. 지구촌의 맥도날드 점포는 4만 2000 곳 가깝다.

이 이론에 반하는 사례는 늘고 있다. 카슈미르를 둘러싸고 인도와 파키스탄이 충돌했다. 헤즈볼라 무장세력이 있는 레바논과 이스라엘이 싸웠다. 비판자들의 사례가 모두 '국가 간 전쟁'인지는 논란의 여지가 있다. 하지만 러시아-우크라이나 전쟁으로 더는 황금 아치 이론의 수명을 연장할 수 없게 됐다. 빅맥의 자리에 델 컴퓨터나 아이폰을 대입하더라도 마찬가지다.

맥도날드는 세계화를 상징하는 기업이다. 빅맥을 즐기며 세계화에 맛을 들인 중산층이 늘수록 전쟁의 비용과 반전의 유인은 커질 수밖에 없다. 그러나 한 나라를 전쟁으로 이끄는 건 경제적 요인뿐만이 아니다. 펠로폰네소스 전쟁사를 쓴 투키디데스는 전쟁의 동기로 명예와 공포, 이익을 들었다. 소련 제국의 영광을 잃어버린 것에 분개하고 나토의 진격에 위협을 느끼는 푸틴에게 경제적 이해는 부차적이라고 봐야 한다.

황금 아치 이론은 대중이 경제적 이해관계를 합리적으로 계산하고 이성적으로 판단하리라는 믿음에 바탕을 둔 것이다. 하지만 인간이 늘 호모 에코노미쿠스처럼 생각하고 행동하는 건 아니다. 이론은 지도자가 중산층의 목소리를 잘 듣는 민주주의 체제를 상정한다. 그러나 안정을 희구하는 중산층이 전쟁을 반대하더라도 절대권력을 쥔 스트롱맨이 전쟁의 광기에 빠져들 수 있다.

한국 기업들은 세계화 시대 자유무역 체제의 가장 큰 수혜자였다. 그러나 세계화의 황금시대는 지났다. 강대국들은 상품과 자본, 사람과 아이디어의 이동을 가로막는 장벽을 다시 쌓았다. 이제 새로운 기술패권 다툼과 국가주의가 부른 전쟁으로 세계는 분절되고 있다. 기업들은 그런 세계에서 새로운 생존법을 터득해야 한다.

빅테크의 참전

"푸틴은 모든 전투에서 이기더라도 전쟁에서는 질 것이다." 역사학자 유발 노아 하라리가 말했다. 눈 깜짝할 새 삶과 죽음이 갈리는 사람들에게 '결국' 이기게 될 것이라는 단언은 얼마나 위안이 될까?

21세기의 차르는 뭔가에 분노했다. 분노는 쉽게 불이 붙는 기름과 같았다. 전쟁의 불길을 잡으려는 서방은 무엇보다 러시아로 가는 돈과 기술의 흐름을 틀어막으려 했다. 달러 수혈과 반도체 공급이 끊기면 경제와 군사체계의 피돌기는 느려지고 두뇌는 둔해질 것이었다. 시간이 걸려도 위력적인 전략이었다. 차르의 요새가 시시히, 그리다 갑자기 무너지게 할 전략이었디. 전쟁은 국기외 기업의 새로운 경쟁과 협력 관계를 보여주었다. 디지털 혁명을 이끄는 빅테크 기업들은 21세기 지정학의 주요 플레이어다.

기업이 국제 관계의 전면에 나서는 것은 새삼스럽지 않다. 지난날 동인도회사는 하나의 제국이었다. 석유 메이저들은 지정학을 바꿔놓았다. 오늘날 디지털 제국들은 물리적 공간에만 머무르지 않는다. 디지털 공간에서 일종의 주권을 행사한다. 지정학에 밝은 이언 브레머 유라시아그룹 회장은 빅테크 기업들을 세 부류로 나눴다.[95] 그들은 세계를 바라보는 관점에 따라 국가주의 nationalism와 세계주의 globalism, 기술이상주의 techno-utopianism 기업으로 나뉜다.

세계주의 기업들은 애플이나 메타 페이스북, 구글처럼 물리적 영

제4부 혁신자본의 지배

토를 벗어나 진정한 글로벌 제국이 된 기업들이다. 알리바바나 바이트댄스(틱톡), 텐센트처럼 글로벌 확장을 꾀하는 중국 기업들도 여기에 속한다. 중국 기업들은 상황에 따라 국가주의로 돌아설 수 있다. 세계주의 기업들은 디지털 공간의 주권을 정부와 공유한다. 정부의 간섭과 지나친 규제는 기술 혁신을 가로막고 국가 경쟁력을 떨어트린다고 목소리를 높인다. 미중 간에 벌어지고 있는 것과 같은 기술 신냉전을 거부하며, 안정된 글로벌 거버넌스와 초국적 협력을 주창한다. 이들은 푸틴의 전쟁처럼 세계를 분절시키는 사태가 벌어질 때 잃을 것이 많다.

국가주의 기업들은 자국의 안보 전략에 보조를 맞춘다. 기술 굴기에 나선 중국의 화웨이(5G)나 SMIC(반도체) 같은 기업들이 대표적이다. 브레머는 미국 정부에 클라우드 컴퓨팅 인프라스트럭처를 제공하고 디지털 공간의 보안에 협력하는 마이크로소프트나 아마존 같은 기업들도 이 부류에 속한다고 본다. 미중이 기술장벽을 쌓고 디지털 세상이 쪼개질수록 이런 기업들에 대한 정부 지원도 늘어난다.

기술이상주의 기업들은 국가보다 혁명적 기술의 잠재력을 믿는다. 기술 혁신으로 인류의 문제를 해결할 수 있으며, 이 과정에서 글로벌 비즈니스 기회도 얻을 수 있다고 본다. 카리스마와 비전을 지닌 창업가들이 이런 기업들을 이끈다. 인류를 다행성 종족으로 진화시키려는 머스크나 메타버스의 신대륙을 창조하려는 저커버그 같은 이들이다. 이들은 전시처럼 애국주의가 요구되는 시기에는 조용히 때를 기다리며 세상을 바꾸려 한다.

푸틴의 전쟁으로 국가주의 기업들이 득세하고 세계주의와 기술이상주의 기업들이 퇴조하리라는 건 섣부르고 단순한 결론으로 보인다. 디지털 정글은 그보다 훨씬 더 복잡하게 돌아간다. 글로벌 빅테크의 참전으로 전쟁의 양상과 결과는 크게 달라질 수 있다. 분명한 건 글로벌 기업들이 지정학적 체스판의 졸卒이 아니라는 사실이다.

러시아는 왜 전사가 지배할까?

러시아의 새 지도자는 처음으로 서방에서 카메라 앞에 섰다. 47세의 블라디미르 푸틴이었다. 수련 붕괴 후 러시아의 첫 대통령 보리스 옐친이 1999년 말 갑자기 물러나자 권한대행이 된 푸틴은 2000년 3월 새 대통령으로 선출됐다. 그는 취임도 하기 전인 4월 16일 영국을 방문했고 이튿날 토니 블레어 영국 총리와 회견장에 나타났다. 가까이서 본 그는 날카로운 인상만큼 냉철한 판단력을 가진 것 같았다. 술에 취해 비틀거리고 눈빛도 흐리멍덩했던 옐친과는 반대였다.

푸틴이 한 말 가운데 한 단어는 아직도 기억한다. 동시통역이 영어로 전했는데, '종말론적apocalyptic'이라는 말이었다. 한 기자가 닷컴버블이 꺼지면서 뉴욕과 런던의 주가가 폭락한 사태에 대한 견해를 물었을 때였다. 푸틴은 "주가 폭락은 하나의 에피소드나 조그만 사건일 뿐 종말을 예고하는 건 아니라고 본다"고 했다.

시장경제와 글로벌 자본시장에 밝지 못할 것 같은 러시아 지도자의 말이어서 기억에 남았다.

그로부터 사반세기가 지났다. 이제 핵 위협 카드까지 내비치는 그에게서 냉철한 이성을 찾아보기는 어렵다. 무자비한 살상이 벌어지는 우크라이나의 참상은 묵시록적이다.

푸틴의 전쟁은 세계 경제와 자본시장에 대형 참사를 일으켰다. 서방 기업들에 러시아 투자를 권하던 그는 이제 기업들이 러시아를 탈출하게 한다.

푸틴은 '강한 러시아'를 역설했다. '법의 독재'로 무질서를 바로잡겠다며 권좌에 올랐다. 그때까지만 해도 서방은 러시아에서 자본주의 개혁이 진전될 것으로 기대했다. 하지만 지금의 러시아는 새롭게 열린 상인의 시대와는 한참 멀어졌다. 옥스퍼드대 역사학자로 모스크바국립대에서도 공부한 데이비드 프리스틀랜드의 분석 틀에 따르면 푸틴은 전사적 지도자다. 그는 상인집단이 러시아를 지배하는 것을 두고 볼 수 없었다.[96]

프리스틀랜드는 인류 역사를 상인과 전사, 현인 집단의 투쟁사로 설명한다. 이 세 '카스트'는 삶의 방식과 가치 체계가 다르다. 중세 이슬람의 지식인이나 동양의 유학자들 같은 현인 집단은 위계질서를 정당화하는 이데올로기를 가다듬는다. 일본의 사무라이 같은 전사들은 명예를 추구한다. 17세기 네덜란드와 영국에서 부상한 상인들은 효율성을 중시한다. 1920년대 미국을 지배하던 상인들의 방종은 대공황을 불러왔다. 그러자 전사집단이 세를 얻고 세계대전이 터졌다.

푸틴은 소련 붕괴 후 체제 전환 과정에서 극심한 부패와 정경유착을 보여준 신흥재벌 올리가르히을 선택적으로 짓밟았다. 역설적인 결말이다.

옐친 패밀리는 대선 후 자신들을 보호해줄 후계자를 물색했다. 그 지휘자는 대표적인 올리가르히인 보리스 베레조프스키였고 대통령 후보로 낙점된 이는 연방보안국장이던 푸틴이었다. 그러나 원숭이도 대통령으로 만들 수 있다던 베레조프스키는 결국 푸틴의 철퇴를 맞는다. 석유 재벌 미하일 호도르코프스키도 마찬가지였다. 대권에 도전하며 푸틴과 맞서다 정치 난민이 된 그는 러시아의 우크라이나 침공 직후 서방 언론에 나와 "이번 전쟁이 푸틴의 몰락을 재촉할 것"이라고 했다.

프리스틀랜드는 소련 붕괴에서 보았듯이 상인집단을 배제하면 번영을 이룰 수 없다고 했다. 그러나 상인집단이 독주하는 세계 역시 위험하다고 지적했다. 러시아는 두 극단을 오갔다. 기회를 노리던 전사집단은 신흥재벌의 부패와 방종이 극에 달하자 권력을 잡았다. 이런 극단을 경계하는 중국 체제는 러시아보다 더 안정적이다. 서방은 푸틴의 전쟁을 계기로 억눌려 있던 상인집단이 들고일어나길 바란다. 글로벌 자본이 가하는 압력도 갈수록 커질 것이다. 푸틴과도 가까운 '니켈 왕' 블라디미르 포타닌은 서방 기업의 자산을 압류하는 건 "러시아를 1917년 볼셰비키 혁명이 일어난 해으로 되돌리는 것"이라고 말했다. 전사와 상인집단의 암투는 언제 다시 임계치를 넘게 될까?

스푸트니크를 쏘아 올렸던 나라

"나는 미래를 보았다. 잘 작동하고 있었다." 볼셰비키 혁명 후 소비에트 러시아를 다녀온 미국 언론인 링컨 스테펀스는 그렇게 말했다. 혁명 정권은 가난과 부, 수뢰, 특권, 폭정, 전쟁 같은 거악들을 뿌리 뽑겠다고 했다. 소수의 훈련된 집단이 뒷받침하는 독재 체제로 경제를 재편하려 했다. 먼저 경제 민주화를 이루면 나중에는 정치 민주화도 가능할 것이었다. 제1차 5개년 경제계획이 시작된 1928년부터 반세기 동안 소련 경제는 무섭게 성장했다. 계획과 명령으로 비효율적인 농업 부문 자원을 공업으로 재분배하면서 급속한 산업화를 이뤘다.

1970년 노벨 경제학상을 받은 폴 새뮤얼슨은 소련의 경제적 우위를 점쳤다. 1948년에 출간한 그의 경제학 교과서는 2019년까지 20판이 나왔다. 40여 개 나라에서 400만 부 넘게 팔렸다. 1961년 판에서 새뮤얼슨은 소련의 국민소득이 1984년에 미국을 앞지를 가능성이 있고 1997년에는 그렇게 될 가능성이 크다고 내다봤다. 1970년대부터 소련 경제는 기세는 완전히 꺾여버렸다. 그러나 새뮤얼슨은 1980년 판에서도 그 분석을 바꾸지 않았다. 소련이 미국을 추월할 가능성이 있는 시기를 2002년, 그럴 가능성이 큰 시기를 2012년으로 늦춰 잡았을 뿐이다. 시장경제와 자본주의 체제의 작동 원리를 꿰고 있던 이 경제학자는 소련 제국이 무너지기 10년 전에도 그 체제의 혁신 능력을 믿었던 것일까?

처음에는 그럴 만했다. 군사와 우주항공 분야에서 소련의 과학

기술은 눈부셨다. 1957년 10월 4일 소련은 '스푸트니크동반자'라는 인공위성을 쏘아 올렸다. 성능 좋은 망원경으로도 볼 수 있는 공 모양의 위성에 미국인들은 경악했다. 공은 시속 1만8000마일로 날아갔다. 언론은 "러시아의 달이 지구를 돌고 있다"고 썼다. 4년 후 소련은 유리 가가린을 태운 유인우주선을 발사했다. 위성과 우주선을 쏘아 올리는 로켓 기술과 핵탄두를 실어나를 탄도미사일 기술은 같은 것이었다.

소련은 일찍이 무기 개발과 제조업 발전에 반도체가 중요하다는 것을 알아보았다. 1950년대부터 곳곳에 연구 시설을 만들고 가장 뛰어난 과학자들을 불러모았다. 1962년에는 젊은 공학자 유리 오소킨이 처음으로 집적회로를 만들었다. 러시아의 실리콘 밸리인 젤레노그라드도 조성됐다. 소련은 확실히 과학기술의 슈퍼 파워가 될 것으로 보였다.

그러나 곧 한계가 드러났다. 리가의 반도체 공장에서 일하던 오소킨은 1980년대 말 몇몇 직원들의 해고를 요구하는 KGB와 불화를 겪다 자리에서 밀려나고 말았다. 소련의 반도체 수요는 군수 산업에 몰려 있었다. 시장은 제한적이었다. 광범위한 글로벌 공급 망에 접근할 수도 없었다. 분업이 가능한 나라는 동독밖에 없었다. 미국과 유럽, 일본, 한국, 대만이 참여하는 광범위한 협력 네트워크를 통해 투자 위험을 분산할 수 있었던 서방과 경쟁할 수 없는 구도였다.

세계 반도체 시장에서 러시아 기업들이 차지하는 비중은 1퍼센트 미만이었다. 러시아 군수 산업은 첨단 반도체에 목말라 했다.

우크라이나 침공 때 정밀 유도 미사일을 더 퍼붓지 못했던 것도 허약한 반도체 산업 기반 탓이었다.

로버트 노이스와 고든 무어를 비롯한 한 무리의 혁신가들이 페어차일드 반도체를 설립하고 사흘이 지났을 때 스푸트니크가 미국 하늘을 가로질렀다. 미소 간 우주와 군비 경쟁이 격화하면서 컴퓨터와 트랜지스터의 가장 확실한 수요가 생겼다. 로켓과 미사일 앞쪽의 뾰족한 노즈콘에 들어갈 정도로 작은 컴퓨터가 필요했다. 엄청나게 많은 트랜지스터를 소형 부품에 집어넣을 방안을 찾아야 했다.

스푸트니크의 충격은 역설적으로 실리콘 밸리에 든든한 발판을 만들어주었다. 지구촌에서 처음으로 인공위성과 유인우주선을 쏘아 올렸던 나라는 냉전에서 패했다. 그리고 이제 또 다른 전쟁에서 핵심 기술 부족으로 고전하고 있다. 소련의 기세를 보았던 새뮤얼슨은 무엇을 놓쳤을까?

월드컵에서 뛰는 우루과이와 아르헨티나

부자나라가 축구도 잘할까? 2022년 카타르 월드컵에서 뛴 32강 중 당시 IMF가 추정한 구매력 PPP 기준 1인당 소득에서 세계 32위 안에 든 나라는 13개국에 불과했다. 카타르, 스위스, 미국, 덴마크, 네덜란드, 독일, 호주, 벨기에, 캐나다, 프랑스, 잉글랜드와 웨일스, 사우디아라비아, 한국이었다. 한국은 28위였다. 초소형 국가인 산마리노와 안도라를 빼면 26위였다. 그 밖에는 일본, 스페인, 폴란드, 포르투갈처럼 잘사는 나라가 있는가 하면 에콰도르, 튀니지, 모로코, 가나, 카메룬, 세네갈처럼 100위권 밖의 나라들도 섞여 있었다.

소득 수준과 축구 실력 사이의 상관관계나 인과관계를 추론하기는 어렵다. 축구 실력은 신체적 특성과 제도적, 문화적 특성을 포함한 온갖 변수가 어우러진 결과일 것이다. 재능있는 선수들의 기회와 시장이 출신국으로 한정되지 않고 유럽 축구 리그에서 뛰는 아프리카와 남미 선수들이 많아 분석은 한층 복잡해질 것이다. 섣부른 추론은 삼가더라도 자꾸 눈길이 가는 나라가 있다. 한때 잘나가는 부자나라였던 우루과이와 아르헨티나다.

두 나라의 구매력 기준 1인당 소득은 세계 60위권이다. 미국의 3분의 1 남짓한 수준이다. 하지만 한 세기 전으로 돌아가 보면 이야기가 달라진다. 아르헨티나의 1인당 소득은 미국의 60퍼센트 가까운 수준이었다. 이 나라는 식민지 시절 지배국이었던 스페인은 물론 프랑스와 독일보다도 잘 살았다. 반세기를 더 거슬러 올라가 보자. 1870년 우루과이의 구매력은 미국의 80퍼센트 가까웠다. 우루과이와 아르헨티나는 당시 20대 부국의 반열에 들었다.

스페인인들은 16세기 초 남미대륙 동쪽의 '은의 강' 리오 데 라플라타을 발견하고 '맑은 공기' 부에노스아이레스의 도시를 건설했다. 그리고 지금의 우루과이 땅에 살던 차루아스 인디오, 팜파스 대초원의 케란디 인디오와 싸우면서 가축을 키웠다. 농업은 19세기에 비약적으로 성장했다. 증기선과 철도에 이어 1880년대에 도입된 냉동

제4부 혁신자본의 지배 377

저장법 덕분에 쇠고기 수출은 대호황을 맞았다. 나중에는 신선한 냉장 육류도 수출할 수 있게 됐다.

아르헨티나는 20세기 초까지 반세기 동안 세계에서 가장 빠른 성장을 계속했다. 하지만 그 후 한 세기 동안은 정체하거나 퇴보했다. 끊임없이 국가 부도의 벼랑에 몰렸다. 노벨상을 받은 경제학자 사이먼 쿠즈네츠가 세계는 선진국과 후진국, 일본, 그리고 아르헨티나로 나뉜다고 비꼴 만큼 도무지 갈피를 잡지 못하는 나라였다. 우루과이는 그처럼 극적인 위기를 겪지는 않았다. 그러나 19세기의 부를 지키지 못하고 한 세기 넘게 상대적인 쇠퇴의 길을 걷기는 이웃 나라와 마찬가지였다.

남미 국가들의 정체와 낙후를 설명하는 가설은 많다. 2012년 『국가는 왜 실패하는가 Why Nations Fail?』를 낸 대런 애쓰모글루와 제임스 로빈슨은 제도에 주목했다. 지배계층에게만 기회가 주어지는 착취적 제도 아래서는 한때 빠른 성장을 이룰지 몰라도 지속적인 성장은 불가능하다고 설명했다.

자유무역 이론의 서글픈 귀결에 주목할 수도 있다. 남미의 농업 부국들은 '마이크로칩이나 포테이토 칩이나 뭐가 다르냐'고 하던 자유무역의 논리를 너무 믿었을 수도 있다. 이는 아르헨티나와 우루과이처럼 비교우위가 있는 농업에 집중하면서 첨단 산업의 창조적 파괴에 더뎠던 나라들의 공통된 고민이다. 20세기 들어 다국적기업들은 남미의 식품 가공 산업에 투자했다. 수입대체 산업은 대부분 외국인 소유였다. 1930년대에 망명해온 유대인들 소유가 많았다. 종속이론을 주장하는 학자들은 남미의 낙후를 자본

주의 제국주의자들의 착취 탓으로 보았다.[97]

축구공은 둥글다. 우루과이와 아르헨티나는 부국 클럽에서는 밀려났어도 여전히 축구 강국이다. 하지만 오늘날 세계화된 스포츠산업의 가치사슬에서 두 나라의 비중은 크지 않다. 지구촌 사람들이 축구를 즐길 때 필요한 건 뛰어난 선수뿐만이 아니다. TV나 핸드폰으로 월드컵 경기를 보려면 반도체 칩이 필요하다. 감자 칩이 있으면 더 좋겠지만 필수는 아니다. 두 가지 칩 가운데 어느 쪽을 만드느냐에 따라 부국으로 가는 길도 달라진다.

감자 칩을 먹는 얼간이

'포테이토 칩이나 컴퓨터 칩이나 뭐가 다른가? 칩은 다 같은 칩이다. 100달러어치 포테이토 칩은 100달러어치 마이크로칩과 바꿀 수 있다. 미국이 칩을 반도체로 만들든 감자로 만들든 문제가 되지 않는다.' 누군가가 이렇게 말했다고 한다.

그 말을 한 이는 아버지 부시 대통령 시절 백악관 경제자문위원장이던 마이클 보스킨으로 전해진다. 하지만 보스킨 본인은 1998년 미국 기업경영학회의 애덤 스미스 상을 받는 자리에서 "그런 말을 들어본 적도 없다"고 했다. 그는 부시 행정부가 업계와 의회의 압력을 물리치고 HDTV 산업에 보조금을 주지 않아서 수십억 달러의 낭비를 막았다고 자랑스럽게 이야기했다. 미국이 핵심 산업 경쟁력에서 일본에 밀릴 것을 우려하던 사람들은 정부에 전략산업 지원을 촉구했다. 보스킨은 그에 반대한 자신의 논리가 '포테이토 칩, 컴퓨터 칩' 이야기로 와전된 것 같다고 했다.

비교우위를 중시하는 자유무역론자들은 반도체 칩이나 감자 칩이나 뭐가 다르냐고 묻는다. 전략적으로 훨씬 중요한 반도체 산업을 집중적으로 육성해야 한다는 건 반대 진영의 논리다. 자유무역을 주창하는 경제학자 자그디시 바그와티는 고도의 생산 기술이 필요한 감자 칩을 깔보지 말라고 했다. 2010년 칼럼에서 이렇게 주장했다.

"당신은 반도체 칩을 생산해서 감자 칩과 바꾼 다음에 그걸 우적우적 먹으면서 TV를 보다 얼간이가 될 수도 있다. 반대로 감자 칩을 생산해서 반도체 칩과 바꾼 후에 그걸 PC에 넣어서 컴퓨터 천재가 될 수도 있다. 당신이 어떤 사람이 되고 경제와 사회가 어떻게 달라질지는 당신이 무엇을 생산하느냐가 아니라 무엇을 소비하느냐에 달려있다."[98]

아버지 부시 시절은 소련이 무너지고 미국의 패권이 굳어질 때였다. 미국이 설사 어떤 산업에서 경쟁력을 잃더라도 다른 산업에서 더 앞선 기술로 치고 나가면 그만이었다. 한 세대가 지난 지금은 판이 달라졌다.

조 바이든 행정부는 중국의 굴기로 미국 산업이 상대적으로 쇠퇴할까 걱정한다. 반도체 칩이나 감자 칩이나 다를 바 없다는 목소리는 잦아들 수밖에 없었다. 2022년에는 2800억 달러에 이르는 반도체와 과학 지원책도 나왔다.

감자 칩은 지친 병사들의 에너지를 보충해준다. 하지만 미사일을 유도하는 건 반도체 칩이다.

재래식 전력을 무력화할 똑똑한 무기는 반도체가 없으면 무용지물이다. 우크라이나 전쟁에서 전과를 올리는 작은 드론부터 태평양을 누비는 거대한 항공모함에 이르기까지 모든 무기의 두뇌는 반도체로 돌아간다.

중국은 하루빨리 미국 반도체에 의존하지 않는 무기 체계를 갖추려 한다. 미국은 첨단 AI 칩으로 신개념 무기를 만들어 중국을 따돌리려 한다. 구글 출신의 에릭 슈미트가 이끄는 전문가팀은 2021년 보고서에서 중국이 머지않아 미국을 제치고 AI 슈퍼 파워가 될 수 있다고 경고했다. 가뜩이나 거센 반도체 전쟁의 불길에 기름을 부은 보고서였다.

AI가 제대로 학습하면서 실력을 키우려면 방대한 데이터와 똑똑한 알고리듬, 강력한 컴퓨팅 파워 세 박자가 맞아야 한다. 중국은 거대한 인구만큼이나 많은 데이터를 모으고 있다. AI 분야의 뛰어난 인재들을 불러모으는 데는 미국이 훨씬 유리하다. 중국이 당장 미국을 넘볼 수 없는 한 가지는 컴퓨팅 파워다. 핵심 반도체 기술에서 한참 뒤지기 때문이다.

반도체를 팔아서 감자 칩을 사기는 쉽다. 그러나 감자 칩을 주고 반도체 칩을 얻기는 그만큼 쉽지 않다. 바그와티가 상상한 것처럼 반도체를 만들고도 얼간이가 될 수도 있다. 감자 칩으로 돈을 벌어 컴퓨터 천재를 키울 수도 있다. 단 언제든 그 컴퓨터에 넣을 반도체를 구할 수 있을 때만 그렇다.

중국 반도체는 왜 달리지 못했나?

"이건 마치 비버가 후버댐을 바라보며 토끼에게 말하는 것과 같습니다. '아니야, 내가 그걸 만들지는 않았어. 하지만 그건 내 생각에 바탕을 두긴 했지'라고요."

2000년 노벨물리학상을 받은 잭 킬비가 말했다. 레이저를 발명해 1964년에 같은 상을 받은 찰스 타운스의 말을 인용한 것이다. 킬비는 집적회로를 발명해 디지털 혁명의 주춧돌을 놓았다. 수상 소식을 들은 킬비는 10년 전에 세상을 떠난 로버트 노이스 칭찬부터 했다. "그가 살아 있었다면 함께 상을 받았을 텐데."

1958년 텍사스인스트루먼트에 입사한 킬비는 여름 휴가를 가지 못했다. 반도체 연구실에 나온 그는 회로기판 위에 수많은 부품을 납땜할 필요 없이 하나의 규소 덩어리로 여러 부품을 만들 수 있겠다는 아이디어를 떠올렸다. 이듬해 봄 이 회사는 트랜지스터 이후 가장 위대한 발명이 될 것이라며 최초의 마이크로칩을 공개했다.

누구보다 놀란 사람은 페어차일드반도체에서 몇 달 전 비슷한 개념을 구상했던 노이스였다. 이 회사는 이미 여러 가지 혁신적인 아이디어를 발전시키고 있었다. 케이크 위에 아이싱을 얹듯이 트랜지스터 표면에 얇은 규소 산화물층을 얹으면 아래층의 규소를 보호할 수 있다는 아이디어, 규소 산화물에 작은 창을 새겨 넣으면 정확한 위치에 불순물을 첨가할 수 있다는 아이디어가 나왔다. 노이스는 구리선을 인쇄하는 방식으로 회로를 연결하면 하나의 규소 칩 위에 여러 개의 트랜지스터를 만들 수 있음을 깨달았다. 하나의 칩 위에 소자를 집적하는 아이디어를 내는 데는 킬비가 몇 달 앞섰다. 하지만 이런 소자를 연결해 효율적인 대량생산을 할 수 있게 된 것은 노이스의 설계 덕분이었다.[99]

두 회사가 마이크로칩 특허권을 놓고 엎치락뒤치락하고 있던 1965년 중국 공학자들도 첫 집적회로를 만들었다. 킬비와 노이스가 혁신적인 아이디어를 떠올린 지 6~7년밖에 지나지 않았을 때였다. 중국이 그때부터 반세기 동안 힘껏 달렸다면 반도체 굴기는 얼마나 빨라졌을까?

중국 반도체 산업은 마오쩌둥의 철권 아래서 제대로 싹을 틔워 보지도 못했다. 1957년 여름부터 시작된 반 우경 투쟁 때 마오쩌둥은 부르주아 지식인들이 자신의 계급적 본성을 떨쳐버리지 못한다고 비판했다. 이 투쟁은 중국 최고의 과학기술 인재들을 파멸시켰다. 1964년 소련의 흐루쇼프가 쿠데타로 실각하자 마오쩌둥은 자신을 진심으로 추종하지 않은 이들을 보며 더 큰 불안을 느꼈다. 1966년 봄에는 자본주의의 길을 걷는 당권파 주자파를 공격하기 위한 문화대혁명에 착수했다.[100]

과학기술자들은 농촌으로 쫓겨났다. 외국 기술은 차단됐다. 마오쩌둥의 후계자였던 류사오치는 중국 공업의 대약진을 불러올 수 있는 첨단 전자 기술을 중시했다. 하지만 마오쩌둥은 그런 생각을 반사회주의적이고 반동적이라고 몰아세웠다. 그가 보기에 사회주의와 잘 맞는 것은 굴뚝 산업이었다. 반도체보다는 철강이 주도적인 역할을 해야 했다.

중국의 과학기술자들이 농촌으로 내려갈 때 일본과 한국, 대만에서는 농촌의 인재들이 과학기술의 요람으로 몰려들었다. 실리콘 밸리에 뒤졌던 중국 반도체 산업은 이제 이웃 나라들에도 한참 뒤졌다. 조지타운대학 안보신기술센터 CSET의 2021년 보고서를 보자. 미국은 글로벌 반도체 산업이 창출하는 총부가가치의 39퍼센트를 차지한다. 16퍼센트를 가져가는 한국은 2위에 올라 있다. 일본과 대만은 14퍼센트와 12퍼센트로 그 뒤를 따른다. 중국은 6퍼센트에 그친다. 반도체 제조 부문에서는 미국 33퍼센트와 한국 22퍼센트, 대만 19퍼센트이 강자다. 중국의 점유율은 7퍼센트에 그친다. 설계 부문에서는 미국 47퍼센트, 한국 19퍼센트에 이어 일본과 유럽이 각각 10퍼센트를 차지한다. 제조 장비 부문에서는 미국, 일본, 유럽이 시장을 3분하고 있다. 한국과 중국은 이들의 장비에 절대적으로 의존하고 있다. 21세기의 반도체 전쟁에서 중국은 어떻게 이 판을 뒤집을 수 있을까?

잃을 것 없는 혁신가들의 둥지

2024년 『포천』 글로벌 500대 기업 중 스위스 회사는 11개다. 글렌코어, 네슬레, UBS, 로슈, 취리히보험, 노바티스, 스위스리, 처브, 쿠프, 미그로스, ABB다. 이들 기업의 외형을 합치면 7800억 달러로 8800억 달러 남짓한 이 나라 GDP와 큰 차이가 없다.[101] 스위스 인구는 약 900만 명으로 세계 99위지만 GDP는 20위다.

스위스는 오랫동안 가난한 산골이었다. 용병을 수출하며 살았다. 바다와 접하지 않아 대항해 시대의 모험은 꿈꿀 수 없었다. IMF가 추정한 2024년 1인당 GDP는 10만6000달러 가깝다. 세계 2위 아일랜드와 차이가 거의 없다. 21세기 들어 사반세기 동안 서유럽 주가가 46퍼센트 오르는 동안 스위스 주가는 58퍼센트 상승했다. 이 기간 유로스톡스50 지수는 제자리걸음을 했다. 스위스가 이웃 나라들보다 격변을 훨씬 더 잘 헤쳐왔다는 뜻이다. 비결은 무엇일까?

어떤 이는 기업에 우호적인 제도적 환경을 첫손으로 꼽는다. 예컨대 낮은 세율이 글로벌 기업을 끌어들인다는 것이다.[102] 어떤 이는 지정학의 폭풍에 휩쓸리지 않는 영세 중립국 지위나 각 지방의 자율성과 경쟁의 효과에 주목한다. 수준 높은 과학기술 교육 체제를 강조하는 이도 많다.

그러나 산업 강국 스위스의 핵심 경쟁력은 사람에게서 나온다. 혁신적인 기업가를 끌어들이는 개방성이 없었다면 스위스는 지금처럼 많은 글로벌 기업의 둥지가 될 수 없었을 것이다. 스위스 연방통계국에 따르면 2022년 15세 이상 인구 738만 명 중 이민 1, 2세대인 이들은 40퍼센트에 이른다. 오래전부터 유럽 곳곳에서 정치적, 종교적 박해를 피해 스위스로 오는 이들이 많았다. 17세기 프랑스 위그노들이나 20세기 초 독일 유대인들이 그랬다.

루이 14세의 박해를 받던 프랑스 위그노들은 스위스에서 시계 산업을 일구었다. 폴란드 기병 장교였던 안토니 노르베르트 파텍 앙투안 노베르 드 파텍은 1830년 러시아 지배에 항거했다. 봉기에 실패해 스위스로 도망친 그가 프랑스 태생의 시계 장인 장 아드리앙 필립을 만나면서 파텍필립의 역사가 시작됐다. 쿼츠 시계의 등장으로 스위스 시계산업이 추락할 때 플라스틱 소재의 패션 시계 스와치로 새 바람을 일으킨 니콜라스 하이에크는 레바논 태생이다.

런던 인근 억스브리지 출신인 찰스 브라운은 독일인 발터 보베리와 힘을 합쳐 엔지니어링 업체인 브라운 보베리 훗날의 ABB를 세웠다. 프랑크푸르트에서 태어난 하인리히 네슬레는 스위스에서 세계 최대 식품 제국의 원조인 앙리 네슬레로 거듭났다. 나치의 광기를 피해 도망쳐온 폴란드 유대인 레오 슈테른바흐는 로슈의 블록버스터가 된 신경안정제 발륨을 개발했다. 고급 시가 브랜드를 만든 지노 다비도프는 우크라이나 키이우에서 태어난 유대인이다. 오늘날 스위스 거대기업 CEO 가운데 절반은 외국인이다. 로슈의 CEO 토마스 쉬네커의 국적은 독일과 오스트리아다. 글렌코어의 게리 네이글은 남아프리카에서 왔다. 노바티스의 바산트 나라시만은 인도계 미국인이다.

이민자들은 공장을 세우고 사람들을 고용했다. 글로벌 교역과 투자에 나서 큰 부를 일구었다. 한마디로 잃을 것이 없는 사람들이었다. 익숙한 것들은 모두 버리고 올 수밖에 없었다. 낯선 곳에서 어울려 살며 인정과 존중을 받으려면 경제적으로 성공해야 했다. 기존의 생각과 관행을 뒤집어야 했고 온갖 시행착오와 실패는 새로운 도전의 발판으로 삼아야 했다. 발목을 잡는 과거를 뿌리치고 미래를 봐야 했다. 물론 스위스의 개방성은 선택적이었다. 이 나라 사람들도 외부인이 스스로 자신의 가치를 증명하기 전까지는 의심의 눈길을 거두지 않았을 것이다.

스위스 대통령 이름을 아시나요?

스위스 정부는 어느 때보다 긴박하게 움직였다. 일요일인 2023년 3월 19일 대통령은 UBS의 크레디스위스 인수를 발표했다. 그는 "크레디스위스의 통제되지 않은 붕괴는 이 나라와 국제금융 시스템에 가늠할 수 없는 결과를 낳을 것"이라고 말했다. 대통령은 낯설었다. 속보를 전하는 일부 매체는 대통령 이름을 잘못 썼다. 그해 대통령은 알랭 베르세였다. 그를 한 해 전 대통령이었던 이그나지오 카시스로 소개한 곳도 여럿 있었다.

스위스 연방의회는 4년 임기의 연방 각료 일곱 명을 선출한다. 그중 한 명이 입각 순서에 따라 해마다 돌아가며 각의를 주재하고 대통령직을 맡게 된다. 그는 제왕적 대통령이 될 수 없다. 기자조차 이름을 잘못 쓸 정도로 존재감이 없기 때문이다. 투자가 나심 탈레브는 그 점에 주목했다. "스위스 국민은 프랑스나 미국 대통령 이름은 알아도 자국 대통령 이름은 모른다."

스위스 연방의 26개 주칸톤는 독립국에 준하는 자치권을 갖는다. 그 아래에는 저마다 목소리를 높일 수 있는 2000여 자치도시가 있다. 스위스에서는 '아래로부터의 독재'라고 할 만큼 상향식 민주주의가 뿌리내렸다. 스위스인들은 큰 정부를 불신했다. 행정과 조세를 비롯한 모든 결정을 가능한 한 아래 단계의 자치에 맡졌다. 지역 간 경쟁은 어느 한 곳이 극단으로 치닫는 것을 막아주었다. 취리히가 너무 많은 세금을 거두려고 하면 기업들은 추크나 슈비츠로 옮겨갈 것이다. 수많은 국민투표는 대체로 스위스인들의 안정감과 절제력을 보여준다.

펜실베이니아대학의 경제사학자 조너선 스타인버그는 이러한 상향식 사회를 오뚜이에 비유한 적이 있다. "스위스의 정치 체제는 밑바닥에 납을 넣은 인형처럼 쓰러질 때마다 스스로 바로 선다." 탈레브는 위기를 겪을수록 오히려 강해지는 '앤티프래자일 antifragile' 국가의 전형으로 스위스를 꼽았다.

스위스가 선진국이 되는 데는 강력한 중앙정부의 마스터플랜이나 걸출한 지도자의 비전이 필요하지 않았다. 자유롭고 개방된 체제에서 기업가의 혁신과 지역 간 경쟁이 최선의 결과를 낳았기 때문이다. 하지만 대단한 성공을 이뤘다는 것은 곧 잃을 게 많다는 뜻이기도 하다. 거대기업이 많을수록 글로벌 위기에 취약해진다.

UBS와 크레디스위스의 자산은 1조7000억 달러에 달했다. 한 해 GDP가 그 절반인 나라가 품기에는 버거운 거인이다. 스위스 정부는 두 거대은행의 합병에 개입하지 않을 수 없었다. 자유 방임은 선택지가 될 수 없었다. 중앙은행은 1000억 달러 넘는 유동성을 지원하기로 했다. 정부는 90억 달러 넘는 손실 위험을 감수했다. 사태의 긴급성을 고려해 UBS 주주들의 인수 동의절차도 건너뛰도록 했다. 강력한 중앙정부의 부재가 역설적으로 스위스의 안정과 발전을 불러왔다는 기존의 서사는 다시 써야 했다.

낮은 가지의 열매는 다 따버렸나?

제2차 세계대전 때 미국 산업은 민주주의의 병기창임을 자부했다. 전운이 감돌자 국방부는 자동차 제조시설 일부를 항공기 제조용으로 바꾸도록 압력을 넣었다. 소형 비행기를 만들어본 포드는 새로 설계된 B-24 중폭격기 리버레이터를 생산하기로 했다. 미시간주의 한적한 시골 윌로런에 세계 최대 공장을 짓고 1942년 첫 비행기를 만들어냈다. 1945년까지 8685대의 리버레이터를 전선에 보냈다.

항공기 생산은 자동차 조립보다 복잡했다. 설계는 수시로 변경됐다. 하지만 필요는 혁신의 어머니였다. 윌로런 공장이 절정의 효율에 이르렀을 때는 63분마다 폭격기 한 대를 뽑아냈다.[103]

선박 건조 경험이 전혀 없었던 건설업자 헨리 J. 카이저는 서둘러 대형 조선소를 지었다. 1942년에는 운송선 한 척을 건조하는 데 8개월이 걸렸다. 이듬해에는 건조 기간이 몇 주로 단축됐다. 캘리포니아 리치먼드와 오리건의 포틀랜드 조선소가 경쟁을 벌일 때는 미리 만든 부품을 조립하는 방식으로 나흘 만에 배 한 척을 완성하기도 했다.

제2차 세계대전은 대공황으로 잔뜩 움츠렸던 미국 산업을 정신없이 돌아가게 했다. 이미 혹독한 구조조정을 거친 기업들이었다. 전시의 생산성 향상은 엄청난 학습효과를 낳았다. 전후 방위비 지출은 급감했다. 그러나 민간 수요는 급증했다. 생산성은 떨어지지 않았다. 전시의 절박한 필요에 따른 혁신들은 전쟁이 끝나고도

제4부 혁신자본의 지배

위력을 발휘했다. 기업들은 한껏 끌어올린 생산력을 총동원해 혁신적인 제품들을 쏟아냈다.

이는 모두 2차 산업혁명의 결실이었다. 19세기 말에 발명된 것 중 가장 중요한 두 가지는 전기와 내연기관이었다. 이 두 가지 범용기술에 뿌리를 둔 혁신들은 대공황과 세계대전을 거치면서도 숱하게 가지를 치고 나갔다. 전기는 엘리베이터와 전동기구, 공작기계, 전차, 지하철, 전기다리미, 진공청소기, 세탁기, 건조기, 식기세척기, 냉장고, 에어컨 발명으로 이어졌다. 내연기관은 승용차와 트럭, 버스, 택시, 슈퍼마켓, 교외 주택과 모텔, 항공여행을 낳았다.

전기와 내연기관을 바탕으로 한 2차 산업혁명은 1920년대부터 반세기 동안 놀라운 생산성 향상을 불러왔다. 그러나 컴퓨터나 디지털화와 관련된 3차 산업혁명은 달랐다. MIT의 경제학자 로버트 솔로는 1987년 『뉴욕타임스』에 실린 한 서평에서 중요한 역설을 말한다. "어디서나 컴퓨터 시대가 왔음을 볼 수 있다. 생산성 통계 말고는."

혁명적인 정보기술 발전에도 왜 생산성은 그다지 높아지지 않았을까? 한 세대가 지난 2016년 노스웨스턴대의 경제학자 로버트 고든은 이렇게 썼다. "솔로의 역설에 대한 최종적인 답은 컴퓨터가 어디에나 있지 않다는 것이다. 우리는 컴퓨터를 먹거나 입을 수 없고, 일터로 그것들을 타고 갈 수도 없으며, 그것들이 우리 머리를 깎게 할 수도 없다." 고든은 단언한다. 집안을 둘러보라. 가전제품들은 1950년대와 크게 다를 바 없다. 자동차는 더 편하고 안전해졌다. 하지만 기본적으로 1950년대의 차와 같은 기능을 수행

한다. 생산성에 미치는 효과를 보면 3차 산업혁명은 2차 산업혁명에 견줄 수 없다.[104]

고든의 비관론은 더 따져봐야 한다. 과연 혁신이 자라는 나무에서 낮은 가지의 열매는 이미 다 따버린 것일까?

어둠의 시대와 안경

고든은 오늘날의 자동차가 1950년대의 차와 기본적으로 같은 기능을 수행한다고 했다. 그렇다면 안경은 어떨까? 안경은 중세부터 지금까지 변한 것이 없는 발명품이다.

중세 유럽인들은 아랍의 연구에서 영감을 얻어 광학에 많은 관심을 기울였다. 안경은 유리 장인의 경험과 광학 연구 덕분에 세상에 나왔다. 그 발명은 우연에 가깝고 기원은 모호하다. 역사가 데이비드 랜즈는 안경을 중세에 나온 발명 중의 발명으로 꼽았다.[105]

사람들은 마흔 살이 넘으면 가까운 것을 잘 보지 못한다. 수정체가 늙어서다. 촛불 아래 필사본을 한 자 한 자 더듬어 읽던 시대에 노안은 연구 능력을 급격히 떨어뜨렸다. 가까운 물체에 초점을 맞추지 못하는 장인들은 좌절했다. 마흔 살 이후 20년은 지식과 기술이 가장 원숙한 시기다. 노안은 그 황금기를 헛되이 날리게 한다. 안경은 바로 그 문제를 해결해주었다. 내 안경과 비교하면 너무나 조잡했을 볼록렌즈 덕분에 중세 필경사와 연구자들, 세공품을 만드는 연구자들의 직업 수명은 두 배 넘게 늘어났다.

직업 수명 초반 20년보다 후반 20년 동안 지식과 기술이 더 많은 상승 작용을 한다면 안경의 생산성 향상 효과는 더 커진다. 안경 덕분에 게이지와 마이크로미터, 휠 커터 같은 정밀한 도구의 발명도 촉진됐다. 1600년경에는 저지대 국가에서 망원경과 현미경이 등장했다.

사가들은 서로마제국이 무너진 5세기 후반부터 콜럼버스가 아메리카 대륙을 발견할 때까지 1000년 남짓한 기간을 중세라고 일컬으며 이 '낀 시대'를 어둠의 시대로 본다. 그러나 중세를 탐구한 움베르토 에코의 생각은 달랐다. "중세 암흑기라는 표현에서 끝없는 공포와 광신, 이교에 대한 편협한 태도, 역병과 빈곤, 대량학살에 따른 문화적, 물질적 쇠퇴를 떠올린다면 부분적으로만 맞는다."[106]

산업혁명이 18세기에 시작됐다면 중세는 이미 그 혁명의 불씨를 품고 있던 시기였다. 어떤 면에서는 중세 나름의 산업혁명이 일어났다고 볼 수도 있다. 랜즈는 안경과 함께 수차와 기계식 시계, 종이, 인쇄기술, 화약도 발명 중의 발명으로 꼽았다. 중세에는 그 외에도 지금 우리가 이용하는 여러 유산을 남겼다. 아라비아 숫자와 복식부기, 은행, 신용장, 수표, 음표, 포크도 그 시대의 유산이다. 당시 유럽인들은 인간의 시신을 해부하기 시작했다. 군주와 교회의 통제를 받지 않는 대학이 생겨나고, 시민들의 참여를 통해 운영되는 도시들이 나타났으며, 수공업자와 상인들이 도시 부르주아 계급으로 등장했다.

안경 이야기로 돌아가 보자. 13세기의 발명인 안경은 지금도 같은 기능을 수행하며 여기에 새로운 발명은 없었다고 한다면 얼마나 맞는 말일까? 미생물과 달 분화구를 관찰할 수 있게 해준 현미경과 망원경은 안경과 같은 광학기술의 연장선에 있었다. 그러나 제임스웹 우주망원경이 지구에서 16만 광년 떨어진 타란툴라 성운에서 별들이 탄생하는 황홀한 모습을 보여줄 때 그것도 중세 안경과 다를 바 없는 것일까? 안경처럼 쓰는 디스플레이를 통해 확장 현실 XR을 보는 건 어떤가? 이 지점에서 테크노 비관주의자와 낙관주의자는 갈라설 것이다.

가속의 시대

우리는 러시아와 우크라이나의 전쟁에서 온갖 비극을 보았다. 비극은 너무나 생생하게 전달됐다. 그중 한 장면이 아직도 뇌리를 떠나지 않는다. 개전 초 한 우크라이나 여성이 총 든 러시아 병사들에게 맞서는 동영상이다. 그녀의 저주는 가슴을 먹먹하게 한다. "이 씨를 주머니에 넣어라. 네놈들이 여기서 죽어 자빠졌을 때 해바라기라도 자라게."

동영상은 즉각 유튜브를 타고 온 지구촌에 퍼졌다. BBC가 올린 이 영상을 본 이는 300만 명이 넘었다. 영국 『가디언』과 호주 『뉴스닷컴』이 올린 영상을 조회한 이들도 600만 명에 가깝다. 수만 명이 댓글을 달았다. 여성의 용기를 칭찬하거나 러시아 병사들도 전쟁을 원하지 않는 것 같다는 의견을 올렸다.

19세기 중반 크림반도에서 전쟁이 벌어졌을 때는 어땠을까? 플로렌스 나이팅게일이 전장으로 달려가던 시대 사람들은 신문 기사로만 먼 곳의 참상을 접할 수 있었다. 스티브 잡스가 샌프란시스코 모스콘 센터 무대에 올라 모바일 전화기를 재발명했다고 선언한 건 2007년 초였다. 구글이 유튜브를 사들인 건 한 해 전이었다. 한 세대 전까지만 해도 해바라기 씨를 가지고 러시아 병사를 저주하는 여성의 동영상이 눈 깜짝할 새 지구 반대편까지 퍼지는 일은 상상조차 하기 어려웠다.

우리의 일상이 된 것들이 얼마나 빠르게 다가왔는지 숫자로 보면 새삼 놀라게 된다. 영국의 기술 분석가 아짐 아자르는 한 해 10퍼센트 넘게 몇십 년 동안 성장한 기술들에 주목한다.[107] 1971년에 태어난 아이가 삼십대 중반에 이르는 동안 반도체 칩 하나에 들어가는 트랜지스터 수는 1000만 배 늘어났다. 1958년 페어차일드 반도체는 IBM에 트랜지스터 100개를 개당 150달러에 팔았다. 지금 트랜지스터 가격은 1달러의 몇십억 분의 1 수준이다. 그야말로 초 디플레이션이다.

2000년대 초 세상에 나온 페이스북과 유튜브의 월 사용자는 이제 20~30억 명에 이른다. 손안의 슈퍼컴퓨터인 스마트폰을 들고 다니는 사람들은 70억 명에 달한다. '해바라기 씨 동영상'은 이처럼 폭발적인 컴퓨팅 파워와 소셜 네트워크의 산물이다. 물론 어떤 것도 무한히 가속할 수는 없다. 오늘날의 트랜지스터는 이미 너무나 작아서 자꾸만 욱여넣으면 양자역학에나 나올 법한 괴상한 행동을 하게 될지도 모른다. 수많은 트랜지스터가 내는 열이 서로를 자극할 수도 있다.

혁신적인 기술이나 제품의 일생은 흔히 옆으로 누운 S자 모양을 그린다. 성장 속도는 조금씩 높아지다 수직에 가깝게 가파르게 치솟고 어느 순간부터 다시 평탄해진다. 중요한 건 여러 기술이 동시에 S자를 그린다는 점이다. 어느 한 기술이 정점을 지나더라도 다른 기술이 폭발적인 가속을 시작할 수 있다. 무어의 법칙이 물리적 한계에 이르렀다고 생각될 때 새로운 패러다임이 나왔다. 하나의 칩에 더 많은 트랜지스터를 욱여넣지 않고도 컴퓨팅 파워를 늘릴 수 있는 새로운 길을 찾은 것이다. 양자컴퓨터는 과거의 컴퓨터로는 수십만 년 걸릴 분자 모델링을 하루 새 해치울 수도 있다.

이스터섬의 몰락에서 무엇을 배울 것인가?

작은 섬의 거대한 석상. 그 부조화는 수수께끼를 품고 있다. 재러드 다이아몬드가 이스터섬을 찾은 것도 그 때문일 것이다. 문명의 붕괴를 탐구해온 그는 이 섬의 번영과 몰락을 강렬한 은유로 활용한다.

칠레 해안에서 3700킬로미터 떨어진 남태평양의 이 외딴 섬은 면적이 제주도의 10분의 1에도 못 미친다. 섬에는 '모아이'라는 석상이 400개 가까이 흩어져 있다. 보통 4~6미터 크기지만 가장 큰 것은 21미터를 넘는다. 무게는 작은 것이 10톤 정도고 가장 무거운 것은 270톤에 이른다. 10미터 높이 석상에 12톤에 달하는 머릿돌을 올려놓은 것도 있다.

　현대식 크레인은 상상조차 할 수 없던 때였다. 거대한 석상을 나르고 세우는 데 쓰였을 나무가 풍부했을 법하다. 하지만 1722년 네덜란드 탐험가가 본 건 아름드리는 고사하고 변변한 관목조차 자라지 않는 불모지였다. 그렇다면 석상은 대체 어떻게 세웠을까? 누군가의 가설대로 불시착한 외계인의 기술로 세웠을까?

　여기서 다이아몬드의 추리와 검증이 빛난다. 수수께끼의 답은 사라진 숲에 있었다. 이스터섬은 키 큰 나무들이 울창한 아열대 정글이었다. 화석화한 열매로 추정컨대 이곳의 야자나무는 세계에서 가장 큰 종이었다. 키가 20미터가 넘는 칠레의 공작야자보다 컸을 것이라고 한다. 그러나 900년경 이 섬에 인간이 정착하자 숲은 파괴되기 시작했다. 사람들은 집을 짓고 밭을 일구려고 나무를 베어냈다. 더구나 경쟁적으로 만든 거대한 석상을 옮기고 세우려면 엄청난 목재와 나무껍질이 필요했다.

　남벌은 재앙을 불러왔다. 숲에서 자라는 먹을 것들은 사라졌다. 토양이 침식되자 농사도 지을 수 없었다. 먼바다로 나갈 카누를 만들 나무조차 구할 수 없게 됐다. 사람들은 얼마 안 되는 관목을 차지하려고 싸웠다. 배고픈 섬에서는 급기야 식인 풍습까지 번졌다. 유럽인들의 감염병과 원주민 납치는 몰락을 재촉했다. 섬 인구는 한때 3만 명에 달했다는 추정도 있다. 하지만 1872년에는 111명으로 줄었다.

　학생들이 물었다. 사람들은 도대체 왜 생존기반인 나무를 모조리 베어냈을까? 마지막 야자나무를 넘어뜨린 섬사람은 과연 무슨 생각을 했을까?

다이아몬드는 파멸을 부르는 집단적 의사결정은 흔히 네 가지 실패에서 비롯된다고 했다.

첫째, 어떤 위기가 닥칠지 예측하지 못하는 실패다. 경험이 부족하고 쉽게 망각하며 잘못된 유추를 하는 사회는 다가오는 재앙을 보지 못한다. 800년경 마야인들은 과거의 가뭄을 까맣게 잊고 있다가 또다시 재앙적인 가뭄에 무너졌다. 문자는 지배자의 치적을 기록할 뿐 지난날의 교훈을 기억하는 데 도움이 되지 않았다. 제2차 세계대전 때 독일의 침공에 대비하던 프랑스 장군들은 지난 전쟁과 같은 참호전을 예상하고 엄청나게 공을 들여 진지를 구축했다. 하지만 보병 대신 탱크를 앞세운 독일군은 마지노선을 우회해 프랑스를 무너뜨렸다. 위기는 늘 같은 얼굴을 하고 오지 않는다.

둘째, 이미 닥친 위기를 인식하지 못하는 실패다. 이스터섬 사람들은 서서히 끓어오르는 냄비 속 개구리와 같았다. 해마다 조금씩 숲이 망가지고 있다는 사실을 알아차리지도 못한 채 재앙을 맞았을 것이다.

셋째, 문제를 알고서도 해결하려 하지 않는 실패다. 어떤 이들에게는 문제를 내버려 두는 것이 오히려 나을 수도 있다. 결국에는 재앙이 되더라도 당장은 이득인 경우도 있다. 문제 자체를 잊어버리려는 심리적 부인도 흔히 볼 수 있다. 댐에서 멀리 떨어진 하류 주민들보다 댐 바로 아래 사람들이 붕괴를 덜 걱정하는 것이다.

마지막으로, 문제 해결에 나섰으나 능력이 부족하거나 비용이 너무 많이 들어 실패할 수 있다. 너무 늦게 너무 조금밖에 노력하지 않은 탓이다. 그 끝은 붕괴와 멸종이다. 모든 생태계는 얼핏 보면 안정된 듯해도 늘 격변의 씨앗을 품고 있다. 지구상에 나타난 수십억 종의 생명체 중 99퍼센트는 사라졌다. 드물게 나타나는 대규모 멸종만 있는 것이 아니다. 우리가 알아채지 못하는 새 진행되는 '배후의 멸종'이 대부분이다.

거대 문명은 혁신으로 일어나고 혁신의 부재로 붕괴한다. 대제국도 마찬가지다. 기업의 세계도 다르지 않다. 석유 경제에 의존하던 국가나 기업은 멸종 위기종이다. 전기차 혁명에 뒤진 내연기관 자동차 기업이나 그들에 의존하는 부품업체도 그럴 것이다. 날렵한 핀테크 기업에 먹히는 은행이나 산업화시대 공장식 교육을 고집하는 대학도 다르지 않을 것이다.

어떤 종은 멸종을 피하고 살아남는다. 공룡이 멸종한 후 포유류가 번성했다. 디지털 혁명으로 굴뚝 산업의 공룡들이 사라진 세계에는 새로운 종의 혁신 기업들이 번창한다. 한국의 재벌 중 어떤 그룹들은 외환위기 후 오히려 강해졌다. 어떤 위대한 문명이나 제국도, 아무리 거대한 정당이나 기업도 이스터섬과 같은 운명을 맞을 수 있다. 그러므로 모든 사회 구성원과 조직의 리더는 끊임없이 자문해봐야 한다. 지금 우리의 야자나무 숲은 얼마나 건강한가?

에필로그

상상하고 혁신하고 실행하라

영국 부호들이 시대에 따라 어떻게 바뀌었는지 살펴보는 건 흥미롭다. 산업혁명과 자본주의 발전의 오랜 역사를 반영하기 때문이다. 18세기 마지막 해 이 나라에서 가장 많은 재산을 가진 이는 그로브너 백작이었다. 런던과 지방에 드넓은 땅을 가진 귀족이었다. 20세기 마지막 해에 그의 후손인 웨스트민스터 공작은 영국 4위 부자였다. 다시 사반세기가 지난 2024년 봄 그들은 14위 부자다. 1999년 영국 최고 부자는 테트라팩으로 부를 일군 스웨덴 기업가 집안의 한스 라우싱 34억 파운드이었다. 2024년 그 자리는 인도 재벌 고피 힌두자 가족 371억 파운드 차지였다. 이들의 재산은 사반세기 전 최고 부자보다 10배 넘게 많다.

토지가 가장 중요한 자본이던 때는 대지주인 귀족들이 최고의 부를 누렸다. 그러나 산업혁명 이후에는 혁신적인 기업가들이 부상했다. 18세기 말에는 10대 부호 중 절반이 제철과 섬유, 석탄, 운하 사업으로 새롭게 부를 일군 사람들이었다. 한 세기 후 영국이 세계시장을 주름잡던 때는 대부분이 새로운 산업·금융자본가들이었다. 20세기 말부터는 정보기술로 혁신의 속도를 끌어올린 새로운 피가 새로운 부를 창출했다.

지구촌 전체를 보자. 『포브스』는 매년 봄 10억 달러 넘는 재산을 가진 억만장자 명단을 발표한다. 2024년 지구촌 억만장자는 2781명이었다. 재산은 모두 14조2000억 달러에 이른다. 발표가 시작된 1987년보다 억만장자 수는 20배, 재산은 48배로 늘었다. 37년 전 세계 최고 부자 1~4위는 모두 일본 부동산 재벌이 차지했다. 빌 게이츠는 1995년 1위에 올랐다.[108] 그는 2017년까지 18번이나 그 자리를 차지했다. 워런 버핏 2008년과 카를로스 슬림 2010~2013년, 제프 베이조스 2018~2021년, 일론 머스크 2022년, 베르나르 아르노 2023, 2024년도 그 자리에 올랐다.

멕시코 재벌 총수인 슬림은 신흥국 출신으로는 처음으로 지구촌 최고 부자가 됐다. 30여 년 전 국영 통신업체를 낚아채 '넓은 경제적 해자'를 확보한 그는 남미 최대 통신업체 아메리카 모빌을 거느리고 있다. 그는 자신의 모바일 전략에 '질레트 플랜'이라는 이름을 붙였다. 휴대폰을 싸게 팔고 서비스는 선불카드로 이용하게 했다. 면도기를 싸게 팔고 면도날을 바꿀 때 돈을 버는 질레트 모델에 영감을 얻었을 것이다. 버핏은 질레트의 해자를 알아보고 큰돈을 벌었다. 그는 혁신의 결과로 얻게 되는 시장 지배력을 높이 샀다. 하지만 슬림이 이용한 해자는 다른 사람이 만들어준 것이었다.

슬림은 2013년까지 3년 동안 세계 최고 부자였다. 하지만 2024년 10월 그 일가의 재산은 884억 달러로 20위에 턱걸이했다. 스스로 만들지 않은 해자는 스스로 지키기도 어렵다. 정치적으로 구축한 해자는 정치적으로 파괴될 수 있다. 옛 소련 국영기업 민영화 때 벼락부자가 됐다가 하루아침에 몰락한 러시아 재벌들을 보면 알 수 있다.

스스로 혁신을 통해 독점적 지위를 구축한 기업가들은 최고의 부를 거머쥐었다. 그러나 혁신으로 성공한 기업이라도 지배력이 너무 커지면 흔히 인기를 잃고 견제를 받는 것이 역사적 패턴이었다. 존 D. 록펠러는 석유산업에서 너무나 지배적인 위치를 차지해 미국 정부가 반독점 경쟁정책의 개념을 만들어내야 했다. '매일 최저가'로 박수를 받았던 샘 월튼도 월마트의 지배력이 커지자 인기가 떨어졌다. 오늘날 놀라운 혁신으로 날개를 단 빅테크 기업도 자신들의 경제적 해자에 관해 다시 근본적인 성찰을 해야 할 것이다.

이 책은 부의 빅뱅에서 가장 중요한 에너지는 혁신임을 보여주려 했다. 남다르게 상상하고 혁신하고 실행한 기업가들을 집중 조명했다. 그들은 미친 듯이 꿈꾸고 혁신 전쟁에서 피 흘리고 오랜 시간 땀을 쏟았다.

우리는 가장 극적인 압축 발전의 나라에서 가장 놀라운 가속의 시대를 살아가고 있다. 21세기 부의 빅뱅의 한가운데 있는 우리는 누구나 기업가이고 투자자들이다. 레오나르도 다빈치처럼 상상하고 스티브 잡스처럼 혁신하고 싶은 모든 이들에게 이 책을 바친다.

|주|

1. 스콧 버컨, 『혁신의 신화(The Myth of Innovation)』, 2010.
2. W. 버나드 칼슨, 『니콜라 테슬라 평전(Tesla: Inventor of the Electrical Age)』, 2013.
3. 존속적 혁신과 파괴적 혁신은 2020년 타계한 클레이튼 크리스텐슨 하버드대 경영대학원 교수의 분류법이다.
4. 월터 아이작슨, 『스티브 잡스(Steve Jobs)』, 2011.
5. 아마존 주식은 2022년 6월 20대 1의 비율로 분할됐다. 주식분할 후 주가로 환산하면 2001년 10월 저점은 0.28달러다. 1997년 상장 때 주가는 18달러였으나 2년 간 세 차례 주식분할이 이뤄진 것을 고려하면 1.5달러에 해당한다.
6. 제프 베이조스, 『발명과 방황(Invent & Wander)』, 2020.
7. 애덤 스미스, 『국부론(The Wealth of Nations)』, 1776. 이 말은 1편 10장에 나온다.
8. 클레이튼 크리스텐슨, 『혁신 기업의 딜레마(The Innovator's Dilemma)』, 1997.
9. 크리스 밀러, 『칩 워(Chip War)』, 2022.
10. 21세기 첫해 인텔의 시가총액은 2100억 달러였고, 엔비디아의 시가총액은 60억 달러 남짓했다. 2024년 11월 초 인텔의 몸값은 1000억 달러, 엔비디아의 몸값은 3조3210억 달러다.
11. 이 고급 샴페인 브랜드는 1936년에 나왔다. 처음 시판된 것은 1921년 빈티지 와인을 썼다.
12. 2022년 말 아르노가 일론 머스크를 제친 후 두 사람은 1위 자리를 놓고 엎치락뒤치락했다. 2024년 11월 초 LVMH 주가가 약세를 보이면서 아르노는 5위로 밀리기도 했다.
13. 리드 헤이스팅스에린 마이어, 『규칙 없음(No Rules Rules)』, 2020.
14. 마크 랜돌프, 『절대 성공하지 못할 거야(That Will Never Work)』, 2019.
15. 말콤 글래드웰, 『다윗과 골리앗(David and Goliath)』, 2013.

16 지금은 크래프트 하인즈 소유다.

17 훗날 올슨은 그 말을 한 건 맞다고 인정했다. 하지만 맥락은 다르다고 밝혔다. 그는 PC가 아니라 집을 통제하는 컴퓨터를 말했다는 것이다.

18 월터 아이작슨, 『스티브 잡스』, 2011.

19 소송전을 벌인 양측은 2009년 합의에 따라 에버하드, 타페닝, 머스크와 엔지니어인 이언 라이트, 제프리 B. 스트로벨 다섯 사람을 모두 테슬라의 공동창업자로 부르기로 했다.

20 래리 다운즈폴 누녜스, 『빅뱅 파괴(Big Bang Disruption)』, 2014.

21 샘 월튼존 휴이, 『샘 월튼: 메이드 인 아메리카(Sam Walton: Made In America)』, 2012.

22 찰스 피시먼, 『월마트 이펙트(The Wal-Mart Effect)』, 2006.

23 마이클 포터, 『경쟁우위(Competitive Advantage)』, 1985.

24 루디 루글스댄 홀츠하우스 편, 『지식 우위(The Knowledge Advantage)』, 1999.

25 월마트는 2024년 1월 결산, 아마존은 2023년 12월 결산 때 실적.

26 브래드 스톤, 『아마존, 세상의 모든 것을 팝니다(The Everything Store)』, 2013. 아마존은 2010년 5억4500만 달러에 퀴드시를 인수했으나 실적 부진으로 2017년 폐쇄했다.

27 짐 파파글리아, 『풀턴의 네슬레(Nestl in Fulton, New York)』, 2018.

28 니시오카 안누, 『괴물 같은 기업 키엔스를 배워라(キーエンス解剖 最強企業のメカニズム)』, 2022.

29 위의 책.

30 2019년 5월 10일 『니케이 비즈니스』.

31 실비아 나사르, 『사람을 위한 경제학(Grand Pursuit)』, 2011.

32 토머스 매크로, 『혁신의 예언자(Prophet of Innovation)』, 2007.

33 위의 책.

34 로버트 하일브로너, 『세속의 철학자들(The Worldly Philosophers)』, 1999. '두쉬'는 프랑스 말로 샤워나 물세례를 뜻한다.

35 요제프 슘페터, 『자본주의사회주의민주주의(Capitalism, socialism and

democracy)』, 1942.
36 마이클 바스카, 『휴먼 프런티어(Human Frontiers)』, 2021.
37 필리프 아기옹셀린 앙토냉시몽 뷔넬, 『창조적 파괴의 힘(The Power of Creative Destruction)』, 2021.
38 사티아 나델라, 『히트 리프레시(Hit Refresh)』, 2017.
39 하워드 슐츠, 『온워드(Onward)』, 2011.
40 2008년 1월 10일 『이코노미스트』.
41 2017년 6월 8일 『포천』.
42 루 거스너, 『코끼리를 춤추게 하라(Who Says Elephants Can't Dance?)』, 2002.
43 통계 전문가 헤르만 홀러리스가 천공카드를 이용해 센서스 데이터를 처리하는 기계를 대여하기 시작한 것은 1886년, 다른 세 회사와 합쳐 컴퓨팅테뷸레이팅레코딩(CTR)을 설립한 것은 1911년이다. 토머스 왓슨을 영입한 CTR가 인터내셔널 비즈니스 머신(IBM)이라는 사명을 갖게 된 것은 1924년이나.
44 윌리엄 매그너슨, 『기업의 세계사(For Profit)』, 2022.
45 위의 책.
46 위의 책.
47 로마의 소키에타스 역시 그 지분이 활발히 거래됐다고 보는 이들도 있으나 과연 그랬는지 논란도 많다.
48 위의 책.
49 찰스 모리스, 『타이쿤(The Tycoons)』, 2006.
50 조슈아 B. 프리먼, 『더 팩토리(Behemoth)』, 2018.
51 헨리 포드, 『나의 삶과 일(My Life and Work)』, 1922.
52 토머스 매크로, 『현대 자본주의의 창조(Creating Modern Capitalism)』, 1998.
53 1981년 1월 18일 『뉴욕타임스』.
54 로렌초 데 메디치 '바쿠스의 노래'.
55 주디스 H. 론슬레이, 『토탈 리스크(Total Risk)』, 1995.

56　니얼 퍼거슨, 『전설의 금융 가문 로스차일드(The House of Rothschild)』, 1998.

57　프랜시스 후쿠야마, 『트러스트(Trust)』, 1995.

58　Jane M. Bachnik, "Recruitment Strategies for Household Succession", 1983; John C. Pelzel, "Japanese Kinship", 1970.

59　R. A. Moore, "Adoption and Samurai Mobility in Tokugawa Japan", 1970.

60　리스토 실라스마, 『노키아의 변신(Transforming Nokia)』, 2018.

61　짐 콜린스, 『위대한 기업은 다 어디로 갔을까(How the Mighty Fall)』, 2009.

62　짐 콜린스가 1994년에 낸 『성공하는 기업들의 8가지 습관(Built to Last)』과 2001년 출간한 『좋은 기업을 넘어 위대한 기업으로(Good to Great)』.

63　섬너 레드스톤, 『승리의 열정(A Passion to Win)』, 2001.

64　제임스 스튜어트레이철 에이브럼스, 『언스크립티드(Unscripted)』, 2023.

65　제임스 B. 스튜어트, 『디즈니 전쟁(Disney War)』, 2005.

66　로버트 아이거, 『디즈니만이 하는 것(The Ride of a Lifetime)』, 2019.

67　닐 개블러, 『월트 디즈니(Walt Disney)』, 2006.

68　윌리엄 퀸존 터너, 『버블(Boom and Bust)』, 2020.

69　마이클 루이스 편, 『패닉 이후(Panic)』, 2009.

70　1890년 던롭의 특허는 철회됐다. 당시 그는 몰랐지만 거의 반세기 전 스코틀랜드의 로버트 윌리엄 톰슨이 공기를 넣은 새 마차 바퀴로 특허를 얻은 사실이 밝혀졌기 때문이다.

71　조디 로즌, 『두 바퀴의 행복(Two Wheels Good)』, 2022.

72　조너선 해스컬스티언 웨스틀레이크, 『자본 없는 자본주의(Capitalism without Capital)』, 2017.

73　월터 아이작슨, 『스티브 잡스』, 2011.

74　조너선 해스컬스티언 웨스틀레이크, 『다시 시작하는 미래(Restarting

the Future)』, 2022.

75 이언 모리스, 『왜 서양이 지배하는가(Why the West Rules—for Now)』, 2010.

76 마이클 델, 『플레이 나이스 벗 윈(Play Nice But Win)』, 2021.

77 켄 아이버슨, 『솔직한 이야기(Plain Talk)』, 1998.

78 게리 해멀미셸 자니니, 『휴머노크러시(Humanocracy)』, 2020.

79 더글러스 맥그리거, 『기업의 인간적 측면(The Human Side of Enterprise)』, 1960.

80 A17 프로. 2024년 가을에는 더 높은 성능의 A18 프로 칩을 공개했다.

81 그는 『제2의 기계 시대(The Second Machine Age)』(2016)와 『포스트 피크(More from Less)』(2019) 저자다.

82 앤드루 맥아피, 『긱 웨이(The Geek Way)』, 2023.

83 벤트 플루비야댄 가드너, 『프로젝트 설계자(How Big Things Get Done)』, 2023.

84 테슬라가 낸 2021년 임팩트 보고서(Impact Report 2021).

85 제임스 오툴, 『계몽된 자본주의자(The Enlightened Capitalists)』, 2019.

86 대런 애쓰모글루제임스 A. 로빈슨, 『좁은 회랑(The Narrow Corridor)』, 2019.

87 그레그 스타인메츠, 『자본가의 탄생(The Richest Man Who Ever Lived)』, 2015.

88 샘 월튼존 휴이, 『샘 월튼: 메이드 인 아메리카』, 2012.

89 위키피디아는 이 돈이 2021년 화폐 가치로 73억 달러라고 했다. 2019년 『포브스』는 75억 달러로 계산했다.

90 2009년 7월 21일 『슈피겔』, '포르쉐 이야기'.

91 이 차의 기본 설계는 1925년 열여덟 살의 벨라 바레니가 빈의 공업전문학교 과제로 제출한 것과 같다는 사실이 뒤늦게 밝혀졌다.

92 그는 2022년 UAE 국적을 취득했다고 밝혔고, 푸틴의 우크라이나 침공을 "미친 짓"이라고 비난했다.

93 보수진영 일각에서 이해관계자 자본주의를 가식적이라며 비판할 때 '워

크 자본주의'라는 표현을 쓴다. '깨어있는 자본주의'로 옮기면 그런 부정적 어감은 느껴지지 않는다.

94 토머스 프리드먼,『렉서스와 올리브나무(The Lexus and the Olive Tree)』, 1999.

95 이언 브레머, "The Technopolar Moment",『포린 어페어』 2021년 11/12월호.

96 데이비드 프리스틀랜드,『왜 상인이 지배하는가(Merchant, Soldier, Sage)』, 2012.

97 데이비드 랜즈,『국가의 부와 빈곤(The Wealth and Poverty of Nations)』, 1999.

98 장경덕,『애덤 스미스 함께 읽기』, 2023.

99 월터 아이작슨,『이노베이터(The Innovators)』, 2014.

100 에즈라 보걸,『덩샤오핑 평전(Deng Xiaoping and the Transformation of China)』, 2011.

101 물론 GDP는 부가가치만을 합산한 것이므로 기업 매출과는 개념이 다르다.

102 경제협력개발기구(OECD)는 세전과 세후 현금흐름의 순현재가치를 비교하는 방식으로 실효평균세율(EATR)을 추정한다. 2023년 스위스의 실효세율은 18.4퍼센트다. 세금 면에서 미국(22.6퍼센트)이나 중국(23퍼센트), 일본(28.3퍼센트), 독일(26.6퍼센트), 프랑스(23.6퍼센트), 영국(22.5퍼센트) 한국(24.9퍼센트)에 투자하는 것보다 유리하다.

103 조슈아 B. 프리먼,『더 팩토리(Behemoth)』, 2018.

104 로버트 고든,『성장은 끝났는가(The Rise and Fall of American Growth)』, 2016.

105 데이비드 랜즈,『국가의 부와 빈곤』, 1999.

106 움베르토 에코 편,『중세 I (Il Medioevo 1)』, 2010.

107 아짐 아자르,『기하급수의 시대(Exponential)』, 2021.

108 샘 월튼네 가족 재산을 합치면 1995년과 1996년 1위 부자는 빌 게이츠가 아니라 월튼 가족이 된다.